보호받고 있다는 착각

보호받고 있다는 착각

온라인 검열은 누구를 위한 것인가
'보호'와 '관리'로 포장한 테크기업의 권력쌓기와
감시 자본주의에 대한 밀착 고발

질리안 요크 지음 | 방진이 옮김

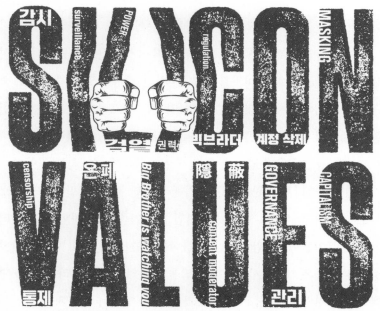

The Future of Free Speech under Surveillance Capitalism

책세상

미래의 주인은 누구인가

실리콘밸리, 그리고 그곳이 있는 미국 샌프란시스코 베이에어리어Bay Area의 풍경은 모순으로 가득한 듯하다. 마치 대학 신입생처럼 청바지와 후드티를 입은 슈퍼리치들이 산책하듯이 노숙자 쉼터 옆을 지나 외부인의 출입을 제한하는 자신들의 캠퍼스 사무실로 출근한다. 거의 유일한 교통편인 회사 버스를 타고 한 시간 거리에 있는 캠퍼스로 출근해야 하는데도, 스물몇 살 된 공학자들은 샌프란시스코의 가장 힙한 동네에서 살기 위해 비좁고 무너져가는 방을 3천 달러(한화로 약 360만 원 – 옮긴이주)가 넘는 돈을 월세로 지불하며 임대하는 곳이다.

실리콘밸리를 비판하는 평론가에 따르면 "파괴가 필연적인 요소이고 거기에 [개인의] 선택이 관여할 여지가 없는"[1] 곳이다. 컴퓨터 기술 전문가들이 "사람들이 기술을 이해하지 못한다고 탄식하지만 정작 본인들은 7학년 시민사회 수업을 통과하지 못하리라는 것을 명백하게 보여주는"[2] 곳, 기술 진보가 윤리적 고려나 책임과는 완전히 별개의 것, 그런 것들과는 무관한 것으로 여겨지는 곳이기도 하다.

또한 전통적이고 암묵적인 규범 및 체계가 인정받지 못하는 곳이다. 개인의 자유가 집단행동보다 더 중요한 것으로 인식되고, 무엇이 사회를 구성하는지에 관한 좁은 틀에서 '세상을 변화시키는' 아이디어가 중심에 자리 잡고 있으며, 반복되는 작업 과정에서 깊은 사고와 미세한 인간 감정의 결을 배제하고, 빨리 움직이며 뭔가를 깨뜨리자는 정신이 최고의 가치로 여겨지는 곳이다. '자유'의 개념이 자유지상주의의 개념을 따르고, 그래서 테크기업의 이사진이 독재정권과 공개적으로 협력하면서도 해외 정부의 기능을 '파괴'하거나 반정부운동을 지지하는 자사의 활동이 그런 '자유'의 개념과 절대 모순되지 않는다고 생각하는 곳이다.

이런 생각을 하는 것이 내가 처음도 마지막도 아닐 것이다. 제1차 닷컴버블이 한창이었으면서도 소셜미디어가 탄생하기는 한참 전인 1995년에 영국의 미디어 이론가 리처드 바브룩Richard Barbrook과 앤디 캐머런Andy Cameron은 〈캘리포니아 이데올로기The Californian Ideology〉라는 제목의 에세이를 발표했다. 두 사람은 "샌프란시스코의 자유분방함을 추구하는 문화적 보헤미아니즘과 실리콘밸리의 최첨단 기술산업이 기묘하게 융합"해 "새로운 믿음"을 탄생시켰다고 진단했다. 그 믿음은 "히피족의 자유로운 영혼과 여피족의 기업가적 열정이 마구잡이로 뒤섞여" 있고, "우리를 해방시켜줄 새로운 정보기술의 잠재력에 대한 깊은 신뢰에서" 나온다.[3]

그러나 둘은 이렇게 경고했다. "칭찬받아 마땅해 보이는 이상을 지지하면서 이들 테크노 부스터는 동시에 미국 사회의 가장 오래된 특징들을 재생산한다. 그중에는 노예제라는 쓰라린 역사적 유물에서 비롯된 특징들도 있다. 그들이 샌프란시스코를 위해 꿈꾸는 유토피아 상은 훨씬 덜 자랑스러운 다른 특징들을 의식적으로 못 본 척해야만 가능한 것이다. 그 다른 특징들이란 웨스트코스트의 삶이 보여주는 특징들, 예컨대 인종차별주의와 빈곤, 환경 파괴다."⁴

바브룩과 캐머런과 달리 많은 외부인들이 실리콘밸리를 혁신과 성공의 중심지로 묘사했지만 베이에어리어 내부에서 바라보면 외부인과는 다른 결론에 쉽게 도달하게 된다.

2011년 중동 지역과 미국 모두 폭동과 격변의 시기를 겪는 동안 나는 전자프런티어재단Electronic Frontier Foundation에 채용되었다. 이 재단은 디지털 권리 단체 중에서 가장 오래되고 국제적으로 가장 신뢰를 받고 있다. 그해 4월 나는 지금은 고인이 된 아버지와 함께 이삿짐 트럭 유홀U-Haul을 렌트해서 대륙을 가로지르는 장거리 여행을 시작했고, 노동절인 5월 1일에 샌프란시스코에 도착했다. 위대한 사명이 따르는 새로운 일을 시작하기에 안성맞춤인 날이었다.

샌프란시스코 도심의 미션 지구에 있는 작은 아파트에 도착하자마자 나는 어떤 모순에 충격을 받았다. 이 도시는 혁신과 성공의 중심으로 널리 알려진 곳이었다. 그런데도 그곳에서 보낸 첫 일요일 아침, 전설적인 카페에서 커피를 사려고 21번가를 천천히 걸어 내려가다 한 남자가 인도에 쭈그리고 앉아 볼일을 보는 것을 목격했다. 나중에 나는 점점 늘어나는 듯이 보이는 노숙자 집단에게 샌프란시스코가 실질적인 도움을 주는 데 실패했다는 것을 알게 되었다. 그리고 실리콘밸리의 기업들이 실패한 정부를 대신해 샌프란시스코에 공공 퇴비화 '변기'를 설치하기로 합의하는 것을 지켜보았다.[5] 당연한 얘기이지만 그 합의는 실현되지 않았다.

그로부터 3년 뒤 나는 베를린으로 이사했다. 그즈음 일을 위해 유럽과 중동 지역을 정기적으로 오가야 했는데, 그때마다 12시간 동안 비행기를 타는 것이 너무 괴로웠기 때문이다. 베이에어리어로 돌아오는 길에 나는 주삿바늘 더미들을 요리조리 피해 다녔고, 미션 지구의 마지막 레즈비언 술집이었던 렉스Lex 같은 역사적인 술집과 단골 가게들이 문을 닫는 것을 무력하게 지켜봤으며, 점점 커져가는 반反테크 정서가 인도와 거리에 스프레이 페인트와 분필로 뿌려지고 휘갈겨지는 것을 목격했다.

그러나 이 책은 샌프란시스코가 어떻게 변화했는지에 관한 책도 아니고, 실리콘밸리 자체의 문제점을 광범위하게 다루는 책도 아니다. 그런 이야기는 다른 사람이 이미 썼고, 시간이 계속 흘러가는 동안 누군가가 또 쓸 것이다. 그들은 나보다 베이에어리어와 그곳의 미래에 대해 훨씬 더 잘 알고, 더 깊은 이해관계가 있는 사람들일 것이다. 그러니 나는 그 일에선 잠시 물러서 있겠다.

세상이 불타오르는 동안

5월의 어느 차분한 아침, 이 글을 쓰는 나는 베를린의 내 아파트에서 안전하게 격리되어 있다. 넋이 빠진 채 베이에어리어와 미니애폴리스, 브루클린 등 미국의 거의 모든 지역이 불길에 휩싸이는 것을 지켜보는 중이다. 나는《워싱턴 포스트Washington Post》를 꾸준히 읽으며 여전히《뉴요커New Yorker》종이판을 정기구독하고 있지만 거의 모든 뉴스를 사람들을 통해 듣는다. 살면서 직접 만난 사람도 있고 아직 한 번도 만나지 못한 사람도 있지만, 그들은 모두 10년 이상 내 관계망의 일부였다. 그런 뉴스는 때로는 보도기사의 링크라는 형태로, 때로는 거리에서 전달받은 그대로 트위터Twitter, 페이스북Facebook, 인스타그램Instagram, 레딧Reddit에 공유된다. 나는 올해 서른여덟 살이고, 오늘날 인터넷을 사용하는 전 세계 사람들처럼 민간 플랫폼에 공유되는 언론에 철저하게 의지하고 있다.

어쩌다 이렇게 되었을까? 친애하는 독자여, 그것이 바로 내가 이 책을 통해 답할 수 있기를 바라는 질문이다. 그러나 그에 앞서 몇 가지 사항을 짚고 넘어가고 싶다. 이 책이 무엇을 다루고, 무엇을 다루지 않는지 그리고 내가 왜 이 책을 쓰는지를 설명하겠다.

이 책의 목적은 실리콘밸리의 주요 통신 플랫폼이 어떻게 별도의 시스템, 더 정확하게는 온라인에서 우리에게 허용되는 자기 표현 방식을 규정하고 관리하는 시스템을 만들어냈는지, 그 역사를 압축적으로 요약하는 것이다. 이 거버넌스 시스템은 감시 자본주의라는 더 큰 시스템 내에 편입되어 있다. 감시 자본주의는 철학자 쇼샤나 주보프Shoshana Zuboff가 《감시 자본주의 시대The Age of Surveillance Capitalism》(문학사상, 2021)를 통해 대중화한 용어다. 우리가 어떻게 여기까지 오게 되었는지 더 잘 이해하고 싶다면 주보프의 책은 꼭 읽어보는 것이 좋다. 그러나 이 책은 감시 자본주의 자체를 다루진 않는다. 대신 나는 감시 자본주의를, 정부가 아닌 기업이 우리가 어떤 방식으로 스스로를 표현해도 되는지를 결정하는 권한을 획득하는 데 유리한 환경을 제공한 시스템으로 본다.

이 책에 나오는 이야기들은 사적인 것도 있고 아주 멀리서 관찰한 것도 있지만, 그 이야기들이 한자리에 모여 지난 10년간 세계 곳곳에서 정치적으로 점점 더 분열되고 있는 사람들이 기업과 정부 모두에게 불신을 키워가는 동안 실리콘밸리의 거대 기업들이 어떻게 정부 권력과 결탁하게 되었는지를 들려준다.

그 기간 동안 내가 경험한 것들은 대체로 미국 밖에서 일어났다. 그래서 이 책에 나오는 이야기들도 대부분 미국 밖의 것이다. 소셜미디어가 미국의 민주주의에 어떤 영향을 미쳤는지를 더 깊이 이해하고 싶은 독자는 시바 바이디야나단Siva Vaidyanathan, 조안 도너번Joan Donovan, 너새니얼 퍼실리Nathaniel Persily, 이선 주커먼Ethan Zuckerman 등의 글을 읽어보기를 권한다.

지난 10년간 이어진 저작권을 둘러싼 분쟁이 플랫폼 거버넌스의 생성에 큰 역할을 한 것은 확실하지만, 저작권법은 복잡하고 여전히 다툼의 소지가 다분한 주제이며, 무엇보다 내 전문 분야가 아니다. 그러나 지적재산권 법규와 온라인 콘텐츠 분쟁 조정의 기본적인 역사를 이해해야 '콘텐츠 관리'도 이해할 수 있으니, 이 주제에 관심이 있다면 꼭 공부해보길 바란다.

이 책의 성격을 더 말해두자면, 먼저 콘텐츠 관리에 관한 플랫폼의 내부 절차를 자세히 다루지 않는다(탈튼 길레스피Tarleton Gillespie의 《인터넷 관리인들Custodians of the Internet》). 그리고 온라인 서비스가 어떻게 감독되고 규제되었는지에 관한 법적 역사를 다룬 책도 아니고(케이트 클로닉Kate Klonick의 《하버드 로 리뷰Harvard Law Review》 논문 〈새로운 총독들The New Governors〉 또는 니콜라스 수조르Nicolas Suzor의 《무법Lawless》), 소셜미디어가 어떻게 관리되어야 하는지에 관한 성명서도 아니다(리베카 맥키넌Rebecca MacKinnon이 2012년에 펴낸 방대한 학술서 《인터넷 자유 투쟁Consent of the Networked》〔커뮤니케이션북스, 2013〕). 또 소셜미디어가 어떻게 민주주의를 약화하는지에 관한 책도 아니고(시바 바이디야나단의 《페이스북은 어떻게 우리를 단절시키고 민주주의를 훼손하는가Antisocial Media》〔아라크네, 2020〕), 콘텐츠 관리가 노동자에게 어떤 영향을 미치는지에 관한 탐사 보고서도 아니다(새러 로버츠Sarah T. Roberts의 《화면 반대편Behind the Screen》). 나는 여러 학자들과 더불어 여기에 언급한 학자들에게서 많은 것을 배웠고, 그들의 글을 이 책에 인용했다. 그것과 더불어 지금 언급한 책들도 모두 읽어보기를 권한다.

모든 작가가 그렇겠지만, 나는 깜박 잊고 빼먹은 중요한 이야기가 있지 않은지 걱정될 때가 많다. 만약 그런 이야기가 있다면 미리 양해를 구한다. 여러 지역을 돌아다니면서 다양한 경험을 하다 보면 책 한 권으로는 담아낼 수 없는 많은 이야기를 수집하게 된다. 그러나 일일이 나열할 수 없을 정도로 너무나 많은 인권운동가, 비정부 단체 그리고 학자들이 지난 10년간 일어난 일들에서 중요한 역할을 했다는 사실은 아무리 강조해도 지나치지 않다. 아주 외로웠던 태동기 이후 디지털 권리라는 분야, 더 정확하게 말하면 플랫폼 정책과 콘텐츠 관리를 연구하는 분야는 눈부시게 발전했다. 내 친구와 동맹군 중에는 이 분야의 인권운동가와 전문가가 있으며, 그들이 없었다면 내 관점은 매우 달라졌을 것이다. 나는 그들 덕분에 배우고 성장할 수 있었다.

마지막으로 '검열'이라는 용어에 관한 내 견해를 짧게 정리하겠다. 이 분야의 연구를 시작한 초기에 나는 연단에 서서 자유롭고 열린 인터넷의 중요성을 말하면서 '민간기업' 또는 '플랫폼' 검열에 관해 이야기할 때가 많았다. 그럴 때면 발표가 끝난 뒤 헌법주의자들이 다가와 내가 그 용어를 사용하는 방식이 그들의 법적 관점의 지위를 약화하거나 그 지위에 도전한다고 주장했다. 오늘날까지도 나는 이따금 그 문제로 훈계를 들으며, 대개는 법학 교수들이 검열에 대한 미국 법의 법적 정의를 내가 왜곡하고 있다고 지적한다.

이 점에 관해 내 견해를 바꿀 생각은 없다. 검열은 법적 용어가 아니다. 또한 정부 행위자의 고유한 영역이 아니며, 미국 '수정헌법' 제1조와 동의어도 아니다. 역사적으로 볼 때 왕실, 교회, 우편국, 종교 재판소, 출판사, 정부 그리고 당연히 민간기업도 검열의 주체였다. 구체적인 세부 사항은 다를 수 있지만, 검열은 전 세계에서 어떤 형태로든 실시된다. 역사적으로 볼 때 검열은 거의 언제나 상위 계층의 이익을 위해 수행되었고, 그들에게 반대 의사를 밝히거나 반대 행위에 나설지도 모르는 모든 사람을 침묵시키고 권력을 강화하는 역할을 했다. 그러나 표현의 자유를 위한 투쟁은 검열의 역사만큼이나 오래되었고, 그 투쟁은 아직 끝나지 않았다.

또한 오늘날 소셜미디어 플랫폼 내부의 법적 틀은 필연적인 것이 아니며, 그 틀이 모든 장소에 있는 모든 사람에게 반드시 '적절'한 것은 아니다. 미국 헌법은 완벽한 문서가 아니며, 미국 해군사관학교 법학과 교수인 제프 코세프Jeff Kosseff가 "인터넷을 만든 스물여섯 개의 단어들"이라고 지칭한 '통신품위법Communications Decency Act, CDA' 제230조(인터넷 기업이 제3자가 올리는 유해물 또는 명예훼손 게시물로 인해 법적 책임을 지지 않는다는 규정-옮긴이주)도 뒤의 1장에서 주장하듯이 완벽한 법규가 아니다. 미국 헌법 제정 당시 여성과 유색인종은 이 법의 제정 과정에서 철저히 배제되었다는 점도 지적해야겠다.

　　우리는 오늘날 표현의 자유, 검열, 규제를 둘러싸고 벌어지는 논쟁을 여러 관할권에서 적용하는 기존의 법이라는 맥락 내에서 바라봐야 하고, 또한 답을 찾기 위해 상자 밖에서 바라볼 필요도 있다. 그렇게 찾은 답에 우리의 미래가 달려 있기 때문이다.

차례

일러두기
1. [ ] 안의 내용은 저자가, 〔 〕 안의 내용은 옮긴이가 쓴 것이다.
2. 인터뷰 당사자의 요청으로 가명을 쓴 경우에는 이름 끝에 *를 달았다.

들어가는 글

2005년 여름, 막 스물세 살이 된 나는, 교환학생으로 머물렀던 모로코로 돌아가 영어 강사로 취직했다. 여느 젊은이처럼 나도 내 인생을 어떻게 보내고 싶은지 잘 몰랐다. 글쓰기를 좋아했고, 글을 잘 쓰려면 연습이 필요하다는 것은 알았다. 그래서 모로코에 도착한 직후부터 동네 사이버카페에 앉아 2005년을 살아가는 정신이 말짱한 사람이라면 누구나 했던, 블로그를 시작했다.[1]

블로그를 통해 모로코 지역사회와 연결되었고, 고향에 있는 친구들에게 내 삶에서 벌어지는 일들을 전할 수 있었다. 그러다 내 삶에 대해 쓰는 게 슬슬 지루해지기 시작해 일상 대신 모로코 정치에 대해 쓰기 시작했다. 그런 글들의 보관소 역할을 할 웹사이트를 설계해줄 사람도 구했다. 서투른 프랑스어로 모로코 잡지를 읽고 친구들과 이야기를 나눈 다음 모로코에서 일어난 최신 사건의 내용을 요약했고 가끔 내 의견도 덧붙였다.

모로코와 이 나라의 복잡한 문제들 그리고 모순들은 오래전부터 작가들에게 글감을 끊임없이 제공했다. 한편으로는, 그리고 특히나 주변 국가와 비교했을 때 모로코의 법은 자유를 보장했고 현대적이었다. 여자도 남자와 비교적 동등한 법적 권리를 보장받았다. 노동법 등 기타 법도 국제 수준을 빠른 속도로 따라잡고 있다. 다른 한편으로는, 수십 년에 걸쳐 식민 지배를 받은 과거가 언어부터 음식에 이르기까지 모든 것에 스며들어 있었지만 그럼에도 불구하고 여전히 굉장히 전통적이다. 나는 이 점이 특히 모로코 국가의 중심 기둥인 알라Allah(신), 알와탄al-Watan(민족국가), 알말릭al-Malik(왕)에서 가장 두드러지게 나타난다고 본다.

어느 모로코인을 붙잡고 물어보더라도 모로코에는 말로든 글로든 절대 넘어서는 안 되는 세 가지 선이 있다고 말할 것이다. 첫째, 신 또는 이슬람교를 부정하거나 무엇보다 저주하면 안 된다. 의문을 제기하거나 코란이 정말로 음주를 금지하는가를 두고 논쟁을 벌일 수는 있지만 결코 넘어서는 안 되는 선이 있고, 그 선을 넘어서면 엄청나게 곤란해질 것이다. 두 번째 선은 국가 또는 국토다. 모로코가 물론 자국중심주의가 강한 국가이기는 하지만, 그런 나라는 많다. 여기서 아주 구체적인 선을 하나 제시한다면, 그것은 절대로 서사하라 지역에 대한 모로코의 주권에 의문을 제기하면 안 된다는 것이다. 1975년 당시 스페인 영토였던 서사하라 지역으로 35만 명의 모로코인들이 행군해 그 땅을 차지했고, 이로 인해 무려 16년간 지속된 전쟁이 시작되었으며, 그 전쟁으로 서사하라 지역에 대한 모로코 정부의 집착은 오히려 강화되었다.

그리고 마지막으로, 절대로 왕에 대해 부정적으로 말하면 안 된다. 내가 정기적으로 읽은 모로코 칼럼니스트들은 의회의 의원들을 신랄하게 비판하는 데는 거리낌이 없었다. 심지어 왕정 의회의 구성원에게 화살을 돌리기도 했다. 그러나 모로코에서 인기가 높아서 어디에나 붙어 있는 사진 속, 제트 스키를 타고 있는 모로코 왕의 모습이 아무리 근대적이고 유쾌해 보여도 그는 절대 건드리면 안 되는 존재다.

예를 하나 들어보겠다. 2009년 모로코에서 실시된 독립 기관의 여론조사에서 모로코 시민의 91퍼센트가 모로코 왕의 리더십을 긍정적으로 평가한다는 결과가 나왔다.[2] 만약 모로코가 아닌 다른 나라에서 이런 결과가 나왔다면 아주 대단한 숫자로 여겨졌을 것이다. 테레사 메이Theresa May(2016년 7월~2019년 7월 재직, 제76대 영국 총리 − 옮긴이주)의 직무 수행능력 평가는 50퍼센트를 넘어본 적이 없다. 미국의 오바마 대통령의 평가는 47퍼센트에 불과했다. 그다음 대통령의 평가는 굳이 말할 것도 없다. 그러나 모로코의 존귀하신 왕으로서는 9퍼센트가 '부족'하다는 평가를 결코 받아들일 수 없었고, 주간지《텔켈TelQuel》과《니샤네Nichane》가 이 여론조사 결과를 발표하자 모로코 통신부는 시중에 유통된 잡지 전부를 회수하고 나머지는 압수했다.

나는 검열 사례와 검열의 역사에 푹 빠져들었다. 모로코에서 시작했지만 나중에는 아랍 세계 전체의 검열을 조사했다. 내가 머무는 모로코뿐 아니라 이집트, 튀니지, 아랍에미리트UAE, 팔레스타인에 대해서도 쓰기 시작했다. 그리고 나와 같은 활동을 하는 사람들과 연락을 주고받기 시작했다. 처음에는 모로코 국민과 블로그를 배출구 삼아 글을 쓰는 모로코 거주 미국인과, 그리고 이후에는 아랍 지역 젊은 이들과 교류했다.

2007년 초, 내 글쓰기 실력에 자신감을 얻게 되자 더 큰 배출구를 찾아 '글로벌 보이스Global Voices'의 아랍 지역 담당 편집장 아미라 알 후사이니Amira Al Hussaini에게 일자리를 구하는 편지를 보냈다. 놀랍게도 즉각적으로 긍정적인 답장을 받았고, 그날 이후 나의 세계는 완전히 달라졌다. 글로벌 보이스의 설립자인 리베카 맥키넌과 이선 주커먼은 버크먼 클라인 인터넷 및 사회 연구소Berkman Klein Center for Internet & Society의 선임 연구원이었다. 버크먼 클라인 연구소는 하버드 법학대학원의 부설 기관으로 '사이버공간을 탐구하고 이해하는 것'을 비전으로 삼은 다제적인 기관이었다. 맥키넌은 한때 CNN 베이징 지부와 도쿄 지부의 편집국장을 지낸 이력이 있다. 주커먼이 언론학자가 되기까지의 경로는 다소 더 복잡했다. 그는 매사추세츠주에서 출발해 아프리카 가나까지 갔다 왔다. 그리고 웹호스트 트라이포드닷컴Tripod.com의 초창기 멤버로 활동했다. 글로벌 보이스는 언론학자뿐 아니라 전 세계에서 모여든 다양한 배경의 야심찬 블로거들이 참석한 워크숍에서 탄생했다. 그로부터 5년도 채 지나지 않아 엄청난 영향력을 행사하게 되었다. 자주 인력이 부족하고 가끔씩 근시안적인 사고에 얽매이기도 하는 주류 언론의 관점과는 다른 대안 관점과 대항 서사를 제공했다.

글로벌 보이스 설립 초기에는 사람들이 블로그에서 무슨 이야기를 하는지를 정리해서 전달하는 식으로 운영되었다. 훗날 블로그가 페이스북 게시물과 트윗, 영상매체로 대체되면서 글로벌 보이스의 작가들은 종종 순식간에 사라지는 콘텐츠를 붙잡을 수 있는 새로운 방법을 찾고 혁신을 꾀해야만 했다. 이 이야기는 나중에 다시 하겠다.

2007년 스물다섯 살이 되던 해에 나는 미국으로 돌아왔다. 내가 학창시절을 보냈고, 가족이 아직도 거주하는 보스턴에서 그다지 멀지 않은 곳에 자리를 잡았다. 부모로부터 독립한 지 이미 몇 년이나 지났지만, 미국에서 혼자 사는 일은 또 다른 도전이었고 생계를 유지하기 위해 전전긍긍하던 시절이었다. 1년 만에 비영리 단체에서 정규직 직원으로 일하면서 글로벌 보이스의 자원봉사자로 활동했고, 지역 식당 리뷰부터 각종 재단의 소개 글에 이르기까지 돈을 벌 수 있는 일이라면 어떤 글감이라도 마다하지 않았다.

그러다 이른바 '전환점이 되는 기회'를 얻게 된다. 글로벌 보이스의 핵심 멤버들의 격려에 힘입어 다른 회원들과 함께 마이애미에서 열리는 언론학회에 참석하고자 펠로십에 지원했다. 나는 한밤중에 숙소에 도착했고, 그 다음날 마당에서 커피를 마시면서 처음으로 동료들을 만났다. 학회 자체에 대해서는 별로 기억나는 것이 없지만 그 주에 대해 기억나는 장면들이 몇 개 있다. 모두가 마이크로블로깅micro-blogging(온라인 SNS에 한두 문장의 짤막한 메시지나 영상을 올리는 활동 – 옮긴이주)을 이야기했고, 트위터라는 새로운 플랫폼에 대해 쉬지 않고 말했으며, 나도 그 주에 트위터에 가입했다. 글로벌 보이스의 동료들을 실제로 만나보니 온라인에서보다 훨씬 더 친절하고 흥미로운 사람들이었다. 이 학회에 참석하기 위해 심지어 바레인, 볼리비아, 마다가스카르, 과테말라, 트리니다드, 프랑스에서 온 사람도 있었다. 우리는 그 한 주 동안 농담 따먹기를 하고, 술을 마시고, 엉터리로 노래를 부르면서 시간을 보냈다. 연령대는 비슷했지만 내가 가장 어렸고, 모두 자신이 너무나 좋아하는 일을 하고 있었다. 나만 그런 일을 찾지 못한 상태였다.

마이애미에서의 마지막 날 아침, 솔라나 라슨Solana Larsen과 정원에 앉아 있었다. 그녀는 당시 글로벌 보이스의 웹사이트 관리자였고, 나는 내가 프리랜서 작가로 지내면서 일감을 찾으려고 동분서주해야 하는 삶에 얼마나 지쳤는지, 내 처지에 얼마나 불만이 많은지를 털어놓았다. 그녀는 내게 무슨 일을 하고 싶은지 물었고, 나는 다소 정리가 덜 된 여러 아이디어들을 늘어놓았다. 글을 쓰고 싶었고, 자료 조사하는 일을 즐겼고, 검열과 시민운동 그리고 다양한 문화에 매료되어 있으니 새로운 미디어와 관련된 일을 하면 어떨까 생각한다고 말이다. "내게 뭔가 생각나는 게 있어요." 그녀가 말했다. "이력서를 보내줘요. 제가 한번 일을 추진해볼게요." 요약하자면 이렇게 나는 버크먼 클라인 연구소에 발을 들이게 되었다. 그날 오후 상사를 찾아가 사직서를 제출했다. 3주 뒤, 나는 하버드대학교 교정을 가로질러 건너편의 새로운 삶을 향해 나아갔다.

연구소 일은 쉽지 않았지만 정말 즐거웠다. 나는 정부가 네트워크 차원에서 콘텐츠를 걸러내는 방식, 즉 정부의 검열 방식을 연구하는 다기관 연구 프로젝트인 오픈넷이니셔티브OpenNet Initiative의 운영을 담당했다. 토론토대학교의 시민실험실Citizen Lab과 협력하면서 최대한 많은 국가에서 모집한 10명 정도의 봉사자 및 유급 실험자들과 함께 정부의 검열 방식의 기술적인 측면을 실험하는 과정의 세부 사항을 조율했고, 이 주제에 관한 책에 들어갈 자료의 조사를 보조하면서 정기적으로 블로그에 글을 썼다. 이 주제에 관한 내 관심은 좀처럼 사그라들지 않았고, 휴식 시간에도 우리가 연구하는 여러 국가에 관한 글과 자료를 읽었다. 나는 인터넷 검열에 관한 한 세계 최고의 전문가들과 일하며 가능한 한 모든 것을 흡수하고 있었다.

2007년 여름과 가을에 정부가 소셜미디어 웹사이트에 대한 접속을 차단하고 있다는 이야기들이 무수히 떠돌았다. 튀니지, 쿠웨이트, 터키가 처음 차단하기 시작했고, 바레인, 아랍에미리트가 그 뒤를 따랐으며, 그해 겨울에는 이란이 합류했다. 중국은 아예 처음부터 접속을 금지했다. 무사한 플랫폼은 없었다. 유튜브, 플리커Flickr, 페이스북, 트위터 모두가 차단 대상이었다. 2009년 말, 여러 국가가 온갖 소셜네트워크를 차단했다 풀었다를 반복하는 통에 어떤 국가가 어떤 소셜미디어를 차단하는지 일일이 추적하기조차 힘들어졌다. 하지만 우리도 노력은 했다. 국가가 표현의 자유의 적이라는 사실은 명백했고, 플랫폼이 정의의 편이라는 것도 명백했…. 적어도 당시에는 그렇게 보였다.

비슷한 시기에 나는 시위 중에 체포된 블로거에 관심을 가져달라는 캠페인과 관련해서 모로코의 젊은 인권운동가 카쳄 엘 가잘리Kacem El Ghazzali와 연락을 주고받고 있었다. 캠페인이 시작된 뒤로도 계속 연락을 주고받았다. 그는 공교육 시스템 내에서 종교와 싸움을 벌이고 있었고, 그와 관련해 자신이 어떤 일을 하는지 내게 설명했다. 그가 벌이고 있는 종교와의 싸움은 모로코의 절대 금기 선과 아슬아슬하게 맞닿아 있어 그의 안전이 걱정되었다. 불과 1년 전에 모로코 정부가 푸아드 무르타다Fouad Mourtada라는 젊은이를 체포한 일이 있었기 때문이다. 무르타다는 왕의 형제인 모로코 왕자의 페이스북 프로필을 만들었기 때문에 구속되었고, 그는 수감 중에 경찰에게 폭행을 당했다고 주장했다.

카쳄도 자신의 안전을 걱정했지만, 본인의 신념을 굽히지 않았다. 그는 페이스북에 'Jeunes pour la séparation entre Religion et En-seignement(종교와 교육 분리를 위한 청소년들)'이라는 제목의 페이지를 운영했는데, 그것이 곧 문제가 되었다. 2010년 3월 13일, 그에게서 메시지를 받았다. "페이스북이 내 계정을 정지시켰습니다."

그로부터 한 달 뒤 나는 '콘텐츠 감시 활동'에 관해 조사하기 시작했다. 당시에는 이 주제로 글을 쓴 사람이 거의 없었다. 그렇게 10년에 걸친 집착이 시작되었고, 내 삶과 경력은 새로운 방향으로 나아가게 되었다.

1장

새로운 문지기들

인터넷에서 사람들에게 매일 가장 직접적으로 적용되는
규칙들을 중개자들이 세우고 강제하고 있다.

_니콜라스 수조르

법이 민중의 참여나 승인 없이 밀실에서 만들어지는 사회를 상상해
보라. 그런 사회에서는 언제라도 법이 바뀌거나 아예 다른 법으로 대
체될 수 있다. 민주적인 참여도, 투명성도, 적법절차의 원리도 보장되
지 않는 사회다. 그리고 법이 적용되는 지역의 상황에 대해 잘 모를
가능성이 높고, 최소한의 교육만 받은 먼 지역의 노동자나 최근 그 비
중이 점점 커지는 머신러닝을 거친 자동화 시스템이 그 법을 집행한
다. 오류가 발생하는 것이 당연하고 또 그런 사례들이 넘쳐나지만, 오
류가 발생했을 때 개인이 그 오류를 바로잡을 방법은 거의 없다.

　그런 사회는 실제로 존재하며, 바로 실리콘밸리가 창조하고 전
세계로 수출한 소셜미디어 플랫폼 안에 존재한다. 구글, 페이스북, 유
튜브, 트위터, 텀블러 같은 플랫폼은 현재 전 세계 수십억 명의 언어
적·시각적 표현에 대한 통제권을 쥐고 있다. 페이스북에 한정해서 보
더라도 일일 사용자 수가 17억 명이 넘는데, 이것은 중국 전체 인구보
다 3억 명이나 더 많다(2020년 기준).

　소셜미디어 플랫폼은 민족국가와 달리 중화기는 보유하고 있지

않지만, 법학자 줄리 코헨Julie E. Cohen은 주류 플랫폼의 역할이 "국제 법질서에서 점점 더 주권국가에 가까워지고 있다"고 주장한다.[1] 표현에 대한 소셜미디어 플랫폼의 규제가 전 세계 곳곳의 보통사람들에게 얼마나 큰 영향력을 행사하는지를 생각해보면 이 주장은 결코 부인할 수 없는 사실이다. 또한 이것은 실리콘밸리와 이곳에서 상당한 영향력을 행사하는 낙관주의적 철학을 표방한 초기 사이버 자유 지상주의자들 모두의 에토스, 즉 윤리관에 반한다.

인터넷 철학자 존 페리 발로John Perry Barlow는 〈사이버공간 독립선언서A Declaration of the Independence of Cyberspace〉라는 제목의 글에서 "당신들이 추구하는 독재로부터 본질적으로 자유로운 글로벌 공간을 구축하고 있다"고 선언하면서, 온라인 공동체의 동료 구성원을 대변해 세계의 정부들을 상대로 날카로운 비판과 비난을 논리 정연하게 펼친다. 그는 사이버공간을 "우리의 집단행동"을 통해 스스로 자라는 "자연의 산물"로 규정하며 "사이버공간은 당신들의 영토에 속하지 않는다"고 주장한다.[2]

오랜 투병생활 끝에 2018년 작고한 발로는 인터넷이 "누구나, 어디서든, 그것이 오직 그 한 사람만의 신념이라 하더라도, 자신의 신념을 포기하거나 침묵하도록 강요받을지도 모른다는 두려움 없이 표출할 수 있는 세계"라고 생각했다. 그에게 인터넷은 "사적 소유권, 표현, 정체성, 사회운동, 맥락"과 같은 법 개념이 "적용되지 않는" 세계였다. 왜냐하면 그런 개념은 "모두 물질을 토대로 삼는데, 인터넷은 물질이 없는" 세계이기 때문이다.

발로의 〈독립선언서〉는 1996년 다보스 세계경제포럼이 한창 진행 중일 때, 더 구체적으로는 당시 미국 대통령이었던 빌 클린턴Bill Clinton이 인터넷에서 '외설적인' 콘텐츠를 금지하는 것을 주요 골자로 한 통신품위법에 서명한 날 작성되었다. 이미 6년 전에 전자프런티어 재단을 공동 설립한 발로는 인터넷이 제공하는 자유에 정부가 점점 더 큰 위협이 되고 있다는 사실을 잘 인지하고 있었다.

SF 소설가 브루스 스털링Bruce Sterling 또한 초창기에 온라인이 약속한 자유에 대한 글을 썼다. 1992년 한 잡지에 기고한 〈인터넷의 간략한 역사A Short History of the Internet〉라는 글에서 그는 사람들이 인터넷에 접속하고 싶어 하는 주된 이유는 "깔끔한 자유"라고 주장하면서 "인터넷은 근대적이고 제대로 기능하는 진정한 무정부 상태의 드문 예다. '인터넷 주식회사'는 존재하지 않는다"고 덧붙였다.[3]

1990년대에 자란 나 또한 온라인에서는 무엇이든 가능하다고 믿었다. 내가 월드와이드웹을 처음 접한 것은 현재 더 널리 사용되는 AOL과 유사한 초창기 인터넷 서비스업체 프로디지Prodigy를 통해서 였지만, 꽤 오랫동안 온라인상의 표현에 대한 그 어떤 규제도 경험하거나 볼 수 없었다. 나의 초기 웹 모험은 흥미진진했다. 짜릿하기까지 했다. 그러나 위험도 있었다. 나는 성희롱과 혐오 발언을 당했다. 오늘날까지도 머릿속에서 지워지지 않는 이미지를 보기도 했다. 달리 말해 현재 플랫폼들이 없애려고 나선 모든 것을 경험했다. 그러나 평생을 갈 우정도 쌓았다. 그 친구를 만나려고 처음으로 혼자 미국이 아닌 나라로 여행을 떠났고, 내가 졸업한 시골 공립학교에서는 가르치지 않는 세계에 대해 배웠다.

발로는 인터넷이 국가의 통제에서 벗어난 공간, 규제가 불가능한 공간이며, 그곳에서는 황금률the Golden Rule을 기본 원칙으로 삼은 새로운 유형의 거버넌스가 탄생할 것이라고 생각했다. 스털링은 인터넷이 "모두"의 것이면서 "그 누구"의 것도 아니라고 생각했다.[4] 발로와 스털링 모두 결국에는 국가가 웹에 어느 정도는 통제력을 행사할 것이라고 예측했다. 그러나 두 사람의 발상에서 영감을 얻었음이 분명한 다음 세대가 길들여지지 않은 신자유주의적 자본주의를 통해 어떤 일을 해낼지는 미처 상상하지 못했다.

검열의 간략한 역사

역사를 돌아보면 다양한 기관들이 일반 시민이 무엇을 보고 말할 수 있는지에 관한 법을 만들고 강제했다. 전통적으로 그것은 교회나 군주의 영역이었지만, 1648년 베스트팔렌조약Peace of Westphalia 이후 민족국가의 주권이 사회의 기본적인 질서 원칙으로 급부상했고, 그 결과 민족국가와 그에 속한 하위 행정 구조가 사람들이 무엇을 하고 말할 수 있는지와 어떤 정보를 접할 수 있는지를 결정하는 최고 심판자가 되었다.

　　오늘날 세계 전역의 대다수 사회는 민주적으로 선출된 정부가 우리의 표현과 정보에 대한 접근권을 규제할 권한을 가진다는 점에 동의한다. 다만 각 사회마다 정부의 규제 강도에 대한 견해가 다를 뿐아니라 규제 대상의 범위에 대한 견해도 다르다.

　　인터넷이 탄생하기 전에는 검열이란 것이 지역 중심적인 행위였다. 정부는 민주적인 정부이든 아니든 특정 서적, 영화, 예술작품, 신문기사가 법을 위반했는지, 사회적 정서에 위배되는지를 판단하고 그런 콘텐츠의 배포를 금지할지의 여부를 결정할 수 있다. 역사적으로, 그리고 전 세계적으로 검열 방식은 매우 다양하다. 소비에트연방에서는 정부가 책의 일부 또는 전체 내용을 삭제하고 새로 인쇄해서 시민이 그런 정보를 아예 접할 수 없게 막기도 하고, 작가의 의도와는 상관없이 정부가 정한 선을 넘으면 감옥에 가뒀다. 현재 사우디아라비아 정부는 수입 잡지 및 영화에서 금기어와 이미지를 검게 칠하는 등 덮어버리고 자국에서 생산할 수 있는 콘텐츠에 제한을 두는 방식을 선호한다. 중세 이탈리아와 전근대 영국은 둘 다 예술작품의 선정성을 지우기 위해 무화과 잎을 활용했고, 이슬람교도가 인구의 압도적인 비중을 차지한다는 점 외에는 역사 및 정부 체계 등 모든 면에서 다른 국가인 터키와 모로코는 살아 있건 이미 사망했건 국가의 지도자를 감히 모욕하는 자는 모조리 투옥했다.

민주적인 국가일수록 보통 검열이 더 투명하게 이루어진다. 독일의 기본법은 1990년 동독과 서독의 통일을 계기로 개정된 독일 헌법인데, 언론 및 표현의 자유를 보장하지만 아동 및 청소년을 보호하고 개인의 명예를 보호하기 위해 그 자유를 제한하는 것을 허용한다. 또한 현대 독일 형법은 폭스페어헤충Volksverhetzung, 즉 '대중의 혐오를 선동하는 것'과 홀로코스트 부정, 특정 유형의 모욕적인 발언 등을 명시적으로 금지한다. 더 나아가 '반反헌법적 정치'를 금지하는 법도 있다. 그 법은 국가사회당 기타 신나치주의 정당 입당뿐 아니라 극좌파주의 붉은 군대 분파 입당도 금지한다. 그런 법은 종종 논란의 대상이 될지언정 대중에게 그 내용을 충분히 잘 설명하며, 법 전문全文을 도서관이나 인터넷에서 쉽게 찾을 수 있다. 독일을 비롯해 그런 법이 적용되는 국가의 시민은 그런 조치에 반대할 수는 있지만, 그 법을 어길 때는 자신이 법을 어긴다는 사실을 알고 있으며 그런 위반 행위로 어떤 처벌을 받게 될지도 안다.

위키피디아의 국제적인 후원자 집단은 검열을 "언론, 공적 소통 기타 정보를 그 내용이 외설적이거나 해롭거나 민감하거나 '불편하다'는 이유로 탄압하는 것"으로 정의하며, 검열은 본질적으로 정권이 마음에 들지 않는 표현을 규제하고, 처벌하고, 다른 제한 조치를 취함으로써 민중에게 정권의 우월적 지위와 정권의 가치관를 표명하는 행위다.

'검열'은 그 자체로는 본질적으로 가치중립적인 용어다. 사람들이 용인하는 검열도 있고(예컨대 대다수 독일인은 홀로코스터 부정 금지를 지지한다), 사람들이 부당하다고 여기는 검열도 있다. 또한 어떤 검열이 그 둘 중에서 어느 쪽에 해당하는지는 사회마다, 심지어 개인마다 다르다. 대다수 정부는 혐오 발언을 어느 정도는 검열해야 한다는 입장이지만 국가 수장을 모욕하는 행위를 금지하는 국가는 거의 없다.

검열이 가치중립적인 용어인지는 몰라도 유독 우리가 부당하다고 여기는 규제를 설명할 때에만 빈번하게 쓰인다. 논란의 여지는 있지만 언론 및 표현에 관해서는 세계에서 가장 너그러운 법을 적용하는 국가 중 하나로 꼽히는 미국도 언론과 표현의 자유에 한계를 두고 있다. 그 한계 중 하나는 아동을 대상으로 한 성적 착취 영상 및 사진이다(일반적으로, 그리고 안타깝게도 '아동 포르노'라는 명칭이 더 널리 통용된다). 이것은 아동을 보호하기 위한 규제이며, 웬만큼 영혼이 타락하지 않았다면 그런 규제의 필요성에 동의할 것이다. 그런데 비록 합의는 존재하지만 그런 것 또한 검열에 해당한다. 요컨대 그것은 우리가 용인하는 검열이다.

　더 나아가 언론 또는 표현의 자유는 미국 수정헌법 제1조 또는 그와 동등한 법적 권리의 동의어가 아니다.[5] 오히려 표현의 자유는 그 기원이 최소한 고대 그리스 시대로 거슬러 올라가는 개념이다. 아테네에서는 모든 남성 시민이[6] 부유하든 가난하든 민회에서 발언을 하고, 도시국가의 행정에 참여하도록 권장되었다. 이것은 곧 '이세고리아isegoria'라는 개념으로 아테네 사회의 기본 토대를 형성했고, 또 다른 '파레시아parrhesia'라는 개념은 아테네 사회의 철학자들이 권력층을 향해 진실을 말할 수 있는 자유를 제공했다. 독자들도 잘 알다시피 아테네의 표현의 자유에도 한계가 없지는 않았다. 소크라테스에게 유죄 판결을 내린 투표는 민주적이었는지 몰라도, 궁극적으로는 소크라테스를 침묵시키는 결과를 낳았다.

　검열, 그리고 이 용어에 대한 저항의 역사를 알면 우리가 현재 직면한 딜레마를 이해하는 데 도움이 된다. 내가 이 책을 통해 보여주듯이, 오늘날 언론 및 표현의 문지기는 민족국가만이 아니다. 거대한 글로벌 인터넷 기업들도, 디지털 매체를 연구하는 호주의 법학자 니콜라스 수조르의 말을 빌자면 "우리 삶을 통치하는 핵심 행위자"[7]가 되었다. 그런 기업들은 그 누구에게도 구속되지 않는 동시에 많은 이들에게 구속되며, 그 결과 사용자는 물론이거니와 전문가조차 제대로 파악하기 힘들어진 복잡한 규정 뭉치를 만들어냈다. 그리고 그 덕분에 그 기업들은 우리의 발언, 개인과 집단의 행위능력agency, 문화, 우리의 기억에 엄청나지만 충분히 기록되지 않는 영향력을 행사하고 있다.

새로운 문지기들

존 페리 발로가 다보스의 엘리트들과 어울리는 동안 마크 저커버그Mark Zuckerberg라는 청년은 뉴욕주 웨스트체스터 카운티에 있는 집에서 자신의 첫 소셜네트워크 '저크네트ZuckNet'의 코딩 작업을 하고 있었다. 그 소셜네트워크는 아버지의 치과 진료소의 컴퓨터와 집에 있는 컴퓨터를 하나로 연결했다. 한편, 미국 동부 반대편 서부에 있는 스탠퍼드대학교 대학원에서 래리 페이지Larry Page와 세르게이 브린Sergey Brin이 아주 끈끈한 우정을 쌓고 있었다. 그 우정은 3년도 채 지나지 않았을 때 '구글Google'을 탄생시킨다. 또한 미주리의 한 대학교에서는 패기 넘치는 청년 잭 도시Jack Dorsey가 얼른 졸업하고 취직하고 싶어 안달이 난 상태였다.

장차 설립자가 될 이 청년들은 나와 같은 인터넷에서, 모든 것이 가능해 보였던 인터넷에서 젊은 시절을 보냈다. 21세기로 넘어갈 무렵 그들은 모두 실리콘밸리로 모여들었다. 당시 실리콘밸리를 지배하는 이데올로기는 자유지상주의였고, 그들은 자유방임주의적 자본주의를 열렬히 지지하고 모든 규제를 비난했다. 이 청년들은 캘리포니아의 이데올로기를 받아들였고 그 이데올로기를 구현한 제국을 건설했다.

저커버그, 페이지와 브린, 도시가 설립한 회사들(각각 페이스북, 구글, 트위터)은 온라인상의 표현에 대한 규제가 거의 전무한 시기에 출범했다. 1998년에 제정된 '디지털 밀레니엄 저작권법Digital Millennium Copyright Act'은 저작권 보호를 받는 콘텐츠를 공유하고 유통하는 행위에 제한을 가했고, 저작권 보호 책임을 그런 콘텐츠가 게시될 가능성이 있는 플랫폼에도 확대 적용했다. 몇몇 정부는 특정 웹사이트에 대한 접속만을 차단하는 방법을 마련했지만, 모든 웹사이트에 대한 접속을 금지한 정부도 있었다. 후자의 경우에는 허가제 등 다른 방식으로 특정 시민에게만 접속 권한을 허용했다. 그러나 디지털 미개척지는 대체로 무법지대로 남았다.

포르노가 널리 유통되는 것을 두고 이른바 '포르노 전쟁'이라고 불리는 논쟁이 벌어졌고, 이는 통신품위법의 제정으로 이어졌다. 이후 이 법은 위헌 판정을 받았지만, 제230조는 여전히 효력을 인정받아 소셜미디어 플랫폼이 번성할 수 있는 발판이 되었다. 통신품위법 제230조로 알려져 있고, 47 U.S.C. § 230로 명문화된 이 법 조항은 원래 통신품위법의 일부였으며, 인터넷 서비스 제공업자와 검색엔진에 안전한 피난처를 제공하기 위해 제정되었다. 제230조는 그런 업자들이 자신들은 콘텐츠의 발행인이 아니고 인터넷에 대한 접속 내지는 정보의 유통 서비스만을 제공하므로 사용자의 온라인상 발언에 대한 책임을 지지 않는다고 주장하는 법적 근거가 된다.

제230조는 두 가지 내용을 담고 있다. 첫째, 매개자가 사용자의

표현에 대해 법적책임을 지는 것을 막는다. 통신회사에 주어지는 보호장치로 보면 된다. 이것은 중요한 조항이다. 이 조항이 없다면 인터넷 기업들은 사용자의 표현을 선제적으로 감시하고 규제할 인센티브가 생긴다.

둘째, 매개자가 면책권은 유지한 채 사용자의 표현을 감시하고 규제할 수 있는 권한을 얻는다. 제230조가 발효되기 전에는 사용자가 불법적이거나 모욕적인 내용의 게시물을 올렸을 때 인터넷 서비스 업체가 그에 대한 책임을 질 위험이 있었다. 두 번째 내용이 없이는 매개자가 괴롭힘 등의 사이버 폭력으로부터 고객을 보호하기가 힘들었다. 매개자가 게시 여부를 미리 알지 못한 콘텐츠에 대해 법적 책임을 지게 될 위험이 있었기 때문이다.

니콜라스 수조르는 제230조가 "인터넷 콘텐츠에 대한 소송의 기본 원칙을 확고하게 정립했다. 피해자는 인터넷에서 자신에게 손해를 입힌 직접적 당사자를 상대로 소송을 진행할 수 있지만 그 콘텐츠가 게시되거나 유통되는 공간을 제공한 인터넷 서비스업체를 상대로 소송을 진행하는 것은 거의 불가능하다. 제230조의 중요성은 아무리 강조해도 지나치지 않다. 이 조항이 제공하는 면책특권은 매우 포괄적이다. 플랫폼이 자신들의 입맛에 맞지 않는 콘텐츠를 삭제할 권리는 주되 삭제하지 않은 콘텐츠에 대한 책임은 묻지 않는다"고 말한다.[8]

물론 매개자를 이런 방식으로 규제할 때의 단점은 현장에서 적용되는 규칙이 특별한 자격 요건을 갖춘 것도 아니고 선출되지도 않은 지도자들에 의해 정해지며, 언제든지 바뀔 수 있다는 점이다. 매개자는 어떤 이유나 아무 근거 없이 사용자의 발언과 표현을 검열하거나 자사의 서비스를 사용하지 못하도록 영구적으로 추방할 수도 있다. 요컨대 법학자 리베카 투시넷Rebecca Tushnet의 설명처럼 "현재의 법체계는 인터넷 중개업자에게 자신의 표현의 자유뿐 아니라 다른 모든 사람의 표현의 자유까지 누리도록 허용한다."⁹

이것은 플랫폼의 운영 목적이 매우 특수하거나 한정적이어서 대상 집단이 틈새 집단이거나 소규모인 경우에는 크게 문제되지 않는다. 유대인 소개팅 서비스업체 제이데이트Jdate가 기독교인의 활동을 허용해야 한다거나 취미로 뜨개질하는 사람들을 위한 웹사이트에서 정치 토론을 허용해야 한다고 주장하는 사람은 거의 없을 것이다. 그러나 지난 몇 년간 몇몇 대규모 범용 플랫폼은 전 세계에서 수십억 명의 사람들이 모여드는 광장이 되었다. 법적인 의미에서 페이스북이나 트위터는 쇼핑몰과 같은 곳이다. 초기 사용자들은 이들 플랫폼을 아이디어와 정보를 교환할 수 있는 곳이자 모든 사람이 공공 토론에 참여할 수 있는 동등한 기회를 지니는 곳, 즉 일종의 가상 공공장소라고 생각했다.

많은 사람이 그런 플랫폼이 민간기업이라는 한계를 지닌다는 점에서 그 안에서 자유를 누릴 수 있기를 기대해서는 안 된다고 주장하겠지만, 그리고 내 글을 비판하면서 실제로 그런 주장을 펼쳤지만 플랫폼에서 표현의 자유를 보장받으리라고 기대할 수 있는 근거가 전혀 없는 것은 아니다. 앞으로 살펴보겠지만, 그런 플랫폼의 설립자들은 초창기부터 자신들의 사이트가 아이디어를 자유롭게 교환하는 공간이라고 믿게끔 유도했다. 아무런 규정 없이 설립된 플랫폼은 없지만 시간이 지나면서 플랫폼의 인기가 높아지고 사용자가 늘면서 우리가 무엇을 말할 수 있고 말할 수 없는지에 대해 플랫폼이 가하는 제약도 늘어났고, 외부에서 플랫폼에 가하는 압박도 커졌다. 따라서 우리는 플랫폼이 온라인 표현의 '새로운 운영위원new governor' 노릇을 한다고 봐야 한다.

법학자 케이트 클로닉은 "이런 신 운영위원은 새로운 삼주三柱 언론 모델에서 정부와 발화자speaker 및 발행자publisher라는 세 기둥 사이에 자리한 한 부분이다. 그들은 민주주의 문화와 표현의 자유에 대한 사용자들의 기대에 부응해야 하는 경제적·규범적 동기를 지닌 자기규율 민간 기관이다"라고 썼다.[10]

클로닉이 말한 삼주 언론 모델은 잭 벌킨Jack Balkin이 제시한 것이다. 잭 벌킨은 미국 헌법을 연구하는 학자로 인터넷에서의 시민적 자유를 주제로 많은 논문을 썼다. 신 운영위원에 대해 벌킨은 이렇게 말한다. "20세기 모델에서는 대다수 사람이 대중매체 산물의 시청자였고 아주 소수만이 발표자나 방송인으로 대중매체를 적극적으로 활용했다. 이와 대조적으로, 21세기의 디지털 언론 운영위원은 일반인이 콘텐츠를 생산하도록 보조하고 유도하면서 돈을 벌고 그 결과 발화자 공동체들을 운영하게 되었다."[11]

벌킨의 삼주 모델은 다원주의적인 언론 규제 개념의 한 예다. 그래서 기존의 개념보다 훨씬 더 복합적이며, 다양한 행위자가 언론의 운영에 참여하고, 아마도 이 체계의 무질서한 속성으로 인해 시민들이 전통적인 정부의 언론 규제를 피할 수 있는 방법도 더 많다.

그러나 벌킨이 일찌감치 경고했듯이 디지털 시대에 들어서면서 "민주주의 문화를 보호할 책임"이 민간 행위자에게 넘어갔고, 그 결과 언론 및 표현의 자유를 보장하는 데 미국의 수정헌법 제1조와 전 세계의 유사한 법 조항이 지닌 무게감이 달라져 버렸다.[12]

적어도 미국에서는 준准공공장소에 대한 민간기업의 운영 권한이라는 문제가 이전에도 논의된 적이 있다. 가장 대표적인 예가 1946년 마시 대 앨라배마주Marsh v. Alabama 연방대법원 판례다. 20세기 초에는 회사가 자사 직원들에게 주택 등 부동산을 제공하는 일이 드물지 않았다. 이런 공간은 일상적으로는 '기업 도시company town'라고 불렸으며, 기업이 소유하고 관리했지만 대체로 공공장소로 다뤄졌다. 예컨대 외부인도 회사 땅에 만들어진 인도와 도로와 상점을 자유롭게 이용할 수 있었다.

그러나 여호와의 증인 신자인 그레이스 마시Grace Marsh가 앨라배마주의 한 기업 도시의 거리에서 종교적인 내용의 전단지를 나눠주자 회사 측에서 그녀에게 자사의 사유지에서 나갈 것을 요구했다. 마시는 거부했고, 체포되었다. 이 사건으로 수정헌법의 해석이 쟁점으로 떠올랐다. 연방대법원은 마시의 손을 들어줬다. 휴고 블랙Hugo Black 연방대법관은 5대3 다수결로 결정된 판결 내용을 적시하면서 다음과 같이 밝혔다.

"부동산의 소유자가 자신의 이익을 위해 그 부동산을 대중이 사용할 수 있도록 개방했다면, 그 소유자의 권리 또한 그 부동산을 사용하는 사람들의 헌법적·법적 권리에 의해 제한을 받는다."[13]

마시 판례의 핵심 논리는 현재까지도 수정헌법의 해석 지침으로 남아서 이후 판례들의 근거가 되었다. 이 글을 쓰는 현재 이 원칙이 인터넷이라는 준공공장소에 적용된 적은 없지만 마시 판례의 핵심 논리를 가상공간에 적용하기는 어렵지 않아 보인다.

2011년 페이스북은 당시 미국 대통령이었던 버락 오바마를 위해 가상 '시 청사'를 제공했다.[14] 미국에서는 역사적으로 시 청사에서 개최하는 공개 시민 토론회가 정치인들이 지위에 상관없이 선거구의 모든 주민과 만날 수 있는 자리였다. 요컨대 이런 형식의 모임에서는 일반 유권자와 시민이 동등하게 대우받는다. 비록 시 청사는 기본적으로는 개방되지 않는 장소이므로 이론적으로는 시민의 참석을 거부할 수 있지만 그런 모임은 대개 모든 사람에게 개방된다.

그러나 페이스북이 제공한 '시 청사'는 본질적으로 폐쇄적인 장소일 수밖에 없었다. 그곳에서 개최된 모임에 참석하려면 페이스북 계정을 갖고 있고 페이스북의 '실명' 사용 원칙을 준수해야 했다. 따라서 자신의 진짜 이름을 공개하고 사용하는 데 동의하고 그것을 실천해야 했다. 페이스북의 규정을 고의로 또는 실수나 무지로 위반해서 페이스북에서 추방된 사람은 그 시 청사에도 들어갈 수가 없었다.

마찬가지로 웹사이트를 개설하는 대신 페이스북 페이지를 활용하는 식당부터 페이스북으로 고객과 소통하는 항공사에 이르기까지 페이스북을 통해 고객과 다양한 방식으로 교류하는 사업체가 늘고 있다. 페이스북을 탈퇴하거나 강퇴당한 사용자는 이런 채널을 활용할 수 없을 뿐 아니라 계정이 없는 직원도 곤란해진다. 당신의 직장이 페이스북을 사용하면 당신도 무조건 페이스북에 가입해야 한다. 그런데 만약 페이스북에서 쫓겨난다면? 그건 당신 사정이고, 당신이 알아서 해결해야 하는 문제다.

"매개자에게 플랫폼을 편집할 권리를 보장하면서도 수정헌법 제

1조에 명시된 사용자의 표현의 자유를 보호하는 방안을 둘러싼 논쟁이 법원과 법학자들 사이에서 끊이지 않고 있다"고 클로닉은 말한다. 그러나 이들 플랫폼, 특히 미국 밖에서 운영되는 플랫폼의 많은 사용자들 입장에서는 그 논쟁이 너무 느리게 진행되고 있다.[15]

플랫폼마다 적용하는 규정은 다를지라도 모든 플랫폼이 스스로 문지기가 되었다. 그리고 플랫폼의 규정이 반복해서 적용될 때마다 여러 유형의 콘텐츠를 검열하라는 사용자, 정부, 단체들의 압박에 스스로를 점점 더 노출시킨다.

우리는 이제 인터넷이 '누구나, 어디서든' 자신의 신념을 표현할 수 있는 공간이라고 말할 수 없다는 것이 확실해진 시대로 들어섰다. 물론 애초에 그런 공간이 존재했는지도 의문이지만 말이다. 또한 우리는 사회에서 이미 소외된 집단이 책임성이 없는 플랫폼에 의해 더욱더 희생당할 수 있는 시대, 이미 큰 권력을 쥔 자들이 거짓 정보나 혐오를 아무런 제재 없이 자유롭게 퍼뜨릴 수 있는 시대로 들어섰다.

디스토피아에 온 것을 환영한다.

준准공적 영역에서의 콘텐츠 사찰하기

전해지는 이야기에 따르면 마크 저커버그는 하버드대학교 기숙사에서 처음 페이스북을 창안했다. '페이스매시FaceMash'는 여학생들의 사진 두 장이 뜨면 두 사진을 비교해서 더 예쁜 학생을 고르는 하버드대학생들을 위한 게임이었다. 저커버그는 여학생들의 사진을 대학교의

'페이스 북face book', 즉 학생들의 사진이 포함된 학생 인명부에서 가져왔다. 그 당시 저커버그는 "몇몇 얼굴은 가축 사진이랑 나란히 올려두고 싶었다"면서 "사람들이 어느 쪽이 더 예쁜지 고를 수 있도록 말이다"라는 글을 자신의 블로그에 올렸다.[16]

하버드대학교는 페이스매시를 폐쇄했고, 저커버그는 학교 당국과 마찰을 겪었지만 전혀 멈추지 않았다. 저커버그는 새 웹사이트 '더페이스닷컴Thefacebook.com'을 개설했고, 이 웹사이트는 일종의 온라인 학생 인명부 역할을 했다. 2004년 2월 하버드대학교 학생을 대상으로 시작한 이 사이트는 그다음 달에 예일대학교, 스탠퍼드대학교, 컬럼비아대학교 학생들에게 개방되었고, 그해 말에는 미국의 거의 모든 대학교 학생들에게 개방되었다.

페이스북이 이런 부류의 소셜미디어 플랫폼의 시초는 아니다. 당시 프렌드스터Friendster, 마이스페이스MySpace, 지금은 잊혀진 오어쿠트Orkut가 이미 다른 지역에서 인기를 얻고 있었다. 그러나 페이스북은 순식간에 가장 규모가 큰 웹사이트가 되었고, 일반인의 가입을 허용한 지 4년 만인 2010년에는 회원 수가 5억 명에 달했다. 그로부터 1년 뒤, 페이스북은 첫 '커뮤니티 규정Community Standards'을 내놓았다.

그렇다고 해서 개설 당시 페이스북에 아무런 규칙이 없었던 것은 아니다. 커뮤니티 규정을 발표하기 전에도 "다른 사용자를 괴롭히거나 협박하거나 따돌리는" 행위, "혐오, 협박, 포르노 또는 나체 및 시각적으로 자극적이거나 과도한 폭력이 포함된" 콘텐츠 게시, "불법적이거나 허위적이거나 악의적이거나 차별적인 목적으로 페이스북을 사용하는 것" 등을 약관으로 금지하고 있었다. 또한 사용자가 '실

명'이 아닌 이름으로 가입하는 것을 막았다.[17]

    회사의 약관은 회사와 서비스 사용자 간 서비스 이용 조건을 정리한 법적 계약서지만 커뮤니티 규정이나 지침은 플랫폼의 규칙, 그리고 때로는 그런 규칙 위반 행위에 대한 처벌을 사람들이 읽고 이해할 수 있는 글로 설명한 문서다. 2011년에 발표된 페이스북의 첫 커뮤니티 규정은 명확했지만 매우 기본적이기도 했다. 폭력과 협박, 자학, 따돌림과 괴롭힘, 과도한 신체 노출과 시각적으로 자극적인 콘텐츠를 금지했다. 저작권 침해 행위, 법적으로 금지되거나 규제되는 물품의 광고, 가짜 이름이나 별명 사용 등 몇몇 기타 행위도 금지했다.

    커뮤니티 규정 원문의 가장 마지막 줄에는 페이스북에서 플랫폼의 규정에 위배되는 행위를 목격했다고 판단되면 페이스북 측에 신고해야 한다고 명시했다. 대다수 플랫폼처럼 페이스북은 최근까지도 금지 콘텐츠를 색출하는 일에 적극적으로 나서지 않았다. 대신 커뮤니티의 자발적 순찰, 즉 '플래깅flagging'이라는 시스템을 통해 사용자들 스스로가 사이트를 감독하는 활동에 전적으로 의존했다. 케이트 크로퍼드Kate Crawford와 탈튼 길레스피는 이런 시스템이 "사용자의 노동력을 착취하고 배분하는, 요컨대 사용자를 자원봉사 단속반으로 활용하는 방식으로 작동한다"고 주장한다.[18]

    플래깅('깃발 들기' 또는 '표시하기'를 뜻함 – 옮긴이주)은 플랫폼들 사이에서 비슷비슷하게 운영된다. 불쾌하게 여겨지는 콘텐츠를 접한 사용자가 신고하기 버튼(드물기는 하지만 깃발 모양일 때도 있다)을 클릭하면 여러 보기가 제시된다. 현재 페이스북에서는 '나체 이미지', '혐오' 기타 규정상 금지된 항목을 보기로 나열하고, 그중에서 "문제점을 선택한 후"에 해당 게시글을 신고할 수 있다고 밝히고 있다. 트위터에서는 '이 트윗에 무슨 문제가 있나요?'라고 묻고 '이 트윗에는 관심이 없습니다', '가학적이거나 유해한 콘텐츠입니다' 같은 보기를 선택할 수 있다. 사용자가 무엇을 선택하느냐에 따라 더 많은 질문에 답을 해야 하거나 신고하기 전에 항목을 선택해야 할 수도 있다.

이런 플래깅 관행은 사람들이 서로를 감시하고 문제 행동을 중앙 당국에 보고하는 것이 당연하게 여겨지는 고자질 문화를 낳았다. 커뮤니티 규정도 그렇지만 이런 유형의 '커뮤니티 순찰community polic-ing' 또한 커뮤니티, 즉 공동체와 관련이 있다고 하기 힘들다. 오히려 미국 국토안보부의 '보면 말하세요If You See Something, Say Something' 프로그램과 비교하는 것이 더 정확할 것이다. '보면 말하세요' 프로그램은 9·11 사태 직후 수상한 행동을 목격하면 당국에 신고하도록 일반 시민을 독려할 목적으로 제안된 것으로 이 프로그램으로 인해 아주 많은 무고한 유색인종이 불확실한 이유로 신고를 당했다.[19]

현대 소셜미디어 플랫폼에서는 이런 현상이 사람들이 실질적인 위반 행위와 그것으로 의심되는 행위를 신고하는 외에도 단순히 불쾌하거나 짜증이 난다는 이유로 다른 사용자를 신고하는 현상으로 변환된다. 일단 어떤 게시물이 신고당하는 순간 그 게시물은 인간 콘텐츠 관리 노동자의 검토 목록에 등록된다. 인간 노동자는 신고된 콘텐츠가 정말로 규정을 위반했는지 판단한다.[20] 규정을 위반한 것으로 판단되면 그 게시물은 삭제된다. 만약 위반하지 않았다고 판단되면 그대로 유지된다. 규정을 반복해서 위반하는 사용자는 유치원생과 동일한 처벌을 받기도 한다. 최고 30일의 '타임아웃', 즉 활동 정지 처분을 받을 수 있고, 그 기간 동안 그 사용자의 게시물은 검색되지 않는다. 또는 최악의 경우에는 플랫폼에서 영구 추방되기도 한다. 그렇게 되면 여러 보상을 통해 최대한 많이 활용하도록 수년간 영업당한 콘텐츠, 그리고 네트워크에 영영 접속할 수 없게 된다.

새러 로버츠는 이들 플랫폼이 현재 운영되고 있는 자본주의적 맥락과 규모에 대해 비평하며 "상업적 콘텐츠 관리commercial content moderation"라고 지칭했다. 구글과 페이스북 같은 기업은 전 세계에 흩어져 있고 흔히 액센츄어Accenture, 코그니전트Cognizant, 아르바토Arvato 같은 기업을 통해 고용된 수천 명의 콘텐츠 관리자content moderator를 활용하고 있다. 로버츠는 그들의 노동이 "전 세계에 산재한 여러 정권, 각기 다른 고용 지위와 노동환경에 속해 있고, 게다가 그런 상황은 종종 의도된 것"이라고 말한다.[21]

로버츠와 클로닉 같은 법학자, 에이드리언 첸Adrian Chen과 케이시 뉴턴Casey Newton 같은 저널리스트 덕분에 우리는 다른 플랫폼에 비해 페이스북의 콘텐츠 관리의 내부 절차를 훨씬 더 많이 알고 있다. 페이스북의 콘텐츠 관리는 세 가지 단계로 나뉜다. 3급 관리자는 기본적인 콘텐츠 관리 업무 대부분을 담당하고, 2급 관리자는 3급 관리자들을 감독하면서 우선순위 내지는 위험 수준으로 분류된 콘텐츠를 검토하고, 1급 관리자는 가장 까다로운 콘텐츠 문제를 다루는 정책입안자 내지는 변호사로서 그런 콘텐츠 문제에 대한 대응으로 정책을 수정하는 일을 한다.

상업적 콘텐츠 관리는 스트레스가 많고 고된 작업이다. 콘텐츠 관리자들, 특히 3급 관리자들은 하루 종일 끔찍한 이미지를 보면서 그 콘텐츠를 그대로 둘지 삭제할지 즉각적으로 결정해야 한다. 임금도 매우 낮은 수준이다. 미국에서는 최저 연봉이 2만 8800달러(한화로 약 3500만 원 – 옮긴이주)이고, 인도에서는 일당이 6달러(한화로 약 7500원 – 옮긴이주) 수준이다.[22] 그들은 최소한의 교육밖에 받지 못하며, 정신건강을 지키는 데 필요한 지원도 거의 전무하고, 종종 매우 암울한 노동환경에서 일한다. 무엇을 위해서? 그들 관리자들이 봐야만 하는 끔찍한 콘텐츠를 플랫폼 사용자들은 보지 않아도 되도록 그렇게 하는 것이다(그런데 콘텐츠 관리자 대다수는 그 플랫폼의 사용자이기도 하다).

"아주 비참한 일이죠." 오데스크oDesk의 전직 콘텐츠 관리자였던 아미네 데르카우이Amine Derkaoui는 2012년 온라인 매체 '고커Gawker'의 기자 에이드리언 첸과의 인터뷰에서 이렇게 말했다. "그들은 제3세계를 마구 착취하고 있어요."[23] 데르카우이는 콘텐츠 관리자 교육용 매뉴얼을 최초로 언론에 흘린 사람들 중 한 명이다.

현재 데르카우이는 저널리스트로 활동하고 있지만 막 스물한 살이 되었을 무렵에는 시급 1달러를 받으면서 페이스북의 콘텐츠 관리자와 유사한 오데스크의 '전前관리자pre-moderator'라는 임시직으로 일했다. 그가 맡은 업무는 자신이 선택한 항목의 콘텐츠를 보고 해당 콘텐츠가 규정을 위반했는지 판단하는 것이었다. 그가 검토한 콘텐츠는 미국 팔로알토에 있는 오데스크 본사의 정규직 콘텐츠 검토자에게로 넘어갔다. "처음부터 그 업무 전체가 오직 제3세계 인력을 염두에 두고 구상된 것이었어요." 데르카우이가 내게 말했다. "원래부터 아프리카와 아시아 사람들에게 맡길 업무였다고 나와요. 그러니까 유럽인과 미국인에게 맡길 생각은 아예 없었던 거죠." 내가 그에게 일이 어 땠는지 묻자 그는 프랑스어 억양이 섞인 영어로 이렇게 말했다. "페 이스북 콘텐츠 관리는 인터넷에서 가장 더럽고 추한 배설물 같은 내 용으로 가득한 직무예요." 플로리다주 탬파시에서 코그니전트의 콘 텐츠 관리자로 일하는 익명의 제보자는 저널리스트 케이시 뉴턴에게 "우리는 의자에 갇힌 몸뚱이[예요]"라고 말하기도 했다.[24]

콘텐츠 관리는 노동자의 신체건강과 정신건강에 장기적인 손상 을 입히는 참혹한 작업일 수 있다. 사람에 따라서는 그렇게까지 고된 작업이 아닐 수도 있다. 수십 명의 콘텐츠 검토자와 인터뷰한 에이드 리언 첸이 내게 말한 것처럼 어떤 사람에게는 그냥 해야 할 일에 불과 하다. 그러나 첸은 이렇게도 말한다. "아주 좋은 일은 아니죠. 어느 모 로 보나 상당히 단조로운 작업이니까요. 꼭 필요한 일이라고 생각하 고, 자신이 다른 사람들을 보호하기 위해 나쁜 콘텐츠의 물결에 맞서 최전선에서 싸우고 있다는 식으로 생각하죠…. 내가 보기에는 이들 기업이 플랫폼을 충분히 엄격하게 통제하는지 여부보다는 그 기업들 이 쥐고 있는 권력이 문제의 핵심입니다. 그들에게 더 많은 권력을 주 는 것은 바람직하지 않습니다. 단순히 표현의 자유라는 관점에서만이 아니라 개발도상국의 국민들에게 이런 해로운 저임금 일자리를 떠넘 기도록 만든다는 관점에서도요."

유튜브의 직원이었던 알렉스는[25] 콘텐츠 검토자로 시작해 꾸준 히 승진한 끝에 정책 관련 직책까지 맡았다. 그는 내게 유튜브 직원 들은 그 회사에서 근무하는 것을 자랑스러워하며 자신들의 전반적인 근무 경험을 긍정적으로 평가한다고 설명했다. 그러나 상업적 콘텐츠 관리 시스템이 비윤리적이라고 생각한다고도 말했다. "그 기업들이 수만 명을 고용하는 것은 사실이지만, 대부분은 저임금 노동자들, 이를테면 청년, 이민자, 유색인종을 착취하고 있죠."

페이스북에서 2급 관리자로 일했던 애나*는 자신이 부장을 지낸 커뮤니티 운영팀을 "영구적 혼돈 상태에서 돌아가는" 부서라고 표현했다. 그녀는 페이스북에서 4년 정도 일한 뒤에 그만뒀다. 그 일에 환멸을 느꼈기 때문이다. 그녀는 자신의 업무 중 하나가 절차에 대한 고려 없이 정부의 변덕에 대응하는 것이었다고 설명했다. 2015년 난민 위기가 발생했을 때 독일 정부는 이민자들을 혐오 발언으로부터 보호하는 정책을 요구했다. 애나는 운영팀이 즉시 작업에 뛰어들어 비현실적으로 짧은 기한 내에 정책을 만들어내야 했다고 말했다.

"그 정책의 작업 기한은 며칠에 불과했고, 실제로는 말도 안 되는 요구였지만 무조건 운영 가능한 정책을 내놓아야 했어요"라며 덧붙였다. "그야말로 복잡하기 짝이 없는 정책이 되었고, 우리는 1주일 내에 그것을 시행해야 했죠. 원래 정책을 수립하는 데는 준비 기간만 몇 개월이 필요하고 아주 긴 승인 절차를 거쳐야 해요. 그러나 그 정책은 그렇게 할 수가 없었어요. 독일 정부가 시켰으니까요."

그러나 개발도상국 출신인 애나의 말에 따르면 남반구의 저개발국에서 똑같은 문제가 발생하면 똑같은 자원이 배분되지 않는다고 한다. 그녀는 자신이 이끄는 운영팀이 페이스북 사용자들이 어떤 국가에서 특정 집단을 테러리스트라고 낙인을 찍으면서 그 집단이 위기에 처했을 때 대응했던 일을 예로 들었다. 애나는 이렇게 말했다. "그런 부류의 정책에는 정책팀이 시간을 절대 할애하지 않습니다. 독일이나 미국 같은 국가에서 우선순위로 삼은 문제들을 처리하느라 항상 바쁘니까요. 정책이란 건 언제나 그런 국가들에 의해 규정됩니다."

실제로 독일과 프랑스 등의 강국은 자국의 법규를 통해 자국만이 아니라 전 세계에 장기적인 여파를 남기는 정책에 상당한 영향력을 행사한다. '소셜네트워크법(독일 명칭 'Netzwerkdurchsetzungsgesetz'의 약어 'NetzDG'로 통용된다)'은 일정 수 이상의 사용자가 회원으로 등록된 플랫폼 기업에 대해 독일 법에서 금지하는 혐오 표현을 터무니없을 정도로 짧은 시간 안에 삭제하도록 요구한다. 더 나아가 그 법은 페이스북을 비롯해 플랫폼 기업들이 독일 노동자를 고용해 그 법을 실행하도록 실질적으로 강제하는 효과를 냈다. 남반구의 저개발국이 그런 정도의 영향력을 행사하는 것은 상상하기 어렵다.

"부러워서 징징거리는 아이 같죠, 미안해요." 애나는 농담을 했다. 그러나 실제로 이런 간극은 다양한 지역에 산재한 사용자들에게 치명적인 결과를 낳는다. 예컨대 미얀마 정부 공무원들이 페이스북을 통해 소수민족인 로힝야족을 겨냥한 혐오 메시지를 퍼뜨렸을 때 페이스북은 충분히 빨리 대처하지 못했는데, 그 결과 많은 이들이 지속적인 집단학살이라고 부르는 비극이 발생했다. 시민운동가들이 이 상황에 더 관심을 가지고 대처하라고 페이스북에 끊임없이 요구하는 가운데 페이스북 직원 중에 미얀마어를 쓰는 콘텐츠 관리자는 손에 꼽을 정도로 적다는 보고가 흘러나왔다.

알렉스는 플랫폼의 관심도에 격차가 존재한다는 데 동의한다. "언론은 백인이나 북반구의 선진국 사람들이 죽는 소식에 집중합니다…. 그러니 그런 콘텐츠가 더 많은 관심을 받을 수밖에 없습니다."

"[미얀마 사태] 이후 중요하지 않다고 판단되는 문제들에도 대처해야 한다는 우려의 목소리가 커졌어요." 그리고 덧붙여 말했다. "콘텐츠 관리는 저널리스트들의 단골 기삿거리가 되었고 사람들이 더 관심을 기울이게" 되었지만, 그로 인해 더 집중적인 규제와 감독의 대상이 되었을 뿐 아니라 관련 규정도 더 복잡해졌다고 말이다.

애나 같은 콘텐츠 관리자도 규정 수립에 관여하지만 대다수 기업에서 콘텐츠 관련 규정은 궁극적으로 위계질서상 최상층에 속하는 행위자에 의해 결정된다. 그리고 이들 행위자는 많은 사람이 이미 목격했다시피 비교적 동질한 출신 배경을 지녔다. 그들은 이른바 서비스를 제공하는 대상자들에 의해 선출된 집단이 아니다. 그리고 그 누구에게도 책임지지 않는다. 시간이 지나면서 그들은 표현과 정보 접근권에 대해 무소불위에 가까운 권력을 획득했다. 어떤 경로로든 그들의 회사는 "세상에서 가장 중요한 정보 채널 일부를 관리하는 과정에서 발언 및 표현에 관한 규칙을 만들어내고, 집행하고, 콘텐츠를 편집하고 검열하고, 사용자 간 분쟁을 해결한다."[26]

누가 문지기를 감시하는가?

그렇다면 이런 질문을 제기하게 된다. 콘텐츠 관리자가 법의 집행부에 속한 수행원이라면 입법자는 누구이며, 그 입법자가 입법권을 행사하는 근거는 무엇인가?

지난 몇 년간 몇몇 비평가와 참관자가 그 질문의 답을 제시하려고 시도했다. 2008년 법학자 조너선 지트레인Jonathan Zittrain과 존 팰프리John Palfrey는 한 논평에서 입법자가 된 매개자를 국가와 시장의 서로 대립되는 요구 사이에서 고심하도록 등 떠밀린 "주저하는 문지기reluctant gatekeepers"라고 불렀다.[27] 마빈 암모리Marvin Ammori는 2014년《하버드 로 리뷰》기고문에서 소셜미디어 플랫폼을 "언론의 새로운 선봉대the new speech vanguard"라고 부르면서 이들 플랫폼 소속 변호사들의 "시스템 관련 의사결정"이 "근대 이후 표현의 자유에 있어 가장 중요한 사건이라 할 만한 것"에서 중요한 역할을 했다고 지적하고, 그들이 "전 세계의 표현의 자유의 미래를 형성"하고 있다고 주장했다.[28] 2016년 캐서린 부니Catherine Buni와 소라야 시말리Soraya Chemaly는 초창기 입법자들이 "그들이 표현의 자유에 관한 새로운 글로벌 기준을 세우는 일을 보조하고 있다는 사실을 미처 인식하지 못했다"고 평했다.[29] 제프리 로젠Jeffrey Rosen은 트위터의 전 법무 이사였고 현재 구글의 법무 고문 대리인을 맡고 있는 니콜 웡Nicole Wong의 별명에 경의를 표하는 의미로 플랫폼 기업의 고위 간부들을 "결정자들The Deciders"이라고 불렀다.[30]

웡은 실리콘밸리에서 거의 신적인 존재다. 저널리즘 석사학위를 지닌 인터넷법 전문 변호사 웡은 소셜미디어의 규칙이 형성되는 과정에서 자신과 동료들이 맡은 엄청난 역할에 대해 논의할 때면 신중하고 실용적인 태도를 취한다. 12월의 어느 쌀쌀한 날 오클랜드에서 아침 식사를 함께 하면서 그녀는 내게 자신과 구글의 동료들이 처음부터 시민사회와 협력하기 위해 얼마나 많은 노력을 기울였는지 설명했다. 미국에는 "콘텐츠와 관련된 변수에 대해 의견을 구할 수 있는 집단이 상당히 많았어요." 그러나 "미국 외의 지역에는 그런 집단이 없는 것 같더군요." 그녀는 자신이 미국인이라서 그런 판단이 편향되었을 수도 있다는 점을 인정하면서도, "콘텐츠나 언론 산업을 이해하는 누군가를 찾는다 해도 IP 주소가 무엇인지까지 이해하는 사람을 찾기가 힘들었어요"라고 정확하게 지적했다.

데이브 윌너Dave Willner도 비슷한 관점을 피력했다. 그는 스물여섯 살에 페이스북의 초대 콘텐츠 정책팀 부장으로 페이스북의 첫 커뮤니티 규정을 구상하고 제정했다. 우리는 어느 비 오는 날 샌프란시스코의 에어비앤비 본사 근처에서 만났다. 그곳에서 그는 당시에 콘텐츠 정책팀이 "스물여섯 살짜리들로 채워져 있었고" 그들은 "자신이 뭘 하는지도 몰랐다"고 고백했다.

윙이 이끄는 구글의 콘텐츠 관리 체제가 매끄럽게 돌아가는 기계였다면 페이스북은 어수룩한 스타트업이었고, 마이스페이스는 무법지대였다. 2007년 캘리포니아주립대학교에서 주최한 학회에 참석한 나는 마이스페이스의 초창기 콘텐츠 관리 감독자였던 라잘린 보우든Rasalyn Bowden이 마이스페이스의 규정이 만들어진 과정을 설명하는 것을 들으며 내 귀를 의심했다. "처음에는 우리가 뭔가 혁명적인 일을 하는 것 같았어요. 이전에 아무도 해본 적이 없는 그런 일을 한다는 느낌이 들었죠." 그는 청중에게 공책 한 권을 들어보였다. "우리가 회의할 때마다 이게 내 경전이었어요⋯. 우리는 포르노를 보면서 즉흥적으로 [규정을] 만들어냈어요."

"어제 다시 이 공책을 넘겨봤어요." 보우든이 계속해서 말했다. "이런 메모들이 적혀 있었어요. 비키니 끈이 치실처럼 가늘다면 과연 전신 노출로 봐야 할까, 끈의 굵기의 기준을 치실로 삼아도 될까, 스파게티면 정도는 되어야 할까? 전신 노출이란 정확히 뭘 의미하는가? 우리는 한밤중에 모여서 그런 것들을 결정했어요. 그때그때 상황에 맞춰 임기응변으로 대처하는 느낌이긴 했어요."[31]

이따금씩 플랫폼의 규정이 자의적이라고 느끼는 사용자라 해도 이런 예시가 큰 위안이 되지는 않을 것이다. 이것은 표현의 자유에 관한 우리 시대의 가장 중요한 결정들이 기존 원칙을 전혀 참고하지 않은 채, 때로는 즉흥적으로 형성되었고 이후에 검토되거나 재평가되는 일이 거의 없었다는 사실을 환기하는 사례다. "일단 규정이 정해지면 정책팀에게 그걸 되돌리라고 설득하기는 어렵습니다"라고 애나는 말했다.

이것만은 분명하다. 이들 정책입안자들이 결정해야 했던 문제들은 어떤 잣대를 들이대건 결코 쉽게 해결할 수 있는 문제들이 아니었다. 인터뷰 중에 애나가 내게 몇 번이나 상기시킨 것처럼 "세계의 도덕적 나침반이 되는 방법을 가르쳐주는 교재는 세상 어디에도 없으니까." 벌거벗은 여자아이가 네이팜 폭격을 피해 도망치는 사진은 아동 성 착취물인가, 아니면 전쟁범죄의 중요한 기록인가? 합법적인 시위 사진에 하마스 깃발이 찍혀 있으면 테러를 장려하는 사진인가, 그런 깃발을 보여준다는 이유로 삭제해야 할까? '남자는 쓰레기Men are scum'라는 표현은 #미투#MeToo 시대의 대중적인 정서의 표현인가, 혐오 표현인가, 전통적으로 억압받아온 젠더의 분노를 표출한 용인할 수 있는 표현인가? 정책입안자들은 정상적인 관습에 역행하여 플랫폼에서 성인의 전면 누드 이미지를 올리는 것을 허용해야 할까? 세계 대부분 나라에서 성인이 벌거벗은 채로 거리를 돌아다니는 것을 금지하는데도? 그리고 표현의 자유라는 권리와 다른 권리, 때로는 표현의 자유와 대립하는 권리 간의 균형을 어떻게 유지할 수 있을까?

2012년 리베카 맥키넌은 온라인 표현의 자유에 관한 기본서가 된 《인터넷 자유 투쟁》을 펴냈다. 그녀는 선출 과정을 거치지 않은 소셜미디어 기업의 입법자들이 "입법부, 사법부, 배심원, 경찰이라는 역할을 전부 동시에 수행"하면서 "사이버공간에서 일종의 민간 주권"처럼 활동한다고 주장한다.[32] 이어서 페이스북의 핵심 이데올로기가 "상대적으로 안전한 환경에서 자란 부유한 미국인, 그래서 의도는 선할지 모르나 사회적·정치적·성적으로 정말로 취약한 입장에 단 한번도 놓인 적이 없는 미국인의 일상 경험을 기본값으로 삼은 기업문화의 산물"이라고 지적한다.[33]

이런 엘리트층은 최근 들어 비판을 받아들여 자신들의 관행 일부를 재편했다. 윙과 윌너가 불완전한 정보와 지식을 바탕으로 추론과 직감에 의존해 정책을 구상한 지 10년이 조금 지나자 그들이 참여해서 만든 부서는 각 분야 전문가가 상주하고 지역 전문 지식이 있는 중간 관리자의 제안을 수용하는 방향으로 확장되었다. 주요 소셜미디어 플랫폼 대다수는 정기적으로 인권 및 시민운동 비영리 단체, 그리고 아동보호나 인종차별 같은 특수 분야에서 활동하는 비영리 단체 등 외부 인사의 의견을 구한다.

그런데도 이들 정책팀은 여전히 견제받지 않는 권력을 행사한다. 시간이 지나면서 앞서 제기된 정책에 관한 질문에 답하려는 시도는, 다양한 외부 행위자가 가하는 압박도 커지면서 결국 거의 모든 플랫폼의 규정이 점점 더 복잡해지는 결과를 낳았다. 정책입안자는 해당 플랫폼의 사용자보다는 정부와 플랫폼 외부의 엘리트층의 의사를 가장 중점적으로 수용하는 편향된 태도를 취했다. 다음 장에서 살펴보 겠지만, 규정이 복잡해지자 규정의 일관성이 떨어지고 오류의 가능성 은 높아졌다. 게다가 플랫폼의 규모가 계속 커지면서 정당성 위기에 부딪히게 되었고, 그로 인해 일상생활을 영위하는 데 있어 이들 플랫 폼이 필수 불가결한 도구가 된 많은 사람은 불안정한 상황에 놓이게 되었다.

2장

오프라인의 탄압이
온라인에서 재현되다

때로는 기업이 준공공장소를 직원들에게 놀이동산처럼
느껴지도록 설계하지만, 완전히 다른 환경에서 생활하고 일하는
나머지 사람에게는 그 공간이 귀신의 집이 되어버리기도 한다.
_리베카 맥키넌

2007년 아직 태동기에 있던 유튜브는 이후 수년 간 자사의 기업 정책
에 장기적으로 영향을 미치게 될 결정을 한다. 유튜브 운영팀은 경찰
의 과잉진압 현장을 촬영한 자극적인 동영상을 게시한 계정이 여러
차례 신고당하자 그 계정을 폐쇄한다.

　계정의 등록자는 와엘 아바스Wael Abbas라는 이집트의 인권운동
가였는데, 그는 초창기 아랍 디지털 선봉대의 일원이기도 했다. 이 단
체는 대개 '아랍 테키스Arab Techies(우리말로는 '첨단기술꾼들' 정도로 번
역됨 - 옮긴이주)'라는 네트워크를 통해 서로 느슨하게 연결된 블로거
와 IT 기술자들로 이루어진 국제적인 집단이었다. 아바스는 이집트
의 초창기 블로거이자 가장 영향력이 큰 블로거였다. 그는 경찰 폭력
과 부패 같은 주제를 거침없이 다루는 것으로 유명했다. 그런 그의 노
력은 눈에 띨 수밖에 없었다. 바로 1년 전 그는 블로거로서는 최초로
국제 저널리스트 센터International Center for Journalists가 수여하는 나이트
국제 저널리즘Knight International Journalism상을 받았다.

　카메라의 크기가 점점 작아지고 값도 저렴해지면서 많은 블로거

가 동영상 콘텐츠를 제작하고 공유했고 TV에서는 방영되지 않는 것들을 보여주기 시작했다. 그러다 보니 유튜브의 인기가 치솟았고, 아바스가 자신의 블로그가 아닌 유튜브에 동영상을 게시한 것은 자연스러운 수순이었다. 블로그보다는 유튜브에 동영상을 올리기가 훨씬 더 쉬웠기 때문이다. 그는 유튜브라는 플랫폼의 중앙집중화된 호스팅과 "검색 용이성discoverability"을 높이는 기능을 최대한 활용해 반정부 시위, 부정투표, 인권탄압 현장을 촬영한 동영상의 시청을 유도했다.

2007년 11월 아바스의 계정이 정지될 무렵 그는 이미 동영상 수백 개를 올렸고, 경찰의 만행을 담은 동영상도 수십 개에 달했다. 아바스의 인권운동가 동료들에게 그 동영상들은 그들이 오랫동안 의심해온 현실을 보여주는 확고한 증거였지만, 그럼에도 불구하고 실제로 그 동영상의 장면들은 충격적이었다. 특히 한 동영상은 미니밴 운전사인 스물한 살 청년 에마드 엘카비르Emad el-Kabir의 항문에 한 경찰이 경찰봉을 쑤셔 넣고 학대하는 장면을 포착했다. 이 영상은 현장에 있던 다른 경찰이 촬영한 것으로 그 경찰은 에마드 엘카비르를 모욕할 의도로 엘카비르의 동료들에게 그 영상을 보냈다. 이집트 신문은 동영상의 일부 장면을 캡처한 사진만 실었지만 아바스는 동영상의 복사본을 확보해 유튜브에 올렸고, 해당 동영상은 입소문을 타고 이집트 전역에 순식간에 퍼져나가 엘카비르를 학대한 두 경찰은 결국 기소되었다. 권력자가 폭력에 대한 책임을 지게 된 아주 드문 순간이었다.

아바스의 계정 정지 소식은 국제 언론매체의 머리기사를 장식했다. 그는 해외에 거주하는 지인들과 국제 인권 단체에 연락을 취했고, 언론사들을 상대로 계정 정지를 둘러싼 의심스러운 정황에 대해 알렸다. 2007년 11월 27일 로이터통신이 발표한 기사는 아바스의 말을 인용해 유튜브 측에서 그의 계정에 올라온 게시물, 특히 경찰의 고문 행위를 고발한 동영상에 대한 불만 신고가 많이 접수되었다는 통지를 그에게 보냈다고 전했다.

이후 위키리크스WikiLeaks에서 공개한 외교 전문電文으로 입증되었듯이 아바스는 또한 미국 영사관에 연락했고, 영사관은 미 국무부에게 구글에 연락하도록 지시했다.[1] 그 직후 그의 계정은 다시 복구되었다. 그것이 미국 정부의 개입 덕분이었는지 인권 단체의 개입 덕분이었는지 여러 경로로 알아봤지만 다들 너무 오래전 일이라 그런 세부 사항은 기억나지 않는다고 말했다.

"와엘 아바스의 사례는 특히 기억에 생생히 남는데, 구글이 유튜브를 인수한 시점에 발생한 일이기 때문이에요." 구글 고문 니콜 윙이 최근 내게 말했다. "그리고 저는 콘텐츠 규정을 동영상 플랫폼에 적용한다는 것이 무엇을 의미하는지 제대로 이해하려고 애쓰고 있었죠. 우리는 블로거Blogger.com에 적용하는 많은 규정을 유튜브에도 그대로 적용했어요. 유튜브 또한 표현의 자유가 보장되는 활기찬 플랫폼이 되기를 원했기 때문이에요. 시각 매체가 문자 매체와 얼마나 다른지 아직 완벽하게 깨닫지 못했던 거죠."

유튜브 사용자를 위한 아주 구체적이고 엄중한 오늘날의 커뮤니티 지침과 달리, 당시 유사 플랫폼과 마찬가지로 유튜브의 2007년 지침은 간결하고 가벼웠다. "유튜브 커뮤니티를 존중합시다"로 시작했고, "우리는 수녀, 노인, 뇌수술의에게 보내는 그런 존중을 바라지는 않습니다"로 이어졌다. 그러나 시각적으로 자극적인 폭력 영상에 대해서는 꽤 명확한 입장을 취했다. "불필요하고 과도하게 생생한 폭력 영상물 게시는 허용되지 않습니다. 만약 동영상에 누군가가 부상을 입거나 공격당하거나 모욕당하는 장면이 있다면 게시하지 마십시오."[2]

2007년 유튜브의 콘텐츠 관리 절차는 꽤 단순했다. 사용자가 지침을 위반했다고 생각되는 콘텐츠를 보면 그것을 신고할 수 있었다. 신고된 동영상은 검토 목록에 올랐다. 그러면 인간 콘텐츠 관리자가 해당 동영상을 검토한 뒤 특정 규정을 위반했는지 판단했다. 만약 위반했다고 판단하면 계정 등록자에게 경고를 통보하거나 위반의 경중에 따라 계정 자체를 정지시켰다. 아마도 유튜브의 다른 많은 사용자가 아바스의 동영상 중 하나가 생생한 폭력 장면을 포함하고 있다고 신고했고, 그렇게 그의 계정은 차단되었다.

이 사건이 그토록 주목받은 이유는 아바스가 공적으로 알려진 인물이었기 때문이기도 했지만, 당시에 소셜미디어 플랫폼에 의한 표현의 자유 제한이 그다지 잘 알려진 현상이 아니었기 때문이다. 사람들은 한껏 들떠서 플랫폼을 참여형 문화와 행동주의의 조력자로 치켜세우며 논쟁을 벌이고 있었다. 그들은 플랫폼이 지리적·문화적 격차를 줄이고 온라인 검열은 물론이거니와 전통적인 방식의 검열도 철폐할 것이라고 기대했다.

과거의 온라인 검열은 오늘날의 온라인 검열과 그 양상이 달랐다. 오늘날 콘텐츠에 불만이 있는 정부는 플랫폼 기업에 그 콘텐츠를 삭제하거나 지역 한정으로 차단하라고, 즉 사용자의 지리적 위치를 기준으로 콘텐츠 접근권을 제한하라고 요구할 수 있다. 웹이 아직 덜 중앙집권화되고 덜 상업화되었던 시절에는 정부가 직접 검열관 역할을 맡아서 자국 국경선 내의 주민을 대상으로 콘텐츠를 차단하거나 편집해야 했다. 컴퓨터 기술에도 한계가 있었고, 국가마다 금지되는 정보도 아주 많이 달랐다.

소셜미디어 플랫폼의 등장 이전에는 정부가 해외에서 게시된 콘텐츠를 검열하는 데 활용할 수 있는 기술적 방법이 손가락으로 꼽을 수 있을 정도로 적었다. 키워드로 차단하는 방법, 사용자의 IP 주소나 웹사이트 주소를 차단하는 방법, 입력된 URL을 이른바 '차단된 페이지입니다block page'로 재전송하는 DNSDomain Name System(네트워크에서 도메인이나 호스트 이름을 숫자로 된 IP 주소로 해석해주는 네트워크 서비스-옮긴이주) 조작술을 활용하는 방법 등이 있었다.

정부가 그런 검열을 수행하려면 특정 도구가 필요했다. 중국이 시스코를 고용해 '만리방화벽Great Firewall ('만리장성'과 '컴퓨터 방화벽'의 합성어로, 중국의 인터넷 검열 시스템-옮긴이주)'을 만든 유명한 사례처럼 맞춤형 장치를 주문 제작할 수도 있고, 작은 국가라면 예멘처럼 이미 시장에 유통되는 소프트웨어를 구입해서 사용할 수도 있다. 드물기는 하지만 팔레스타인 당국의 사례처럼 오픈소스 소프트웨어를 설치해서 활용하는 것도 가능하다.

2007년 오픈넷이니셔티브는 최초로 세계 각국 정부가 인터넷 콘텐츠를 선택적으로 차단하기 위해 어떤 방법을 선택했는지를 조사하는 대규모 연구 프로젝트를 실시했다. 연구원들과 협동해 직접 고른 URL 목록을 40개가 넘는 나라에서 기술적으로 시험했고, 연구원들은 정부들이 어떤 유형의 콘텐츠를 중점적으로 검열하는지 파악할 수 있었다.

그렇게 해서 얻은 것은 당시 정부들이 유해하다고 판단한 콘텐츠가 어떤 것인가에 관한 대략적인 그림이었다. 쿠바, 투르크메니스탄, 북한은 일반 시민이 글로벌 인터넷에 접속하는 것 자체를 막았다. 아랍 지역의 국가들은 대체로 종교 비판, 포르노, 정치 발언 검열에 초점을 맞췄지만 검열 활동의 세부 사항은 국가마다 많은 차이를 보였다. 걸프 국가들이 특히 엄격하게 검열했다. 아시아의 검열 활동은 지역적 다양성만큼이나 다양한 양상을 보였다. 예를 들어 태국은 정부 비판을 검열하는 데 열심이었지만, 인도는 극단주의 콘텐츠와 인도의 인권 상황에 관한 보도를 집중적으로 검열했다. 라틴아메리카에서는 인터넷 활동이 비교적 자유로운 편이었고, 검열은 대부분 법원의 판결에 의해 이루어졌다. 아프리카는 거의 모든 지역에서 인터넷이 자유 영역으로 남아 있었다. 아마도 인터넷 보급률이 낮기 때문일 것이다. 다만 에티오피아는 유독 눈에 띄는 예외다. 그리고 유럽과 북미 지역에서는 콘텐츠 제한이 대부분 아동 성 착취물과 저작권 침해 사례에 집중되어 있었다.

2008년 오픈넷이니셔티브가 출간한 《접근 거부Access Denied》에서 존 펠프리 교수와 조너선 지트레인 교수는 "점점 발칸반도화하는 인터넷의 출현"에 대해 썼다. 그들은 "통제 불가능한" 인터넷이라는 초창기 관념을 비판하면서 이렇게 썼다. "인터넷 검열에 대해 우리가 연구를 통해 수집한 자료가 명백히 보여주듯이 월드와이드웹World Wide Web 대신 사우디와이드웹Saudi Wide Web, 우즈벡와이드웹Uzbek Wide Web, 파키스타니와이드웹Pakistani Wide Web, 타이와이드웹Thai Wide Web

등이 제각각 존재한다고 말하는 것이 더 정확할 것이다."[3]

처음부터 많은 정부가 소셜미디어를 위협으로 여겼다. 소셜미디어는 단순히 자국 시민이 친구, 가족과 연락을 주고받도록 돕는 매개체가 아니었다. 소셜미디어는 그들이 흔히 사적 모임이라는 장막 뒤에서 같은 생각을 가진 사람들을 찾고 함께 전략을 짜고 집단행동에 나서도록 도왔다. 소셜미디어는 사람들이 상대적 익명성을 보호막 삼아 소셜미디어가 없었다면 하지 않았을 무언가를, 예컨대 정부 비판 같은 것을 하도록 부추겼다. 그래서 몇몇 국가는 일찌감치 소셜미디어 플랫폼을 차단하기로 결정했다. 태국이 그런 초기 국가 중 하나로, 2006년에 유튜브를 차단했다. 시리아 정부가 그 뒤를 따랐고, 표면상으로는 청소년들이 이스라엘 사람들과 소통하는 것을 막는다는 명분으로, 한편으론 현실적으로 아마도 시민사회를 키우는 데 도움이 되기 때문에 2007년 유튜브를 차단했다. 그 후로도 3년 정도 터키, 튀니지, 파키스탄, 이란 같은 국가들이 이에 동참하면서 전면적 내지는 부분적인 소셜미디어 금지 조치를 내렸다.

플랫폼 기업의 이사진으로서는 이것은 곧 재앙을 의미했다. 터키 같은 국가는 엄청난 잠재력을 지닌 신흥 시장의 대표 주자였다. 당시 널리 퍼진 상식은 일단 사이트가 한번 차단당하면 그 조치가 해제되는 일은 거의 없다는 것이었다. 당시 정부들은 개인의 유튜브 동영상이나 페이스북 게시물을 개별적으로 차단할 수도 있었지만 대개는 플랫폼 전체를 차단하는 편을 택했다. 플랫폼 기업의 이사진과 정부 모두 새로운 전략을 세울 때가 온 것이다.

초창기 이론가들의 말대로 인터넷에도 국경이 있다는 것이 사실일지라도 인터넷의 국경이 민족국가의 국경과 완벽하게 일치하는 일은 거의 없다. 가령 독일인의 접속을 차단하는 웹사이트가 있다고 해도 늘 틈은 존재하기 마련이어서 독일인의 접속을 완벽하게 차단하기는 불가능했다. 일례로, 프랑스의 단체 두 곳이 2000년 야후!Yahoo!를 상대로 프랑스에서는 판매 금지 품목인 나치 군복과 기념품을 옥션Auctions 사이트의 판매 목록에서 삭제해달라고 소송을 걸었다. 프랑스에 있는 사용자들이 야후!에 접속해서 그 물품들을 구매하는 것이 가능하다는 이유에서였다. 프랑스 법원은 야후!가 프랑스 법을 따라야 하므로 프랑스의 사용자들이 그 콘텐츠에 접속하지 못하도록 차단해야 하고 접속을 차단하기 전까지 매일 1만 3000달러를 벌금으로 내야 한다고 판결했다.

"인터넷의 아버지" 중 한 명인 빈트 서프Vint Cerf를 비롯해 IT기술 전문가 집단은 그렇게 하는 것이 불가능하다고 주장했다. 전문가들은 야후!가 프랑스 사용자의 IP 주소를 차단함으로써 프랑스 사용자 다수의 접속을 차단할 수는 있겠지만, 그런 방법은 불완전해서 사용자의 약 60퍼센트 정도에게만 먹힐 것이라고 주장했다.[4] 야후!가 프랑스 사용자를 상대로 신원 확인 절차를 거치게 할 수도 있지만 그렇게 하려면 비용이 많이 들었다. 그런 물품을 사겠다고 마음먹은 사람이라면 그런 조치를 어떻게든 우회할 방법을 찾을 수 있었다. 야후!는 나치 물품을 판매하는 것이 오히려 문제만 크게 만든다고 판단했고 규정을 바꿔서 나치 물품 판매를 전면 금지했지만, 지역 한정 접근 제한 문제, 즉 지오블로킹geo-blocking을 둘러싼 논쟁은 여기서 끝나지 않았다. 그 후로도 2~3년간 지오블로킹은 인터넷에서 저작권의 보호를 받는 콘텐츠를 어떻게 규율할 것인가를 주제로 한 논쟁에 반복해서 등장한다.

인터넷이 등장하기 전까지는 저작권법의 적용은 개별 국가 내에서 결정하면 되는 문제였다. 그러나 세계화된 세상에서는 저작권 집행 절차가 훨씬 더 복잡해진다. DVD 같은 물리적 매체에는 기술적 제약을 활용하기가 쉽다. 예를 들어 미국산 DVD가 유럽산 장치에서 재생되지 못하도록 설정하면 된다. 그러나 인터넷 초창기에는 그런 기술 자체가 존재하지 않았고, 냅스터Napster 같은 파일 공유 사이트 (사용자들이 MP3 파일 등의 콘텐츠를 개인 대 개인 인터페이스로 다른 사용자와 공유할 수 있도록 돕는 사이트)가 번성할 수 있었다.

그러다가 음반 및 영상 스튜디오에서 디지털 콘텐츠에 제약을 설정할 수 있도록 돕는 지리적 위치탐지 기술geolocation technology이 개발된다. 그런 기술적 제약을 설정해놓으면 국경을 넘으면 음악 파일이 사라지거나 어느 국가에서 시청하느냐에 따라 넷플릭스가 제공하는 콘텐츠의 목록이 달라진다.

시간이 지나면서 위치탐지 기술이 점점 발달했고, 콘텐츠 전송 네트워크Content Delivery Network, CDN 덕분에 지리적 위치 정보를 추적하기가 더 쉬워졌으므로 플랫폼은 기존 저작권과 사용권 법규를 준수하면서도 뉴스 사이트를 맞춤형으로 제공하고 동영상 검색 호스팅 사이트를 운영하는 것이 가능해졌다. 소셜미디어 플랫폼은 처음에는 이런 기술들을 활용해 지역에 따라 저작권의 보호를 받아야 하는 자료를 해외시장에서 차단하기 시작했고, 나중에는 정부의 요구를 더 정밀하게 실행하는 데 활용했다.

이전에는 정부가 법원 판결을 근거로 뭔가를 삭제하라고 요구하면 해당 기업은 야후!의 경우처럼 난처한 입장에 처했다. 문제가 된 콘텐츠를 불완전하게 차단해서 플랫폼 전체가 차단당하는 위험을 감수할 것인가, 아니면 플랫폼 전체에서 문제가 된 콘텐츠를 차단할 것인가. 기업의 입장에서는 후자도 결코 이상적인 선택지가 아니었다. 태국이 금지한다는 이유로 외국인이 태국 왕실에 대해 논평하는 것을 금지한다면 전 세계적으로 허용되는 표현의 범위가 축소된다. 그런데 지오블로킹 기술의 등장으로 플랫폼 기업들은 문제를 제기한 국가에서만 그 콘텐츠가 차단되도록 제약을 가할 수 있게 되었다.

이런 전술을 실천한 주목할 만한 초창기 사례가 2007년에 있었다. 터키 법원은 자국의 통신 회사를 상대로 터키공화국의 초대 대통령인 무스타파 케말 아타튀르크Mustafa Kemal Atatüurk를 모욕했다고 판단한 동영상을 게시한 유튜브를 차단하라는 판결을 내렸다. 터키에서 무스타파 케말 아타튀르크를 모욕하는 것은 범죄행위이기 때문이다. 이에 반대하는 시위대가 이스탄불의 거리로 나오자 니콜 윙은 터키에서 유튜브 접속이 차단되지 않으면서도 터키 법을 위반하지 않을 방법을 찾아야 했다. 이사진들이 바람직한 해결책을 논의하는 동안 구글의 내부 상황은 긴박하게 돌아갔다. 결국 터키 사용자들만 해당 콘텐츠에 접속할 수 없도록 IP 주소를 차단하는 방법을 선택하기로 결정했다고 그녀는 내게 말했다.

이것은 매우 중요한 사건이었다. 2005년 무렵 특정 콘텐츠를 삭제하라거나 사용자 데이터를 넘기라는 정부들의 요구가 빗발치기 시작했기 때문이다. 2004년의 야후! 사례에서 보듯이 기업들은 완전히 무방비 상태였다. 그리고 야후!는 다시 한 번 사건의 중심에 서게 되었다. 이번에는 중국 정부가 야후! 사용자 한 명의 정보를 넘기라고 요구했다.

문제가 된 이메일 주소는 저널리스트인 스타오Shi Tao의 계정이었다. 천안문 사태 15주년이 다가오자 공산당은 외부의 방해 공작 위협이 있다고 통보하면서 천안문 사태 15주년에 관한 기사를 쓰지 말라고 지시하는 공문을 저널리스트들에게 돌렸다. 스타오도 그 문서를 수신했고, 이 문서를 야후! 이메일 계정으로 뉴욕의 한 중국어 웹사이트에 전송했다. 몇 달 뒤 그는 구속되었고, 국가기밀누설죄로 기소되어 징역 10년형을 선고받았다.

나중에 야후!가 해당 이메일 계정의 명의자가 스타오라는 핵심 기술정보를 중국 공안 당국에 넘겼다는 뉴스가 돌았다. 미국 의회는 이 사건을 조사하는 위원회를 꾸렸고, 기존에 야후!의 법무 자문위원이 중국 정부가 그런 데이터를 요구한 의도가 무엇인지 몰랐다고 주장한 것에 "아무리 좋게 보아도 변명의 여지가 없는 태만 행위이며, 최악의 경우 의도적인 사기 행위"라고 결론 내렸다.[5] 이 사건을 지켜본 리베카 맥키넌은 이런 의문을 제기했다.

마침내 변화의 바람이 불어오면, 중국의 신흥 민주주의자들은 구글, 마이크로소프트, 야후!, 시스코 같은 기업이 자유의 촉매제가 된 인터넷을 제공해주었다며 고마워할까, 아니면 부패하고 무책임한 정권이 원래 수명보다 더 오래 권력에 매달릴 수 있도록 도왔다며, 그래서 수많은 죄 없는 사람들의 삶이 엉망이 되었다며 저주할까? 중국인은 자신들을 지지해주었다며 미국인에게 고마워할까, 아니면 자유와 민주주의에 대해 그

럴듯하게 입바른 소리만 하고 단 1센트의 수익조차 놓치기 싫어서 미국인이 아닌 시민이 자유와 민주주의를 실현하는 것을 돕는 일에 소극적이었던 위선자들에 대해 숨죽여 불평할까?[6]

이런 일련의 사건 때문에 2008년 글로벌 네트워크 이니셔티브Global Network Initiative, GNI가 설립된다. GNI는 회원인 테크기업들이 인권 신장에 매진하도록 돕는 것을 목적으로 한다. 구글과 마이크로소프트를 비롯해 야후!가 창립 회원이었으며, 대여섯 개의 비영리 단체, 학술 기관, 주주 집단이 참여했다.

　GNI는 애초에 이익 단체로 설립된 것이 아니었다. '시민적·정치적 권리에 관한 국제규약International Covenant on Civil and Political Rights' 기타 의정서에서 내세운 기준을 토대로 작성된 GNI의 원칙은 '설리번 원칙Sullivan Principles'을 연상시킨다. 설리번 원칙은 아파르트헤이트apartheid를 실시하고 있는 남아프리카공화국에서 기업들이 "책임감을 가지고" 회사를 운영하도록 유도하기 위해 도입을 장려한 지침이었다. 요컨대 GNI의 원칙은 기업들이 규칙을 준수하는 한 독재국가에서 사업을 할 수 있게 허용해주는 원칙이었다.

　엘리트층은 GNI의 출범을 환영했다. 그러나 이 단체가 이후에 야후!가 중국 정부와 야합한 것과 같은 비극이 다시 발생하는 것은 막았는지 몰라도 내가 보기에는 온라인에서 인권을 신장하는 데는 기여한 바가 거의 없다. 그 이유는 이 단체가 다중이해관계자multi-stakeholder 모델에 기대고 있기 때문으로 보인다. 이 단체는 인터넷과 관련된 정책 쟁점을 심도 깊게 논의하려는 목적으로 제안된 UN 플랫폼인 인터넷 거버넌스 포럼Internet Governance Forum을 본보기로 삼았다. 다중이해관계자 모델은 토론을 지속하고 확장하는 데 유용할 수는 있지만 거버넌스라는 관점에서는 아무런 유의미한 변화를 이끌어내지 못했다.

2020년 법학자 에블린 두엑Evelyn Douek은 하나 이상의 기업과 일반적으로 정부가 참여한 다중이해관계자 협력관계를 "콘텐츠 카르텔"이라고 명명하고 비판한 글에서 "협력 선언은 진전이 있다고 착각하게 만드는 신기루와도 같다. 근본적인 쟁점의 해결에는 별다른 진척이 없는데도 말이다"라고 적었다.[7] 실제로 GNI 창립 회원 중 하나인 전자프런티어재단과 또 다른 회원 집단인 뉴욕대학교 소속 스턴 경영 및 인권 센터NYU's Stern Center for Business and Human Rights가 결국 GNI에서 탈퇴한다. 이 센터는 GNI의 "현재 구조와 자금 조달 모델로는 원래의 설립 목적과 달리 절박한 인권 문제에 대처할 수 없다"면서 우려를 표명했다.[8]

굴복

GNI가 정식으로 출범한 지 얼마 되지 않았을 때, 니콜 윙은 터키 정부가 법원의 판결을 근거로 유튜브 접속을 차단했다는 언론 보도를 접했다. 현대 터키 건국의 아버지인 무스타파 케말 아타튀르크를 모욕했다고 판단된 동영상 게시물에 대처하기 위해 터키 정부가 조치를 취한 것이다.

사용자들은 자발적으로 동영상을 삭제했지만, 이미 수문이 열린 뒤였다. 터키 검찰은 터키 법을 위반했다면서 수십 개의 동영상을 문제 삼기 시작했다. 당시의 보도기사에 따르면 그런 동영상은 무스타파 케말 아타튀르크를 모욕한 것부터 쿠르드족의 분리주의를 지지하는 것까지 내용이 다양했다. 윙은 어떤 동영상이 실제로 터키 법을 위반했는지 검토했고, 그동안 그녀의 팀 내부에서는 표현의 자유를 최대한 보호하는 것을 우선순위로 삼아야 하는지, 아니면 터키 정부와 타협을 해서 터키인들이 유튜브의 나머지 콘텐츠에라도 접속할 수 있도록 하는 것을 우선순위로 삼아야 하는지를 둘러싼 치열한 논쟁이 벌어졌다.[9]

이 두 관점 사이에서 균형점을 찾는 것은 윙의 몫이었고, 그녀는 최선의 선택은 IP 주소 차단 기술을 적용해서 터키 사용자가 터키 법을 위반하는 동영상에 접속하지 못하도록 하는 것이라고 결정했다. 이 결정은 처음에는 효과가 있었다. 두세 달 동안 터키인들은 여전히 유튜브의 콘텐츠를 즐길 수 있었다. 그러나 2007년 여름, 한 터키 검사가 해외 거주 터키인들의 정서를 고려해 그 동영상을 완전히 삭제할 것을 구글에 요구했다. 그 후로 유튜브는 터키 당국에 의해 이따금씩 전면적으로 차단당하고 있다.

2010년 무렵 정부들은 기업들이 자신들의 콘텐츠 삭제 요구에 기꺼이 응한다는 사실을 알아차리고 그것을 적극 활용하기 시작했다. 2009년 구글이 정부들의 콘텐츠 삭제 및 사용자 데이터 요청을 기록한 첫 투명성 보고서를 발간했는데, 그 보고서에 따르면 구글은 단 6개월이라는 기간 동안 1000개 이상의 콘텐츠에 대한 삭제 요청을

받았고, 시간이 지날수록 삭제 요청 콘텐츠의 수는 계속 늘어났다.[10]

처음에는 일부 기업은 자사가 공식적으로 사업을 운영하지 않는 국가의 요청에 응하는 것을 꺼렸다. 그래서 중국이나 사우디아라비아 정부의 요청은 무시하곤 했다. 아마도 페이스북이 독재국가의 요구에 콘텐츠를 삭제한 첫 주요 테크기업일 것이다.

트위터는 가장 마지막까지 지오블로킹 설정을 거부했다. 한때 이 사진이 "표현의 자유를 추구하는 정당의 표현의 자유단"을 자처한 트위터는 2012년에 국가 단위로 콘텐츠를 내릴 수 있도록 하는 시스템을 도입하겠다고 발표했다. 흥미롭게도 트위터는 게시물을 내리는 기준을 경쟁사가 하듯이 사용자의 IP 주소가 아니라 해당 게시물을 올린 사용자가 선택한 지역으로 삼았다. 그래서 사용자가 다른 지역에 있는 척하면서 검열을 회피하기 쉽게 했다.

당시에 시민적 자유 지상주의자들 사이의 주류 의견은 플랫폼 기업들이 기업의 사무소, 직원 기타 핵심 자산이 있는 국가의 법원 판결에만 대처하는 식으로 검열을 제한적으로 실시해야 하며, 그러지 않으면 당시에 내 동료 에바 갤퍼린Eva Galperin의 표현대로 "정부의 검열 도구"로 전락할 것이라는 입장이었다.[11]

2012년 이후에도 트위터는 약 2년 정도는 그런 기조를 유지했다. 그러나 표현의 자유의 열렬한 지지자인 법무 자문위원 대변인 알렉산더 맥길리브레이Alexander Macgillivray가 새로운 분야를 개척하기 위해 트위터를 떠난 지 1년 만인 2014년에 트위터는 러시아 정부와 파키스탄 정부의 검열 요구를 받아들이기로 결정했다. 러시아 정부의 요청은 러시아 법상 근거가 있었지만, 파키스탄 지역 전문가는 파키스탄 정부의 요청이 과연 합법적인 것인지에 대해 의문을 제기했다. 파키스탄의 디지털 권리 단체 볼로비Bolo Bhi는 당시 이런 글을 발표했다. "지난 몇 년 동안 여러 당국이 임의로 인터넷을 차단하고 검열했다. '불법적인' 콘텐츠를 차단하기 위해서가 아니라 정치적 이견을 탄압하기 위해서였다. 트위터는 정부의 요청을 받고 그 요청에 순응할지 여부를 결정할 때 어떤 절차를 밟는지를 대중에게 알려야만 한다. 트위터는 어떤 요청을 유효한 요청으로 판단하는가, 어떤 절차와 정책을 적용하는가?"[12]

볼로비가 제기한 질문은 여전히 답을 기다리고 있다. 어느 정도 시간이 지나자 콘텐츠를 삭제하거나 제한해달라는 공식적인 요청 외에도 정부가 비공식 채널로 은밀하게 기업에 연락을 취할 방법이 많다는 것이 명백해졌다. 현재 모든 주요 소셜미디어 플랫폼이 정기적으로 발간하는 투명성 보고서는 삭제된 게시물과 차단된 계정의 수와 함께 삭제 요청을 받은 게시물의 수도 가끔씩 발표하지만 정부와 기업 간에 이루어지는 비밀 협상에 대해서는 함구한다.

그런 협상의 초기 사례는 여전히 거짓으로 뒤덮여 있다. 2012년 여름 이집트 출신의 콥트교 신자이며 미국에서 상당한 전과를 기록한 나쿨라 바셀리 나쿨라Nakoula Basseley Nakoula는 샘 바실*이라는 이름으로 유튜브에 영화 〈이슬람교도의 순진함Innocence of Muslims〉의 짧은 예고편들을 올렸다. 영상들은 9월까지도 주목을 못 받았으나, 아랍어 더빙을 넣은 새로운 편집본을 올리자 콥트교 신자이자 반反이슬람 정서를 부추기는 것으로 악명 높은 미국의 블로거 모리스 사덱Morris Sadek이 아랍어로 이 영화에 관해 쓰자 아랍어권의 시선이 쏠린다. 그러다가 뉴욕의 세계무역센터 쌍둥이 빌딩을 무너뜨린 9·11 사태 11주년 이틀 전, 이집트 TV방송국 알나스Al-Nas가 이 동영상의 2분짜리 편집본을 내보냈고, 9월 11일에는 이집트 주재 미국 대사관 앞에 모여 반미 시위를 벌이자는 목소리들이 터져 나왔다.

3000명 이상이 카이로에 모여 시위에 참여했지만 마찬가지로 반미 시위가 예정되어 있었던 이웃 국가 리비아에서는 사태가 급격히 악화되었다. 9월 11일 저녁, 테러 집단 안사르 알 샤리아Ansar al Sharia가 리비아 주재 미국 대사관을 공격했고, 그 과정에서 주 리비아 미 대사 크리스토퍼 스티븐스Christopher Stevens와 미 국무부 해외파견 장교 숀 스미스Sean Smith가 사망했다. 첩보 당국은 처음에 이 공격을 촉발한 원인으로 〈이슬람교도의 순진함〉을 지목하는 오류를 범했다.

그날 저녁 나는 베를린에서 인터넷과 인권을 주제로 한 학회에서 뒤풀이에 참여하고 있었다. 그래서 구글의 브뤼셀 사무소의 정책팀 직원 등 몇몇 흡연자와 밖으로 나간 뒤에야 그 사건 소식을 들었다. 나와 구글 직원은 무리에서 떨어져 나왔고 그 직원은 내게 불만에 찬 어조로 백악관에서 자신의 동료에게 전화를 걸어 그 동영상을 삭제할 것을 요청해왔다고 낮은 목소리로 말했다. 이 사실은 나중에《뉴욕타임스 New York Times》기사에 의해 입증되었다.[13]

구글은 해당 영상을 삭제하지 않았다. 그러나 그 동영상을 이집트와 리비아에서 지오블로킹했다. 언론 보도자료에서 구글은 이렇게 설명했다. "온라인에서 쉽게 구할 수 있는 이 동영상은 우리의 지침에 전혀 위배되지 않으며 따라서 유튜브에 그대로 게시될 것입니다. 그러나 리비아와 이집트의 복잡한 상황을 고려해 두 국가에서는 임시로 접속을 제한하기로 했습니다. 화요일 리비아에서 벌어진 공격으로 사망한 사람들의 가족에게 애도를 표합니다."[14]

니콜 웡은 나와 통화하면서 그 사건을 회상했다. "내 기억에 [〈이슬람교도의 순진함〉에 관한] 대화를 하면서 상황이 매우 불안정해질 것이라고 예상했어요…. 민감한 사안이라는 점과 혐오 표현이라는 점 중 어느 것에 초점을 맞추어야 하는가, 선동이라는 개념을 어떻게 해석할 것인가 등 질문들이 쏟아져 나왔어요." 그녀가 이어서 말했다. "우리를 비롯해 어느 플랫폼에서나 어디에 선을 그어야 할지 결정하는 게 아주 어려운 일이었어요. 어디까지가 치열한 토론이고 어디부터가 폭력의 선동인가? 선동이라면 시기, 장소, 방식이라는 기본적인 기준으로 돌아가야죠. 시간이 흐르면서 그런 기준이 바뀌었지만 우리는 단순히 사람들을 부추기는 데 머물지 않고 행동에 나서자는 구체적이고 명백한 선언이 있는지 확인하고 싶었어요."

구글의 결정은 자발적인 조치였다고 널리 알려져 있지만 당시 구글에서 일했던 소식통에 따르면 백악관에서 지속적으로 압박이 들어왔고, 그래서 결국 타협을 했다고 한다. 흥미롭게도 구글은 파키스탄 정부의 요청을 비롯해 법원 판결을 근거로 그 동영상을 삭제하라는 다른 정부의 요청은 받아들이지 않았다. 백악관의 전화 한 통이 파키스탄의 법적 문서보다 훨씬 더 효과가 좋았던 것이다.

지난 몇 년 동안 정부들은 점점 더 비공식적인 방법을 활용하고 있다. 어떤 정부는 단순히 개인들을 고용해 플랫폼의 플래깅 시스템을 이용한다. 어떤 정부는 자신의 마음에 들지 않는 콘텐츠가 때마침 커뮤니티 규정에 위배되면 놓치지 않고 그 콘텐츠를 삭제하도록 기업에 압박을 가한다. 어떤 방법을 선택하건 한 가지는 분명하다. 기업은 자사 플랫폼 사용자보다는 정부의 요청에 더 순응한다.

지난 10여 년간 소셜미디어는 전 세계에 산재한 공동체가 하나가 될 수 있는 공간을 제공했다. 내가 소셜미디어에 가한 모든 비판에도 불구하고(나는 많은 비판을 제기했다) 나는 이 일과 개인적인 경험을 통해 소셜미디어의 그런 힘이 발휘되는 순간을 많이 목격했고, 심지어 그중에 몇 번은 그 힘의 위력을 직접 느끼기도 했다. 내 세대가 이전 세대에 비해 순전히 네트워크라는 관점에서 보면 훨씬 더 긴밀하게 연결되어 있다는 것은 논란의 여지가 없는 사실이다.

어떤 사람에게는 단순히 전 세계의 공동체가 하나가 된다는 점에서만이 아니라 그 이후에 벌어지는 일 때문에 소셜미디어가 매우 중요한 의미를 갖는다. 잭 벌킨이 썼듯이 스스로를 디지털 기술로 무장함으로써 "일반 개인은 전통적인 미디어 문지기들을 우회할 수 있다."[15] 언론이 전통적으로 무시하거나 폄하한, 역사적으로 소외되거나 취약한 공동체에게도 소셜미디어는 강력한 도구가 되는 것이다.

19세기 말 미국 남북전쟁 이후의 재건기에 뿌리를 두고 있는 1960년대의 민권운동은 미국 흑인의 평등권 보장이라는 목표를 향한 새로운 여정의 시작을 알렸다. 이 시민운동은 입법 로비부터 직접적인 행동에 이르기까지 다양한 전법을 활용했고, 지역공동체 리더의 노력과 물리적인 모임에 크게 의존했다. 1963년 일자리와 자유를 위한 워싱턴 대행진이 대표적인 예로, 이 시위는 민권운동의 전환점이 되는 모임이었으며, 남부의 인종분리 정책의 공식적인 폐지와 1964년 민권법 제정으로 이어졌다. 이런 역사적 성과에도 불구하고 미국 전역의 흑인공동체는 계속해서 차별, 불평등, 경찰 폭력에 시달렸다. 정치인과 주류 언론의 역사적 무관심과 지속적인 인종차별주의로 인해 개개인의 흑인들이 겪는 비극은 미국인 전체의 주목을 받는 일이 드물었다.

그러나 2012년 2월에 발생한 폭력 사건은 미국 전체를 각성시켰다. 플로리다주 샌퍼드의 한 외부인 출입 제한 주택단지에서 열일곱 살 트레이본 마틴Trayvon Martin이 지역 자경단 단장 조지 짐머먼George Zimmerman의 총격으로 사망하는 사건이 발생한다.

전해지는 바에 따르면 무장하지 않은 마틴은 동네 편의점에 들렀다가 아버지의 약혼녀 집으로 돌아오는 길이었는데, 짐머먼이 그를 목격하고 경찰을 불렀다. 경찰은 짐머먼에게 마틴을 뒤쫓지 말고 내버려두라고 말했지만 짐머먼은 여전히 마틴의 뒤를 밟았고, 결국 몸싸움을 벌이고는 친척 집 마당에서 자신의 이름으로 등록된 반자동 권총으로 마틴을 쐈다.

짐머먼은 구속되었지만 정당방위를 주장했고 경찰은 그 주장을 받아들였다. 2005년에 플로리다주는 여러 논란에도 불구하고 '정당방위Stand Your Ground'법을 통과시켰다. 이 법에 따르면 어떤 개인이든 자신이 엄청난 신체적 위험에 노출되었다고 믿을 때는 상대방에게 치명적인 공격을 가하는 것이 허용된다. 이 법에 따라 짐머먼은 2013년 재판에서 무죄를 선고받았다.

소셜미디어에는 즉시 애도와 분노의 목소리가 터져 나왔다. 해당 지역의 주민들은 조직적으로 소셜미디어에 다음과 같은 해시태그를 달고 이 사실을 알렸다. '#흑인의목숨도소중하다#BlackLivesMatter'라고. 소셜미디어는 이런 조직적 행동에 불을 붙였고 다른 도시도 연대 행동에 나서도록 이끌었다. 결국 주류 언론이 이 사건에 주목하게 되었고, 한 지역의 불만이 대규모 운동으로 번졌다. 그래서 다음 해 여름, 마이클 브라운Michael Brown이라는 또 다른 무장하지 않은 흑인 젊은이가 미주리주 퍼거슨에서 경찰에 의해 총살되었을 때 지역 주민들은 사람들을 모아 거리로 나가 시위를 벌였다. 소셜미디어가 이들의 행동을 증폭해 미주리주 사람들의 관심을 끌었고 연대 행동을 촉발했다. 이 운동은 주류 언론의 주목을 받았고, 지역의 반발이 전국적인 운동으로 확산되었다. 총살 사건이 벌어진 지 며칠 지나지 않아 곧 해시태그 '#흑인의목숨도소중하다'는 트위터에서 거의 매일 15만 번이 사용되었다. 아직 미국의 중앙 언론이 시위 소식을 보도하기 전이었다.[16]

수많은 논평가들이 '#흑인의목숨도소중하다'운동이 이전과는 다른 점을 다양한 관점에서 제시했다. 그러나 한 가지는 확실했다. 오늘날 인권운동가의 주머니에는 소셜미디어라는 강력한 도구가 들어 있다. 2015년 비잔 스티븐Bijan Stephen이 한 에세이에서 정확하게 지적했듯이 과거에 '짐 크로 법(1876년~1965년까지 있었던 미국의 인종차별법으로, 흑인과 백인의 분리와 차별을 규정함-옮긴이주)'이 적용되던 미국 남부 지역에서 거리에서 벌어지는 일을 실시간으로 전달하기 위해서는 엄청난 인프라가 동원되어야 했다."[17]

현대의 인권운동가가 연락을 주고받기 위해 필요한 것이라고는 몇 가지 앱이 깔린 스마트폰이 전부다. 경찰의 과잉진압 현장을 촬영한 동영상은 재빨리 유튜브에 올리거나 저널리스트에게 이메일로 전송할 수 있다. 왓츠앱WhatsApp, 시그널Signal, 텔레그램Telegram 같은 메신저 앱으로 시위를 조직하고, 페이스북에서 시위의 규모를 키울 수 있다. 트위터는 지역 밖 사람들의 관심을 끄는 데 이상적이고 인스타그램은 종종 강렬한 시위 장면을 공유하는 데 활용된다.

이들 앱도 모두 나름의 단점이 있고, 첨단기술에 능숙한 인권운동가조차도 플랫폼 정책을 준수해야 하고 콘텐츠 관리를 당할 수 있다. 미국의 최근 역사가 보여주듯이 경찰 과잉진압의 확고한 증거도 콘텐츠 관리 대상이 된다. 경찰의 만행을 폭로한 와엘 아바스의 동영상이 폭력적인 콘텐츠라는 이유로 유튜브에 의해 삭제되었듯이 다음 사례의 경우에는 페이스북이 "사소한 기술적 문제technical glitch"라고 부른 것에 의해 경찰 과잉진압의 증거가 사라질 뻔했다.

2016년 어느 여름밤 미네소타주 세인트폴에서 학교 급식실 감독관으로 일하는 필란도 캐스틸Philando Castile은 자동차 후미등이 깨졌다는 이유로 경찰의 검문 대상이 되었다. 일상적인 교통 검문처럼 보였지만 순식간에 비극으로 전환되었다. 캐스틸이 지갑을 꺼내려는 순간 이를 본 경찰관이 그를 총으로 쐈기 때문이다. 캐스틸의 여자친구 다이아몬드 레이놀즈Diamond Reynolds는 경찰이 총을 발사한 직후 핸드폰을 꺼내 촬영을 시작했고 이후에 벌어진 일들을 페이스북 라이브에 실시간으로 올렸다.

그 동영상은 거의 즉시 사라졌다가 1시간 뒤에 복구되었다. 언론 보도자료에서 페이스북은 이 사건을 "사소한 기술적 문제"로 표현했다. 그러나 그 동영상이 다른 사용자에 의해 또는 자동화 기술에 의해 플래깅되었는지 묻는 질문에는 답하지 않았다.[18] 페이스북의 대응은 전형적이었다. 이전에도 중요한 콘텐츠가 잘못 삭제되었을 때 그들은 거의 언제나 "오류"를 이유로 댔다.

이 사례를 비롯해 여러 실망스러운 전개에도 불구하고 '#흑인의 목숨도소중하다' 운동은 소셜미디어에 의해 되돌릴 수 없는 방향으로 나아가고 확장되었다. 이런 사실을 기업들도 놓치지 않았다. 플랫폼 기업들의 반응은 어떤 면에서는 긍정적이었다. 트위터는 해시태그 선봉자들의 신원 확인 절차를 일찌감치 끝냈고, 페이스북은 시위가 벌어지는 지역 지부를 되도록 많이 승인하려고 노력했다. 트위터는 흑인의 대표적인 세 가지 피부색으로 채색한 주먹 세 개의 이미지를 해시태그에 덧붙여서 상징성을 더했다. 이것은 원래 트위터가 명절이나 슈퍼볼 같은 대중적인 이벤트에만 적용하는 전술이다. 이 운동에 참여한 일부 인권운동가는 플랫폼 기업들과 직접적으로 연락을 주고받을 수 있다는 사실에 감사했다. 덕분에 그들은 언어폭력을 당하거나 콘텐츠가 삭제되었을 때 더 빨리 알릴 수 있었다.

그러나 동시에 일부 기업의 고위 간부는 이번에도 플랫폼의 결함을 인정하지 않으면서도 자신들의 기여도를 부풀리기에 바쁘다는 비판을 받았다. 특히 2019년 마크 저커버그가 표현의 자유에 관한 연설을 하면서 '#흑인의목숨도소중하다' 운동이 입소문을 타는 데 페이스북이 결정적인 역할을 했다고 주장한 것이 대표적인 예다.

'#흑인의목숨도소중하다'와 '#미투' 같은 운동은 페이스북을 통해 입소문을 탔습니다. '#흑인의목숨도소중하다'라는 해시태그는 실은 페이스북에서 최초로 사용되었습니다. 그리고 예전 같으면 지금과 같은 방식으로 이 운동이 확산될 수 없었을 것입니다. 100년 전에는 사람들이 공유한 많은 이야기를 글로 적는 것조차 법으로 금지되었습니다. 사람들에게 이야기를 직접 공유할 힘을 주는 인터넷이 없었다면 그런 이야기는 지금처럼 그렇게 많은 사람에게 알려질 수 없었을 것입니다. 페이스북 덕분에 이제 20억 명의 사람들이 자신을 더 잘 표현하고, 남을 도울 수 있는 더 큰 기회를 얻게 되었습니다.[19]

해시태그 시창자 중 한 명인 알리시아 가르자Alicia Garza는 이 연설을 듣고 "분노에 휩싸였다"고 한다. 그녀는 CNN과의 인터뷰에서 "[페이스북이] 신경 쓰는 것은 시민권이 아니라 자신들의 순익일 뿐"이라고 말했다.[20] 페이스북의 비판자들은 저커버그가 표현의 자유에 대한 강한 신념을 주장했지만, 정작 플랫폼의 행보를 보면 표현의 자유에 역행하는 정책을 유지할 뿐 아니라 오히려 잘못된 정보를 퍼뜨리는 경향이 있다고 지적했다.

특히 페이스북이 '뉴스 가치 예외newsworthiness exemption'라고 부르는 정책이 인권운동가들의 맹공격을 받았다. 인권운동가들은 그 정책이 자신들의 발언보다 정치인의 발언에 특혜를 부여한다고 주장한다. '뉴스 가치 예외' 정책의 핵심은 커뮤니티 규정을 위반하는 게시물이라도 페이스북이 판단하기에 그 게시물을 그대로 뒀을 때 대중에게 가하는 위해보다는 대중이 그로부터 얻는 이익이 더 크다면 그대로 두겠다는 것이다. 2019년 영국의 전직 부총리이자 페이스북의 국제관계 및 커뮤니케이션 부사장 닉 클레그Nick Clegg는 그 정책을 재확인하면서 페이스북은 정치인의 모든 발언을 "기본적으로 보여지고 들려져야" 하는, 뉴스 가치가 있는 콘텐츠로 취급할 것이라고 밝혔다.[21]

트위터 또한 원칙적으로는 트위터의 규정에 위배되는 도널드 트럼프의 혐오 발언을 그대로 둠으로써 유사한 전략을 택했다는 비난을 받았다.

페이스북의 블로그를 통해 클레그는 이런 질문을 제기했다. "민간기업이 실질적으로 정치인이 한 모든 말을 판별하는 심판직에 스스로를 임명한다면 사회 전체가 그것을 용인할까? 나는 그렇지 않을 거라고 생각한다."[22] 실제로 대중에게는 자신들이 선출한 공무원과 선출직 공무원에 지원하는 사람이 어떤 말을 하는지 알아야 할 권리가 있다. 그러나 정치인은 인권운동가나 일반 사회 구성원과 달리 발언을 할 기회와 자리가 훨씬 더 많이 주어진다. 정치인은 TV방송에서 발언한다. 주요 신문에 논평을 기고할 수 있다. 모금을 통해 광고를 내보낼 수 있다. 소셜미디어 기업 한 곳이 정치인에게 연단을 내주지 않는다 해도 정치인은 여전히 목소리를 낼 수 있고 사람들은 그 목소리를 들을 것이다.

인권운동가에게는 그런 기회나 자리가 보장되지 않는다. 다이아몬드 레이놀즈의 동영상이 페이스북 라이브에서 삭제되었을 때 페이스북이 그 동영상을 복구하지 않았다면 영영 사라졌을 것이다. 와엘 아바스가 경찰 폭력과 고문 현장을 담은 동영상을 유튜브에 올린 이유는 그에게 다른 대안이 없었기 때문이다. 그리고 그 후 2011년에 아바스의 동료 이집트 인권운동가들이 이집트 시민들에게 거리로 나와달라고 호소했을 때 그들은 지지자들을 모으기 위해 단 하나의 플랫폼에 온전히 의지해야 했다.

시민의 발언이 정치인의 발언보다 덜 중요하게 여겨질 때, 인권운동가가 정부 내지는 거대 기업 또는 서로 협력하는 그 두 행위자에 의해 침묵을 강요당할 때, 오프라인에서 탄압을 가능하게 하는 구조가 온라인에서도 고스란히 재현된다. 이것은 이집트, 튀니지를 비롯한 전 세계 10여 개 독재국가뿐 아니라 미국에도 적용되는 사실이다. 지난 몇 년 동안 주요 언론이 이른바 우파 포퓰리스트가 검열을 당하고 있다고 주장하며 그런 사례에 초점을 맞추었지만, 이런 새로운 검열 방식으로 가장 큰 타격을 입는 것은 언제나 그 사회의 소외된 공동체다.

뒷문 공조

2020년대로 넘어가는 현재, 새로운 위협이 등장했다. 바로 정부와 플랫폼 간 뒷문 공조다. 에블린 두엑은 이것을 가리켜 '콘텐츠 카르텔'이라고 명명했다.[23] 이런 연합은 여러 형태를 띠지만 연합의 효과는 대체로 비슷비슷하며, 강력한 세력들끼리 서로 손잡고 불투명하고 무책임한 방식으로 비교적 힘이 약한 세력을 억압하는 것이 핵심이다.

일부 공조관계는 이제 와서 돌아보면 불가피했던 것처럼 보인다. 아동 성 착취물 같은 주요 위협에 행위자들이 협력한 것이 전조였다. 그러나 다른 면에서는 그런 공조관계는 고위급 다중이해관계자 모임에서 토론을 벌이고 하버드대학교의 인터넷과 사회를 위한 버크먼 클라인 연구소 등 학술 기관에 기업의 고위 간부가 방문하던 시절과는 완전히 다른 엄청난 지각변동이 일어났다는 것을 의미한다. 그 시절에는 기업들이 정부 관계자보다는 학계와 분야별 전문가(여전히 엘리트층에 속하는)의 목소리에 더 귀를 기울였다.

그러나 어느 시점이 되자 압박과 비판에 휩쓸린 플랫폼 기업은 처음에는 내부에서, 그다음에는 정부에서 길잡이를 찾았다. 그 결과 시민사회가 뒤늦게 들러리 격으로 참여하게 되거나 아예 배제되는 불투명한 공조관계가 형성되었다. 시민이 이런 절차에서 얼마나 배척되는지는 기업 그리고 대중이 해당 사안을 얼마나 중요하다고 여기는지와 직접적인 상관관계에 놓여 있는 것 같다.

이후에 나오는 장에서는 비교적 공식화된 '콘텐츠 카르텔'의 예를 더 자세히 검토할 것이다. 그러나 뒷문 공조가 기존의 억압 구조를 얼마나 더 심화하는지를 보여주는 한 가지 사례가 특히 눈에 띈다. 바로 페이스북과 이스라엘 정부의 긴밀한 관계다.

이스라엘의 점령과 국경 통제로 인해 세계로부터 물리적으로 단절된 많은 팔레스타인 사람들에게 인터넷은, 인류학자 미리얌 아우라흐Miriyam Aouragh의 표현을 빌자면 "팔레스타인 국가가 세계적으로 '상상되고' 규정되는 매개 공간이다." 인터넷은 지리적으로 분열된 국가와 여기저기 흩어진 디아스포라가 하나가 되게 해준다.[24] 소셜미디어는 오래전 헤어진 가족과 친구들이 가상세계에서 한자리에 모이도록 해줄 뿐 아니라 주류 언론이 제공하는 서사와는 다른 대안 서사를 발굴하고 정리할 수 있는 공간이기도 하다. 주류 언론은 이미 오랫동안 팔레스타인의 정치적 입장보다는 이스라엘의 정치적 입장을 우선시했다.

그러나 팔레스타인 시민운동가의 목소리가 주류 언론에 의해 역사적으로 무시되고 침묵당했듯이 그 목소리는 소셜미디어 플랫폼에 의해서도 검열당했다. 반면에 동일한 플랫폼에서 이스라엘의 혐오 발언은 종종 아무런 제재를 받지 않는다.

2014년 여름 미국이 중재한 평화회담이 무산되고 몇 달이 지난 후, 이스라엘 청년 3명이 요르단강 서안지구에서 납치당한 뒤 살해되었다. 이에 대한 복수로 이스라엘 남자 3명이 팔레스타인 십 대 소년을 납치해서 살해했고, 긴장이 급격히 고조되면서 무력 충돌 사태가 빚어졌으며, 하마스가 이스라엘 영토에 더 많은 로켓포를 발사했다. 이스라엘은 공중 폭격으로 맞섰고, 가자지구에 로켓포가 쏟아져 내리면서 2000명이 넘는 팔레스타인 사람들이 죽었고, 1만 명 이상이 부상을 당했다. 사상자의 대다수는 일반 시민이었다. 지상에서 무력전이 벌어지는 동안 소셜미디어는 양측과 양측의 지지자 및 반대자가 싸움을 벌이는 제2차 전장이 되었다.

그해 어느 초여름 날 나는 퇴근하는 길이었다. 미국에 있는 팔레스타인 출신 친구로부터 다급한 전화를 받았다. 납치된 이스라엘 청년들이 아직 살해되기 전이었고, 내 친구는 납치된 청년들을 찾을 때까지 한 시간에 한 명씩 "테러리스트"를 죽이겠다고 협박하는 페이스북 페이지를 발견했다. 그 페이지는 히브리어로 작성되어 있었고 "팔레스타인 사람" 대신 "테러리스트"라는 표현을 쓴다는 것을 명백하게 알 수 있었다. 또한 "아직 엄마 [자궁] 속에 있을 때 죽이자" 같은 말도 적혀 있었다. 친구는 신고했지만 해당 페이지가 커뮤니티 규정에 위배되지 않는다는 답변만 받았다. 커뮤니티 규정에서 금지하는 혐오 발언 금지와 명백한 협박 두 가지 모두가 기재되어 있는데도 말이다.[25] 나는 페이스북 정책팀의 연락책에게 이메일을 보냈고 이런 답변을 받았다. "우리 약관을 위반한 것으로 보입니다. 이 사실을 팀원들에게 알리겠습니다." 다음 답변을 기다리는 동안 해당 페이지는 구체적인 이름을 언급하면서 그들을 죽여야 한다고 주장하기 시작했다. 나는 이 새로운 정보를 알리려고 다시 이메일을 보냈다. 이메일을 받은 연락책은 자신들이 여전히 결론을 내리지 못했지만, "사람들의 목숨을 위협하고 있다면, 규정 위반에 해당하는 것이 맞는 것 같죠?"라고 답변했다.

그러나 그날 오후 내 연락책은 내게 전화를 걸어 해당 페이지가 실제로는 규정을 위반하지 않았다고 알렸다. 위협은 확실하지 않은 것으로 판단되었고, 무엇보다 "테러리스트"는 혐오 발언 금지 조항에 의해 보호되는 집단이 아니라고 덧붙였다. 페이스북의 국제정책 관리팀 부장 모니카 비커트Monika Bickert는 성명서를 통해 이렇게 설명했다. "우리는 혐오 발언이라고 판단하는 것들의 특징을 명확하게 나열했으며, 우리가 제시한 범주 중 하나에 속하지 않으면 우리의 규정상으로는 혐오 발언으로 분류되지 않습니다."[26] 해당 페이지는 계속 유지되었다.

2년 뒤 이스라엘 정부는 페이스북의 텔 아비브 사무소와 공식적인 공조관계를 구축했다고 발표했다. 페이스북과 정기적으로 연락을 주고받는 팔레스타인 시민운동가들의 말에 따르면 페이스북의 텔 아비브 사무소의 관할 지역은 이스라엘과 팔레스타인 둘 다. 따라서 이스라엘 정부와 페이스북은 이스라엘의 팔레스타인 영토 점령을 가

상공간에서도 그대로 재현한 셈이다. 이스라엘 정부와의 공조관계에 관한 성명서를 발표하면서 페이스북은 "온라인 극단주의는 정책입안자, 시민사회, 학계, 기업이 참여하는 강력한 공조관계를 통해서만 해결할 수 있다. 이것은 이스라엘뿐 아니라 세계 어디서나 마찬가지다"라고 주장했다.[27]

그러나 페이스북의 말보다는 페이스북의 행동이 그들의 입장을 더 잘 대변한다. 팔레스타인 사람들의 발언이 문제가 될 때는 문제를 제기한 이스라엘 사람이 팔레스타인 사람들에게도 표현의 자유가 보장되어야 한다고 생각하는지와는 별개로 페이스북은 오직 이스라엘 사람들의 말만 들었다. 이스라엘과 페이스북이 공식적으로 공조관계를 맺었다고 발표할 당시에 이스라엘의 법무부 장관이었고 페이스북과의 협상에 직접 관여한 아옐렛 샤케드Ayelet Shaked조차도 페이스북에서 혐오 발언을 했다. 그녀는 팔레스타인 엄마들에 대해 이런 글도 썼다. "그들은 죽어 마땅하고 그들의 집은 해체되어 마땅하다. 그래야 더는 테러리스트들을 출산하지 못할 테니까."[28] 이스라엘의 북부 도시 하이파에서 활동하는 팔레스타인 디지털 권리 단체 7암레7amleh가 발간한 어느 보고서는 이스라엘인의 혐오 발언과 팔레스타인인의 혐오 발언이 얼마나 다르게 취급되는지를 기록하면서 이스라엘에서 발생하는 "온라인상의 폭력과 선동의 주요 발원지는 페이스북"이라고 지적했다.[29]

한편 페이스북이 팔레스타인 단체를 워낙 자주 검열하다 보니 팔레스타인 단체들은 그들만의 해시태그 #페북은팔레스타인을검열한다#FBCensorsPalestine도 만들었다. 단체의 명성이 높아도 별 소용이 없다. 2016년 페이스북은 서안지구의 주류 언론사 QNNQuds News Network과 세합 통신사Shehab News Agency 편집자들의 계정을 차단했다. 이후 페이스북은 사과하고 그 계정들을 복구했다.[30] 이듬해에는 서안지구의 지배 정파인 '팔레스타인 민족해방운동' 파타Fatah의 공식 계정을 차단했다.[31]

페이스북이 이스라엘 당국과의 관계를 공식화한 지 1년이 지난 후 《가디언Guardian》은 페이스북의 콘텐츠 관리 정책이 팔레스타인 사람들과 단체를 어떻게 차별하는지를 폭로하는 문서를 입수해 보도했다. 〈페이스북 파일The Facebook Files〉이라는 제목으로 연재된 기사에서 다룬 문서 중에는 콘텐츠 관리자를 교육할 때 사용하는 매뉴얼의 발표 자료도 있었다. 종합적으로 볼 때 이 기밀문서들은 커뮤니티 규정을 한 번에 한 조각씩 붙여나간, 그리고 결과에 대한 깊은 고민이 없는 산만하고 무질서한 페이스북의 민낯을 보여준다. 내가 인터뷰한 전직 페이스북 운영팀 전문가 애나도 내 의견에 동의한다. "처음부터 끝까지 절차에 대한 책임의식을 찾아볼 수 없습니다."

한 문서는 페이스북에서 팔레스타인 사용자와 이스라엘 사용자 그리고 양측의 지지자들이 얼마나 다른 대우를 받는지를 정확하게 보여준다. '확실한 폭력: 학대 규정Credible Violence: Abuse Standards'이라는 제목의 발표 자료에는 국제적·지역적으로 "취약한" 집단의 목록을 나열한 슬라이드가 있다. "외국인", "노숙자"와 함께 "시온주의자"가 나란히 적혀 있다.[32] 흥미롭게도 시온주의자는 특별 항목으로 보호받지만, 프로퍼블리카ProPublica의 보고에 따르면 "이민자"는 "준准보호" 집단에 불과하고 "흑인 아동"은 보호 대상 자체가 아니다.[33]

어떻게 그런 결정을 내렸는지 이해할 수가 없어서 나는 여러 지인에게 연락을 취했지만 오직 한 명만이 자신의 답변을 기록으로 남기는 것을 허락했다. 2017년까지 페이스북 커뮤니티 운영팀에서 일한 마리아*는 '시온주의자' 항목이 제안되었을 때 자신이 크게 반대했다고 말했다. "이렇게 말했죠. '시온주의자는 힌두교 신자나 이슬람교 신자나 흑인 또는 백인인 것과는 다른 문제입니다. 그건 마치 혁명 사회주의자 같은 거예요. 이데올로기죠.'" 그녀는 이어서 말했다. "이제 팔레스타인과 관련된 거의 모든 것이 삭제당하고 있어요."

또 다른 전직 직원은 익명을 조건으로 그 항목이 "끊임없는 논쟁의 대상"이었으며 당시에 페이스북이 이스라엘 정부로부터 압력을 받고 있었다고 말했다. 마리아가 상사들에게 이해시키려고 애쓴 것처럼 시온주의는 이데올로기 내지는 정치 신조다. '공산주의'나 '자유지상주의'와 같은 부류다. 바꿀 수 없는 절대적이고 본질적인 특징이 아니다. 시온주의를 그런 특징으로 취급하는 것은 개인과 집단을 취약하게 만드는, 진정한 본질적인 특징에 대한 모욕일 뿐 아니라 시온주의를 그런 특징으로 승격하는 것은 점령자와 피점령자 간 권력 불균형을 전혀 고려하지 않은 처사다. 그러나 마리아가 내게 말했듯이 "팔레스타인과 이스라엘은 늘 페이스북에서 가장 곤란한 주제"였다. "처음에는 다소 신중하게 접근하면서" 주로 아랍어팀이 어려운 결정을 내리는 역할을 했지만 2014년 이스라엘과 가자지구 분쟁 이후 페이스북은 이스라엘 정부의 편에 서기 시작했다. 다소 눈에 띄는 점은 페이스북의 신생 외부 감시 위원회의 초기 회원 20명 중 한 명이 에미 팔머Emi Palmor라는 사실이다. 7암레에 따르면 이스라엘 법무부는 에미

팔머의 지휘 아래 페이스북을 상대로 인권운동가의 합법적인 발언을 검열하도록 강하게 압박했다.[34]

이스라엘 정부는 소셜미디어 기업과 뒷문 공조 협약을 맺은 선두주자 중 하나였으며, 결코 마지막 정부가 아니었다. 1년 뒤 베트남의 단일 정당 정부는 페이스북과 협력관계를 맺었다고 발표했다.[35] 2018년 독일 정부는 사용자 수가 200만 명이 넘는 소셜미디어 기업이 독일 정부와 긴밀하게 공조하도록 강제하는 법을 제정했다. 러시아와 터키 등 독일보다 민주주의가 덜 발달한 몇몇 국가들도 이 법을 참고해 유사한 법을 제정했다. 정부들은 마음에 들지 않지만 대개 불법은 아닌 발언을 통제할 방법을 찾을 때면 전통적인 입법 절차는 아예 고려하지 않는다. 페이스북, 구글, 트위터에 있는 지인에게 전화 한 통만 걸면 뜻대로 할 수 있다는 것을 알기 때문이다.

그 결과는? 점점 더 계층화되는 온라인 세계다. 선출된 공무원과 두려울 정도로 정부와 긴밀한 관계를 유지하는 선출되지 않은 엘리트가 결탁한 임의적인 집단이 우리가 무엇을 말해도 되는지를 결정한다. 케이트 클로닉은 페이스북이 세계 지도자 등 주요 인사들이 "소수인데도 불구하고 규칙을 수정할 막대한 권한을 지닌" 장소로 진화하고 있다면서 우려를 표명했다.[36] 실제로 국가 행위자와 기업에 의해 오래전부터 탄압당한 취약한 공동체를 상대로 그와 똑같은 탄압이, 이번에는 디지털 영역에서 또다시 반복되고 있다.

아바스의 사례로 돌아가서

와엘 아바스가 골리앗 구글에 맞선 지 10년이 지났다. 아바스와 그의 이집트 동료의 관점에서는 변한 것이 별로 없다. 2017년 11월, 페이스북은 아바스가 다른 사람들을 협박하는 특정 개인을 비난한 게시물을 올렸다는 이유로 그에게 30일 활동 정지 조치를 취하는 우를 범했다. 아바스가 활동 정지를 당하자 나는 그와 연락을 취하는 데 어려움을 겪었다. 활동 정지를 당하면 우리의 주요 소통 수단인 페이스북 메신저에서도 차단당하기 때문이다. 페이스북이 워낙 다양한 업체를 인수합병하다 보니 페이스북의 조치가 지닌 파급력이 기하급수적으로 커지고 있다.

2018년에 나는 다시 아바스를 도울 수 있었다. 나는 페이스북에 연락을 취했고, 그의 계정 정지가 풀렸지만 그로부터 얼마 지나지 않아 이번에는 트위터 계정이 영구 정지당했다. 아바스는 트위터에서 아주 오랫동안 실명 인증 계정을 운영했다. 이번에는 전 세계의 저명한 인권운동가와 전직 트위터 직원까지 그의 편에 서서 그를 지지했지만 트위터는 꿈쩍하지 않았다. UN 견해와 표현의 자유권의 장려와 보호에 관한 특별보고관인 데이비드 케이David Kaye도 트위터의 정지 조치에 관한 내용을 투명하게 공개해야 한다고 요구했지만 아무 소용이 없었다.[37] 한 페이스북 포스트에서 아바스는 10년간의 인권운동과 기록을 담은 자신의 트위터 계정 삭제 행위를 "히틀러의 분서갱유"에 비유했다.[38]

아바스의 트위터 계정이 영구 정지된 지 얼마 지나지 않아 이집트 정부 공안국은 그를 체포하고 "테러 집단 참여", "가짜 뉴스 유포", "소셜네트워크 오남용"을 이유로 기소했다. 아바스의 구속 기간은 보름마다 갱신되었고, 그는 재판 없이 3개월 이상 수감되었다. 그러다 마침내 감옥에서 나오기 위해 자신의 죄를 인정하는 서류에 서명을 해야만 했다. 이집트 언론은 나중에 그의 트위터 계정이 "폭력 선동"을 이유로 정지되었다고 주장했다. 사법 절차를 제대로 지키지 않은 것을 정당화하려는 시도였다. 트위터가 이 문제에 대해 침묵한 것은 결코 정당화될 수 없다. 당시 내가 썼듯이, "그런 결정은 인권운동가를 상대로 언론이 벌이는 반대 캠페인과, 아바스를 심판한 '언론위원회'처럼 법적 절차를 지키지 않는 현실 세계의 법정에서 증거로 사용되고 있고, 실질적이고 치명적인 결과를 낳고 있다."[39]

풀려난 지 어느 정도 시간이 흘렀지만 아바스는 지금까지 침묵하고 있다. 그의 트위터 계정은 영원히 사라졌고, 이제 페이스북에 글을 올리지 않는다. 이집트 정부는 세계에서 가장 큰 소셜미디어 플랫폼의 협조를 받아 마침내 원하는 결과를 얻었다.

3장

소셜미디어
혁명가들

2010년 6월 초 날씨가 아주 뜨거웠던 이집트 알렉산드리아에서 역사의 방향을 바꾼 사건이 일어났다. 스물여덟 살 청년 칼레드 사이드Khaled Saeed가 앉아 있던 클레오파트라 하마마트 중심지구의 사이버카페 2층에 사복 경찰들이 나타나 카페에 있는 모든 사람에게 신분증 확인을 요구했다. 1967년 국가 비상사태가 선포된 후로 이집트는 거의 항상 계엄령이 발효된 상태였던 터라 이런 일은 꽤 비일비재했다.

사이드는 신분증 제출을 거부했고 목격자들은 분노한 경찰들이 그를 구타하기 시작했다고 증언했다. 사이드를 카페 밖으로 끌고 나간 뒤에도 수많은 목격자가 지켜보는 앞에서 구타를 멈추지 않았고, 사람들은 충격에 빠졌다. 어느 순간 사이드는 "죽을 것 같아요!"라고 소리쳤고, 경찰 중 한 명이 이렇게 대꾸했다. "네가 죽기 전까지는 놔

줄 생각 없어." 경찰은 죽어가는 사이드를 밴에 싣고 떠났다가 10분 뒤에 돌아와 사이드의 시체를 버려두고 가버렸다.

그 뒤로 몇 달, 몇 년 동안 사이드와 그의 죽음을 둘러싼 상황은 이집트와 전 세계에서 신화로 탈바꿈했고, 그는 순교자가 되었다. 사건 직후 나온 기사에는 사이드 가족의 말을 인용해 그가 경찰의 목표물이 된 이유는 순전히 경찰의 부패 행위를 기록한 동영상을 소유했기 때문이라고 했지만, 그가 죽은 뒤에 유튜브에 게시된 문제의 그 동영상은 화질이 좋지 않아서 증거라고 하기에는 어려웠다. 한 심층 분석 글은 사이드를 별생각 없는 약쟁이로 묘사했다. 그는 온라인 세계에 푹 빠져 있었고 이집트라는 쇠고랑을 끊고 탈출해 자신이 잠시 컴퓨터 프로그래밍을 배웠던 미국으로 돌아가기를 갈망했다고 했다. 그러나 지금까지 전해지는 사건의 줄거리는 다음과 같다. 사이드는 어쩌다 마약중독자들과 얽히게 되었고, 그중 하나가 그를 경찰에 밀고했다.[1] 그런데 이런 세부 사항은 전혀 중요하지 않다. 그가 경찰에 의해 잔인하게 살해당했다는 사실은 변하지 않기 때문이다.

사이드는 이집트 청년으로는 드물게 거의 혼자 살았다. 누나가 출가해서 가정을 꾸리고 아이들이 늘어나면서 어머니는 이를 도와주기 위해 자주 카이로에 가고 없었다. 그러다 보니 사이드의 사생활은 대중의 상상에 맡겨졌다. 다만 우리는 이것만은 분명하게 안다. 고문당한 시체는 안치소로 옮겨졌고 그의 형은 휴대폰 카메라로 고통으로 일그러진 동생의 얼굴을 찍었고, 가족은 나중에 이 사진을 온라인에 공유했다. 사진은 널리 퍼졌고 와엘 고님이 '우리는 모두 칼레드 사이드We Are All Khaled Saeed'라는 제목의 페이스북 페이지를 개설하는 계기가 되었다. 그 페이지는 고문에 반대하는 일련의 시위를 조직했고 사이드의 장례식 진행 상황을 공지했다. 장례식에는 1000명이 넘는 사람들이 참석했다. 불과 두세 달 만에 '우리는 모두 칼레드 사이드' 페이지의 구독자 수는 몇십 만 명으로 늘어났고, 곧 아랍 세계에서 가장 구독자 수가 많은 페이스북 페이지가 되었다. 그 페이지는 훗날 30년 동안 이집트에서 권력을 장악했던 독재자 호스니 무바라크 정권을 무너뜨리는 출발점이 된 2011년 1월 25일 혁명을 조직했다. 그러나 만약 상황이 조금만 달랐더라도 그런 일은 전혀 일어나지 않았을 것이다.

2011년 '아랍의 봄'이 시작되기 수년 전에 이집트 공안국은 이집트 젊은이들의 온라인 활동에 점점 더 주목하기 시작했다. 대담하게도 실명으로 글을 올리는 이도 있었지만, 대다수는 당연히 자신의 안전과 생계를 걱정했다. '우리는 모두 칼레드 사이드' 페이지 개설자들도 신중을 기하며 그 페이지를 익명으로 운영했다. 그들은 별명으로 등록한 페이스북 프로필로 로그인했다.

페이스북에서 별명을 사용하는 일은 흔하지만 이것은 페이스북의 공식 정책에는 위배된다. 마크 저커버그가 처음 하버드대학교 기숙사에서 페이스북을 만들었을 때 그는 대학생들이 서로를 알아보고 서로에게 지속적으로 관심을 가지고 지켜볼 수 있는 플랫폼을 지향했고, 그러려면 실명을 사용하게 해야 했다. 그래서 초창기부터 페이스북의 정책에서는 별명, 즉 '가명' 사용을 금지했다. 페이스북이 성장하고 대학생만이 아닌 대중의 가입을 허용한 뒤에도 그 정책은 유지되었다.

"당시에는 그런 믿음이 있었어요. 오해였을 수도 있지만, 어쨌든 사람들이 실명을 사용할 때 서로 더 배려한다고 믿었죠." 페이스북의 콘텐츠 정책팀 부장으로 일하면서 페이스북의 규정을 작성하는 데 관여했던 데이브 윌너가 말했다. "페이스북은 주류 집단의 접근성을 높이고 싶었고 그들이 자신의 신상정보를 인터넷에 올리기를 바랐습니다. 그러나 당시에 그것은 주류 집단이 할 만한 행동은 아니었죠."

2010년에 나는 이미 이 정책을 맹렬하게 비난하는 글을 블로그에 올리고 있었다. 나자트 케슬러Najat Kessler라는 이름의 모로코 여성 이야기를 들었기 때문이다. 당시 내가 쓴 글은 이러했다. 그녀의 이름에서 '나자트'는 이슬람계 이름이었고, '케슬러'는 유대계 이름이었는데, 페이스북에서 일하는 누군가가 보기에는 이것이 불가능한 조합이었는지 그녀는 페이스북의 요청대로 신분증을 제출했는데도 계정을 복구할 수가 없었다.[2] 페이스북의 실명 정책은 그다음 해 세계적으로 유명한 작가 살만 루시디Salman Rushdie가 서류상 이름인 아메드를 사용하지 않았다는 이유로 그의 계정을 차단하면서 황당함의 극치를 보여줬다.

그러나 나는 독특한 이름이나 유명한 필명과 같은 것 이면의 더 근본적인 문제들이 신경 쓰였다. 그해 4월에 내가 썼듯이 페이스북의 실명 정책은 "잠재적 가해자에게 어떤 사람의 프로필을 신고하는 아주 쉬운 방법을 제공한다."[3] 누군가가 가명을 사용한다는 이유로 신고하면 그때나 지금이나 계정 등록자의 신원 확인 절차가 시작된다. 당시에는 신분증 복사본을 제출하는 유일한 방법이 페이스북의 이메일에 답장을 보내면서 첨부파일로 제출하는 것이었다. 시간이 지나면서 이메일은 점점 더 안전해졌지만 그때는 어느 이메일 서비스를 이용하건 이메일을 보내면 거의 언제나 해커나 정부 관계자가 쉽게 탈취할 수 있었다. 그래서 인권운동가에게는 이메일에 신분증 사본을 첨부하는 것이 매우 위험한 행동이었다. 일부 사용자는 페이스북이 자사의 정보를 정부와 공유하지 않는다는 확언에 대해서도 당연히 회의적인 입장을 취했다. 그리고 나자트 케슬러의 사례에서 알 수 있듯이 신분증 사본을 제출하더라도 계정이 복구된다는 보장도 없었다.

2010년 11월에 이집트의 의회 선거가 실시되었고, 선거 준비 기간에 '우리는 모두 칼레드 사이드'에서 조직한 금요일 시위 전날, 이 페이스북 페이지는 온라인 활동이 활발하게 이루어지고 있었다. 그때 지구 반대편에서는 한 비영리 단체의 직원이 선한 의도로 이집트 대중들에게 인기가 높은 이집트의 페이지 목록을 페이스북에서 일하는 지인에게 보냈다. 그러면서 부탁하길, 그 페이지들이 공격을 받았고 정부 관계자나 정부 지지자들이 악의적으로 그 페이지들을 신고할 수 있으니 지켜봐달라고 했다. 페이스북은 그렇게 했고, 다만 너무 꼼꼼하게 감시했던 듯하다. 페이스북은 '우리는 모두 칼레드 사이드'의 개설자들이 별명을 사용하는 것을 발견하고 그들의 프로필을 삭제했고, 그 결과 페이지도 삭제되었다.

삭제 소식은 당시 언론인보호위원회Committee to Protect Journalists의 인터넷 권익보호 조정자였던 대니 오브라이언Danny O'Brien의 귀에 바로 닿았다.[4] 다른 사람들도 서둘러 페이스북에 연락을 취했다. 그러나 그날은 미국의 추수감사절이었고, 대다수 직원은 가족과 시간을 보내고 있었다. 오브라이언은 페이스북의 커뮤니케이션 및 공공정책 부사장인 엘리엇 슈라지Elliot Schrage에게 이메일을 보내는 도박을 했다. 이 메일을 받은 슈라지는 자신의 아이폰으로 어떻게 된 일인지 알아보겠다고 곧장 답장을 했다.

그리고 이 사실을 유럽 및 중동지역 정책을 담당하고 있던 리처드 앨런Richard Allan에게 알렸고, 앨런은 아주 창의적인 해결책을 제시했다. 실명을 사용하겠다는 사람을 찾아 그를 새 운영자로 지정하라고 말이다. '우리는 모두 칼레드 사이드' 페이지 운영자들은 자신들의 지인을 총동원했고 결국 네이딘 와하브Nadine Wahab를 찾아냈다. 그녀는 미국에 사는 이집트인으로 그 페이지의 실명 운영자가 되겠다고 자원했다. 다음 날 페이지는 복구되었다. 나중에 와하브는 페이스북의 실명 정책에 정말 분통이 터진다고 리베카 맥키넌에게 말했다. "[페이스북 직원들은] 자신들의 규정과 절차가 이집트 같은 곳에서 활동하는 인권운동가에게 어떤 영향을 미치는지 제대로 이해하지 못하는 것 같아요."[5]

그 사건이 터지고 며칠 동안 나는 '우리는 모두 칼레드 사이드' 페이지 운영자 중 한 명과 온라인 채팅을 나눴다. 그는 내게 페이지가 삭제된 계기가 자신의 익명 프로필이었다고 말했다. "나는 내 익명성을 지키고 싶다"면서 "[이메일로] 수많은 협박을 받았고 내 생명을 위험에 노출시킬 생각이 없다"고 설명했다.

그 뒤로 몇 주 동안 나는 맥키넌, 오브라이언과 이메일로 토론을 벌였다. 페이스북은 비영리 단체 직원이 보낸 목록을 삭제해야 할 페이지들의 목록으로 착각한 걸까? 아니면 '우리는 모두 칼레드 사이드' 페이지가 악의를 품은 반대파에게 공격을 당한 것일까? 오랜 토론 끝에 오브라이언은 우리의 생각을 정리해서 슈라지에게 이메일을 보냈고, 맥키넌과 나, 그리고 몇몇 페이스북 직원을 참조인으로 설정했다. 오브라이언은 먼저 페이스북의 신속한 대응에 감사를 표했고, 비영리 단체 직원이 보낸 목록에 대한 우리의 우려를 전했다. '우리는 모두 칼레드 사이드' 페이지의 삭제 시점, 그리고 2005년 노벨평화상 수상자 모하메드 엘바라데이Mohamed ElBaradei의 페이지가 공교롭게도 그 전주에 삭제된 사실에 대한 우려를 전달하면서 마무리했다.

페이지가 삭제된 이유에 대해서는 다음의 두 가지 해석이 가능하다. 목록을 공유하는 바람에 발생한 사건일 수 있다. 또는 그 페이지를 삭제하고 싶어 하는 악의적인 행위자가 운영자들이 익명으로 페이지를 운영한다는 것을 알고서 신고했을 수 있다. 오브라이언은 이렇게 썼다. "적어도 [우리는] 이 페이지와 다른 페이지들이 삭제된 시기를 더 잘, 더 투명하게 구체적으로 설명해야 합니다. 그러지 않으면 이와 관련된 공적 논쟁에서 가장 극단적인 음모론이 다른 설명들을 계속해서 압살할 것입니다."

슈라지는 오브라이언의 질문에 답하는 것을 피했다.

우리로서는 콘텐츠의 내용과는 상관없이 우리의 정책을 위반하는 페이지를 차단했을 뿐입니다. 우리는 매일 수백만 개의 페이지를 차단합니다. 그리고 특히 이 경우에는 인권 단체의 연락을 받은 지 6시간 안에 사용자들이 페이지를 복구할 수 있도록 도왔습니다. 내가 이번과 같은 대처에 감탄하는 이유는 다음과 같습니다. 일반적인 상황에서는 이런 규정 위반 페이지를 복구하도록 돕지 않는다는 것을 알고 있기 때문입니다.[6]

페이스북이 이집트의 인권운동가들에게 그 페이지가 중요하다는 우리의 말을 받아들여 페이지를 복구하려고 적극적으로 나선 것은 사실이다. 또한 페이스북의 대변인들이 2000단어가 넘는 이메일 교신에서 그 페이지가 왜, 어떻게 삭제되었는지 묻는 우리의 질문에 제대로 답한 적이 한 번도 없었다는 것도 사실이다.

2012년 페이스북의 더블린 사무소에 합류했던 전 직원 마리아*는 그 페이지를 삭제한 사람이 이집트 출신의 커뮤니티 운영팀 직원이었지만 단순한 실수로 처리되었다는 소문을 들었다고 했다. "당시에는" 마리아가 스카이프로 내게 말했다. "아랍어팀은 가짜 프로필을 삭제하는 작업만 했어요." 그녀의 기억에 따르면 그 팀의 누군가가 별명을 쓰는 프로필을 삭제했고, 그래서 그 페이지도 삭제된 거라고 했다. "아주 멍청한 짓이었어요. 자신의 행동이 어떤 결과를 가져올지 깊이 생각하지 않은 거죠."

"상상이 잘 안 되겠지만, 때로는 너무 바쁘니까요. 페이스북에서는 재빨리 움직이고 뭔가를 부숴야 한다는 그런 분위기가 있었어요. 그러다 실수를 해도 괜찮다고 생각하고요." 그녀는 자신이 그와 비슷하게 한 독재국가에서 주요 반정부 시위를 조직하는 중요한 페이지를 실수로 지오블로킹한 경험을 들려줬다. "끔찍했어요. 모두들 그 얘기만 했거든요."

'우리는 모두 칼레드 사이드'의 운영자들이 규정을 위반했다는 데는 논란의 여지가 없지만 2010년에는 그 규정의 내용 자체도 아주 명확하지는 않았다. 일단 페이스북 사용자를 위한 규칙 안내서인 '커뮤니티 규정'이 아직 작성되기 전이었다. 그래서 사용자들은 법률 용어로 가득한 장황한 문서인 약관Terms of Service, ToS을 참고해야 했다. 그런데 당시 운영자들은 그 약관을 읽을 수조차 없었다. 2010년에는 페이스북 약관이 네다섯 가지 언어로만 제공되었으며, 아랍어는 지원되지 않았다.

이것이 우리가 그 몇 달 동안 페이스북에 제기한 많은 쟁점 중 하나다. 처음에는 이메일 교신으로 어느 정도 성과를 얻는 것처럼 보였고, 페이스북의 대변인들은 종종 놀랄 정도로 세부 사항에 대해 솔직하게 알렸다. 그러나 그런 분위기는 오래 지속되지 않았다.

첫 연락

'우리는 모두 칼레드 사이드' 페이지 삭제 건으로 페이스북 직원과 이메일을 주고받으며 의견을 나누기 전에도 나는 이미 페이스북 직원과 연락을 취하고 있었다. 튀니지 혁명이 발발하기 두세 달 전 나는 '팔레스타인 난민 리서치넷Palestinian Refugee ResearchNet'이라는 블로그에서 페이스북이 페이지 제목에 'Palestinian(팔레스타인의, 팔레스타인 사람 – 옮긴이주)'이라는 단어를 넣는 것을 차단하고 있다고 주장하는 글을 읽었다. 그 글은 'Palestinian Refugee ResearchNet'이라는 이름으로 페이스북 페이지를 개설하려고 시도한 화면의 스크린샷을 첨부했다. 그 화면에는 이런 경고문이 빨간색으로 떠 있었다. "우리의 자동 시스템이 'Palestinian Refugee ResearchNet'이라는 이름을 거부합니다. 비공식적이거나 금지된 페이지를 개설하는 것을 막기 위해 차단

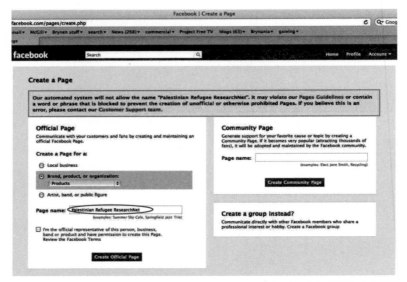

된 단어나 구문을 포함하고 있거나 페이스북의 '페이지 지침'을 위반
했을 수 있습니다. 만약 이 조치에 오류가 있다고 생각한다면 고객서
비스팀에 연락을 취하십시오."

　　블로거인 렉스 브라이넌Rex Brynen은 'Palestinian'을 'Israeli(이스라
엘의, 이스라엘 사람 - 옮긴이주)'나 'Afghan(아프가니스탄의, 아프가니스
탄 사람 - 옮긴이주)'으로 바꿔가며 비슷한 제목으로 여러 차례 실험을
해보았다. 'Israeli'와 'Afghan'은 아무런 문제를 일으키지 않았다. 그래
서 그는 고객서비스팀에 이메일을 보냈다. 여기까지 읽은 나는 이 사
례를 내 블로그에 게시하기로 했다. 나는 "소외된 집단을 위한 페이지
개설을 배척함으로써 페이스북은 무엇을 얻으려고 하는 걸까?"라고
묻고 그 주에 벌써 두 번째로 인권운동가들에게 페이스북을 그만 이

용하라고 조언했다.[7] 고커도 이 사건을 다뤘다. 페이스북이 중동과 이른바 서구 간 거리를 좁히는 다리 역할을 할 수 있다고 믿는다고 마크 저커버그가 주장한 것을 지적하면서 만약 페이스북이 "자의적으로, 그러니까 악의적인 의도 없이 'Palestinian' 같은 단어 사용을 막는다"면 그런 역할을 하기 힘들 것이라고 논평했다.[8]

놀랍게도 다음 날 내 이메일 수신함에는 발신자 페이스북닷컴facebook.com 주소로 보내온 이메일이 들어 있었다. "요크 씨에게"로 시작한 이메일은 "페이스북의 현재 정책에 관해 당신이 블로그나 다른 매체에 게재할 글을 쓰는 데 우리가 도와드릴 일이 있다면 언제든 연락을 달라는 뜻을 전달하려고" 보냈다고 밝혔다.

이메일은 'Palestinian'이라는 단어 사용이 금지된 것은 "자동 시스템의 오류로 인한 결과"이며 "기존에 없었던 새로운 버그"가 원인이었다고 해명했다. 그리고 다음 설명을 덧붙였다.

우리 서비스를 이용하는 5억 명의 사용자를 보호하기 위해 우리가 구축한 자동 시스템 일부가 과거에 혼란을 야기했다는 것을 알고 있습니다. 우리만큼 큰 규모로 운영되는 시스템은 물론이거니와 어떤 시스템도 완벽하지 않으며 우리는 시스템을 개선하고 더 투명하게 운영하기 위해 끊임없이 노력하고 있습니다. 이런 노력에 대해서는 우리의 최근 블로그 글을 읽어보시면 자세히 나옵니다.

또한 우리는 우리 제품이 많은 인권 및 글로벌 운동 공동체에 소중한 자원이라는 사실을 알고 있습니다. 미래에는 선량한 인권운동가나 인권 단체가 구체적인 문제에 부딪혔다면 주저하지 말고 이메일을 보내주세요.

우리는 약관을 수시로 검토하며, 당신도 그렇겠지만, 페이스북이 공공선과 사회적 공유의 도구가 되어야 한다고 생각합니다. 당신의 우려에 대해 이야기를 나누고 공유할 수 있는 정보를 드리기 위해 앞으로 대화 채널을 마련할 수 있기를 기대합니다.

이메일을 보낸 사람은 페이스북에 합류한 지 한 달밖에 되지 않은 스물두 살의 공공정책팀 직원이었다. 그는 자신이 한 약속을 지켰고, 그 뒤로 3~4년 동안 문제가 생길 때마다 내가 연락을 주고받은 소수의 직원(거의 모두가 스탠퍼드대학교를 졸업한 젊은 남성) 중 한 명이 되었다.

2010년 페이스북은 출시된 지 4년도 채 되지 않아 대중의 가입을 허용하기 시작했고, 아직은 오늘날과 같은 거목의 씨앗에 불과했다. 글로벌 공공정책팀도, 중앙아시아 사무소도 없었다. 당시에 정책을 만들고 집행하는 일을 담당한 팀은 주로 20대 대학 졸업자들로 구성되었고, 페이스북을 제외하면 정책 관련 경력도 거의 없었다. 그들 다수는 다양한 이력을 지녔고 언론은 페이스북의 실명 정책부터 보안 취약성에 이르기까지 다양한 주제에 대해 그들이 한 발언을 인용했다.

그들은 때로는 신선할 정도로 솔직했고, 때로는 솔직함이 지나쳐 무례할 정도였다. 한번은 내가 튀니지 인권운동가의 페이지 삭제 사실을 알리면서 그 삭제의 근거가 된 정책에 이의를 제기하자 정책팀 직원은 나를 나무랐다.

덧붙여 말하자면, 최근 당신이 우리 관행에 투명성이 부족하다고 여기는 점과 관련해 공적으로 한 발언 몇 가지가 우리 눈에 띄었습니다. 우리는 당신이 우리에게 직접 건설적인 피드백을 제공할 수 있도록 당신에게 먼저 연락을 취했습니다. 지금도 이런 문제에 대처하기 위해 인권운동 공동체에서 소수의 사람들을 모아서 도움을 받을 최선의 방법이 무엇인지 내부적으로 계속 논의하고 있고, 그 방법을 곧 실천에 옮길 수 있기를 희망하고 있습니다. 그러나 솔직히 말해 당신이 우리와 직접 소통하기보다는 우리를 비판하는 편을 선택한다는 것을 알아차린다면 이곳 사람들이 당신을 그 그룹에 초대하는 것에 과연 찬성할지 잘 모르겠습니다.

나는 그 인권운동가 그룹에 단 한 번도 초대받지 못했다.

또 다른 사건이 발생한 뒤, 페이스북의 실명 정책으로 인해 "친민주주의 인권운동가의 신원이 소셜네트워크에서 밝혀질 위험에 노출"될 수 있다고 주장한 논평을 블룸버그Bloomberg에 기고하자,[9] 공공정책 커뮤니케이션팀 소속 직원이 내게 전화를 걸어 그 정책과 관련해 내가 페이스북과 1년 넘게 교신을 주고받고 있는데도 공개적으로 비판한 것에 대해 불만을 터뜨렸다.

최근에 나는 처음에 내게 이메일을 보냈고 현재는 페이스북을 떠난 전 정책팀 직원에게 애초에 페이스북이 내게 연락을 취한 이유가 무엇이라고 생각하는지 그의 의견을 물었다. "페이스북은 선도적인 사상가들, 블로거, 저널리스트와 소통하면서 인터넷의 지형도를 더 잘 이해하고, 단순한 구경꾼에 머물기보다는 대화의 당사자가 되고 싶어 했어요." 그는 이메일로 내게 답했다. "이런 지원 활동은 제가 페이스북에서 일하는 동안 점점 더 일반적인 관행이 되었어요."

그동안 구글은 시민사회를 끌어들이는 데 공을 들이고 있었다….

적어도 시민사회의 일부 계층을 포섭하고 싶어 했다. 페이스북이 처음 내게 연락을 취한 뒤 한 달이 지났을 때 구글은 부다페스트에서 열리는 '자유로운 인터넷Internet at Liberty'이라는 이름의 학회에 나를 초대한다는 이메일을 보내왔다. 그 학회는 "민주화의 동력으로서 인터넷의 역할the Internet's role as a democratizing force"과 "투명성과 책임성 제고the promotion of transparency and accountability" 같은 주제를 다룬다고 공지되어 있었다. 인터넷과 사회를 위한 버크먼 클라인 연구소의 내 상사와 의논한 끝에 나는 그 초대에 응했다.

초대를 받기 두세 달 전부터 나는 내가 목격한 계정 비활성화와 콘텐츠 삭제 사례를 주제로 논문을 구상하고 있었다. 당시 버크먼 클라인 연구소의 연구부장이었던 내 상사 롭 패리스Rob Faris는 그 구상을 마음에 들어했고, 연구소의 프로젝트 관리자project coordinator에 불과했던 나의 논문 작성을 보조하겠다고 자청했다. 처음 계획은 그 논문을 센터가 발간하기로 예정되어 있던 책에 싣는 것이었다. 그러나 구글 학회 소식에 우리는 마감을 앞당겨서 9월에 있을 그 학회에서 논문을 발표하기로 했다.

논문의 제목은 〈준공공 영역에서의 콘텐츠 감찰Policing Content in the Quasi-Public Sphere〉이었고, 정치 활동과 인권운동을 위해 소셜미디어를 이용하는 현황을 조사하고, 내가 플랫폼 네 곳 페이스북, 트위터, 유튜브, 블로거에서 발견한 이른바 "비활성화 패턴"도 다뤘다.[10] 그 논문에서 나는 그 무렵 콘텐츠 검열 관행에 관한 글을 쓰기 시작한 제이넵 투펙치Zeynep Tufekci와 다나 보이드danah boyd 같은 학자의 글을 인용했다. 내가 아는 한 그 논문은 점점 커지는 플랫폼 기업들의 권력을 탐구한 초창기 논문 중 하나다.

부다페스트 학회에서 패리스가 모두冒頭 연설에서 내 논문을 언급했다. 덕분에 그날 수천 명이 내 블로그를 방문했고, 점심 식사 시간에 구글의 상무이자 최고법률책임자인 데이비드 드러먼드David Drummond가 내게 말을 걸었다. 그 후로 며칠 동안 나는 튀니지와 이집트의 인권운동가 몇 명과 이야기를 나눴고 구글 직원과 몇 차례 비밀 면담을 가졌다. 구글 측은 학회가 끝난 직후에 구글 정책팀과 교류할 소수의 인권운동가들을 선별해 메일링리스트를 만들었다.

2010년 불과 두세 달 동안 일어난 페이스북과 구글의 직원들, 그리고 인권운동가들 간 초창기 교류 활동은 그 이후 몇 달, 몇 년 동안 아주 중요한 역할을 하게 된다. 처음에는 튀니지와 이집트, 그다음에는 시리아, 바레인, 모로코 등에서 사람들이 거리로 쏟아져 나와 중동아시아와 북아프리카 지역에서 역사상 유례가 없는 일련의 봉기를 일으켰기 때문이다. 페이스북과 구글이 점점 덩치가 커지자 그런 교류에서 친밀감이 사라졌고 곤란한 상황이 발생했을 때 직원들이 차선책을 제공하는 일도 드물어졌다. 이제 와 돌아보면 너무나 명확하지만 당시에 나는 그런 중요한 교류들이 그때그때 내가 연락을 취한 직원의 신념과 가치관과 얼마나 긴밀하게 연결되어 있는지 깨닫지 못했다.

검열의 선구자

튀니지 전역의 도시에서 튀니지인들이 거리로 나와 정권을 몰아낸 때로부터 10년 전에 반발의 씨앗이 이미 온라인에 뿌려지고 있었다. 1998년 권태로운 일상과 억압적인 정부에 불만을 품은 튀니지 학생 두 명이 포럼을 개설했다. '분노'를 의미하는 튀니지 비속어 '타크리즈Takriz'라는 이름의 그 포럼은 해외 서버에 호스트되었고, 토론 참가자들에게 자신들의 기회를 제한한다고 느끼는 시스템에 분노를 표출할 공간을 제공했다.

타크리즈는 튀니지 사람들 사이에 퍼진 불만에 대해 공개적으로 나누는 대화를 호스트한 최초의 온라인 공간 중 하나였다. 처음에는 비밀 메일링리스트로 진행된 포럼은 "의도적으로 체계적이지 않았고 탈중앙집중화"를 지향했다. 토론 주제는 공영 언론과 인터넷 검열부터 젠더 관계와 동정에 이르기까지 다양했다.[11] 1999년에는 타크리즈의 구독자 수가 200명을 넘었고, 2000년에는 웹사이트를 개설하고 디지털 잡지를 창간했다.

누구나 자유롭게 접근할 수 있게 된 타크리즈가 튀니지 당국의 심기를 건드리기까지는 오래 걸리지 않았고, 당국은 곧 타크리즈의 웹사이트를 차단했지만 이로 인해 오히려 타크리즈는 의지를 불태우게 되었다. 회원들은 해외의 친구들에게 연락을 취해 당국의 조치에 언론의 관심을 환기했고 함께 머리를 맞대고 웹사이트 프록시와 익명화 도구를 활용해 당국의 차단을 회피할 방법을 찾았다. 그러나 회원들의 용기 있는 대응에도 불구하고 당국의 차단 조치는 타크리즈의 활동에 찬물을 끼얹었고, 2002년 타크리즈는 활동을 중단했다….
적어도 한동안은 그랬다.

타크리즈의 재에서 또 다른 플랫폼, 튀니지네TUNeZINE가 탄생했다. 이 명칭은 당시 튀니지의 대통령이었던 독재자 지네 엘 아비딘 벤알리Zine El Abidine Ben Ali의 이름을 연상시켰다. 타크리즈 회원 '에툰시'가 개설한 이 사이트는 튀니지 정권의 인권 침해를 비판하는 정치 만화와 글을 게시했고, 튀니지 독자의 참여를 유도했다. 이 사이트에서 실시한 한 설문 조사는 사이트 방문자에게 튀니지가 민주주의국가, 왕국, 감옥, 동물원 중 어디에 해당된다고 생각하는지 물었고, 가장 많이 선택된 답은 '감옥'이었다.[12]

튀니지네 방문자 수는 꾸준히 늘었고, 그로 인해 당국의 레이더망에 포착되었다. 당국은 사이트를 폐쇄했고 사이트 운영자 에툰시Ettounsi가 실은 주하이르 야햐우이Zouhair Yahyaoui인 것으로 파악했다. 한 인터넷카페의 직원이었던 그는 정부에 대해 비판적인 목소리를 내는 판사 모크타르 야햐우이Mokhtar Yahyaoui의 조카이기도 했다. 주하이르 야햐우이는 고등교육을 받았지만 취업에 어려움을 겪었다. 지루하고 갑갑했던 그는 자신의 똑똑한 머리를 잘 굴려서 동네 인터넷카페와 협상 타결에 성공했다. 인터넷을 마음껏 사용하는 조건으로 무급으로 일했다. 그는 카페에서 일하면서 인터넷 검열에 대해 알게 되었고, 검열을 피하는 법과 웹사이트 제작법을 배웠다. 그리고 결국 튀니지네를 개설했다.

2002년 6월 4일 야햐우이는 자신이 일하는 인터넷카페에서 체포되었다. 당국은 카페를 뒤졌고 튀니지네의 비밀번호를 요구했으며,

마침내 그 사이트를 폐쇄했다. 야하우이는 거짓 정보 유포죄로 28개월의 징역형을 선고받았다. 이런 형량은 점점 활성화되는 온라인 시민운동 공동체에 강력한 메시지를 보내려는 당국의 의도가 반영된 것이 분명했다. 감옥에 있는 동안 그는 고문을 당했고 그에 대한 반발로 단식투쟁에 들어갔다. 이 사건에 국제적인 시선이 쏠리자 튀니지 당국은 그를 조기 석방했지만, 그로부터 몇 개월 지나지 않아 그는 심장마비를 일으켰고 서른일곱 살의 젊은 나이로 삶을 마감했다.[13]

선도국

튀니지는 아프리카 대륙에서 최초이자 아랍 국가 중 최초로 인터넷 연결망을 구축한 국가였다. 1985년 미국 국제개발처US Agency for International Development, USAID의 재정 지원으로 튀니지의 컴퓨터공학 및 통신학 발달을 목적으로 하는 정보과학 및 통신 지역 연구소Institut Régional des Sciences Informatiques et des Télécommunications, IRSIT가 설립되었다. IRSIT의 설립과 함께 합류한 연구원들은 해외에서 공부하고 최신 지식으로 무장한 IT 공학자들이었고, 이들은 튀니지의 초창기 네트워크를 유럽에 맞먹는 수준으로 올려놓았다. 1991년 튀니지는 인터넷에 연결되었다.[14]

1996년 튀니지 정부는 튀니지 인터넷 통신사Agence Tunisienne d'Internet, ATI 설립을 지시했다. 그 결과 튀니지의 네트워크가 강화되었고 중앙집중화로 행정부가 네트워크의 통제권을 장악하게 되었다. ATI

가 튀니지의 인터넷 기간시설의 유일한 운영자가 되었고, '.tn' 도메인 등록을 독점했다. 인터넷 서비스 제공업체Internet Service Providers, ISP 다섯 군데와 하청 계약을 맺었는데, 그중 적어도 세 곳은 벤 알리가家의 일원이 소유하거나 공동소유자인 회사였다. 또한 ATI는 튀니지 당국의 검열 부서 역할도 했다. 2000년대에 들어서면서 튀니지 국민 960만 명 중에서 거의 3퍼센트가 인터넷에 접속하고 있었으므로, 마침 자가 출판 혁명을 직접 경험할 수 있었다.

블로거와 라이브저널LiveJournal 같은 신생 플랫폼은 개인이 어느 정도 익명성을 보장받으면서 자신의 검열되지 않은 생각을 공유할 수 있는 공간을 제공했다. 튀니지에서 검열되지 않은 생각이란 기득권 세력인 벤 알리 정권에 대한 비판을 의미했다.

2005년 튀니지는 다소 석연찮은 이유로 UN이 후원하는 정보사회 정상회담World Summit on the Information Society, WSIS의 개최국으로 선정되었다. 전직 장관이자 징역 8년형을 선고받고 2020년 현재 투옥 중인 반反고문 인권운동가인 하비브 암마르Habib Ammar가 준비위원회 회장으로 지명되었다. 튀니지인들은 튀니지가 개최국으로 선정되었을 때 당연히 불만을 터뜨렸지만 해외 참석자들이 벤 알리 정권의 과도한 검열 관행에 주목하게 만드는 기회로 삼았다.

WSIS는 정부 관계자의 간섭과 지역 인권운동가들에 대한 공격으로 얼룩졌지만 튀니지의 블로거들은 자신들의 캠페인이 성공했다는 사실에 고무되어 시위를 이어나갔다. 그동안 더 많은 국민이 인터넷을 사용할 수 있게 되었고, 정부의 검열 기구는 점점 더 규모가 커지고 영리해졌다. 2008년에는 튀니지 인구의 거의 3분의 1이 인터넷을 사용했다. 그 무렵에는 인터넷이라고 부를 만한 것이 거의 남아 있지 않았지만 말이다. ATI는 웹사이트 차단 목록에 동영상 공유 사이트인 유튜브와 데일리모션Dailymotion, 국제 인권 단체들의 웹사이트, 그리고 차단을 우회하는 프록시 도구들을 더했다. 차단당한 웹사이트에 접속하려고 하면 거짓 '404 오류error 404' 페이지로 연결되었다. 검열을 기술적 문제의 탓으로 돌리려는 튀니지 정부의 꼼수였다. 영리한 시민운동가들은 '404 오류' 페이지를 의인화해서 '불멸' 또는 '독실함'이란 뜻을 가진 아랍어 이름 '암마르 عمّار'를 붙여 '암마르 404 Ammar 404' 또는 아랍어 채팅 문자로는 '3mmar 404'라고 불렀다.[15]

그러나 2008년 말 튀니지 정부는 치명적인 실수를 저지르는데, 바로 페이스북을 차단한 것이다. 10년도 더 지난 지금은 페이스북을 차단하게 된 정확한 계기가 무엇인지 불명확하다. 다만 그해 초 가프사 인산염 회사Gafsa Phosphate Company의 대량해고 결정에 반대하는 시위에 참여한 인권운동가들을 침묵시키는 것이 목적이었다고 주장하는 이도 있다. 튀니지인들은 정부의 페이스북 차단 결정에 크게 반발하면서 아예 인터넷 서비스에서 탈퇴하겠다고 나서자 정부는 물러설 수밖에 없었다. 9월 3일에 벤 알리가 유튜브 차단 조치 해제를 직접 지시했다고 알려져 있다.

튀니지의 블로거 커뮤니티는 이 승리에 고무되었지만, 그들의 승리는 오래가지 않았다. 2010년 벤 알리 정권은 온라인 담론을 침묵시키기 위한 공세를 한층 강화했다. 또한 그와 동시에 소셜미디어를 통해 튀니지의 인권 문제를 기록하던 튀니지 인권운동가들은 소셜미디어 기업들의 콘텐츠 제한 규정이라는 벽에 부딪히기 시작했다.

슬림 아마무Slim Amamou도 그런 인권운동가 중 한 명이었다. 그는 재스민혁명 이후 잠시 청년·스포츠부 장관을 지냈다. 2010년 10월 슬림 아마무는 웹사이트 복구와 관련해 내게 도움을 요청하는 이메일을 보내왔다. '사예브 살라7, 야 암마르Sayeb Sala7, ya Ammar'의 약칭인 '샤예브 살라7Sayeb Sala7' 페이스북 페이지는 튀니지의 검열 행태를 비판하면서 검열을 완화하라고, 캠페인의 구호를 빌리자면 '그만 내려놓으라'고 촉구하는 지속적인 시민운동의 온라인 사이트였다.

사미 벤 가르비아Sami Ben Gharbia 또한 그 벽에 부딪힌 인권운동가였다. 그는 유럽으로 망명한 또 다른 튀니지인 두 명과 함께 인권운동 블로그 '나와트Nawaat'를 공동 개설했다. 사미 벤 가르비아는 오랫동안 인권운동을 이어온 인물로 2010년에는 나와트에 글을 쓰면서 당시 신생 인권 신장 프로젝트였던 '글로벌 보이스'(현재의 명칭은 '애드복스Advox')의 운영에 매진하고 있었다.[16] 와엘 아바스와 마찬가지로 그도 언론과 국제 비영리기구에 연줄이 많았으므로 유튜브 계정이 차단되자 나를 비롯해 메일링리스트의 수신인들에게 이 상황을 알렸다.

계정 폐쇄 이유는 튀니지의 아동 몇 명이 본드를 흡입하는 모습을 촬영한 동영상을 게시했기 때문이었다. 안타깝지만 북아프리카의 빈곤층 청소년 사이에서는 흔히 목격되는 장면이다. 나는 애드복스에 유튜브가 벤 가르비아에게 보낸 메시지를 공유하는 짧은 글을 올렸다. 그 메시지의 내용은 이러했다. "동물 학대, 약물 남용, 미성년의 음주 및 흡연, 폭탄 제조와 같은 유해한 장면이 담긴 동영상을 게시해서는 안 됩니다. 그런 장면은 교육적인 목적이 있거나 다큐멘터리여야 하며, 다른 이들이 모방하도록 돕거나 부추겨서는 안 됩니다."[17]

벤 가르비아가 올린 동영상에는 교육적인 목적이 있었으므로 계정 정지 해제 요청은 수월하게 받아들여졌다. 24시간 내에 벤 가르비아는 나와트의 계정이 복구되었다고 알렸다. 이것으로 이야기가 끝날 수도 있었지만, 그즈음 리베카 맥키넌은 홍콩에서 빈번하게 발생하는 페이스북의 계정 비활성화 조치 사례를 기록하고 있었다. 글로벌 보이스의 공동 설립자인 맥키넌은 2000년대 초반부터 소셜미디어 플랫폼에 대해 글을 썼고, 2년 전에는 글로벌 네트워크 이니셔티브 창설에 핵심 역할을 했다.

앞서 예로 든 사건들이 발생한 지 10년이 지났지만 당시 내가 여러 사람과 주고받았던 이메일을 다시 살펴보면 맥키넌의 블로그 활동과 내 블로그 활동에 자극을 받은 GNI의 동료들이 계정 비활성화와 콘텐츠 삭제 문제를 논의하는 전화회담 일정을 잡았다. 초대인 한정으로 진행된 전화회담에서 야후!, 유튜브, 슬라이드셰어SlideShare의 정책 담당자들은 자사의 콘텐츠 관리 관행의 내부 과정을 구체적으로 설명했다. 와엘 아바스, 벤 가르비아, 홍콩의 친민주주의 성향의 입법위원 찰스 목Charles Mok, 그리고 나 같은 시민운동가는 콘텐츠 삭제 사례를 공유하고 인권보호의 중요성을 강조했다. 이 회담은 이후 여러 대화로 이어졌다. 처음에는 사적인 대화가 주를 이뤘지만, 나중에는 플랫폼의 콘텐츠 관리가 인권에 미치는 영향에 관한 견해를 나누는 학계와 디지털 권리 단체와 실리콘밸리 기업 간의 공적인 대화로 발전했다. 당시에는 아직도 소셜미디어가 자리를 잡는 중이었고, 대다수 기업의 정책팀은 외부의 목소리에 적극적으로 귀를 기울였으며 옳은 일을 하고 싶어 했다.

그 운명적인 전화회담이 있은 지 한 달이 지났을 때 나는 맥키넌, 홍콩에서 활동하는 인권운동가 오이완 램Oiwan Lam, 유튜브의 정책팀 국제부장 빅토리아 그랜드Victoria Grand와 함께 칠레 산티아고에서 열린 글로벌 보이스 학회장의 연단에 올라 이 문제를 논의했다. 그 패널 토론의 영상은 온라인에서 이미 사라진 지 오래지만, 나는 그랜드가 놀라울 정도로 솔직했고 우리가 제기한 문제를 진지하게 고려했다고 기억한다. 맥키넌이 정리한 그 토론회의 핵심 내용은 맥키넌의 블로그에 영구 박제되었지만, 뛰어난 선견지명으로 가득해서 그 내용 전체를 여기에 공유하겠다.

- 콘텐츠 관리 업무와 콘텐츠 관리 권한의 오남용 방지 절차를 자동 시스템에 맡기면 인권운동가에게 해가 되는 실수가 발생할 수밖에 없다. 전 세계의 문화, 언어, 정치 사건에 대한 적절한 지식을 지닌 사람의 판단이 그런 업무와 절차에 포함되어야만 한다.
- 기업은 삭제, 검열, 중지 절차와 조치를 최대한 투명하게 공개해야 한다. 그러지 않으면 사용자들이 더 이상 기업을 신뢰하지 않게 될 것이고, 그것은 전적으로 기업 탓이다.
- 기업은 인권 문제를 전담하는 직원을 둬야 한다. 그 전담 직원은 인권운동 공동체와 정기적으로 소통하는 채널을 마련해야 한다.
- 세계적으로 인기 있는 소셜네트워킹 및 콘텐츠 공유 서비스가 지구 구석구석에서 온갖 언어로 전개되는 정치운동과 분쟁에 대해 충분한 지식을 가진 직원을 충분히 고용하기란 거의 불가능하다. 그러나 전 세계에 산재한 블로거와 온라인 운동가로

구성된 넓은 인맥을 지닌 글로벌 보이스와 같은 공동체는 플랫폼 기업들이 정치 운동을 스팸이나 기타 플랫폼을 악용하는 활동으로 오인하는 일이 없게 세심한 관심을 기울일 수 있도록, 전 세계의 뜨거운 정치적 쟁점과 온라인운동에 관한 최신 정보를 전달할 준비가 되어 있으며, 그럴 의지도 있다. 사용 인구가 적은 언어 정보를 이해할 수 있도록 도울 의향도 있다. 다만 이런 유형의 피드백, 조언, 소통이 가능한 실효성 있는 메커니즘을 설계할 필요가 있다.

- 인권운동가들은 소셜네트워킹 플랫폼의 약관을 더 꼼꼼하게 읽을 필요가 있다. 검열, 삭제, 오남용 방지 시스템이 어떻게 돌아가는지 스스로 더 적극적으로 익혀야 한다. 아마도 '인권운동가들을 위한 계정 정지와 콘텐츠 삭제를 피하는 법' 안내서가 필요할 것이다.

- 또한 어느 정도 신뢰할 수 있는 정보 교환이 가능한 단체나 단체들의 연합이 있으면 인권운동가와 기업 간에 문제가 발생했을 때 중재하고 문제를 해결하는 데 도움이 될 것이다.

- 정치적·사회적 시민운동 활동을 위해 기업이 운영하는 소셜네트워킹 및 콘텐츠 공유 플랫폼을 이용하는 사람은 기업이 정책과 관행을 더 나은 방향으로 수정할 수 있도록 기업 운영자와 더 적극적으로 소통해야 한다. 문제가 생길 것이라고 예상하고 그들이 문제를 해결할 수 있도록 도와라. 당신만을 위해서가 아니라 공동체의 다른 구성원들을 위해서도. 시민처럼 행동하라. 수동적인 '사용자'가 되지 마라.[18]

그 시절 또 다른 선견지명을 내놓은 사람은 이선 주커먼이었다. 그는 당시 인권운동가의 지배적인 전략이 "서비스 제공업체가 표현의 자유를 보호하기를 기대하고 표현의 자유를 보호하지 않을 때는 압박을 가하는 것"이었다고 썼다. 그는 또한 이런 전략이 "가장 목소리가 크고 인맥이 좋은 이들을 보상하는 경향이 있다. 요컨대 [기업에서 일하는] 누군가를 알면 허용되는 콘텐츠인지 재심사를 받거나 기존의 판단을 뒤집는 결정을 이끌어내는 것이 가끔은 가능하다. 그러나 이것은 장기적으로 볼 때 표현의 자유를 보호하는 지속가능한 모델이라고 할 수 없다"고 지적했다.[19]

당시 우리는 우리의 전략이 지속가능하지 않다는 것을 확실히 알고 있었다. 그러나 우리 중 누구도 이들 소셜미디어 플랫폼이 앞으로 얼마나 커질지, 그리고 그들의 검열 관행이 그에 맞춰 대량으로 수행하기가 얼마나 어려울지는 미처 예상하지 못했다.

페이스북화된 혁명

2010년 4월 즈음, 튀니지의 ATI는 모든 동영상 공유 플랫폼을 차단했고, 정부는 인권운동가들의 트위터 계정을 일일이 차단하도록 지시하기 시작했다. 에이미 아이센 캘랜더Amy Aisen Kallander의 말에 따르면 ATI가 2010년 4월에만 거의 200개의 웹사이트를 차단했다. 봉기가 일어난 직후 발표된 글에서 캘랜더는 "임의적이고 무책임한 검열의 속성으로 인해 협박하는 분위기가 조성되었고, 그래서 블로고스피어blogosphere(블로그blog와 영역sphere의 합성어로, 공간적 의미인 '사이버스페이스'와 달리 상호 연결을 통해 특유의 문화를 형성하는 블로그 공동체를 일컫는 말임. 커뮤니티나 소셜네트워크처럼 서로 연결되어 있는 모든 블로그의 집합을 말함 - 옮긴이주)를 분열하는 데 성공했지만, 인권운동

119

가를 단합시키는 데에도 성공했다."[20] 숨막히는 온라인 분위기와 더불어 그런 단합은 튀니지의 블로거들로 하여금 함께 거리 시위를 계획하게 만들었다. 시위 날로 정해진 5월 22일은 '암마르에게 대항하는 날The day against Ammar'로 명명되었다. 인권운동가들은 온라인 검열을 완화하라는 의미로 '사예브 살라7, 야 암마르(그만 내려놔, 암마르)'라는 구호를 사용했다. 이 구호는 블로그와 소셜미디어에 게시되었고 튀니지 안팎의 새로운 청중에게 닿았다. 또한 튀니지 정부에도 알려졌다. 정부는 시위를 막기 위해 재빨리 행동에 나섰다. 시위 전날 조직위원 몇 명을 체포했고 그들이 시위 취소를 호소하는 동영상을 게시하기 전까지는 석방하지 않았다. 결국 시위 당일 아주 적은 수의 인권운동가들만이 시위 장소에 나타났다. 그들은 애도를 상징하는 하얀색 옷을 입고 있었다.

시위는 계획대로 진행되지 않았다. "그러나 상황이 곧 바뀌었다. 새로운 온라인 검열의 물결이 모든 사람에게 영향을 미치기 시작했기 때문이다." 5월 27일 벤 바르비아가 쓴 글이다.[21] 그의 말은 틀리지 않았다. 2010년 초의 사건들은 단 6개월여 뒤에 시작된 봉기의 촉매제였다. 이후 전문가와 학자들이, 튀니지인들과 해외 평론가들이, '아랍의 봄'에 소셜미디어가 어떤 역할을 했는지 수년간 논쟁을 벌였다. 그런데 벤 알리 정부의 온라인 탄압을 그대로 닮은 오프라인 탄압이 그해 말 튀니지인들이 거리로 나오게 된 조건을 형성하는 데 결정적인 역할을 했다는 것은 의심의 여지가 없다.

튀니지의 혁명은 혁명치고는 비교적 짧게 끝났다. 지속 기간이 단 28일에 불과했다. 12월 17일 시디부지드Sidi Bouzid에서 경찰의 폭행에 반발해 노점상인 모하메드 부아지지Mohamed Bouazizi가 분신자살을 한 것을 계기로 사람들이 모여 시위를 벌였지만, 당국은 무력으로 대응했고 시위는 곧 폭동으로 번졌다. 시디부지드의 시위대와 경찰 간에 긴장이 고조되었고 국제 언론에 동영상을 공유한 블로거들 덕분에 무력 진압 현장을 촬영한 동영상이 튀니지의 수도 튀니스에도 퍼졌다. 시위는 곧 다른 도시로 번져나갔다.

시위가 벌어지는 내내 튀니지 정부는 온라인 단속을 멈추지 않았고, 튀니지의 인터넷 유명인사 몇 명을 체포했으며 인권운동가들이 튀니지 국내에서 벌어지는 일을 다른 지역에 전달할 수 없도록 막는 새로운 조치들을 도입했다. 그중 하나가 개인이 페이스북에 로그인할 때마다 그것을 일일이 기록하는 악성 코드를 설치하는 것이었다. 튀니지의 소식통으로부터 이 소식을 전해 들은 전자프런티어재단은 페이스북 사용자들에게 로그인을 할 때 주의하라는 경고를 수차례 통보했고, 페이스북 측에 사용자의 로그인 정보가 자동으로 암호화되도록 기본설정을 바꿀 것을 요청했다.[22]

당시 페이스북의 최고안전책임자였던 조 설리번Joe Sullivan은《디 애틀란틱the Atlantic》과의 인터뷰에서 페이스북으로서도 "튀니지에서 벌어지는 일은 처음 경험해보는 일"이었다고 말했다.[23] 설리번의 팀은 기술적인 해결책을 내놓았다. 튀니지 사용자의 로그인 요청을 HTTPS 서버로 돌리고 악성 코드가 작동 중일 때 로그인한 적이 있는 사용자에게는 자신이 계정 명의자임을 입증할 수 있는 질문에 답을 하게 한 뒤 새로운 비밀번호를 설정하도록 하는 "방벽"을 설치했다.[24] 튀니지 사용자를 위한 이런 특수한 로그인 환경 설정은 본질적으로는 비정치적인 것이었지만 기발했고 거의 2년 이상 튀니지의 일반 사용자에게도 확대 적용되었다.

페이스북이 기술적인 도전 과제와 씨름하는 동안 유튜브는 튀니지에서 폭력 사태가 한창 진행 중인 상황에서 자사의 정책이 과연 적절한지 되돌아봐야 했다. 1월 초 벤 가르비아의 지적으로 나는 유튜브가 삭제한 동영상 하나에 주목하게 되었다. 알제리 국경 근처에 있는 튀니지의 카세린주에서 벌어진 대량 시민학살의 증거로 제시된 동영상이었다.[25] 그는 해당 동영상이 '충격적이고 역겨운 콘텐츠'에 관한 페이스북의 정책에 따라 삭제되었다고 통지하는 배너의 스크린샷을 공유했다.

실제로 그 동영상의 내용이 충격적이기는 했지만, 그 상황 자체도 충격적이었다. 알자지라Aljazeera를 제외하면 국제 언론은 그 지역에서 시민을 대상으로 자행되는 폭력은 거의 다루지 않았고, 온라인 운동가들이 그 사실을 알릴 수 있는 공간이 급격히 축소되고 있었다. 나는 유튜브의 정책팀에 연락해 해당 동영상이 삭제되었다는 점을 알렸고, 유튜브는 심사에 들어갔다. 동영상에는 두뇌 파편들이 나왔고 이것은 대표적인 금지 항목이지만, 유튜브 정책팀은 상황의 특수성에 공감했고, 그 사건을 다룬 신문기사나 다른 동영상 등으로 맥락을 더할 수 있는 자료를 보충해달라고 요청했다. 결국 유튜브는 삭제 조치를 철회했고 동영상을 복구했으며, 인권운동가들에게 앞으로 동영상을 올릴 때는 관련 맥락을 최대한 많이 제공하라고 조언했다.

당시에 오고 간 대화는 이후의 상황에도 영향을 미쳤다. 튀니지 전역에서 시위대에 대한 무력 진압이 본격적으로 시작되었기 때문이다. 그러나 이제 적어도 튀니지 인권운동가들은 자신들이 직면한 참혹한 현실을 해외에 알릴 수 있는 확실한 방책이 생겼다. 그로부터 약 1주일 뒤 그들의 노력은 보상받았다. 벤 알리가 23년간의 독재를 끝내고 마침내 권력을 내려놓았다. 그는 사우디아라비아로 망명하기 전 마지막 연설에서 국민들에게 자유와 열린 인터넷을 약속했다.

혁명은 트윗될 것이다

튀니지에서 동쪽으로 2천 마일도 떨어지지 않은 곳에서 이집트인들은 튀니지 사태를 지켜보고 있었다. 이집트 대통령 호스니 무바라크는 벤 알리보다도 6년이나 더 오래 장기 집권 중이었고, 8500만 명의 국민 대다수는 빈곤과 탄압에 시달렸다. 와엘 아바스가 오랫동안 기록했듯이 경찰 폭행은 흔한 일이었고, 정치 활동을 하는 많은 이집트인들은 자신들의 정부를 두려워하며 살았다.

그러나 튀니지와 달리 이집트는 인터넷 검열이나 디지털 감찰에 큰 공을 들이지 않았다. 물론 표현의 자유가 보장된 것은 아니었지만, 이집트 당국은 웹사이트를 차단하는 대신 유명인사를 제물 삼아 나머지 국민들에게 공포감을 심는 방법을 주로 썼다. 이런 압제적인 조치에도 불구하고 이집트에는 비교적 활발하고 규모가 큰 블로고스피어가 존재했고, 아랍어와 영어를 섞어서 사용하는 소셜미디어 공동체도 성장하고 있었다. 튀니지가 독재정권에 맞서 싸우는 것을 목격한 일부 이집트인들은 기회가 왔음을 알았다.

2011년 1월 14일, 혁명사회주의 운동가 타렉 샬라비Tarek Shalaby 는 "우리도 뒤따르자!"라고 트윗한다.[26] 다음 날 마나르 모센Manar Mohsen은 '이집트 혁명을 위한 페이스북의 이벤트Facebook event for a revolution in Egypt' 링크를 트윗하면서 이렇게 덧붙였다. "잊지 말고 참석 의사를 밝히세요!"

그 페이스북 이벤트는 다름 아닌 '우리는 모두 칼레드 사이드' 페이지와 연결되어 있었다. 이 페이지는 11월에 복구된 후 다시 동력과 구독자를 얻고 있었고, 이제 1월 25일에 '분노의 날'에 참여해달라고 호소하는 확성기 역할을 하고 있었다. 1월 25일은 이집트의 경찰의 날로 공휴일로 지정되어 있었다.

외부 평론가들에게는 그날의 시위는 즉흥적이거나 오직 페이스북을 통해 추진된 시위처럼 보였지만 실제로는 이미 오래전부터 준비된 것이었다. 1981년 안와르 사다트Anwar Sadat 암살 사건 이후 꾸준히 유지된 비상사태에도 불구하고 이집트인들은 여전히 정부에 대한 반대 의사를 표현할 방법을 찾았다.

"역사적인 관점에서 말하자면, [혁명은] 제2차 인티파다(팔레스타인 사람들의 반이스라엘 저항운동, '인티파다'는 '봉기·반란·각성'을 뜻하는 아랍어 – 옮긴이주) 발발과 함께 2000년부터 시작된 과정의 클라이맥스였습니다." 베를린의 카페에서 커피를 마시면서 호삼 엘하말라위Hossam el-Hamalawy가 설명했다. 저널리스트, 사진작가, 성실한 블로거, 자칭 혁명사회주의자인 그는 인권운동가 동료들 대다수보다 아주 조금 더 나이가 많고, 그래서 조금 다른 관점에서 이집트 혁명을 연구했다. 혁명 직후 《가디언》에 기고한 글에서 그는 지금과 유사한 감상을 밝혔다. 그는 이집트 혁명을 "지난 10년간 내내 끓어오르고 있던 것의 결과물"이라고 표현했다. 2000년대 초 제2차 인티파다에 대한 지지의 물결이 이집트인들로 하여금 반이라크전 시위를 위해 거리로 나서도록 용기를 북돋웠고, 시민운동가들이 "벽돌 한 장 한 장을 깨서라도 공포의 벽을 무너뜨리겠다"는 의지를 다지게 했다.[27] 엘하말라위는 제2차 인티파다 지지 시위가 "아마도 1977년 이후로는 첫" 시위였을 것이라고 말했다. 이렇듯 2004년의 초기 시위가 무바라크 가족의 정치 부패를 문제 삼은 케파야Kefaya(충분하다, Enough) 운동으로 이어졌다. 케파야 운동이 초창기 소셜미디어를 활용한 덕분에 카이로 이외의 지역에서도 이집트 사람들은 카이로의 용감한 인권운동가들이 어떤 일을 벌이고 있는지 알 수 있었다.

그러나 2008년 마할라라는 도시에서 노동자들이 파업에 나선 뒤에야 이집트의 반정부 시위는 진정한 생명력을 얻기 시작했다. 마할라의 섬유공장 노동자들이 승리를 거두자 그 소식은 전통적인 미디어와 소셜미디어를 통해 이집트 전역에 퍼졌고, 더 많은 파업으로 이어졌다. 2010년에는 소규모 시위가 흔한 일이 되었다고 엘하말라위는 회상했다. 그해 5월 블로그에 글을 쓰면서 그는 자신이 우연히 엿듣게 된 시위 중인 노동자의 전화 통화 내용을 떠올렸다. "사람들의 외침을 들어봐. 고향 사람들에게 두려워하지 말라고 얘기해. 우리는 여기 카이로에서 시위를 하고 있고, 우리를 막는 사람은 아무도 없었어."[28]

이집트 노동자들이 거리에서 목소리를 내는 동안 이집트의 지식인은 블로그에서 목소리를 냈다. 2010년대 후반이 되면서 다양한 정치적 성향의 이집트 블로거 수백 명(수천 명일 수도 있다)이 정부의 탄압을 비롯해 여러 가지 주제로 글을 썼다. 블로그는 정치적으로 흩어져 있던 개인들이 하나로 뭉치게 만든 원동력이었다. "호삼 엘하말라위와 알라 압드 엘 파타Alaa Abd El Fattah 같은 마르크스주의 블로거는 압델 모네임 마흐무드Abdel Moneim Mahmoud 같은 이슬람주의자와 나란히 글을 쓰고 시위했다."[29] '분노의 날'이 되자 이집트의 주요 블로거 다수가 소셜미디어, 특히 트위터에 모여들었다. 소셜미디어 덕분에 그들은 거리에서 벌어지는 일을 실시간으로 전달할 수 있었다. 2011년 1월 25일, 이집트인들이 자신의 위치와 시위 현장의 소식을 실시간으로 트윗하는 동안 많은 사람이 눈을 떼지 못하고 내내 지켜보았다. 트위터를 통해 보는 거리의 풍경은 결연하고, 심지어 환희에 찬 것처럼 보였다.

그날 늦은 오후 무바라크 정부는 트위터를 차단하는 전례 없는 조치를 취했다. 그러나 디지털에 능숙한 시위대는 프록시를 사용해 차단을 우회했고 계속해서 현장 상황을 실시간으로 전했다. 다음 날 거리는 시위에 참여한 사람들로 가득 찼고, 이집트 정부는 페이스북도 차단했지만 시위에 참석하는 사람들의 숫자는 계속해서 늘어만 갔다. "일에 집중하라고 트위터와 페이스북을 차단했는데, 왜 거리로 나와서 소리를 지르고 돌아다니는가. #1월25일#jan25" 무바라크를 풍자한 한 계정의 트윗이다.

1월 28일에는 '분노의 날' 시위가 뭔가 더 중요한 사건이 되었고, 시위 참여자 수도 계속 늘어났다. 금요일 기도 후에 수만 명이 시위대에 합류했고, 경찰은 물대포와 최루탄을 쏘면서 대응했다. 반정부 세력이 힘을 얻는 것이 두려웠던 이집트 정부는 ISP와 모바일 전화기 운영사의 폐쇄를 지시했다. 인터넷 서비스업체는 누르Noor 단 한 곳만이 계속 운영되었는데, 이것은 누가 봐도 이집트 주식거래소 개장을 위한 조치였다. 다행히 핵심 인권운동가 몇 명이 누르의 고객이었고 그들은 친구들에게 자신의 집을 개방했다. 시위대는 그 집에 들를 때마다 인터넷을 통해 간간이 시위 현장 소식을 올렸다.

대다수 이집트인들은 총 5일 동안 인터넷을 사용하지 못했다. 그동안 소수의 트위터 사용자가 시위 현장의 최신 소식을 전 세계에 알렸다. 시위 현장에 주류 언론의 소식통은 거의 없었고, 알자지라의 영어 보도국이 전하는 기사를 제외하면 국제 언론이 인터넷과 소셜미디어 위주로 보도하는 것에 대해 많은 시위자가 불만을 표했다. 주류 언론은 계속해서 "온라인 시민운동이 이집트의 시위에 기름을 부었다Online Activism Fuels Egypt Protest"거나 "분노로 인권운동이 시작되었고 페이스북이 그 분노를 분출할 방법을 제공했다Movement Began with Outrage and a Facebook Page That Gave It an Outlet" 같은 진부한 내용만 반복해서 보도했다.[30] 인터넷 블랙아웃이 한창일 때 엘하말라위는 아주 잠깐, 약 이삼 분 동안 인터넷에 접속될 때마다 이런 메시지를 올렸다. "약탈, 폭력 등 모든 MSM('주류 언론MainStream Media'을 뜻하는 소셜미디어상 약어 - 옮긴이주) 기사는 과장[되었다]! 시위는 여전히 건재[하다]."

혁명이 시작된 지 이틀째 되는 날 두바이에 거주하는, 휴직 후 시위에 참여했던 구글 이사 와엘 고님이 실종된다. 그는 시위 중에 구속된 많은 사람 중 한 명이었지만 그의 사회적 지위와 인맥 덕분에 구속된 사람들을 대표하는 상징적인 존재가 되었고, 그의 석방을 요구하는 국제적인 캠페인이 금세 조직되었다.

고님이 실종된 지 12일이 지났고, 그동안 국제 앰네스티Amnesty International를 비롯한 인권 단체들이 그의 석방을 위해 노력했다. 마침내 2월 7일 유치장에서 풀려난 그는 타흐리르 광장의 작은 무대에 서서 이렇게 선언했다. "우리는 절대 우리의 요구를 철회하지 않을 것이며, 우리는 현 정권의 퇴진을 요구합니다."[31]

그날 저녁 그는 드림TV의 저널리스트 모나 엘샤즐리Mona el-Sha-zly와의 인터뷰 자리에서 자신이 '우리는 모두 칼레드 사이드' 페이지의 운영진 중 한 명이라고 시인했다. 그는 의사결정은 운영진의 투표로 결정한다면서 그 페이지가 민주적인 방식으로 운영된다고 설명했다. 또한 그는 정치조직위원들이 '분노의 날'을 기획했으며, 그 페이지는 조직위원들의 확성기 노릇을 할 뿐이라고 강조했다.

아주 오랫동안 진행된 인터뷰에서 고님은 겸손했고, 시위와 관련된 모든 공을 자신이 구속된 동안 거리를 지킨 이들에게 돌렸다. 인터뷰가 마무리될 무렵 점점 격해지는 바이올린 소리를 배경으로 그 혁명의 순교자들의 모습이 화면에 차례차례 비춰졌다. 그러자 고님은 울음을 터뜨렸고, 죽은 이들의 부모에게 연신 죄송하다고 말했다. "우리 잘못이 아닙니다!" 그는 큰소리로 말했다. "권력을 쥐고 그 권력을 놓치지 않으려고 애쓰는 모든 자들의 잘못입니다!"[32]

고님의 인터뷰는 이집트인의 마음을 뒤흔들었다. "모든 사람이 눈물을 흘렸습니다, 모든 사람이"라고 네빈 자키Nevine Zaki가 트윗했다. "수백만 명이 내일 타흐리르로 달려갈 겁니다. 수백만 명입니다!" 유명 블로거 마흐무드 살렘Mahmoud Salem이 트위터에서 선포했다. 나중에 그는 "페이스북이 조직하고, 트위터가 퍼뜨리고, 구글에서 일하는 사람이 조직했다"라고 트윗했다.[33] 엘하말라위는 훗날 이렇게 논평했다. "우리는 혁명의 모습을 찍은 사진과 동영상을 유포해야 합니다. 다른 사람들도 행동에 나서도록 격려하기 위해서죠. 혁명에서는 가끔은 카메라가 칼라슈니코프 자동소총만큼이나 중요합니다."[34]

나흘 뒤 무바라크는 사임했고, 이집트의 혁명이 페이스북 혁명이었는지를 진지하게 묻는 국제 토론이 시작되었다. 《시드니 모닝 헤럴드Sydney Morning Herald》의 한 논설위원은 "소셜네트워크가 정권을 전복할 수 있는가?"라는 질문을 던졌고, 다른 한편에서는 좌파 성향의 잡지 《네이션Nation》이 "사이버 실용주의가 무바라크를 무너뜨렸다"고 주장했다.[35]

"제발 정신 차리자. 사람들은 페이스북이 발명되기 전부터 시위를 하고 정권을 전복했다."[36] 전문 저술가 말콤 글래드웰이 《뉴요커》기고문에서 대수롭지 않은 듯 던진 이 말에 그를 비판하는 글 수십 개가 쏟아져 나왔다.

CNN과의 인터뷰에서 고님은 이렇게 말했다. "물론입니다. 이것은 인터넷 혁명이었습니다. 저는 이것을 혁명 2.0이라고 부르겠습니다." 그의 말에 모든 사람이 동의한 것은 아니다. 시위에 참여하기 위해 아내와 함께 남아프리카공화국에서 카이로까지 날아온 알라 압드 엘 파타가 혁명이 끝난 그해에 뉴욕에서 청중을 향해 자신이 타흐리르에서 어떤 기술을 가장 많이 사용했을 것 같냐고 물었을 때 그는 수천 명의 이집트인을 대변했는지도 모른다. "SMS인가요?" 청중 속에서 누군가 물었다. "당신의 핸드폰이요!" "트위터!"

"틀렸어요. 돌과 막대기예요." 그는 웃으면서 말했다.

압드 엘 파타의 말이 냉소적으로 들리겠지만 그만 그런 것이 아니다. 시위가 일어난 바로 다음 해에, 그리고 그 후로 몇 년간 시위에서 핵심 역할을 한 많은 사람이 자신들의 혁명을 지나치게 단순화하는 서구 언론의 시각을 비난했다. 나중에 이집트의 상황이 악화되고 군대가 쿠데타를 일으켜 정권을 장악했을 때는 마치 군부가 대중의 지지를 얻고 있는 듯한 인상을 주려고 소셜미디어를 활용했고, 그래서 일부 논평가는 그런 서사가 위험하다고까지 평가했다.

압델 라만 만수르Abdel Rahman Mansour는 페이스북 페이지의 중요성을 깨달았기 때문에 와엘 고님과 함께 페이스북 페이지를 개설하고 운영했지만 그도 실리콘밸리에 대한 경계를 늦추지 않는다. 나는 2010년 11월 26일 페이스북이 '우리는 모두 칼레드 사이드' 페이지를 삭제했을 때 그를 온라인에서 처음 만났다. 카이로에 있는 공통의 지인을 통해 그를 소개받았다. 그 지인은 블로거로, 혁명 관련 소식을 자신의 블로그에 매일 올렸다. "부디 제 익명성을 보장해주세요. 저는 페이지의 운영자로 알려지고 싶지 않아요." 당시 그는 온라인 채팅창에 이렇게 적었다. "이메일을 통해 수많은 협박을 받았고 내 생명을 위험에 노출시킬 생각이 없어요."

고님은 혁명 과정에서 자신이 한 역할로 인해 갑자기 세간의 조명 세례를 받았지만 만수르는 조용히 무대에서 퇴장했다. 그즈음에는 그의 신원이 밝혀졌지만 말이다. 그는 지난 10년간 학자의 길을 걸었으며, 지난 7년 동안 미국에 머물면서 미국의 명문대학에서 공부 및 연구를 하고 현재 비영리 단체 설립을 추진 중이다. 동료 이집트인들처럼 만수르는 혁명 이후의 상황에 실망했지만, 여전히 희망을 잃지 않고 있다. 2019년 그는 《포린폴리시Foreign Policy》에 이런 글을 실었다. "[중동과 북아프리카]에서 새로운 시위의 물결이 두세 달에 한 번씩 동력을 얻고 있고, 이것은 8년 전에 시작된 민중운동이 여전히 살아 있고 견고하며 가까운 시일 안에 끝나지는 않으리라는 것을 보여준다."[37]

뉴욕에 있는 만수르와의 통화에서 그는 유명세를 탄 페이스북 페이지를 운영한 자신의 경험을 되돌아보았다. "제게 페이스북은 혁명 이전과 이후로 나뉩니다. 이집트 국민은 혁명 이후에 페이스북을 발견했습니다." 2011년 이전에는 페이스북이 고등교육을 받은 이집트 중산층들의 영역이었다고 지적하면서 이렇게 설명했다. "그러다 혁명이 발발했고, 사람들은 신문에서 페이스북이라는 것에 대해, 페이스북이 웹사이트라는 것에 대해, 그리고 그 웹사이트가 혁명을 시작했다는 것에 대해 읽었습니다." 그는 수백만 명의 새로운 사용자가 가입한 이후 "플랫폼에서 이뤄지는 소통의 유형이 바뀌었다"고 말했다.

만수르와 고님의 인식 또한 바뀌었다. "혁명 이전에 우리는 그냥 페이스북에 페이지를 개설한 사람이었습니다…. 그러나 혁명 이후 사람들은 혁명이 성공한 이유가 바로 우리였다면서 우리의 의견을 듣고 싶어 했습니다." 만수르가 내게 말했다. 그는 마치 자신이 이해할 수도, 설명할 수도 없는 상자에 갇힌 기분이었다고 털어놓았다.

오늘날 페이스북의 여건은 그다지 변하지 않았다고 그는 말했다. "만약 신원을 감추고 있다면, 당신은 더 자유로운 사고와 더 유연한 행동을 만들어나가고 있겠죠. 만약 당신이 누군지가 알려졌다면, 당신의 이름과 주소가 알려졌다면 당신은 정치 게임의 일부가 된 것입니다."

대화 중에 우리는 그 페이지가 어떻게 삭제되고 복구되었는지에 관한 이야기를 회상했다. 내 기억으로는 해외의 비영리 단체 구성원들의 노력으로 그 페이지가 다시 복구될 수 있었다. 만수르는 고님이 구글에서의 자신의 지위를 이용해 페이스북에 페이지 복구를 요청했다고 말했다. 나중에 알고 보니 두 가지 모두 사실이었다.

"와엘 고님이 셰릴 [샌드버그]Sheryl Sandberg에게 연락했고, 셰릴이 정책팀에 연락했어요." 이집트에서 혁명이 일어난 시기에 마리아*가 말했다. "내부적으로 중요하게 다뤄졌어요. [고님이] 셰릴에게 연락했으니까요." 만수르는 이렇게 기억했다. "당시에 페이스북에 연락했던 이유는 그게 실리콘밸리의 문화였기 때문이었어요." 요컨대 "아는 사람이 있거나, 구글처럼 더 큰 기업에서 일하면, 페이스북은 그 사람의 요청에 아주 빨리 응답했어요…. 페이스북의 누군가를 아는 누군가의 권위에 대해 생각하게 되죠."

실제로 고님이 그런 인맥이 없었다면 혹은 만수르가 비영리 단체의 누군가를 알지 못했다면 혁명이 그때 그런 방식으로 일어났을까? 내 친구 모하메드 엘 다샨Mohamed El Dahshan(현재 컨설팅 회사의 파트너로 일하는 혁명 참가자)은 이렇게 말했다. "20만 명의 동료 이집트인들이 [페이스북에] '간다'라고 답하는 것을 보면서 확신을 얻을 수 있는 상황이 아니었다면 사람들이 거리로 나왔을까요?"

"글쎄요." 그는 이어서 이런 결론을 내렸다. "그래도 나왔을 거라고 말하고 싶지만 진실은, 모든 것이 너무나 불안정했고, 유동적인 부분이 너무 많았고, 실패할 여지가 많았기 때문에 제 짐작으로는 만약 그런 유동적인 요소 중 하나라도 어긋났다면 아주 다른 결과가 나왔을 거예요."

아랍 지역의 반정부 시위에서 소셜미디어가 담당한 역할에 관해 여러 글을 다각도로 자세하게 쓴 카이로 아메리칸대학교의 교수인 라샤 압둘라는 실용주의적인 관점을 취한다. 영상 통화에서 그녀는 내게 이렇게 말했다. "소셜미디어는 훌륭한 가속페달이자 훌륭한 조력자, 훌륭한 기획자였습니다. 소셜미디어가 없었어도 이집트에서 혁명이 일어났을까? 아마도요. 그러나 소셜미디어가 없었다면 그 시기가 20년 정도 뒤로 밀렸겠죠." 그녀는 이어서 말했다. "소셜미디어는 사람들에게 그들이 목소리를 낼 수 있고, 그 목소리가 의미가 있다는 느낌을 줬어요. 이집트에서 젊은이들이 최초로 진짜 목소리를 낼 수 있는 공간이었습니다."

실리콘밸리의 이사진들에게 그런 세부 사항은 별로 중요하지 않은 듯하다. 수천 킬로미터 떨어진 곳에서 사태를 바라보는 그들의 눈에는 자신들이 만든 도구가 중요한 사명을 수행하고 있는 장면만이 들어왔다. 비록 마크 저커버그는 첫 공식 연설에서 어떤 테크기업이라도 중동과 북아프리카에서 일어난 혁명에서 공을 주장하는 것은 "지극히 거만한" 처사일 것이라고 말했지만, 그는 페이스북이 상장된 후에 태도를 바꿔 이렇게 말했다. "사람들에게 공유할 힘을 제공함으로써 우리는 사람들의 목소리가 과거와는 완전히 차원이 다른 규모로 들리게 된 현실을 보기 시작했습니다."[38]

나중에 저커버그의 입장은 페이스북이 패기로 넘쳤던 시절에 대한 내 기억과 일치한다. 2011년 3월 내가 버크먼 클라인 연구소에서 일하고 있을 때, 페이스북의 몇몇 고위 간부가 점심 모임을 위해 그곳에 들렀다. 그중에는 엘리엇 슈라지, 정책팀 팀원 매트 페로Matt Perault, 페이스북의 최고운영책임자 셰릴 샌드버그가 있었다. 모임이 시작할 시간이 거의 다 되었을 때 누군가가 페이스북이 '아랍의 봄'에서 자신들이 한 역할에 대해 어떻게 생각하는가라는 피할 수 없는 질문을 던졌다. 나는 그때 들은 답을 결코 잊지 못할 것이다. 샌드버그는 자신의 가슴에 손을 얹고 페이스북이 이집트에서 시작한 일에 대한 엄청난 자부심을 선언했다.

그 외에는 그날 모임은 꽤 생산적이었고, 그 후로 몇 년간, 요컨대 아랍 지역에서 상황이 악화되는 동안 우리의 협력관계가 잘 유지될 수 있는 분위기도 설정됐다. 그리고 그 관계는 수많은 개인이 페이스북 계정에 대한 접근권을 회복하거나, 누군가가 체포되었을 때 그 계정을 폐쇄해서 인권운동가 네트워크를 보호하는 데 결정적인 역할을 했다. 그럼에도 불구하고 그런 사실은 얼마나 많은 힘이 소수의 미국인들 손에 집중되어 있는지를 여실히 보여주었다.

4장

사람보다
수익이 먼저

2011년 봄, 시위대가 여전히 이집트 카이로의 타흐리르 광장을 점령하고 있던 그때, 행동에 나서야 한다는 목소리가 아랍 지역 전역에 울려 퍼지기 시작했다. 1월에는 요르단 사람들이 페이스북과 온라인 생중계 방송으로 시위 참여를 독려하기 시작했다.[1] 트위터에서는 바레인 사람들이 2월 14일로 예정된 시위에 동참하자고 목소리를 높였다. 모로코 사람들은 블로그와 소셜미디어를 활용해 훗날 '2월 20일 시위'라고 불린 것을 조직했다.[2]

　　그러나 시리아의 상황은 다소 달랐다. 2011년 당시 시리아에 거주하는 인구 2000만 명 중에 22퍼센트만이 인터넷에 접속할 수 있었고, 앞서 언급한 나라들과 달리 시리아에서는 몇 년째 소셜미디어와 블로그 플랫폼을 철저히 차단하고 있었다. 물론 소규모의 시리아인 블로고스피어가 존재했고, 페이스북 트래픽도 간간이 이어졌지만 프록시 서버를 이용할 수 있는 개인들만이 그런 온라인 활동에 참여할 수 있었다.

　　그런 불리한 환경에서도 디지털을 능숙하게 다룰 줄 아는 시리아인들은 페이스북과 트위터를 통해 1963년 이후 지속된 국가 비상 사태의 종결과 부패 척결을 요구하는 '분노의 날' 시위를 수도 다마스쿠스에서 일으키자고 호소했다. 약 25만 명의 사람들, 적어도 시리아 정부 소식통의 말에 따르면 당시 시리아의 페이스북 총 이용자 수보다도 많은 수의 사람들이 2월 4일과 5일로 예정된 시위 참여를 독려하는 페이스북 그룹에 가입했다.[3] 그러나 시위 당일 현장에 나타난 사람은 극소수에 불과했다.[4] 시리아 대통령 바샤르 알아사드Bashar al-Assad는 한 인터뷰에서 시리아는 아랍의 다른 지역에서 일어나는 그런 부류의 정치적 불안에 대해서는 "면역력"을 갖추고 있다고 단언했다.[5]

초기의 시위 참여 독려가 실패했는데도 2월 9일 시리아에서는 갑자기 페이스북, 블로그스폿, 유튜브에 프록시 없이 접속할 수 있게 되었고 사람들은 크게 놀랄 수밖에 없었다. 이를 두고 "민중을 향한 제스처"라고 해석한 사람들도 있었고 대개는 큰 의미를 두지 않았지만, 나는 회의적이었다.[6] 시리아에서 웹사이트들에 대한 접근 차단이 해제된 이틀 후 나는 이렇게 썼다. "시민운동가들은 접속의 자유가 표현의 자유를 의미하지 않는다는 것을 명심해야 한다. 소셜미디어는 몇몇 나라에서 감시 도구로 활용되었으며, 악용되기도 쉽다."[7]

그런 내 예상은 머지않아 곧 현실이 되었다. 그해 3월, 시리아 남부에 위치한 도시 다라에서 정부가 시위대를 무력 진압하는 사태가 발생했고, 시리아의 페이스북 계정이 가짜 SSL 인증서(웹사이트의 진위 여부를 확인하고 암호화된 접속을 가능하게 하는 디지털 인증서)를 사용하는 해커들에 의해 도용되고 있다는 소문이 돌기 시작했다. 반反정부 저널리스트 칼레드 엘렉헤티야르Khaled Elekhetyar의 페이스북 페이지에 친親정부 성향의 글이 올라오기 시작했고, 나는 그의 페이스북 계정도 그런 식으로 도용되고 있다고 짐작했다. 그리고 페이스북의 연락책에게 이메일을 보내 도움을 요청했다.[8] 곧 페이스북 측으로부터 유사한 정보를 입수했으며 현재 조사 중이라는 답변을 받았다. 다음 날 페이스북은 해당 계정을 '차단 상태'로 전환했으며, "계정 소유자가 직접 연락을 취해서 자신의 신원을 입증할 때까지" 접속을 차단하기로 결정했다고 알려왔다.

그 직후 나는 엘렉헤티야르가 구금 상태이며 시리아 보안군이 비밀번호를 포함해 그에게 자신의 계정 정보를 억지로 털어놓게 한 뒤 그의 계정으로 글을 게시했다는 사실도 알게 되었다. 그래서 즉시 페이스북 측에 이런 새로운 정보를 전달했고, 시리아 IP 주소에 대해서는 2단계 인증을 적용하는 것이 좋겠다고 제안했다. 2단계 인증, 즉 이중 인증은 웹사이트나 앱에 로그인할 때 '계정 사용자가 아는 것과 가지고 있는 것'을 입력하도록 요구하는 인증 방식이다. 이를테면 비밀번호와 함께 SMS나 인증 앱을 통해 전송받은 인증번호도 입력하게 하는 것이다. 오늘날에는 이런 로그인 방식이 보편화되어 있지만 2011년에는 적어도 소셜미디어 플랫폼에서는 거의 사용되지 않는 방식이었다.

페이스북의 반응은 미지근했다. 더 많은 데이터가 없는 상태에서 기술팀을 동원해야 할지도 모르는 개편 작업을 진행하고 싶지는 않았던 것이다. 한편, 시리아에서는 계속해서 사람들이 구속되었지만 그들 중 누구도 자신의 페이스북 계정 정보를 넘겨주는 데 동의하지 않았다.

　상황은 교착상태에 빠졌다. 나는 다른 경로를 뚫으려고 노력했다. 친구의 친구를 통해서라도 도움을 주고 싶어 하는 페이스북 직원과 연락을 취해봤지만, 늘 그런 연락의 고리 끝에는 내 전담 연락책과 이야기를 나눠야 했고, 그는 늘 같은 답만 되풀이했다. 나는 점점 더 짜증이 났다. 그동안 시리아의 시위 현장에서는 무력 진압이 계속되었고, 나와 시위대와 페이스북 간의 대화 또한 계속되었다. 2월이 3월이 되었고, 더 많은 시리아인이 체포되었다. 정부 보안국이 체포한 사람들에게 페이스북 계정 정보를 털어놓게 만든다는 이야기도 더 많이 들려왔다. 3월 말에는 예전에 레바논 베이루트에서 열린 워크숍에서 알게 된 시리아 친구 고故 바셀 사파디 카르타빌Bassel Safadi Khartabil이 구속되고 취조를 당했다. 카르타빌은 오픈소스 개발자였고 컴퓨터 보안기술에 대해 잘 알았다. "내가 [내] 비밀번호를 바꾸면 체포하겠다는 말을 들었다"면서 그는 석방된 뒤에 자신이 당한 일을 친구에게 알렸다. 나는 다시 한 번 페이스북에 이메일을 보냈다.

　한 사용자가 (그의 계정을 '차단 상태'로 전환하지 않겠다고 먼저 약속하지 않는 한 그의 이름은 알려드릴 수 없습니다.) 자신이 구속되어 취조를 당했으며, 로그인 정보를 강제로 넘겨야 했다고 제게 알렸습니다. 그런데 그들은 그의 계정이 차단되는 것을 막기 위해 그에게 계정에 어떤 조치도 취하지 말고 비밀번호도 바꾸지 말라고 협박했다고 합니다. 그는 자신의 로그인 정보를 넘긴 뒤로 계정 정보를 수정하지 않았습니다. 저로서는 보안국이 그의 계정을 도용하기 위해 그렇게 했다는 결론을 내릴 수밖에 없습니다. 만약 보안국이 그의 계정을 지금 상태 그대로 유지한다면 그의 친구들은 그 계정이 보안국에 넘어갔다는 것을 알 길이 없습니다.

　　이번에 페이스북이 내놓은 답은 조금은 더 유용했다. 페이스북은 그의 계정을 차단 상태로 전환하지 않은 채로 조사하겠다고 말했다. "물론, 우리는 자동화 도구가 그 계정이 부적절하게 접속되었다고 경고하지 않을 거라고 보장할 수는 없습니다"라고 정책팀의 내 연락책이 말했다. "그러나 그것은 원래 얼마든지 일어날 수 있는 일이니까요. 조사를 하면 그런 식으로 사용되고 있는 다른 계정을 찾아내거나 다른 창의적인 해결책을 찾을 수 있을 것입니다."

　　시간이 흐르면서 점점 더 많은 시리아인들이 어떤 일이 벌어지고 있는지 알아차렸고, 그들은 체포당했을 경우를 대비해 계정을 하나 더 만들기 시작했다. 그러나 정부는 언제나 한발 앞서 있었다. 나중에 한 인권운동가는 그때를 회상하면서 보안국이 다른 계정 로그인 정보도 내놓으라고 다그쳤다고 말했다. 다른 동료들과 마찬가지로 나도 새로운 체포 소식을 들을 때마다 페이스북에 전달했다. 그러나 갈등은 계속 고조되었고, 그에 따라 체포된 사람의 수도 계속 늘었으며, 고문이 자행되고 있다는 소식까지 들리기 시작했다.[9] 기업들이 실질적인 도움을 주지 않자 시민운동가들은 자신의 계정을 보호하기 위한 자구책을 마련하기 시작했다. 예를 들자면 그들은 자신이 체포되었을 때 반정부 게시글을 삭제하거나 계정을 비활성화 상태로 전환해줄 친구에게 비밀번호를 알려줬다.[10]

앞으로 일어날 일의 전조

시간은 계속 흘렀고, 아랍 지역의 상황은 갈수록 나빠졌다. 그러나 언론은 소셜미디어 덕분에 '아랍의 봄'이 가능했다고 볼 수 있는지를 두고 지루한 논쟁만 벌이고 있었다. 한편, 그 무렵 디지털 권리라는 분야에 대한 세간의 관심이 높아졌다. 2011년 한 해에만 나는 최소한 스물다섯 곳에서 소셜미디어와 표현의 자유를 주제로 강연을 해달라는 요청을 받았고, 현재는 꽤 널리 알려진 라이츠콘RightsCon(당시에는 '실리콘밸리 인권회담Silicon Valley Human Rights Summit'으로 불렸다) 등 관련 학회들도 생겨났다. 전부 순식간에 일어난 일 같았고, 하룻밤 사이에 새로운 분야가 탄생했다.

그동안 플랫폼들은 계속 성장했다. 그해 말, 페이스북 사용자는 8억 4500만 명에 달했다. 같은 해 초와 비교해 40퍼센트나 늘어난 것이다.[11] 당시 출시 5년 차가 된 트위터의 경우에도 그해 9월 무렵에는 매일 접속하는 사용자가 2억 명에 달했다.[12] 사용자가 늘자 직원도 늘었다. 2011년과 2012년 사이에 페이스북의 직원 수는 3200명에서 4600명으로 늘었다. 증가율로 보면 44퍼센트가 증가했다.[13] 그런 급격한 성장은 엄청난 변화로 이어졌다. 2012년 5월 주식회사 페이스북이 상장되었고, 기업공개IPO 평가액은 약 1000억 달러에 달했다.

이들 플랫폼이 커지면서 정책팀과 인권운동가들의 관계는 급속도로 나빠졌다. 동시에 자국 시민들이 온라인에서 무엇을 하고 있는지에 대한 정부의 이해 수준이 높아지면서 소셜미디어에 대한 관리와 감독도 강화되었다. 소셜미디어 기업들이 고양이와 쥐, 즉 정부와 시민의 쫓고 쫓기는 추격전에 휘말리는 건 시간문제였고, 곧 소셜미디어 기업들이 전 세계인의 표현의 자유에 얼마나 큰 영향력을 행사하는지가 만천하에 드러난다.

튀니지인들이 거리로 나가 시위를 벌이기 한 달 반 전, 지구 반대편에서는 다른 유형의 전투가 임박해 있었다. 당시에 국가들의 인터넷 차단 목록, 베일에 싸인 사이언톨로지교에서 입수한 문건, 2007년 바그다드 공습 영상 등을 게시하면서 유명해진 위키리크스가 미 국무부 전문電文을 입수해 막 유포한 참이었다. 위키리크스가 공개한 문건에는 각국 대사관의 세계 지도자에 대한 평가, 주재국에 대한 평가가 담겨 있었다. 꽤 일상적이고 지루한 내용들도 많았지만, 튀니지를 비롯해 특정 정부의 부패에 관한 보고도 있었다. 그래서 시민운동가들의 환영을 받았고, 그들 중 일부는 훗날 자신들이 운동을 지속할 수 있는 동력이 되었다면서 위키리크스에게 공을 돌렸다.[14] 그러나 미국 정부는 그런 환호의 함성에 동참하지 않았다. 위키리크스가 미국의 기밀문서를 공개한 지 24시간만에 미 상원의원 조지프 리버먼Joseph Lieberman은 인터넷 기업들에게 위키리크스 사이트를 호스팅하지 말 것을 공개적으로 요청했고, 미국의 인터넷 기업들은 위키리크스의 콘텐츠를 서버에서 내리기 시작했다.[15]

위키리크스 사이트에 자사의 서버를 제공하던 아마존이 리버먼의 요청에 가장 먼저 부응했고, 위키리크스에 시각자료화 프로그램을 제공하던 타블로 소프트웨어Tableau Software가 그 뒤를 따랐다. 그다음 날 늦게 도메인 관리업체 에브리DNSEveryDNS 역시 위키리크스닷오알지WikiLeaks.org에 대한 서비스 제공을 중단했고, 페이팔PayPal, 비자Visa, 마스터카드Mastercard는 위키리크스 후원금 결제계좌를 정지시켰다.

미 국무부 전문을 유포한 행위 자체는 당연히 논란의 여지가 있지만, 위키리크스는《뉴욕타임스》와《가디언》을 비롯해 언론계에서 명망이 높은 저널리스트와 협업해서 문건을 중요도에 따라 분류하고 민감한 정보는 삭제했다. 1970년대에 대니얼 엘스버그Daniel Ellsberg가 펜타곤 문서를 유출해 베트남전의 진실을 폭로 했듯이, 위키리크스도 정부의 부당한 행위를 고발한 것이다. 그러나 모든 사람이 그렇게 생각한 것은 아니다. 전문가들은 위키리크스를 제2의 엘스버그로 표현하는 것을 맹렬히 비난했다. 그들은 엘스버그의 경우에는 구체적이고 특정된 목표물이 있었고, 더 나아가 엘스버그는 일부 문건은 아예 공개하지 않았다고 반박했다.[16] 그러나 정작 엘스버그는 위키리크스를 기소한 정부의 행태가 미국이 탄압의 길로 향하고 있다는 증거라고 보았다. 그는 당시 이렇게 단언했다. "기밀 유지야말로 제국의 필수요소다."[17]

특히 한 기업, 트위터의 반응은 나머지 기업들과는 확연히 달랐다. 미 법무부는 트위터를 상대로 위키리크스 관련자 3명의 데이터를 넘기라는 '2703(d)' 법원 명령을 제출했다. 트위터는 그 관련자들에게 이 사실을 공지하지 않은 채로 3일 내에 답변해야 했다. 그러나 트위터는 법원 명령에 따르는 대신 항소를 제기했고, 그런 명령을 받았다는 사실을 사용자에게 공지해도 된다는 판결을 받아냈다.[18] "트위터는 지난달 아무도 모르게 새로운 기능을 추가했다. 나머지 테크업계도 이 선례에 주목하고 유사한 기능을 도입해야 할 것이다." IT테크 분야 저널리스트 라이언 싱글Ryan Singel은 이렇게 평가했다. "트위터는 강단을 베타테스트했다."[19]

그러나 적어도 내게는 실리콘밸리 기업들 대부분이 위키리크스를 상대로 보여준 태도와 튀니지와 이집트에서 사용자를 위해 그들이 보여준 태도가 극명하게 대비된다는 점이 특히 눈에 띄었다. 미국 정부가 워낙 강하게 압박해서였을 수도 있고, 아랍 지역에서의 사용자층 확대를 기대하고서 반정부 시위를 지지하는 척한 것일 수도 있다. 또는 아예 그 시장에 대한 기대가 낮은 탓에 다소 고집을 부릴 수 있었던 건지도 모른다. 어찌 되었건 2011년 말에는 '아랍의 봄'을 꽃피운 동력이 되었던 희망과 낙관주의가 급속도로 퇴색하고 있었고, 그와 더불어 한때 아랍 지역의 시민운동가들이 소셜미디어에 보냈던 신뢰도 퇴색하고 있었다.

그런데 2011년 12월, 사우디 왕자 알왈리드 빈 탈랄Al-Waleed bin Talal이 소유한 투자회사 킹덤홀딩컴퍼니Kingdom Holding Company가 트위터 지분 3퍼센트를 확보했다는 소식이 들렸다. 알왈리드 빈 탈랄이 인수한 지분에는 주주 투표권이 없다고 전해졌지만, 일부 시민운동가들은 난색을 표했다. 정치분석가 라미 야쿠브Ramy Yaacoub는 "굳이 반대파를 침묵시킬 필요도 없다. 그냥 매수해버리면 그만이지 않은가?"라고 트윗했다.[20] 사우디 왕자가 아직은 트위터에 어떤 힘도 행사할 수 없지만, 일단 트위터가 상장되면 영향력을 행사하게 될 거라는 경고도 나왔다.

그러나 검열에 관해서만큼은 트위터가 굳이 사우디 왕자의 조언을 들을 필요가 없어 보였다. 이미 내부적으로 검열에 관한 사항들을 논의하고 있었기 때문이다. 2012년 1월, 트위터는 이미 경쟁사들이 하고 있듯이 국가별로 트윗을 제한할 수 있는 기능을 도입했다고 발표했다. 트위터는 1년 전 이집트의 인터넷 차단 조치 중에 표현의 자유에 관한 글을 게재했던 기억을 소환하면서 '그래도 트윗은 계속 이어져야 한다'는 제목의 글을 자사 블로그에 올렸다.

> 트위터가 국제적인 기업으로 성장하면서, 표현의 자유가 어떤 식으로 실현되는지에 관해 우리와 견해가 다른 국가에도 진출하게 되었습니다. 어떤 국가는 우리와 너무나도 견해가 다른 나머지, 그곳에서 우리가 존재하는 것 자체가 불가능할 수도 있습니다. 또한 우리와 기본적인 입장은 비슷하지만, 친親나치 콘텐츠를 금지하는 프랑스나 독일처럼 역사적·문화적 이유로 특정 유형의 콘텐츠를 제한할 수도 있습니다.

> 지금까지 우리가 그런 국가의 제한 조치 요청을 수용할 수 있는 방법은 오직 그런 콘텐츠를 세계 전역에서 삭제하는 것뿐이었습니다. 오늘부터 우리는 국가별로 그 국가에 맞춰 사용자의 콘텐츠 접근을 제한하고, 그러면서도 나머지 지역에서는 그 콘텐츠에 여전히 접근할 수 있도록 관리할 수 있는 능력을 우리 스스로에게 부여하려고 합니다. 또한 우리는 콘텐츠가 제한되었을 때 그 사실을 사용자에게 알리고 그 이유도 공개해서 소통의 투명성을 제고할 수 있는 방법을 마련했습니다.[21]

많은 사용자가 이 정책에 분개하면서 트위터 불매운동에 나섰다. 당시 트위터의 정책은 페이스북의 정책보다는 투명했지만 트위터는 아주 오래전부터 표현의 자유가 보장되는 신성한 공간으로 여겨졌고, 이 새로운 정책은 트위터가 앞으로 자신을 성장시킨 사용자가 아닌 정부의 필요를 우선순위에 둘 것이라는 암묵적인 예고였기 때문이었다. 트위터가 프랑스와 독일 같은 민주 국가를 독재국가와 동일시했다는 점 또한 매우 충격적이었다. 당시 내가 썼듯이 "우리 사용자가 인터넷이 어떻게 운영되고 통제되는지 잘 따져봐야 할 때가 왔다."[22]

당시에는 사람들이 트위터가 지역별로 트윗을 차단하는 것을 심각하게 여기지 않았다. 어찌 되었건 트위터는 단지 페이스북을 따라 하는 것일 뿐이었다. 그러나 그로부터 몇 년이 지난 후, 지금은 너무나 흔한 그런 정책 모방이 실제로는 소수의 기업이 권력을 독점하고 그 권력을 강화하는 방법 중 하나라는 사실이 분명해졌다. 한 기업이 위키리크스를 차단하자 다른 기업들이 줄줄이 그 뒤를 따랐듯이, 트위터가 지역별로 트윗을 차단하는 방향으로 전환한 것은 창의적인 해결책이 아니라 결국은 진부한 해결책이었던 것이다.

우리는 곧 이런 식의 집단사고groupthink를 처음에는 그 기업들이 온라인 극단주의에 대처하는 과정에서, 나중에는 백인 우월주의자나 음모론자를 퇴출하기 위해 기업들이 협력체계를 구축하는 과정에서 반복적으로 목격하게 된다. 일부는 그런 집단적인 대응에 찬사를 보냈지만, 나는 그것이 위험한 현상이라고 생각했다. 페이스북이나 트위터에게 누가 선을 넘었는지 결정할 권한이 있는 걸까? 그 권한의 근거는 무엇인가? 세계의 정부들은, 이를테면 중범죄나 해외 테러리즘에 대항할 목적으로 그런 유형의 공조를 펼치지만, 기업들은 그보다 한술 더 떠서 자국에서는 표현의 자유를 보장받는 많은 이의 발언을 문제 삼아 플랫폼에서 추방했다.

주식 상장

트위터의 기업공개IPO는 아직 1년 이상 남아 있었지만, 페이스북은 이미 상장할 준비를 하고 있었다. 2012년 2월, 페이스북은 그런 계획을 미국 증권거래위원회Securities and Exchange Commission, SEC에 알리고 로드쇼road show(유가증권 발행을 위해 발행회사가 투자자, 주로 금융기관을 대상으로 벌이는 설명회, 주요 국제 금융도시를 순회하며 열려서 로드쇼라 불림 – 옮긴이주)를 시작했다. 페이스북의 CEO 저커버그는 서투른 발표 능력과 옷차림(당연히 후드티를 입었다)에 대해 비판을 받았지만 결국 그런 것들은 중요하지 않았다. 페이스북은 4월에 인스타그램을 10억 달러에 인수했고 5월에 IPO를 진행했는데, 가치평가액이 약 1040억 달러에 달했다.

저커버그는 페이스북의 기업 인수는 "인재 인수"라고 주장한 바 있다. 2010년 그는 이렇게 말했다. "우리는 단 한 번도 회사 자체를 보고 인수를 진행한 적이 없습니다. 우리는 뛰어난 인재를 영입하려고 기업을 인수했습니다." 그리고 자신은 "페이스북이 기업가 정신의 맥킨지(전 세계에 100여 개의 사무소를 둔 경영전략 컨설팅 회사, 컨설팅 업계에서 매출 규모로 세 손가락 안에 꼽히는 업계 대표 주자 – 옮긴이주)가 되기"를 바란다고 말했다.[23] 그러나 인스타그램은 달랐다. 인스타그램은 빠른 속도로 인지도를 높였고, 모바일 기기로 플랫폼에 접속하는 사용자가 늘어나는 추세였으므로 페이스북으로서는 인스타그램이 그런 사용자의 관심을 사로잡을 수 있는 쉽고 빠른 전략인 셈이었다. IPO 후 한 달이 지났을 때 페이스북은 또다시 큰 인수 건을 성사시켰다. 이스라엘의 안면인식 스타트업 페이스닷컴Face.com을 600만 달러에 인수한다고 발표한 것이다.[24] 페이스닷컴과 이 회사의 경쟁사인 인스타그램의 인수로 페이스북은 자신의 경쟁사와 비교해 확실한 우위를 점하게 되었다. 이들 기업의 인수를 통해 페이스북은 사용자에게 사진에서 자신과 다른 사람을 태그하는 기능을 제공함으로써 사용자의 사회적 관계를 보여주는 소셜 그래프social graph 기능을 강화했다.

페이스북의 IPO는 대체로 대실패였다고 평가받는다. CBS 뉴스는 "역사상 가장 유명한 IPO 실패 사례"로 묘사했다.《월스트리트저널Wall Street Journal》은 페이스북의 주가가 상장 후 매일 1달러씩 하락하고 있다고 지적하면서 그런 추세가 지속된다면 6월경에는 페이스북 주식이 휴지 조각이 될 것이라고 보도했다.[25] 일부 평론가가 보기에는 그런 IPO 실패는 페이스북의 악명 높은 사내 구호 '재빨리 움직이고 뭔가를 부숴라'가 구체화된 한 예일 뿐이었다. 그러나 디지털 권리 운동 단체가 보기에 그 실패는 완전히 다른 신호를 보내고 있었다. 저커버그 회사는 앞으로 닥칠 일들에 대해, 옆에서 지켜보기 안타까울 정도로 아무런 준비가 되어 있지 않았다.

저커버그가 자신의 페이스북에 게시하는 '설립자의 편지'가 그런 사실을 알려주는 단서라고 나는 생각한다. 그 편지에서 저커버그는 확신을 가지고 선언했다. "사람들에게 공유할 수 있는 힘을 줌으로써 우리는 사람들이 역사상 유례가 없는 완전히 다른 크기와 형태로 자신의 목소리를 내고 있는 것을 보기 시작했습니다." 더 나아가 그는 이렇게 예측했다.

이들 목소리는 그 수가 점점 늘어날 것이고, 그 크기도 점점 커질 것입니다. 그런 목소리를 무시할 수 없게 될 것입니다. 시간이 지나면 우리는 각국 정부가 소수의 선택받은 자들이 통제하는 매체의 목소리가 아니라 자국의 모든 국민이 직접 문제를 제기하고 우려를 표명하는 목소리에 더 적극적으로 반응하게 될 거라고 기대합니다. 이런 과정을 통해 모든 국가에서 인터넷 친화적이고, 자국 국민의 권리를 위해 싸우는 지도자들이 등장할 거라고 우리는 믿습니다. 그런 권리에는 자신이 원하는 것을 공유할 권리, 사람들이 공유하고 싶어 하는 모든 정보에 접근할 권리가 포함됩니다.[26]

저커버그가 페이스북을 매체로 인식하고 있다는 점에 주목할 필요가 있다. 저커버그의 관점에서 페이스북은 단순한 전도체에 불과하다. 그리고 표현의 자유를 보장할지 여부는 각국 정부와 그 국민이 결정할 문제다. 그런 관점에서는 해외 정부가 콘텐츠 삭제를 페이스북에 요청하면 페이스북은 그 명령에 따를 뿐이다.

'알자지라'에 기고한 글에서 나는 왜 페이스북이 "취약한 사용자 집단을 더 배려"하지 않는지 의문을 제기했다. 그러나 지금 와서 생각해보면 답은 명백하다. 저커버그는 그런 집단과 그들의 표현의 자유를 보호하는 것이 페이스북의 책임 영역에 속하지 않는다고 생각하기 때문이다.[27] 만약 그것이 페이스북의 책임에 속한다고 생각했다면 경쟁사를 인수하는 대신 공정하고 평등한 콘텐츠 관리 시스템을 구축하는 데 투자하거나 사용자를 위한 다른 기술 도구를 개선하는 데 투자했을 것이다.

'설립자의 편지'는 저커버그의 예측, 그리고 그가 생각한 페이스북의 정서가 얼마나 큰 오류를 범하고 있는지를 보여준다는 점에서 매우 흥미롭다. 저커버그는 해커 문화가 "지극히 개방적이고 능력 중심주의적"이라고 설명했다. 이것은 페미니스트들이 강력하게 비판한 관념이다. 또한 저커버그는 해커들이 "최고의 아이디어와 그런 아이디어의 도입"이 늘 승리할 것이라고 믿는다고 주장했다. 아무리 최고의 아이디어라 하더라도 백인이 장악한 직장 문화에서는 누구의 아이디어인지에 따라서 아예 제안될 기회조차 얻지 못할 수도 있다는 사실은 무시하고서 말이다.

그러나 아마도 저커버그가 그 편지에서 페이스북의 다섯 가지 핵심 가치로 제시한 것들이 가장 큰 문제일 것이다. 그는 '영향력에 초점 맞추기focus on the impact', '재빨리 움직이기', '대담하게 행동하기', '열린 자세로 임하기', '사회적 가치 형성하기'를 페이스북의 핵심 가치로 내세웠다.[28] 표면적으로는 대기업이 추구할 법한 탄탄한 가치들처럼 들리기까지 한다. 그러나 악마는 세부 사항에 있다. 그리고 실천에 있다. 저커버그는 페이스북이 '가장 중요한 문제들'에 관심을 집중한다고 주장했다. 그러나 중요한 문제가 무엇인지를 어떻게 규정하는지는 정확하게 언급하지 않는다. 우리는 그런 중요한 문제들에는 페이스북 사용자(특히 가장 취약한 사용자)의 프라이버시나 표현의 자유를 보호하는 것이 포함된다고 생각하겠지만 그렇지 않은 경우가 너무나 많았다.

대담하게 행동하고 열린 자세로 임하는 것은 긍정적인 가치지만 페이스북이 말하는 개방성에 외부 조언이나 비판에 대해 열린 자세로 임하는 것이 포함되는 일은 드물었으며, 대담성은 오직 페이스북의 구호인 '가장 위험한 것은 오직 하나, 위험을 감수하지 않는 것뿐이다'라는 렌즈를 통해 이해될 뿐이다. 적절히 신중하게 굴면서도 아주 대담하게 행동하는 것이 가능한데도 불구하고 페이스북은 자사가 제시한 지혜조차 새겨듣지도, 실천하지도 않았다.

마찬가지로 저커버그는 페이스북이 직원들에게 "매일 모든 일을 할 때 어떻게 하면 세상에서 진짜 가치를 만들어낼 수 있는가에 집중하기"를 기대한다고 주장했지만, 데이터 마이닝 기업 케임브리지 애널리티카Cambridge Analytica가 페이스북 사용자의 데이터를 사용하는 것을 막지 못한 것이나 페이스북이 온라인 뉴스 야합을 꾀한 것이 페이스북의 순익 말고 어떤 진짜 가치를 만들어냈다는 것인지 이해하기 어렵다.

또한 시간이 흐르면서 페이스북 사무실에 걸린 포스터를 장식하고 '설립자의 편지'에서 강조한 '재빨리 움직이고 뭔가를 부숴라'라는 페이스북의 구호가 아마도 가장 치명적인 문제였음이 드러난다. "만약 아무것도 파괴하지 않았다면 아마도 충분히 재빨리 움직이지 않았다는 거겠죠"라고 저커버그는 썼다. 내가 인터뷰한 거의 모든 페이스북 전직 직원들은 이 구호에 비판적이었다. 익명을 요구한 한 사람은 직원들이 계정이나 콘텐츠에 대한 정부의 차단 요청에 재빨리 움직여야 했던 일화를 들려주었다. 해당 페이지의 내용을 번역한 원고를 기다릴 수 없을 정도로 재빨리 움직이는 바람에 실수로 정세가 아주 긴박하게 돌아가는 국가에서 대규모 시위를 조직하는 페이지를 차단했다고 한다.

"때로는 상상을 초월할 정도로 바쁘다 보니, 페이스북에서는 재빨리 움직이면서 뭔가를 파괴해야 한다는 분위기가 있어서, 실수를 해도 괜찮다고 생각하거든요." 그들은 내게 말했다. "자신이 중요한 일을 하고 있다고, 생명을 구하고 있다고 믿어요. 그래서 매일 정말 오래 일하고, 정책을 따르죠."

페이스북의 운영팀에서 일했던 애나는 그 구호가 실제로는 "빌어먹을 정도로 빨리" 움직이도록 직원들 등을 떠민다고 설명했다. 그리고 페이스북 사무실 곳곳에 걸린 동기 부여 포스터에는 이런 문구도 있다고 했다. '배울 수 있다면 무엇이든 배울 수 있다', '당신이 두려움을 느끼지 않을 수 있다면 무엇을 하겠는가?' 이것은 셰릴 샌드버그가 가장 좋아하는 문구라고 알려져 있다.

인권운동가인 디아 케이얄리Dia Kayyali(디아는 나의 가까운 친구이며 오랜 동료다)는 그런 구호가 더 크고 더 은밀하게 퍼지고 있다고 진단한다. 케이얄리는 나만큼이나 오랫동안 기업 정책을 연구했지만 최근 몇 년간은 미얀마, 팔레스타인, 인도 등 페이스북이 치명적인 실수를 저지른 지역의 인권운동가들과 긴밀하게 협력하면서 돕는 쪽으로 전향했다. "모든 주요 플랫폼은, 애초에 플랫폼을 설계할 때 인권을 고려한 장치들을 도입하지 않았기 때문에, 그리고 인권이나 사회정의에 대한 지식이 없는 사람들이었기 때문에 대기업을 세운 것"이라고 그녀는 말했다. "우리는 대기업이 사람들에게 피해를 입힌다는 것을 압니다. 그들은 부정적인 외부효과가 발생할 가능성에 대해 생각하지 않았고, 그렇게 여기까지 오게 된 거죠."

케이얄리는 페이스북의 급성장을 뉴욕주 나이아가라폭포 주변 마을인 러브 캐널Love Canal의 급성장에 비유했다. 그곳은 1940년대 한 대기업이 수원지 유역에 10년 정도 화학폐기물을 매립했고 그로 인해 1970년대에 총체적인 공공보건 위기를 겪은 지역으로 악명 높다. 그 기업이 버린 폐기물의 독성물질로 인해 몇몇 가족은 다른 곳으로 이주해야만 했고, 수많은 사람이 백혈병 등 치명적인 질병에 시달렸다. 그로부터 10년이 지난 뒤 뉴욕주 보건국장 데이비드 액셀로드David Axelrod는 러브 캐널을 가리켜 "미국이 미래 세대에 대한 고민과 배려에 실패했다는 것을 보여주는 상징적인 사례"라고 말했다. 케이얄리는 이 표현이 플랫폼들의 행동에도 그대로 적용된다고 말한다.[29]

"아무도 모를 거라고 생각했나 봐요…. 아니면 그냥 '재빨리 움직이고 뭔가를 부수기'로 했는지도요. 그러니까 사람들의 몸 같은 걸 말이죠." 케이얄리가 가학적인 해석을 내놓았다. "솔직히 말해, 2020년의 페이스북도 마찬가지예요. 페이스북은 러브 캐널보다 훨씬 더 많은 죽음에 책임을 져야 해요…. 뭔가를 만들 때 인권이나 기본권에 대해 구체적으로 고민하지 않으면 언제나 그런 결과가 나올 수밖에 없어요."

페이스북의 정책팀 직원과 처음 교류를 시작한 초반에는 긍정적인 관계를 유지했음에도 불구하고 그 당시에 나는 그 어리고 때로는 순진한 직원들이 세상을 더 나은 곳으로 만들기 위해 자신이 할 수 있는 최선을 다하고 있다는 사실을 깨닫지 못했다. 그들이 나를 기꺼이 도와준 이유는 기업 정책을 따랐기 때문이 아니라 자신의 개인적인 가치관을 따랐기 때문이다. 그들이 처음에는 나를 돕기 위해 적극적으로 나섰지만 늘 마지막에 가서는 아무런 해결책을 제시하지 못한 이유가 페이스북이라는 기업이 그들의 앞을 가로막았기 때문이라는 것을 알지 못했다. 돌아보면 그 젊은 직원들 대다수가 페이스북의 IPO 직후 페이스북을 떠났다는 사실이 전혀 놀랍지 않다.

저커버그의 예측은 그야말로 순진했고, 그것은 의도된 것이었다. 저커버그가 온라인 표현을 검열하는 국가가 이미 충분히 많고 심지어 그 수가 점점 늘어나고 있다는 사실을 보기만 했어도, 또는 페이스북이 각국 정부와 그 국민의 가운데 끼는 난처한 일이 점점 더 많아지고 있다는 사실을 알아차리기만 했어도 그는 자신의 회사가 결국 세계에서 가장 강력한 검열관이 될 것이라는 점을 예측할 수 있었을 것이다. 자신의 도덕적 가치관, 그리고 대부분 미국 백인인 직원들과 전원 남성으로 구성된 이사진의 도덕적 가치관을 페이스북의 정책에 반영하는 것부터가 이미 표현의 자유를 억압하는 선택이라는 사실을 깨달았다면, 또는 적절한 교육을 받지 못한 저임금 노동자를 콘텐츠 관리자로 고용하는 것이 이미 결말이 정해진 선택이라는 사실을 깨달았다면 다른 선택을 했을지도 모른다. 그러나 저커버그의 초능력은 비판자들을 무시하는 능력이었으므로 그는 흔들리지 않고 계속 앞만 보고 나아갔다.

1순위는 수익 창출

2009년 마이크로소프트가 브라우저 빙Bing을 출시한 지 얼마 지나지 않았을 때 버크먼 클라인 연구소 협력 연구원인 헬미 노먼Helmi Noman은 다소 이상한 점을 발견했다. 브라우저의 위치 설정을 부정확한 명칭인 '아랍 국가'로 바꾸자 특정 키워드를 넣었을 때 검색 결과가 아예 뜨지 않았다. 그중에서도 특히 아랍어로 '유방ثدي', '게이gay, شاذ', '레즈비언lesbian, سحاق', '성교جماع' 등의 단어들이 검열되고 있었다. 그런 단어를 검색창에 입력하면 검색 결과 대신 다음과 같은 문구가 떴다. '당신 국가 또는 지역에서는 엄격한 빙의 세이프서치SafeSearch(부적절하거나 음란한 콘텐츠가 검색 결과에 포함되지 않게 필터링하는 기능 – 옮긴이주) 설정이 적용됩니다.'

노먼은 이 사실을 나와 다른 동료에게 알렸고, 우리는 어떤 방법론을 통해 이것을 검증할 수 있을지 논의했다. 우리는 몇몇 항목을 정해 각 항목에서 민감한 단어 목록을 아랍어와 영어로 마련했다. 그리고 요르단, 아랍에미리트, 시리아, 알제리 네 국가에서 이 목록의 단어들을 빙 브라우저 검색창에 입력하면서 직접 시험해줄 참가자를 모집했다.

노먼은 어느 국가에서 시험하건 간에 꽤 많은 단어의 검색 결과가 차단된다는 사실을 발견했다. 그런 키워드에는 '섹스', '포르노', '나체'와 같은 단어를 비롯해 젠더 관련 단어뿐 아니라 '키스'처럼 무해한 단어나 '음핵'과 '음경' 등 신체 부위를 나타내는 단어도 포함되었지만, 특이하게도 '질'은 포함되지 않았다.[30] 검색어 블랙리스트는 꽤 엉성했다. 일부 아랍어는 잘못 입력되어 있었고, 일부 단어는 놀랍게도 제외되었다. 그러나 그 블랙리스트는 제몫은 충분히 했다. 아랍어 사용자는 실질적으로 섹스와 성정체성에 관한 콘텐츠를 검색하지 못하도록 차단당했다. 그리고 유방암이나 성병 검사 관련 정보도 검색할 수 없었다. 이것은 아랍 국가에만 한정된 것이 아니었다. 인도, 태국, 홍콩, 중국을 비롯해 몇몇 지역에서는 세이프서치 기능이 무조건 적으로 적용되고 있었다.

이 검열 사례에서 주목할 점은 마이크로소프트가 이런 필터링 조건 설정이 법적으로 강제되는 것이라고 주장했다는 점이다. 노먼 이 논문을 통해 지적했듯이 일부 국가에서는 그런 주장이 사실이 아니었으며, 더 나아가 일부 국가에서는 마이크로소프트의 블랙리스트가 해당 국가가 제시하는 인터넷 검열용 블랙리스트보다 훨씬 더 포괄적이었으며, 심지어 해당 지역의 정서에 비추어 보더라도 지나치게 엄격했다. 글로벌 네트워크 이니셔티브의 회원인 마이크로소프트는 "정부가 검열을 요구했을 때를 포함해서 언제나 사용자의 표현의 자유와 프라이버시권을 보호하고 신장"하겠다고 약속했다. 특히 GNI 의 회원 기업들은 "표현의 자유에 대한 정부 규제의 영향력을 최소화하거나 그런 규제를 우회"하려고 노력해야 한다.[31]

그런데 내가 나중에 마이크로소프트 이사진과 대화를 나누면서 알게 되었듯이, 마이크로소프트의 그런 결정은 법적 강제에서 비롯된 것이 아니라 시장조사 결과를 근거로 내려진 것이었다. 이것은 아주 우려되는 상황이다. 시장조사는 대부분 해당 지역의 몇몇 나라, 즉 그 지역에서 상대적으로 더 부유하고, 또 상대적으로 더 보수적인 국가에서만 실시되기 때문이다. 페이스북은 아랍에미리트와 사우디아라비아를 중심으로 활동하는 시장조사 업체인 칸타르Kantar와 일하며, 구글이 컨설팅 업체 베인과 공동으로 발표한 보고서를 보면 이 지역에서는 거의 모든 시장조사가 아랍에미리트, 사우디아라비아, 이집트에서 집중적으로 실시된다는 것을 알 수 있다.[32]

시장조사에서 제외되는 국가는 대개 레바논과 튀니지처럼 사회적 분위기가 더 자유로운 국가들이다. 따라서 레바논과 튀니지에서 사는 사람들은 종종 그 지역에서 자국과 가장 공통분모가 적은 국가의 가치관을 적용받는 일이 종종 생긴다. 빙이 아랍 지역에 도입한 검열 시스템은 실리콘밸리가 일찌감치 더 부유한 사용자들, 그리고 그 사용자들이 속한 국가에 대해 맞춤 서비스를 제공하기 위해 나머지 사용자들의 표현의 자유와 정보 접근권을 희생시키는 선택을 했다는 사실을 보여주는 사례에 불과하다.

때로는 나태의 결과물, 때로는 악의의 결과물인 검열 사례는 차고 넘친다. 2017년 종교적 극단주의와 정치 탄압을 조롱하는 레바논 밴드 알라헬 알카비르Al-Rahel Al-Kabir(위대한 고인故人)의 노래 다섯 곡이 아이튠즈iTunes의 중동 지역 플랫폼에는 등록되어 있지 않다는 사실이 알려졌다. 이 밴드는 베이루트에서 활동하는 디지털 권리 단체 SMEX(Social Media Exchange)를 통해 애플에 해명을 요구했고, 그런 조치를 취한 것이 애플이 아니라 그 노래가 부적절하다고 판단한 아랍에미리트의 서비스 중개업체 콰나와트Qanawat였음이 드러났다.[33] 이 사례에서는 아이튠즈가 사과 의사를 표했고, 그 노래들을 플랫폼에 등록하고 다른 중개업체와 일하겠다고 약속했다. 그러나 대개는 사용자들이 그렇게까지 운이 좋지 않다.

예컨대 트위터는 아랍 지역에서 주류 광고를 전면 금지하면서 "이들 국가에서는 주류 광고를 일절 금지하고 있다"고 주장했다.[34] 만약 그 말이 사실이라면 타당한 정책이었으리라! 베이루트에 가본 사람이라면 누구나 알다시피 도시 곳곳에서 주류 광고를 볼 수 있으며,

주류 회사는 이 지역에서 소셜미디어를 통해 홍보하는 것을 선호한다.[35] 2014년 리비아의 수도 트리폴리Tripoli는 음주운전을 줄이기 위해 주류 광고 전면 금지를 시도했다. 일부 온라인 비평가는 이 결정을 "이슬람국가ISIS 같다"고 비난했다.[36] 트위터가 어떤 과정을 거쳐 아랍 지역에서 주류 광고를 전면 금지하기로 했는지 확실하게 알 수는 없지만, 트위터의 아랍 지역 광고 파트너사는 이집트(주류 광고가 금지된 국가다)에 본사를 둔 커넥트애즈Connect Ads다.[37]

레바논에서 음주를 즐기는 사람이 굳이 온라인 주류 광고에 노출되지 않는다 해도 큰 문제는 없겠지만, 트위터의 나태한 정책 결정은 페이스북 운영팀에서 일했던 애나의 말대로 레바논 같은 나라가 어떻게 "너무나 많은 정책의 틈새로 빠지는지"를 보여주는 또 다른 예다. "[기업들의] 경솔함을 과소평가하지 마세요."

어떤 기업이 여성들이 유방암에 대해 알아보는 것을 막거나 밴드의 노래를 검열하는 것이 자국 내에서의 일일 때에도 충분히 부당하지만, 때로는 정부의 요구에 순응하려는 실리콘밸리의 검열이 지정학적인 관점에서는 훨씬 더 파급력이 크다.

새로운 지도 제작자들

표준 시간대를 유독 잘 파악하고 있는 사람들이 있다. 나는 그런 사람이 아니다. 지구 반대편에 있는 사람에게 전화를 걸어야 할 때면 나는 보통 사람들과 똑같이 행동한다. 구글에서 시간을 확인한다. 2013년

2월 아침에도 가자지구에 있는 변호사에게 전화하기에 적당한 시간인지 알아보려고 그렇게 했다.

'라말라Ramallah의 현재 시각은?'이라고 검색창에 입력한 뒤 엔터를 쳤다. 그런데 다소 의외의 답이 나왔다. 라말라의 현재 시각에 놀란 것이 아니라 구글의 최상단 앤서박스Answer Box(구글 검색창에 질문을 입력하면 검색창 바로 아래에 그 질문에 가장 적합하다고 생각하는 답변을 상자 모양의 테두리 안에 띄우는 것 – 옮긴이주)에 뜬 나머지 정보에 놀랐다. 현재 시각 아래에는 '이스라엘 라말라의 현재 시각'이라는 문구가 떴다.

정치 이념에 상관없이 대다수 독자는 라말라가 가자지구에 있는 도시로 현재 이스라엘이 점령 중이라는 사실을 알 것이다. '가자지구', '팔레스타인 피점령지', '팔레스타인'이라고 나왔다면 괜찮았을 것이다. 팔레스타인 중부에 있는 도시 나블러스Nablus를 비롯해 다른 팔레스타인 도시를 검색해도 똑같은 형태의 문구가 떴다. 나는 검색창 스크린샷 몇 장을 구글 정책팀의 내 연락책에게 보냈다. 5분 뒤에 돌아온 답은 이러했다. "아이쿠! 저는 라말라에 가본 적이 있어요. 저라면 당연히 가자지구에 있다고 답했을 거예요.:)"

곧 그는 그 스크린샷을 정책팀과 공유했고, 며칠 내로 구글은 간단한 해결책을 찾았다. 팔레스타인 도시 외에 국가명은 아예 표기하지 않았다. 호기심이 발동한 나는 서사하라의 다흘라Dakhla를 비롯해 아르차흐공화국Republic of Artsakh의 수도 스테파나케르트Stepanakert에 이르기까지 세계 전역에 있는 여러 피점령 도시를 구글링하기 시작했고, 대부분 국가명이 표기되지 않는다는 것을 알게 되었다. 다만 눈에 띄는 예외도 있었다. 라싸Lhasa는 '라싸, 티베트, 중국'으로 검색되었고, 예상대로 예루살렘Jerusalem은 '이스라엘'이라고 똑똑히 표기되어 있었다. 경쟁사들이 국경 문제를 어떻게 처리하는지와 비교하면 구글의 이 해결책은 심지어 우아해 보이기까지 한다.

국경 분쟁은 근대 민족국가보다 더 오래된 현상이고, 지도 제작자들은 국경을 정확하게 표시하는 데 늘 어려움을 겪었다. 미국에서는 많은 지도 제작 회사가 전통적으로 미 국무부의 의중을 반영했고, [내셔널지오그래픽National Geographic 등] 회사에 따라서는 여러 정부가 합의하는 내용을 참고했다. 그러나 여전히 국경 분쟁 지역은 점선 등으로 표시하는 지도 제작 회사도 있다.[38]

오늘날 구글은 누가 봐도 전 세계인이 가장 많이 참고하는 세계 지도의 제작자다. 따라서 구글은 특히 지역적 편견에서 자유로운 객관적이고 정확한 지도를 만들어야 하는 막중한 책임을 진다. 정확한 지도라는 측면에서만 본다면 대체로 성공했다. 나의 경우 구글 드라이브를 사용했을 때 딱 한 번 일방통행로를 반대 방향으로 들어선 적이 있을 뿐이다. 이는 크로아티아에서 일어난 일이었고, 다행히 무사히 빠져나왔다. 그러나 지역적 편견에서 자유로운 객관적인 지도라는 측면에서 구글은 검색하는 사용자의 위치에 따라 여러 국가의 국경을 그 지역 정부의 입맛에 맞춰서 제시한다고 알려져 있다.

인도를 예로 들어보자. 인도에서 구글 지도를 열면 잠무Jammu와 카슈미르Kashmir가 인도 국경 안에 위치하고 있다. 그러나 인도 외의 지역에서는 이 두 지역이 분쟁 지역임을 표시하는 점선으로 표시된다. 인도와 파키스탄의 국경선이 아직 논란의 대상이라는 점을 반영한 것이다. 마찬가지로 모로코 밖에서는 구글과 마이크로소프트 빙의 지도는 1975년부터 모로코가 점령 중인 서사하라를 점선으로 표시한다.

카슈미르도, 서사하라 아랍민주공화국Sahrawi Arab Democratic Repub-lic도 국제적으로 독립국으로 널리 인정받고 있지는 않아서 구글이 그지역의 지도를 일관되게 표시하기가 까다로운 면이 있지만 다른 영토, 특히 피점령지인 팔레스타인은 이와는 다른 경우다. 팔레스타인은 UN 회원국 138개국이 국제법상 주권국가로 인정하며, 2012년부터 UN의 비회원 참관국 지위를 얻었다. 그러나 구글의 지도만 봐서는 그 사실을 전혀 알 수 없을 것이다. 구글 지도는 팔레스타인의 영토를 '서안지구West Bank'와 '가자Gaza'라고만 표기하고 오슬로협정에서 이미 합의된 국경을 점선으로 표시하기 때문이다.

《워싱턴 포스트》는 구글이 "역사와 지역 법만이 아니라 외교관, 정책입안자, 자사 이사진의 유동적인 의사"의 영향을 받고 있다고 지적했다.[39] 팔레스타인 사례가 여기에 해당한다는 것은 명백하지만, 시리아 사례에서는 다른 요인들도 영향을 미쳤다. 2012년 반정부 시위가 무력 충돌로 번지면서 《워싱턴 포스트》는 다른 현상에 주목하고 기록했다. 반정부 시민운동가들은 구글의 사용자 참여형 지도 제작 프로그램인 맵메이커Map Maker를 이용해 주요 지역의 명칭을 혁명 영웅들의 이름으로 바꾸는 방법으로 그 영웅들을 기렸다.[40] 일부 야당 의원이 이 전술에 찬사를 보냈지만 시리아 UN 대사는 시리아 지도부를 폄훼하려는 외세의 악의적인 계획에 구글이 동참했다며 비난했다.

이것은 민간기업의 디지털 지도 제작이 지역 갈등을 심화한 최초의 사례도 아니었고 마지막 사례도 아니다. 2010년 구글 지도의 오류로 니카라과 인근 코스타리카 지역이 니카라과 영토로 표시되자 니카라과는 그 지역이 자국 영토라고 주장하면서 코스타리카를 침공했다. 니카라과 당국은 구글의 버그로 인해 그런 실수를 저질렀다고 핑계를 댔지만 코스타리카는 순순히 넘어가지 않았다. 당시 구글은 이렇게 해명했다고 기록되어 있다. "지도 제작은 복잡한 작업이고 국경은 늘 변한다."[41]

지도 제작이 복잡한 작업인 것은 사실이고, 구글의 실수는 적어도 니카라과와 코스타리카의 분쟁 사례에서는 다른 의도가 없는 순수한 실수였다. 그러나 지도 제작상의 실수와 편향 모두 심각한 결과를 낳을 수 있다. 그래서 지도 제작 작업은 일정 수준의 신중함과 전문성을 요구하는데, 때로는 구글이 지도 제작 작업을 충분히 진지하게 대하지 않는 것처럼 보이기도 한다. 지도 검색자의 위치에 따라 지도를 다르게 보여주는 것은 수익이라는 측면에서는 합리적일지 몰라도 어느 국가의 국민인가에 따라 해당 지역이 분쟁 지역이라는 사실을 모를 수도 있는 상황이 과연 공공의 이익에 부합하는가?

경우에 따라서는 팔레스타인의 사례에서처럼 구글이 미국과 이스라엘 같은 강국에게 휘둘리는 것처럼 보이지만 구글은 '지역'에 맞춤 지도를 보여줄 때는 "지역명과 국경을 표기함에 있어 지역 법을 따른다"고 설명한다. 이런 혼종 전술은 결과적으로 모호함으로 가득한 세계지도를 만들어냈고, 그래서 그 지도를 이리저리 살펴볼수록 더 큰 혼란에 빠지게 된다.

독재자 비위 맞추기

페이스북은 IPO 후 3개월이 지났을 때 민주주의의 빛나는 등대인 아랍에미리트 UAE에 첫 중동지역 사무소를 열었다. UAE는 대테러 전쟁에서 핵심 동맹국으로서 미국을 비롯한 서구 국가의 적극적인 지원을 받고 있고 많은 미국과 유럽 기업의 사무소가 주재하고 있지만, UAE는 고문, 돌을 던지는 공개처형제, 동성애자에 대한 사형 집행 등 온갖 인권 탄압이 벌어지고 있는 입헌군주국이다. 여성, 특히 가난한 국가의 이슬람교 여성은 열등한 시민 취급을 받으며 이주 노동자의 법적 지위는 전적으로 고용주의 후원과 변덕에 달려 있다.

당연히 UAE에서는 표현의 자유가 보장되지 않는다. 인터넷은 포괄적인 검열을 거치며, 정부에 대한 비판에는 즉각적으로 법적 조치가 취해지고, 시위는 절대적으로 금지된다. 이런 법을 위반하면 재판 없이 몇 년이고 구금되는 경우가 흔하다. 법을 어긴 외국인은 가끔 구속되는 대신 추방되기도 하지만 이것은 철저히 그 외국인의 피부색과 국적에 따라 달라진다. 2014년 한 스리랑카계 미국인은 UAE에서 가장 큰 도시인 두바이의 부유층 자녀들을 풍자한 동영상을 유튜브에 올렸다는 이유로 형식적인 재판을 거쳐서 1년의 징역형을 선고받았다.[42]

페이스북이 두바이를 지역 사무소를 열기에 안성맞춤인 곳이라고 생각한 것은 이해할 만하다. 구글은 페이스북보다 무려 4년이나 앞서서 그곳에 사무소를 열었으니 말이다. 두 기업 모두 UAE의 인권 기록에는 그다지 관심이 없었던 것 같다. 두바이의 반짝이는 풍경에서 두 기업 모두 돈만 본 것이 틀림없다. 실제로 페이스북은 2012년 에 그 결정이 "순전히 상업적"인 결정이었다고 말한 것으로 전해진 다.[43]

인권운동가들은 다가올 미래를 일찌감치 예상하고 있었다. 그래 서 2015년 초 트위터가 구글과 페이스북을 따라 두바이에 지역 사무 소를 연다는 소식이 들리자 당연히 우려를 표명했다. 인권운동가들은 트위터가 결국 "그 어떤 장애물 없이 아이디어와 정보를 즉시 만들어 내고 공유할 힘을 모든 사람에게 주겠다"는 자사의 미션을 저버리게 되었다며 걱정했다. 바로 두세 달 전만 해도 트위터의 법무 자문위원 비자야 가데Vijaya Gadde는 《워싱턴 포스트》 논설란에 그런 미션을 확 인하는 것처럼 보이는 글을 기고했다. "만약 사람들이 목소리를 높이 기가 두려워서 침묵하는 것을 계속 지켜만 본다면 우리의 기본 철학 인 표현의 자유의 의미가 사라집니다."[44] 비록 이 글은 트위터에서 혐 오 발언이 성행하는 현실을 다뤘지만, 앞서 인용한 내용은 바로 트위 터가 중동지역에서 가장 억압적인 국가 중 한 곳에 사무소를 연 것이 무엇을 의미하는지를 두고 인권운동가들이 우려하는 바를 전달한다.

2015년 4월, 나는 국제 앰네스티, 그리고 몇몇 지역 단체와 함께 트위터를 상대로 그 결정을 재고해달라고 요청했지만 우리가 뒤늦게 알게 되었듯이 사무소는 이미 개설된 상태였다. 우리는 전술을 바꿔 트위터 측에 전 세계를 대상으로 그들이 인권에 관해 책임을 다하도 록 보장할 세부 계획을 공개하라고 설득했다. 우리는 트위터 대변인 에게 UAE의 인권 기록을 살펴보았는지, UAE의 법에 어떤 식으로 순 응할 계획인지 물었다. 그러나 내 기억에 따르면 트위터 측은 명확한 답을 내놓지 않았다. 그쪽과 여러 차례 통화를 하면서 내가 휘갈겨 적은 메모는 다음과 같다. '최악의 전화 통화다. 트위터는 두바이에 사무실을 열기로 한 끔찍한 결정에 대해 어떻게든 얼버무리고만 있다.'

그런 과정을 거치면서 나는 두바이에 사무소를 내기로 한 트위터의 결정이 이상을 배신한 행위처럼 느껴졌다. 그 이후의 상황 전개를 고려하면 그런 이상이 애초에 존재하기는 했는가 하는 문제도 충분히 제기할 만하지만, 적어도 트위터는 출범 초기에는, 특히 규모가 큰 페이스북과 유튜브 같은 플랫폼에 비하면 반항아처럼 보였다. 트위터는 미국 정부가 위키리크스 관련자들의 계정 정보를 요구했을 때 물러서지 않고 오히려 적극적으로 맞섰다. 그리고 다른 플랫폼보다 훨씬 더 오랫동안 외국 정부의 검열 요청을 거절했다.

돌아보면 그런 결정들은 대개 앞서 언급했던 알렉산더 맥길리브레이의 덕분이었다는 것이 명백해 보인다.[45] 표현의 자유의 열렬한 지지자인 그는 기득권 세력에 대해서도 기꺼이 맞서겠다는 의지를 보였다. 맥길리브레이의 사퇴는 트위터 내부의 사정이 완전히 바뀌었다는 것을 상징적으로 보여준다. 그가 사퇴한 지 1년도 지나지 않아서 트위터는 기본적인 인권 원칙에 어긋나는 결정들을 내리기 시작했다. 예컨대 '테러리스트'의 계정으로 지목된 계정들을 공개하지 않은 상태로 대량으로 삭제했고, 아주 오랫동안 정부를 온건하게 비판한 사람들조차 투옥한 국가에 사무소를 개설했다. 더 최근에는 경쟁사와 마찬가지로 표현의 자유는 거의 무시한 채 정부의 요청으로 합법적인 발언도 규제하기 시작했고, 때로는 수익을 위해 독재자에게 아부하기도 했다. 그러나 지금까지 실리콘밸리가 보여준 행보 중에 내 속을 가장 뒤틀리게 만든 것은 사우디아라비아와의 우호적인 관계 구축이다.

　사우디아라비아의 공공투자재단은 실리콘밸리의 가장 큰 투자자이며 소프트뱅크SoftBank와의 합작을 통해 우버Uber, 위워크WeWork, 슬랙Slack 등 미국 스타트업의 대주주로 올라섰다. 사우디아라비아 정부가 터키 이스탄불 주재 자국 대사관에서 사우디 저널리스트 자말 카쇼기Jamal Khashoggi를 암살하기 전까지 사우디 왕세자 모하메드 빈 살만Mohammed Bin Salman(흔히 'MBS'로 불린다)은 주요 테크기업을 방문할 때면 성대한 환대를 받았고, 구글 등의 이사진과 함께 언론 사진에 등장했다. 사우디아라비아의 엄청난 인권 탄압 기록에도 불구하고 말이다.[46] 서구 언론(특히 2017년에는 MBS가 새로운 '아랍의 봄'을 일으키려 한다는 토머스 프리드먼Thomas Friedman의 역겨운 논평을 실은 《뉴욕타임스》)은 MBS를 '개혁가' 이미지로 포장하려고 열심히 노력했지만 아랍 지역을 꾸준히 지켜본 사람들은 진실을 알고 있었고, 그 진실을 분명히 전달했다.[47] 그러나 그런 경고를 실리콘밸리는 귓등으로 흘렸다.

　내가 비공식적으로 대화를 나눈 한 이사진은 사우디아라비아 측이 매년 테크기업을 방문한다고 말했다. 일부 기업은 정부 관계자가 방문하면 말 그대로 레드카펫을 깐다고도 했다. 이런 친절함이 물론 순전히 돈 욕심에서 비롯된 것도 있겠지만, 철저한 무지에서 비롯된 것이기도 했다. 한 전직 페이스북 직원은 내게 어느 미팅에서 있었던 일을 들려줬다. 사우디아라비아가 왓츠앱상에서 인터넷전화를 차단하는 조치를 해제하도록 페이스북이 벌이고 있는 로비 활동에 대해 간략하게 정리해서 보고하자 정책팀의 한 고위 간부가 이렇게 물었다고 한다. "왜 사우디 의회에 로비 활동을 하지 않죠?"(사우디아라비아의 국정 자문회의는 입법을 제안하거나 통과시킬 권한이 없다는 점이 핵심이다. 그 권한은 오직 국왕 한 사람에게 있다.)

주요 소셜미디어 기업의 정책팀과 수년간 함께 일해본 나로서는 석사학위가 있는 정책팀 고위 간부가 사우디아라비아가 전체주의적인 절대군주국이라는 사실에 무지하다는 사실이 실망스럽기는 해도 놀랍지 않다. 페이스북 같은 기업은 컴퓨터 기술 분야에서는 천재성을 높이 사는지 몰라도 정책 영역에서는 상자 밖에서 생각하는 능력을 더는 중요하게 여기지 않는다. 실제로 정책팀이 채용하는 직원들은 점점 더 행정부, 사법부 또는 다른 기업의 정책팀 출신들로 채워지고 있고, 오직 소수의 사람들만이 진입하는 회전문을 만들었다.

현실이 이렇다 보니 실리콘밸리의 정책 입안은 점점 더 정부의 정책 입안을 닮아가고 있다. 민주적인 참여 통로가 전무한 까닭에 여기서 말하는 정부는 점점 더 독재 정부에 가까워지고 있다. 2019년 임팩트인터내셔널ImpACT International은 이렇게 썼다. "만약 [테크기업이] 현재 소셜미디어 거인들이 이미 하고 있듯이 사업자, 비영리 단체, 정부, 시민이 서로 소통하는 방식도 결정한다면 [개입 또는] 협조는 그것이 어떤 형식을 취하느냐에 따라 생각과 표현의 자유와 같은 보편적인 인권에 큰 위협이 될 수 있다."[48]

저널리스트 카쇼기 암살 사건조차도 실리콘밸리를 올바른 방향으로 인도하기에는 부족했던 듯하다. 2019년 10월 복스미디어Vox Media의 웹사이트 리코드Recode는 "카쇼기가 암살된 지 1년이 지났지만 그 사건에 대해 이론상으로는 분개했던, 기업의 사회적 책임을 중시

한다고 주장하는 테크기업 간부들이 사우디아라비아를 어떤 식으로든 심각한 곤경에 빠뜨렸다는 실질적인 증거를 찾아볼 수 없다."[49] 그렇다고 사우디아라비아의 비위를 맞추는 전술이 사우디아라비아가 더 큰 해악을 저지르는 것을 막았다는 증거도 없다. 2015년 트위터에 직원으로 잠입한 사우디 첩보요원이 트위터 사용자 수천 명의 데이터에 접속해 그 데이터를 사우디 정부에 넘겼다. 트위터의 전직 직원들과 데이터가 유출된 사용자들이 한목소리로 사용자 정보가 유출되지 않도록 보호하는 안전장치를 트위터가 충분히 마련하지 않았다고 비난했다.[50]

실리콘밸리의 시간관념에서는 2015년이 전생만큼이나 아주 오래된 일처럼 느껴진다. 2015년 이후 당연히 플랫폼의 보안이 강화되었지만 기업과 해외 정부 간의 관계 또한 공고해졌다. 우리는 대중 언론을 통해 프랑스나 미국 같은 나라에서 정부가 압력을 행사한다는 소식을 듣는다. 그런데 내부에서는 다른 이야기가 흘러나온다…. 덜 민주적인 국가에서 전화 연락이 오고, 때로는 친밀한 공조가 뒤따르기도 한다는 이야기가. 또한 내부자들은 은밀하게 진행되는 또 다른 국면에 대해서도 말한다. 정부가 직접적으로 개입하지 않거나 아예 개입하지 않았는데도 기존의 사회적 권력 역학을 모방한 정책 집행이 이루어지고 있다는 것이다.

압제의 작은 도우미들

2011년 전 세계를 뒤흔든 '아랍의 봄'이 지나간 직후에 아랍 지역의 많은 사람이 품었던 희망은 그로부터 10년 뒤에는 완전히 증발해버렸다. 튀니지는 민중이 지속적으로 행동에 나선 덕분에 몇몇 민주적 규범을 제도화했고, 비록 멈췄다 다시 나아가기를 반복하고는 있지만 꾸준히 발전하고 있다. 그러나 나머지 국가들의 상황은 별로 나아지지 않았다. 소셜미디어는 좋든 싫든 시리아, 예멘, 리비아에서 여전히 진행 중인 전쟁, 몇몇 걸프 국가에서 점점 더 심해지는 탄압, 레바논의 경제 붕괴와 반정부 시위를 계속해서 보여주는 카메라 렌즈 역할을 하고 있다. 그러나 그 카메라를 신뢰할 수 있는지 확신할 수 없고, 그 카메라가 앞으로도 계속 돌아갈 수 있을지도 불투명하다. 어떤 플랫폼이 그 지역에서 계속 유지될 거라는 보장이 없다. 2009년 야후!가 웹호스팅 서비스업체 지오시티스GeoCities를 인수했을 때처럼 인수합병은 온라인 세계를 통째로 지워버릴 수도 있고, 검열도 그렇게 할 수 있다.

'아랍의 봄' 이후의 시간들은 특히 이집트인들에게 잔인했다. 용감한 혁명가들이 독재자 호스니 무바라크를 몰아낸 지 2년밖에 되지 않았을 때 전직 장군이자 당시 국방부 장관이었던 압델 파타 엘시시Abdel Fattah el-Sisi가 이끄는 이집트군이 정권을 장악했다. 제3자에게는 그것이 제2차 혁명처럼 보였을 가능성도 있지만, 많은 이집트인은 그것이 쿠데타라는 사실을 확실히 알고 있었다. 새 정부는 정권이 안정되자마자 서둘러 반대파를 체포하고 감시 기술을 도입해 소셜미디어에서 반대파들의 활동을 지켜봤다.

　이전의 독재 정부들이 그랬듯이 새 정부는 처음에는 노골적인 검열에 나서지는 않았지만, 정부에 협조하지 않는 자들을 목표물로 정하고 또한 본보기로 삼았다. 급기야 2019년에는 언론인보호위원회가 이집트를 세계에서 가장 저널리스트를 많이 투옥시키는 최악의 국가로 선정하기에 이른다. 그해에 이 감시 단체는 이집트 정부가 적어도 26명의 저널리스트를 구금하고 있다면서 사우디아라비아와 동점을 이뤘다고 보고했다.[51] 일반 시민이라고 해서 그런 단속을 피할 수는 없었다. 2020년 1월 영국 저널리스트 루스 마이클슨Ruth Michaelson은 약 6만 명의 사람들이 이집트 감옥에 정치범으로 수감되어 있다고 보도했다.[52] 그로부터 2개월 뒤 마이클슨은 코로나19 팬데믹에 대한 이집트 정부의 대처를 비판했다가 이집트에서 추방되었다.[53]

　2019년 가을, 이집트 국민 약 2000명이 다시 한 번 거리로 나와 엘시시의 하야를 요구했다.[54] 정부는 재빨리 무력 진압에 나섰고, 적어도 저널리스트 한 명을 비롯해 시위 중이던 사람들을 여러 명 체포했다. 시위 직후 트위터는 약 30~60명으로 추정되는 이집트인들의 계정을 차단했다. 그들 대다수는 시위 소식을 주로 아랍어로 올렸다.[55] 대개 다중적인 의미를 지닌 아랍어 '아르스عرص'를 사용했는데, 이 단어는 '포주'나 '기둥서방'을 의미하기도 하지만 '아첨꾼'으로 그 의미가 확장되었다. 계정을 차단당한 나머지 사용자들도 이 단어를 다양하게 변형해서 썼다. 내가 이야기를 나눴던 사람들은 트위터가 왜 이러한 조치를 취했는지에 대해 명확한 해명을 내놓지 않았다고 말했다.

와엘 에스칸다르Wael Eskandar는 마침 그때 트위터가 그런 조치를 한 것이 우연이 아니라고 말한다. 정치평론가이자 저널리스트인 그는 한때는 다른 이집트인들과 마찬가지로 트위터가 사람들이 서로 정보를 주고받을 수 있도록 가교 역할을 하는 것에 감사했다. 그러나 트위터의 대량 계정 삭제 조치에 대해 이렇게 썼다. "트위터는 더 이상 사용자의 편에서 사용자에게 힘을 보태지 않는다. 트위터라는 플랫폼을 중립적인 행위자로 여겨서는 안 된다. 트위터의 행위는 중동과 북아프리카 지역에서 그들이 사람들의 목소리를 조직적으로 억누르고 있다는 것을 보여준다."[56]

나와의 전화 통화에서 에스칸다르는 "[이집트의 트위터 사용자에게] 두 가지 일이 동시에 일어나고 있다"고 진단했다. 한편에서는 트위터의 혐오 표현 금지 규정을 위반했다는 이유로 계정을 플래깅하고 삭제하고 있었는데, 엘시시 정부에 대한 반정부 시위가 있기 전에도 이미 한동안 진행되고 있었고, 다른 한편에서는 앞서 언급했듯이 계정을 대량으로 한꺼번에 삭제하고 있었다. "시위 직후 계정의 대규모 정지 조치는 특별한 이유 없이 벌어진 일입니다. 어떤 사람들은 해시태그를 여러 개 썼다고 계정이 정지되었는가 하면, 어떤 사람들은 수상한 활동이 감지된다는 이유로 계정이 정지되었어요." 에스칸다르는 두 가지 중에서 후자에 집중하기로 했고, 그렇게 대량으로 취소된 계정을 복구하는 것을 자신의 사명으로 삼았다. "저는 조지 살라마George Salama에게 연락을 취했어요." 살라마는 트위터의 중동지역 정책, 정부, 자선 활동 책임자다. 그러나 에스칸다르는 아무런 답변을 받지 못했고, 재차 이메일을 보냈지만 소용이 없었다. "[트위터가] 새

172

로운 목소리에는 귀 기울이고 싶지 않은 것 같았습니다. 저는 [제가 발견한 사례들을] 공개했고, 그게 트위터의 MENA 사무소의 심기를 건드렸나 봅니다."

마침내 에스칸다르는 트위터의 신뢰 및 안전 팀과 면담을 했고, 그들은 해당 사안을 조사하겠다고 약속했다. 그는 내게 2019년 12월 말경 집단으로 차단당했던 계정 대다수가 복구되었지만, 애초에 왜 그 계정들이 정지당했는지, 왜 어떤 계정은 여전히 정지 상태인지 트위터가 제대로 설명하지 않았다고 말했다. "아주 오래전부터 사람들은 트위터가 자신의 계정을 차단했다면서 불만을 토로했어요." 그가 회상했다. 그러나 그런 불만 제기는 "간단히 무시되었다." 심지어 트위터와 협력하는 비영리 단체의 목소리도 무시당했다. "[트위터와] 소통한 경험 덕분에 그들의 구조를 파악하는 데 도움이 되었어요…. 권한이 [트위터] 내부 여기저기 흩어져 있어요." 에스칸다르의 경험은 내 경험과 일치한다. 나는 트위터 내부의 여러 사람과 자주 연락을 주고받았는데, 같은 사건에 대해서도 다른 해명을 듣기 일쑤였다. 살라마 같은 지역 정책팀 팀원은 최소한의 결정권만 지닌 것 같았다. 오히려 모든 결정 권한은 미국 캘리포니아주에 있는 소수의 개인들에게 집중되어 있는 듯했다.

에스칸다르는 대규모 계정 정지에 구조적인 인종주의 또는 차별이 관여했다고 믿지만, 다른 한편으로는 기업의 행위에 이의를 제기할 법적 시스템이 없는 이집트와 같은 곳이라서 이런 일들이 제재를 받지 않은 것이라고 생각한다. "만약 미국에서 이런 일이 벌어졌다면 소송감이었겠죠." 플랫폼의 검열 행위를 못 본 척함으로써 이집트 정부는 실질적으로는 기업이 정부가 원하는 대로 움직이게 만들었다. "정치 성향을 근거로 사람들의 입을 막기"가 쉬워지는 것이다.

6개월 뒤 튀니지에 있는 나의 동료가 페이스북이 튀니지에서 활동하는 인권운동가들과 저널리스트들의 계정을 60개 넘게, 아무런 경고 없이 정지했다고 알렸다. 이 조치의 희생양이 된 사람 중에는 하이템 엘 메키Haythem El Mekki도 있었다. 그는 2011년에 이집트 혁명에서 핵심 역할을 한 블로그의 운영자이며, 저널리스트이자 평론가다. 그는《가디언》과의 인터뷰에서 당시 상황에 대해 말했다. "제 계정이 비활성화되었으며 마지막 공지라는 내용이 전부였어요. 의견 조율 과정 같은 건 없었어요."[57]

얼마 지나지 않아 페이스북은 튀니지에서 "비정상적인 조작 행위"가 관찰되었고, 조사를 위해서 수백 개의 계정, 페이지, 그룹을 정지했으며, 조사 결과 튀니지의 홍보회사 유레퓨테이션UReputation이 몇몇 아프리카 국가에서 선거에 영향을 미칠 목적으로 "카르타고 작전Operation Carthage"이라는 명칭의 치밀한 캠페인을 벌이는 것을 적발했다고 발표했다.[58] 튀니지와 국제 인권 단체는 인권운동가들의 계정이 정지된 것도 그 조사와 관련이 있었는지 의문을 제기하면서 페이스북 측에 해명을 요구하는 편지를 보냈다.[59]

페이스북은 그 편지에 답을 했지만, 질문 대다수에는 아무런 답변을 내놓지 않았으며, 대신 "기술 오류" 탓만 했다. 페이스북은《가디언》을 통해 이렇게 전했다. "우리는 글을 쓰거나 발언할 어느 누구의 권한도 제한할 의도가 없었으며, 이로 인해 불편을 겪었다면 사과드립니다."[60]

이집트와 튀니지에서 벌어진 대규모 계정 정지 사태는 흔한 일이 아니다. 그러나 플랫폼 기업들이 '카르타고 작전' 같은 전략 캠페인을 막으려고 노력하면서 점점 더 흔한 일이 되고 있다. 그런 캠페인이 성공하지 않도록 막는 것도 중요하지만 사회에 꼭 필요한 인권 운동가와 저널리스트의 목소리가 억압받지 않도록 최선을 다하는 것 또한 중요하다.

대규모 계정 정지 사태보다 덜 흔한 일은 기업이 자사와 아무 관련이 없는 개인과 기꺼이 면담 약속을 잡는 것이다. 나는 이 분야의 일을 하는 동안 실리콘밸리의 정책팀은 대부분 기존에 이름이 어느 정도 알려진 비영리 단체를 통해 정보를 걸러서 받는 것을 선호했다. 거의 모든 주요 플랫폼이 비영리 단체의 자문을 구했지만, 그 과정에서 투명성이 얼마나 유지되는지는 기업마다 다 달랐다.

예를 들어 2015년 트위터를 무대로 벌어진 게이머게이트 사태를 계기로 트위터 측에 다른 사용자를 괴롭히는 행위에 더 단호한 조치를 취하라고 요구하는 괴롭힘 방지 캠페인이 현재까지도 지속되고 있으며, 트위터는 신뢰 및 안전 네트워크를 도입했다.[61] 이 네트워크에는 전 세계의 온라인 안전 및 표현의 자유 관련 비영리 단체 수십 곳이 포함되어 있다. 그리고 그 단체의 목록은 트위터 홈페이지에 공개되어 있다. 내가 함께 일한 몇몇 단체도 회원인데, 그들은 트위터의 자문이 유용하며 자신들의 목소리를 비교적 잘 반영하고 있다고 생각한다고 밝혔다.

반면, 페이스북은 비영리 단체 및 기타 이해관계자와 정기적으로 면담을 가지지만 어떤 단체나 개인과 만나는지는 비밀에 부치고 있다. 또한 페이스북의 정책팀은 정부의 압력에 매우 취약하며, 내가 이야기를 나눈 예닐곱 명의 증언에 따르면 정부의 압력을 받고 있을 때는 특정 정책에 관한 면담 자리에서 그런 상황을 비영리 단체에게 꽤 솔직하게 알리는 편이라고 했다. 페이스북은, 누군가의 표현대로 "거짓 균형의 함정에 빠지기 쉽다." 요컨대 나체에 관한 정책에 대한 의견을 구할 때 종교적으로 편향된 단체의 견해와 표현의 자유를 중시하는 단체의 견해를 동등하게 참고한다는 뜻이다.

그럼에도 불구하고 중동지역 전역에 권위주의가 다시 세력을 확장하고 검열 및 감시가 부활하는 동안 실리콘밸리 기업들은 중동지역에서 가장 치열하게 활동하는 시민운동가, 그리고 때로는 일반 시민을 위험으로 몰아넣는 이해할 수 없는 정책 결정을 계속해서 내렸다. 나는 와엘 에스칸다르에게 이집트 정부도 사우디아라비아처럼 트위터에 잠입할 방법을 찾았다고 생각하는지 물었다.

"잠입과 언론 통제는 모든 국가의 첩보 전략입니다." 그는 내게 말했다. "그러니 할 수만 있다면 안 할 리가 없겠죠?"

실제로 민간기업 플랫폼에서 벌어지는 표현의 자유를 건 전투는 종종 제3자가 협상테이블에 서로 대립하는 이해관계들을 올렸을 때 벌어지는 전투와도 같다. 협상테이블의 한쪽에는 정부가, 그리고 다른 한쪽에는 어떤 권리를 옹호하는 집단이 있다. 물론 기업과 광고주의 이해관계도 고려 대상이지만, 가장 논란이 많은 주제, 이를테면 '테러리즘' 같은 것에 대해서는 기업의 정책팀은 한발 물러선 채 구경만 하면서 나머지 이해 당사자들이 결투를 벌이도록 내버려두는 것처럼 보일 때가 많다.

물론 문제는 기업이 정부와 시민을 동등한 입장으로 본다는 데 있다. 정작 정부들은 헌법을 바꾸지 않고는 법으로 통과시킬 수 없는 정책을 힘으로 밀어붙이려고 하고 있는데 말이다. 플랫폼 기업들은 중립적인 입장을 고집하는 것이 결과적으로는 정부의 수족 노릇을 하는 셈이 된다. 그들은 현대의 종교재판소다. 과거의 종교 기구나 정부와 별로 다르지 않다.

비록 정부와 시민(비영리 단체나 시민사회 단체라는 형태로)이 어느 정도 동등한 접근권을 지니고 있는 것처럼 보일지 몰라도 진실은 그 어떤 시민도, 심지어 사회적 영향력이 크고 규모가 큰 비영리 단체의 장조차도 널리 알려져 있듯 이스라엘 총리 네타냐후처럼 바로 마크 저커버그에게 전화를 걸어 페이스북의 정책 결정에 불만을 표시할 수는 없다.[62]

에스칸다르의 말에 따르면 실제로 트위터 같은 기업이, 당연한 얘기지만, 자신들의 정책 결정에 이의를 제기할 수 있는 기능을 제공하는데, 팬데믹으로 콘텐츠 관리자가 재택근무에 들어가기 이전부터 이 기능이 고장난 것 같았고, 그래서 쓸모가 없었다. 지난가을 이집트에서 벌어진 트위터 대규모 계정 정지 사건을 조사하면서 에스칸다르는 새 계정을 만들었고, 이집트 당국에 의해 금지어로 지정되었다고 의심되는 단어들을 넣어 트윗했다. 그러자 곧 그 계정은 영구 정지 조치를 당했다. 그는 이의를 제기했지만, 즉시 거절되었다. 에스칸다르는 다시 새 계정을 만들어서 같은 실험을 했지만, 그의 이의 제기는 두 시간이 채 지나기도 전에 거절되었다.

그는 그런 결정이 자동화 시스템이 적용된 결과라고 짐작했고,

그래서 EU의 '일반 개인정보 보호법General Data Protection Regulation, GDPR' 규정에 따라 해명을 들을 권리를 근거로 해명 요청 신청서를 제출했다. 그가 받은 해명은 아무리 좋게 봐도 실망스러웠다. 해명서에는 그 결정이 정당한 것이었으며, 실제로도 에스칸다르가 트위터의 규정을 위반했으며, 그 판단은 사람이 했다는 것이었다. 그러나 그는 나중에 트위터로부터 그 결정이 실제로 오류였다는 것을 전해 듣게 된다. GDPR이 제공하는 해명을 들을 권리 같은 절차는 개인에게 적법 절차를 제공하는 것이 목적이다. 정부의 검열이 잘못 적용된 경우에 요구할 수 있는 절차와 비슷한 것이다. 그런데도 GDPR이 제공하는 그 절차는 해당 기업의 정직성에 철저하게 의존한다. 사실 확인 절차도, 증거 수집 절차도 없으며, 오직 사용자의 말과 기업의 말이 부딪힐 뿐이다.

한때는 선善의 편이 되어줄 거라고 믿었던 힘이었건만 이들 기업은 그들의 본래 사명에서 너무 멀리 벗어나버렸다. 저커버그 등의 무리가 전 세계 시민을 목표물로 정한 광고주를 수입원으로 삼는 사업 모델을 채택함으로써 그들은 점점 더 권력의 비위를 맞추게 되었고, 그 권력의 뿌리에 대해서는 거의 신경 쓰지 않는 듯하다. 기업의 지도자들은 한때는 자신의 플랫폼이 지닌 힘이 시민들이 정부를 전복할 수 있게 돕는다고 말했지만, 오늘날 그들이 독재자와 비밀 면담 자리에서 하는 뒷문거래로 인해 시민들의 표현이 고사枯死하고 있다.[63]

진실은 이들 기업이 이미 오래전에 사람보다는 수익을 선택했다는 것이다. 사우디 왕가의 잔인한 야만성은 페이스북이나 트위터 같은 기업에게는 별로 큰 문제가 되지 않는다. 사우디아라비아에서 수백만 명이 플랫폼을 사용하면서 수억 달러에 달하는 수입원이 확보되는 한은 말이다.[64] 그런 큰돈이 걸려 있으니 기업들이 사우디 지도층을 위해 레드카펫을 깔거나 정부들이 자사의 시스템을 조작해도 모르는 척하는 게 전혀 놀랄 일이 아니다.

점점 더 세계화되는 세상에서 우리 시민은 단순히 자국 정부만이 아니라 기업 정책에 영향력을 행사하는 모든 개인과 집단과도 맞서야 한다. 만약 페이스북의 나체 금지가 보수적인 정부의 압박에 의해 도입된 규정이라면 우리 모두가 그 압박의 피해자가 된다. 사우디아라비아가 트위터에 잠입해 사용자 데이터에 접근할 수 있다면 사우디 사용자가 안전하게 피신할 수 있는 나라는 하나도 남지 않게 된다. 시리아 정부가 어떤 사용자의 비밀번호를 요구할 때, 그 사용자가 이의를 제기할 수 있는 창구는 어디에도 없다. 유럽연합이 자신의 영향력에 기대어서 혐오 표현을 금지하거나 저작권 보호를 받는 콘텐츠를 규제하면 우리는 거주지와 상관없이 그런 결정에 따라야만 한다.

5장

극단주의에는
극단적인 조치가 필요하다

2019년 유난히 무더웠던 어느 봄날, 나는 파리 경제협력개발부Organi-sation for Economic Cooperation and Development의 작지만 뛰어난 설비를 갖춘 회의실에서 뉴질랜드 총리 저신다 아던Jacinda Ardern의 말에 열심히 귀 기울이고 있었다. 아던 총리는 두 달 전 극우파가 크라이스트처치의 이슬람사원 두 곳을 공격한 이후의 상황에 대해 설명하고 있었다. 51명의 사망자와 50명의 부상자를 낳은 그 총격 사건은 매우 친밀하게 지내는 크라이스트처치의 무슬림 공동체에 큰 충격을 안겼고, 아던 정부는 사건 발생 직후 한 달 내에 전투용 반자동소총과 돌격소총을 금지하는 등 여러 개혁 조치를 서둘러 단행했다.

　　총격을 벌인 범인은 호주 출신의 백인 우월주의자인 스물여덟 살의 청년이었고, 그가 페이스북으로 생중계한 총격 장면은 금세 여러 플랫폼에서 공유되었다. 비디오게임에서와 같은 1인칭 시점으로 촬영된 동영상은 그것을 우연히 접한 사람들을 공포에 빠뜨리고 살인자의 악랄한 이데올로기에 공감하는 사람들을 흥분시키고자 연출된 것이 분명했다.

총격 사건 직후 뉴질랜드의 주요 인터넷 서비스업체 세 곳은 그 동영상을 호스팅한 사이트들에 대한 접속을 차단했고, 뉴질랜드 영화 및 문학 등급 분류 사무국 Office of Film and Literature Classification 은 해당 동영상에 '부적절' 등급을 매겨서 그 영상의 배포 행위를 실질적으로 범죄행위로 규정했다. '부적절' 등급을 받은 영상을 유포하면 개인의 경우 최고 14년의 징역형을 선고받을 수 있고, 기업의 경우 최고 10만 달러의 벌금형에 처할 수 있다. 비록 그 동영상이 이미 웹 여기저기에 퍼진 뒤였지만, 페이스북, 유튜브, 레딧 등 플랫폼들은 해당 영상을 삭제했다.

소셜미디어 기업들이 동영상 등 콘텐츠를 자체 검열하지만, 뉴질랜드 정부는 재빨리 다른 국가의 정부 관계자, 테크기업, 시민들을 초청해 파리에서 국제회담을 개최했다. 그 자리에서 뉴질랜드는 폭력적인 극단주의 콘텐츠를 온라인에서 퇴치하기 위한 '크라이스트처치 콜 Christchurch Call'을 발의했다. 해당 제안서는 "자유롭고 안전하고 열린 인터넷은 연결성을 향상하고 사회 포용성을 신장하며 경제성장을 촉진하는 강력한 도구입니다"라고 선언한 뒤에 사회의 저항성을 강화하는 것에서 시작해 현행법을 효과적으로 집행하는 것에 이르기까지 정부와 온라인 서비스업체가 자발적으로 실천할 수 있는 사항들을 제시했다. 크라이스트처치 콜을 발의했을 때 이미 18개국의 정부와 5개 이상의 테크기업이 이 성명서에 지지를 표했다.

뉴질랜드 총리가 연단에 서기 전, 나는 서구의 학자들과 대테러 지지자들로 채워진 회의실을 둘러보면서 정부 관계자들이 던지는 진부한 발언들을 듣고 있었다. 이 회의 또한 온라인 극단주의의 유령을 바라보면서 절망에 빠져 걱정만 나누고 자유의 표현에 필연적으로 치명적인 결과를 낳을 제안들이 줄줄이 제시되는 또 하나의 회담이 되겠다고 생각하면서 어떤 기대도 하지 않기로 마음먹었다. 그리고 떠오르는 생각들을 공책 여백에 끄적거리면서 4년 전 샤를리 에브도 본사 테러 사건 직후와 마찬가지로 겉만 번지르르한 서커스가 펼쳐질 거라고 예상했다.

그러나 아던이 회의실에 들어서자마자 분위기가 확 달라졌다. 그녀는 다른 사람들이 연설을 끝낼 때까지 회의실 한 켠에서 조용히 기다리다가 자신의 차례가 되었을 때 정부 관료들이 모인 회의실 중앙으로 나가 준비한 연설을 했다. 아던은 거침이 없었다. 그녀는 강한 표현을 쓰면서 총격 사건을 규탄했고, 자신이 소셜미디어 피드에서 범인의 영상을 우연히 접하게 된 경험을 들려주면서 총격 사건 이후 뉴질랜드에서 정신건강 상담 전화에 얼마나 많은 사람이 도움을 구했는지 충격적인 통계 수치를 전달했다. 그녀는 진심을 담아 대담한 어조로 자신도 모든 정답을 아는 것은 아니라고 인정하면서도 온라인 극단주의의 물결을 되돌리기 위해 무언가를 해야 한다는 확신을 피력했다.

공식 연설 이후 아던은 회담의 사회자 역할을 맡았고 참석자들에게 크라이스트처치 콜에 대한 견해를 나눠달라고 부탁했다. 그리고 연구자들이 뉴질랜드의 제안서를 비판하는 동안 자리에 앉아 한 손으로 턱을 받친 채 경청했다. 놀랍게도 회의실에 모인 40여 명의 참석자는 그 제안에 압도적으로 동의하고 있었다. 모든 사람이 소셜미디어가 점점 더 사람들을 극단주의에 빠뜨리고 극단주의자를 모집하는 데 활용되고 있다는 것을 느끼고 있었지만 인터넷 기업이 그런 문제를 해결할 수 있으리라고 믿는 사람은 매우 적었고, 검열이 효과적인 방책이라고 주장하는 사람도 거의 없다시피 했다.

그날 아던이 취한 행동은 매우 신선하게 다가왔다. 지난 10년간 나는 수많은 정부가 냉소적인 태도를 취하면서 테러 공격을 시민을 대상으로 더 위압적이고 억압적인 조치를 취할 핑계로 삼는 것을 지켜봤다. 영국 정부의 CCTV 감독 시스템에 대한 집착부터 민주주의자나 독재자가 한목소리로 '나는 샤를리다! Je suis Charlie!'라는 구호를 외치게 만든 이기적인 '파리 연대 행진'에 이르기까지 테러리즘의 유령은 정부가 통제권을 강화할 구실이 되는 경우가 훨씬 더 많았다.

총격 사건 영상이 자신에게 어떤 영향을 미쳤는지를 솔직하게 밝힌 아던의 모습이 나를 무장해제시켰다. 또한 자신이 모든 정답을 아는 것은 아니라고 기꺼이 인정했다는 점에서도 호감이 갔다. 그러나 그런 진실성에도 불구하고 나는 '크라이스트처치 콜' 또한 기존의 시도와 별반 다르지 않다고 느꼈고, 그 사실이 특히 강한 인상을 남겼다. 그 제안서는 '뭔가를 해야 한다'는 감정과 욕구를 동력으로 삼았고, 그래서 지난 수십 년간 테러 공격에 대한 대다수 대응의 특징인 시민권에 대한 똑같은 무심함을 보였다.

테러로 자신들의 이데올로기를 실천하는 집단에게는 언제나 청중이 필요하다. 청중이 없다면 공격을 하는 것이 아무 의미가 없기 때문이다. 한때 텔레비전은 테러 행위자가 자신들의 메시지를 전파하고 동정과 두려움을 불러일으키는 매개체 역할을 했다. 전 세계적으로 9억 명이 시청한 1972년 뮌헨 올림픽이나 며칠 동안이나 국제 방송을 통해 반복해서 송출된 9·11 사태의 영상은 우리 뇌에 각인되어 지워지지 않으며, 그 이미지는 인간이 얼마나 사악해질 수 있는가를 환기한다. 그러나 텔레비전은 초점을 제대로 맞춘 카메라와 같은 장비가 필요한 반면 소셜미디어는 모든 극단주의자에게 자신이 자유롭게 통제할 수 있는 플랫폼을 제공한다.

그렇다면 국가 행위자와 테크기업이 내세우는 논리는 그 도구를 빼앗으면 극단주의자는 외부와 단절될 것이고, 그 결과 그들이 한자리에 모이고, 새로운 일원을 모집하고, 최악의 경우에는 전 세계에 자신들의 테러 행위를 보여줄 수 있는 능력도 빼앗을 수 있다는 것이다.

테러 공격과 소셜미디어 간의 상관관계가 널리 주목받게 된 것은 2008년의 일이다. 인도 뭄바이가 공격을 받은 직후 언론은 지역 주민들이 트위터로 공격과 관련된 정보를 공유하며 지역 병원에 혈액을 기부해달라고 호소한다는 사실을 보도했다. 심지어 CNN은 한 트위터 사용자의 말을 인용하면서 "뭄바이는 공격을 받은 도시라기보다는 소셜미디어 실험이 실시간으로 진행되고 있는 도시입니다"라고 전했다.[1]

그러나 일반 시민이 선을 위해 소셜미디어를 사용하는 동안 테러 집단은 소셜미디어가 자신들의 메시지를 강화할 수 있는 엄청난 잠재력을 지니고 있다는 사실을 깨달았고, 최종적으로는 정치인들도 그 사실을 깨닫게 되었다. 2008년 조지프 리버먼은 당시 구글의 CEO이자 회장이었던 에릭 슈미트Eric Schmidt에게 보낸 서한에서 이렇게 썼다.

우리 위원회가 수신한 증언에 따르면 알카에다를 비롯한 이슬람 테러 단체가 제작한 온라인 콘텐츠는 급진주의화 과정에서 상당한 역할을 할 것으로 보입니다. 그런 급진주의화 과정의 최종 목표는 테러 공격을 짜고 실행에 옮기는 것이겠지요. 또한 유튜브는 의도치 않게 테러 집단이 전투에서 패배하거나 경찰과 첩보 기관의 작전이 성공한 이후에도 이슬람 테러 집단의 목소리가 생명력을 얻고 증폭되어 널리 퍼질 수 있도록 허용했습니다. 유튜브는 사용자들이 준수해야 하는 '커뮤니티 지침'을 공지하지만 지침을 제대로 집행하지 않아서 이 콘텐츠에 적용되지 않는 것처럼 보입니다.[2]

더 나아가 리버먼 상원의원은 슈미트에게 행동에 나서달라고 호소하고, 그렇게 한다면 구글이 "이 중요한 국가적 노력에 독보적으로 기여"하게 될 것이라고 주장했다.[3]

유튜브는 이 서한에 대해 자사 블로그에 공개적인 답변을 게시했다. 유튜브는 구독자들에게 "유튜브에는 매일 수십만 개의 동영상이 업로드된다"고 강조하면서 "그렇게 많은 양의 콘텐츠를 사전 검열하는 것은 불가능하므로" 사용자들이 규정을 위반하는 것처럼 보이는 콘텐츠를 신고하는 것에 의존할 수밖에 없다고 설명했다. 유튜브는 리버먼이 폭력적이거나 혐오 표현이 나오는 등 금지된 콘텐츠라고 지적한 동영상을 삭제했으며, 다만 "폭력 장면이나 혐오 표현이 포함되지 않은 동영상 대다수는 커뮤니티 지침을 위반하지 않았으므로 삭제하지 않았다"고 밝혔다. 더 나아가 "우리는 [리버먼의] 견해를 이해하고 존중하지만 유튜브는 표현의 자유를 장려하며 비주류 견해를 표현할 모든 사람의 권리를 보호한다"고 주장했다.[4]

리버먼이 슈미트에게 호소한 것은 이것이 처음이었지만, 결코 마지막은 아니었다. 리버먼 상원의원은 곧 소셜미디어 플랫폼을 향해 헌법상 보장된 표현도 검열해야 한다고 청원하면서 세간의 주목을 받았다. 슈미트에게 서한을 보낸 지 1년도 지나지 않아서 리버먼의 보좌관이 위키리크스에 제공하는 서비스를 중단하라고 아마존에 압력을 가했다는 사실도 유명하지만, 리버먼은 주로 테러리즘을 집중 공략했다. 2011년 뉴욕 당국은 자동차 폭탄테러 시도를 막았고 그 테러범이 블로그에 계정이 있다는 정보를 입수했다. 그러자 그는 사용자가 '테러리스트' 콘텐츠를 신고할 수 있는 기능을 마련하라고 구글에 요청했다. 그로부터 얼마 지나지 않아 이번에는 트위터를 상대로 아프가니스탄에서 결성된 무장 이슬람 정치 단체인 탈레반의 계정을 삭제할 것을 요구했다.

그가 탈레반의 계정을 목표물로 삼은 점에 주목할 필요가 있다. 알카에다와 달리 탈레반은 미국 정부가 공식적으로 테러 집단으로 규정한 단체에 해당하지 않는다. 탈레반이 자행한 폭력 행위를 생각하면 그 사실이 이상하게 생각될 수 있겠지만, 어떤 단체가 테러 집단으로 규정되는 절차를 살펴보면 그런 결정을 어느 정도 이해할 수 있을 것이다.

1965년 이민 및 국적법 제219조에 따라 미국 국무부는 해외 테러 단체Foreign Terrorist Organization, FTO 지정 목록을 관리한다. 지정 기준은 명확하다. 해외 단체여야 할 것, 테러 활동 중일 것, 그 테러 활동이 미국 안보와 미국 국민의 안전에 위협이 될 것. 이 목록에 단체가 이름을 올리는 과정을 살펴보면 그것이 본질적으로 정치적인 결정이라는 것을 알 수 있다. 미국 대통령이 지명하는 국무장관은 이 기준을 충족하는 어떤 단체라도 목록에 올릴 수 있다. 그런 다음 관련 분야 하원 의원들에게 그 내용을 고지하고, 연방관보에 이 사실을 게재해야 한다. 9·11 사태 이후 애국자법으로 추가된 규제에 따라 FTO 목록에 오른 테러 단체에 "물질적 지원"을 하는 개인이나 단체는 형사 제재의 대상이 된다.

그러나 미국 하원이나 국무장관은 FTO 지정을 취소할 수 있고, 실제로 2012년 한 단체는 저널리스트, 선출직 정치인에 대한 재정 지원과 하원의 지지, 소송을 포함하는 길고 비싼 로비를 벌였고, 당시 미 국무장관이었던 힐러리 클린턴Hillary Clinton은 그 단체의 FTO 지정을 취소했다.

무자헤디네 할크Mujahedin-e Khalq, MEK는 이란 정권 교체를 부르짖는 무장 단체로, 이란에서 가장 규모가 크고 가장 활발하게 활동하는 반정부 집단이다. 또한 1975년 미국 공군 장교 두 명을 살해한 것을 비롯해 1981년 이란 여당 사무소를 폭격해 74명을 죽이고, 이란·이라크 전쟁에서 사담 후세인과 동맹을 맺는 등 비윤리적인 폭력을 자행한 이력이 있다. 이 단체를 탈퇴한 사람들은 MEK를 "사이비종교"라고 부르기도 했으며, 국제인권감시기구Human Rights Watch는 이들 내부에서 벌어지는 학대 사례를 상세히 기록하고 있다.[5] 또한 MEK는 비판자들을 침묵시키기 위해 소송을 거는 것으로도 유명하다.

이 단체는 2005년부터 테러 단체 목록에서 벗어나기 위해 캠페인을 벌이기 시작했고, 2007년 런던 법원으로부터 그 목록에서 제외하라는 판결을 받아냄으로써 첫 승리를 거뒀다. 2008년 영국 정부의 테러 단체 목록에서 공식적으로 제외되었고, 그로부터 1년 뒤 EU의 테러 단체 목록에서도 제외되었다. 미국 정부의 목록에서 제외되는 데는 더 많은 노력과 돈이 들었다.

2006년 MEK를 "좌파의 괴물"이라고 표현한 기사에서 중도우파인《중동 계간지Middle East Quarterly》 편집자는 MEK가 워싱턴 정가의 권력 핵심층의 지원을 받고 있다는 주장은 "반유대주의적이고 당파논리에서 비롯된" 음모론에 불과하다고 썼다.[6] 그럼에도 불구하고 권력의 최핵심인 백악관에서는 이미 당시 부통령이었던 딕 체니Dick Cheney가 국방부 장관 도널드 럼스펠드Donald Rumsfeld와 함께 MEK를 이란 정부에 대항할 졸병으로 활용해야 한다고 주장하면서 이들에게 지지를 표명했다.

신보수주의자들이 이란에 대한 반감을 한층 강화하면서 MEK는 미국에서의 이미지 제고에 힘썼다. 그리고 미국 정부의 테러 단체 목록에서 제외되기 전까지 이란계 미국인 단체를 통해 로비 단체에 수십만 달러를 지급하면서 이란의 인권 문제를 제기하도록 했으며, 그런 인권 문제의 일부로 MEK의 FTO 목록 제외를 다루게 했다. MEK의 테러 단체 목록 제외 건을 의뢰하면서 콜로라도주의 이란계 미국인 공동체의 지도자는 워싱턴의 로비 단체 DLA 파이퍼DLA Piper에 거의 100만 달러를 지급했고, 그 지도자의 동생은 하원의원 밥 필너Bob Filner에게 정치자금을 후원하면서 그를 파리로 보내 MEK 지도부와의 만남을 가지게 했다. 9·11 직후 테러리즘을 강력하게 규탄하면서 유명세를 얻었던 전 뉴욕 시장 루돌프 줄리아니Rudy Giuliani는 돈을 받고 MEK 행사에서 연사로 나섰다.《워싱턴 포스트》와《시카고 트리뷴Chicago Tribune》의 저널리스트들도 MEK로부터 돈을 받았다는 소문이 돌았다. 이들 중 몇 명은 MEK의 로비 활동에 참여했다는 의혹이 제기되어 미국 정부가 조사에 나서고 법적 책임을 묻기도 했지만, 대다수는 아무 문제 없이 넘어갔다.

2007년과 2012년 사이에 이란의 핵과학자 5명이 암살당했다. 전문가들은 암살 방법이 매우 치밀했던 점을 근거로 이스라엘을 범인으로 지목했다. 이란 정부는 MEK 회원들이 이스라엘에서 훈련을 받고 있다고 주장했고, 미국 정부 관계자 2명은 NBC 뉴스를 통해 익명으로 MEK가 이들 암살 사건에 연루되었다고 인정했다. 정상적인 경우라면 그런 행위는 비난받아 마땅한데도 수많은 보수주의 정치평론가들은 MEK와 이스라엘의 결탁과 암살 행위에 찬사를 보냈다. 이란 정부에 대한 혐오와 거부감이 너무나 커서 모든 도덕적 신념을 포기한 것이다.

결국 MEK와 워싱턴의 이 단체 후원자들이 승리했다. 어떤 이들이 보기에는 MEK가 테러 단체 목록에서 제외된 것이 정의 구현에 해당했지만, 많은 이들이 보기에 그것은 FTO 목록과 그 목록에 나열된 단체에게 물질적 지원을 했다고 형사제재를 가하는 처분이 다분히 정치적이고 때로는 자의적인 결정이라는 사실을 입증하는 증거였다. MEK가 목록에서 제외된 직후 저널리스트이자 정치평론가인 글렌 그린월드Glenn Greenwald는 "미국 내 무슬림 미국인에게 적용되는 별도의 법체계"가 존재한다며 혹독하게 비판했다. "그런 단체와 손에 닿을 거리에 있는 모든 무슬림이 형사제재를 받을 염려가 있다고 말해도 전혀 과장하는 것이 아니다." 더 나아가 그는 FTO 목록 지정 취소 행위는 "미국 정부가 자신들의 명령에 복종하는 집단을 보상하고, 복

종하지 않는 집단을 처벌하는 방식"에 불과하다고 주장했다.[7]

정치학자 리사 스탬프니츠키Lisa Stampnitzky가 기록했듯이, 테러리즘은 한때 절망의 산물, 도구, 반대파와 기존 정권 모두가 사용하는 전술로 여겨졌다. 그러나 아주 짧은 기간에 미국 정부 내에서 그런 정의가 크게 바뀌었고, 지금은 테러리즘을 오직 하위주체의 활동으로 분류하고 있다. "대반란 담론은 반란군과 반란에 대한 도덕적·정치적·합리적 평가가 적어도 이론상으로는 전문가나 과학적 분석과 별도로 이루어지는 지식 생산 방식에 토대를 두고 있었다"고 스탬프니츠키는 말한다. 그리고 이렇게 덧붙였다. "그러나 '테러리즘'의 새로운 담론에서는 정치 폭력의 도덕성, 정치성, 합리성이 전문가와 전문 지식의 생산 및 평가와 긴밀하게 얽혀 있다."[8]

그렇다면 인터넷 기업은 테러리스트 콘텐츠에 관한 의사결정을 할 때는 어떤 전문성에 기댈 수 있고, 기대야 할까? 미국 정부나 다른 국가 정부가 발행한 목록에 의존해야 할까? 자사 내부에서 지침을 만들어야 할까? 테러 단체를 규정하는 기준을 정할 때 그런 결정에 외부 행위자는 어떤 식으로 관여하는가?

결론부터 말하자면 이들 질문에 대한 답이 무엇인지는 명확하지 않다. 지난 몇 년간 정치인, 테러 '전문가', 그리고 심지어 미국 국무부가 가하는 압박이 점점 더 커지자 테크기업들은 변화하는 정세에 맞춰 정책을 수정했다. 한때는 유튜브가 알카에다의 표현의 자유를 보호했지만, 오늘날 유튜브의 정책에 따르면 정부의 테러 단체 목록에 올라간 단체가 제작한 콘텐츠는 삭제의 대상이다. 그 콘텐츠를 시청함으로써 대중이 얻는 이익이 있다고 하더라도 그것은 고려 대상이 아니다.

오늘날에는 전혀 고려의 대상이 아닌 것들이 그다지 오래되지 않은 과거에는 표현의 자유와 기업의 법적·윤리적·도덕적 책임 사이에 균형을 잡는 노력에서 중요한 고려의 대상이었다.

"기억나는 건 [동영상을] 살펴보는데, 아주 피곤해 보이는 남자들이 총을 들고 사막을 돌아다니고 있었어요. 미국 군대의 모병 동영상과 아주 똑같아 보였죠." 니콜 윙이 말했다. "때로는 [둘 다] 뭔가를 폭파하는 장면을 보여줍니다. 때로는 동영상의 목표가 뭔지 확실하지 않지만, 또 콘텐츠만을 근거로 그런 것들을 구별해내야 할 때도 있죠. 법학 교육을 받지 못한 비전문가에게 원칙을 지키면서 장기적으로 일관된 방식으로 그런 것들을 구별하라고 해보세요…." 그것이 얼마나 불가능한 일인지를 인정하는 듯 그녀는 말끝을 흐렸다.

2011년 트위터는 소말리아 반군 단체 알샤바브의 공격과 트윗이 빗발치는 와중에 그런 질문의 답을 구해야만 했다.

다른 플랫폼 기업과는 달리 트위터는 서부 개척 시대의 무법지대와 같은 형태로 출발했다. 트위터의 초창기 약관은 놀라울 정도로 간결하다. 금지되는 콘텐츠는 스팸뿐이었고, 유일한 경고는 다른 사용자를 "학대하거나 괴롭히거나 협박하거나 위협하거나 다른 사용자인 척"하지 말라는 것이었다. 2010년에 배포한 그다음 약관에 추가된 제한 사항은 다른 사용자의 신원 도용, "폭력을 가할 수 있다는 직접적이고 구체적인 협박", 불법 행위 등 몇 가지에 불과했다. 포르노는 암묵적으로 허용되었다. 다만 프로필 사진이나 배경 이미지로 사용하는 것은 금지되었다. 또한 약관에는 함축적인 "조언"도 나와 있었는

데, 예를 들면 "당신이 트위터에서 하는 말은 그 즉시 전 세계에서 볼 수 있습니다. 당신은 곧 당신의 트윗입니다!"와 같은 식이었다. 그런 이유로, 그리고 물론 플랫폼 자체의 구조가 단순하고 개방적이었으므로 알샤바브와 같이 FTO 목록에 오른 몇몇 단체가 트위터를 열렬히 환영했다. 알샤바브는 한때 소말리아 남부 지역을 장악했던 이슬람법정연합Islamic Courts Union이 2006년에 과도 연방정부에 패배한 뒤 여러 파벌로 분열되는 과정에서 조직되었다. 그로부터 2년 뒤 이 단체는 미국 정부의 FTO 목록에 추가되었고, 2010년 미국 정부 관계자는 그들이 20명 이상의 미국인을 포섭했다고 주장했다. 영어 원어민이 합류한 알샤바브는 트위터를 아주 영리하게 활용했다. 그리고 소말리아를 점령하려고 전투를 벌이면서 트위터를 통해 적군의 사기를 떨어뜨렸고 케냐군 소령과 언쟁을 벌였다.《뉴욕타임스》는 알샤바브의 행보에 당혹감을 표하며 그들의 트위터 사용을 "거의 위선이나 다름없는 전략"이라고 매도하면서 "알샤바브는 서구의 관행을 맹렬히 비난했으면서⋯ 결국 현대적이고 연결된 사회의 아이콘인 트위터를 받아들였다"고 진단했다. 그러면서도 이 단체의 기민한 대응은 시대적 흐름을 받아들인 것이라고 인정했다.[9]

알카에다가 시작하고 아프리카의 유사 단체에 퍼뜨린 그 시대적 흐름은 곧 시리아, 리비아 등으로 퍼져나갔다. 그 흐름과 함께 극단적인 폭력이 불과 몇 년 전까지 그 지역에 퍼졌던 희망을 압도하고 대체했다.

구글 차례

2011년 시리아에서 반정부 시위가 시작된 지 두 달도 채 되기 전에 언론은 그 시위가 내전으로 확대될 것이라는 예측을 내놓았다. 정부는 다라의 시위를 무력으로 진압했고, 이런 상황은 촬영되어 전 세계가 볼 수 있도록 인터넷에 업로드되었다. 시리아와 리비아에서 폭력은 점점 심해졌지만 국제 언론은 이 사태를 드문드문 다뤘고, 그 결과 페이스북과 유튜브가 세계인이 이 갈등을 들여다볼 수 있는 렌즈가 되었다.

유튜브 측은 테러 단체가 업로드한 콘텐츠를 그대로 유지할 권리를 주장했지만, 유튜브의 모기업인 구글은 그동안 생생한 폭력 장면이 담긴 동영상은 엄격하게 금지했다. 그러나 전통적인 미디어가 시리아의 상황을 거의 다루지 않고 있었고 대중이 시리아 사태 관련 콘텐츠를 그대로 두라고 요청했기 때문에 시리아의 시위 관련 동영상은 예외로 인정했다. 2011년 5월, 유튜브의 뉴스 관리자 올리비아 마Olivia Ma는 많은 동영상이 유튜브의 정책에 위배되었지만 "우리 커뮤니티 지침에는 교육적이거나 다큐멘터리이거나 과학적인 동영상에는 예외를 허용하는 조항이 있으며… 따라서 상황에 따라 우리의 정책을 실시간으로 관리할 것"이라고 밝혔다.[10]

이런 정책 전환은 인권운동가들에게 환영을 받았지만 주관적인 측면이 있다 보니 모든 동영상이 유지된 것은 아니었고, 삭제로 인한 갈등도 있었다. 초기에 시리아에서 문제가 된 그런 동영상 중 하나는 고문을 당한 것으로 추정되는 열세 살 소년 함자 알리 알카티브Hamza

Ali Al-Khateeb의 사망 사건을 다룬 것이었다. 이 소년의 얼굴은 이후 시리아 반정부 시민운동가들의 상징이 되었다.

유튜브에 게시된 즉시 널리 퍼져나간 그 동영상은 소년의 시신에 남은 고문의 흔적을 보여줬고, 그동안 내레이터는 어린 소년이 감당했을 폭행을 생생하게 묘사했다.[11] 그 영상은 알자지라를 통해 시리아에 방영되었지만, 유튜브에서는 오래 버티지 못했다. 업로드된 지 이삼일밖에 지나지 않았는데도 삭제되었다. 그 이유로는 "충격적이고 역겨운 콘텐츠"임을 들었다.[12] 동영상은《네이션》이 유튜브에게 연락을 취한 뒤에 복구되었다. 나는 당시 이런 말을 했다고 기록되어 있다. "나는 종종 엄청난 불만을 제기해야만 관심을 받는다고 생각해요. 그렇다고 전적으로 그 사람들 탓을 하지는 않아요. 이미 그 사람들은 엄청난 수의 항의에 파묻혔을 테니까요."[13]

2011년 내가 인터뷰한 사람들 중에서 당시 유튜브에서 일한 몇 안 되는 사람들 가운데 한 명인 알렉스의 말에 따르면 당시 유튜브에는 콘텐츠 검토자의 수가 100명 미만이었다. 전직 직원들의 말에 따르면 유튜브의 신뢰 및 안전 팀은 내부적으로는 '전담반'이라고 불렀는데, 법적 불만과 정책적 불만 둘 다를 다뤘다. 또한 전 세계에서 들어오는 요청에 대처하기 위해 언어 전문가 몇 명을 고용했다. "그때는 [신고당한 동영상의] 수가 많지 않았으므로 신고를 당한 모든 동영상을 아랍어 원어민이 검토할 수 있었어요." 알렉스가 내게 말했다. 그가 2011년 유튜브에 합류했을 때 유튜브는 마침 최근에 미국 정부가 지정한 테러 단체에게 표현의 자유를 보장한다는 입장을 뒤집었다. 미국에서 태어난 예멘 거주 목사 안와르 알아울라키 Anwar al-Awlaki

의 동영상을 삭제하라는 요청을 받자 당시 유튜브의 글로벌 정책팀 부장이었던 빅토리아 그랜드Victoria Grand(나중에 페이스북과 왓츠앱에서 비슷한 업무를 담당했다)는《뉴욕타임스》에 보낸 이메일에서 유튜브가 "해외 테러 단체 지정 목록에 올라간 단체가 게시했거나 그런 단체의 이익을 도모하는" 동영상을 삭제했다고 밝혔다.[14]

2011년 이전에는 폭력적인 극단주의자와 '테러리스트' 콘텐츠에 대해 유튜브의 정책을 실행하는 것이 그렇게 어려운 일은 아니었다. 알카에다, 알샤바브, 기타 FTO 지정 테러 단체에서 올리는 대다수 콘텐츠는 일반적으로 그런 단체에서 올린 콘텐츠라는 것을 명확하게 알 수 있었다. 비록 '뉴스 가치가 있는' 잔인한 폭력 영상을 구별해내는 것은 더 복잡한 일이었지만 '아랍의 봄' 이전까지는 그런 콘텐츠가 플랫폼에 게시되는 일이 훨씬 드물었다. 그러나 영상 촬영 기능이 있는 휴대폰이 널리 보급되면서 영상으로 촬영되는 폭력 장면 또한 늘었다.

2011년은 유튜브가 "'오, 우리는 단순히 집에서 찍은 영상을 올리는 플랫폼이 아니구나, 이런 것들을 그냥 삭제할 수는 없겠구나'라고 깨달은 변곡점"이었다고 알렉스는 말했다. 그는 유튜브에서 일한 초기에 시리아에서 게시하는 동영상을 봤다. "콘텐츠가 너무 많았어요. 영상에서 뭘 하는지 신중하게 보여주는 경우가 많았어요." 그가 기억을 떠올렸다. "촬영하는 사람이 이렇게 말하는 거죠. '우리는 지금 데이르 에조르에 있습니다.' 그러고는 촬영 일자[를 보여줘요]…. 그런 콘텐츠는 그대로 둬야 한다고 판단하는 게 어렵지 않았어요."

그러나 알렉스는 콘텐츠를 삭제할 때는 검열 자체보다는 중요한 콘텐츠가 블랙홀 속으로 사라지는 것은 아닌지가 더 걱정됐다고 했다. "플랫폼 기업들이 아동 성 착취물을 삭제하면 그 콘텐츠는 미국 국립 실종 및 착취 아동센터National Center for Missing and Exploited Children, NCMEC로 보내지고[15] 누군가 그 콘텐츠의 내용을 다시 살펴보겠죠. 그러나 [이들 동영상은] '이건 인권 침해야, 누군가 이걸 보관하고 있어야 해' 하고 결정할 사람이 없어요." 그는 폭격 이후 만신창이가 된 십대 소년의 얼굴을 보여주는 시리아의 한 동영상을 묘사했다. "그런 건 평생 잊히지 않아요." 그 기간에 인권보호 단체는 유튜브 정책팀을 만나 플랫폼에서 삭제된 인권 관련 콘텐츠가 사라지지 않도록 일종의 정보교환소를 마련하는 것에 대해 논의하기 시작했다. 또한 인권 관련 콘텐츠만을 다루는 채널 설립에 대해서도 이야기를 나눴다. 그 어느 것도 실현된 것이 없다. "모르겠어요⋯. [인권물 정보교환소가] 어떤 식으로든 진전이 있었는지. 하지만 언젠가는 생겼으면 좋겠어요"라고 알렉스는 말했다. 그는 폭력적인 콘텐츠를 본 경험을 매우 고독한 것으로 묘사했다. "그걸 아는 건 당신밖에 없고, 아무것도 변한 게 없다[고 느껴요]."

이것이 그 시스템이 무너지는 지점이다. 초창기에 소셜미디어 플랫폼은 어떻게 행동해야 하는지에 관한 기본적인 규칙을 도입했다. 그리고 플랫폼에 동영상을 올리는 비교적 적은 수의 사람들은 대체로 규칙을 지킨다. 규칙을 지키지 않는 사람은 금세 적발되고 그 사람의 콘텐츠나 계정에 제재가 가해진다. 그런데 플랫폼이 처음에는 천천히, 나중에는 기하급수적으로 규모가 커지면서 모든 콘텐츠, 모든 행동을 감시하고 통제하기가 점점 더 어려워졌다. 결국 대량으로 콘텐츠를 관리하기가 불가능해졌다.

이제 플랫폼 기업들도 그 사실을 안다. 그러나 지금도 새로운 정책, 새로운 절차, 새로운 기술을 도입하면서 질 것이 뻔한 싸움을 계속하고 있다. 내게는 그들의 전략이 마치 스파게티 면을 벽에 던지고는 그것이 벽에 찰싹 붙기를 바라는 것과 별반 다르지 않게 보인다. 극단주의자들을 포함해 사용자들은 그들보다 훨씬 더 먼저 그런 조짐을 알아차렸고 더 빨리 행동에 나섰다. 사용자들은 논란의 여지가 있을 만한 콘텐츠에, 인기가 있지만 해당 콘텐츠와는 무관한 해시태그를 붙이고, 한 영상을 여러 계정에 재업로드하고 이 과정을 수차례 반복하면서 승리를 거두기에는 충분히 유연하지 못한 기업들을 상대로 숨바꼭질을 했다. 콘텐츠를 올리는 사람들의 소셜미디어에 대한 이해가 정부와 기업 이사진보다 훨씬 뛰어났던 것이다.

이 점은 2013년에 들어서서 더할 나위 없이 명확해졌다. 나이로비의 쇼핑몰을 공격한 후 알샤바브는 트위터에 들어가 자랑스럽게 공격에 대해 알렸고, 케냐군을 조롱하면서 앞으로 더 큰 혼란을 일으키겠다고 협박했다. 트위터는 그들의 계정을 계속해서 폐쇄하고 있지만 마치 두더지 잡기 게임처럼 그럴 때마다 새로운 계정이 나타났다. 예리한 논평가들은 언론의 주목을 끌려는 의도가 분명하게 보이는 이 단체의 영어 계정과 소말리아 청중을 위한 소말리아어 계정이 차이가 있다고 지적했다. 또한 케냐군의 온라인 소통 능력이 부족했고, 알샤바브는 그 점을 집중 공략했다고 말했다.[16]

그들은 현재 국제 언론에서는 그다지 조명받지 않지만 앞으로 다가올 미래를 미리 개척한 것만은 틀림없다. 소셜미디어를 활용해서 언론의 머리기사를 장식할 만한 사건을 만들고, 새로운 회원을 모집하며, 대중에게 충격을 안기는 알샤바브의 전략을 비슷한 목적을 지닌 다른 단체들은 당연히 예의 주시하고 있었다.

2014년 6월 말, 1990년대 말에 등장한 '유일신과 성전Jama'at al-Tawhid wal-Jihad'은 미국이 이라크를 공격하자 알카에다에 대한 충성을 선언했고, 주로 이라크에서 활동하고 있었다. 이 단체는 자신들이 국제적인 칼리프라고 주장하며 전 세계의 무슬림에 대한 종교적·정치적 지도자를 자처하면서 이슬람국가ISIS로 재탄생했다.[17] 그들은 이미 조직이 탄탄했고, 인터넷에 능숙했으며, 자신들의 작전을 구체적으로 알리는 연간보고서도 발행했다.《파이낸셜 타임스Financial Times》는 ISIS를 '정확도'에서는 기업과도 같은 수준이라고 평가하면서 연간보고서의 목적이 "잠재적 재정 후원자에게 성과를 보여주기 위한 것"으로 보인다고 지적했다.[18]

칼리프의 공식적인 출범 이전에도 언론은 ISIS의 소셜미디어 감각에 주목했고, 〈ISIS 병사들과 그들의 친구는 완벽한 소셜미디어 프로다ISIS Fighters and Their Friends Are Total Social Media Pros〉와 〈ISIL의 세련된 소셜미디어 전략The Sophisticated Social Media Strategy of ISIL〉 같은 기사에서는 "온갖 성향의 극단주의자들이 모병하고, 급진주의를 퍼뜨리고, 기금을 모으는 데 소셜미디어를 점점 더 많이 활용하고 있으며 ISIS는 이런 전략에 가장 뛰어난 재능을 보이고 있다"고 설명했다.[19]

"어느 날 아침 깨어보니, 우리는 ISIS 콘텐츠가 수십억 개 올라온 세상에 있었어요." 당시에 페이스북 직원이었던 마리아*가 말했다. 《가디언》의 한 기사가 왜 그렇게 되었는지 분석했다.

ISIS의 수천만 트위터 구독자는 '기쁜 소식의 새벽Dawn of Glad Tidings'이라는 앱을 깔았다. 이 앱을 깔면 ISIS의 본부에서 트위터 구독자들의 계정을 이용해 최신 소식을 유포할 수 있다. 동시에 전송되는 메시지들이 소셜미디어를 집어삼켜서 ISIS는 ISIS 만의 계정으로는 불가능할 정도로 폭넓은 온라인 청중에게 자신들의 메시지를 전달할 수 있게 된다. '기쁜 소식의 새벽' 앱은 ISIS가 올린 성과에 관한 소식, 유혈이 낭자한 사진, 〈검들이 부딪히는 소리 IVThe Clanging of the Swords IV〉와 같은 끔찍한 영상을 계속 내보내면서 ISIS가 막을 수 없는 강력한 집단이라는 인상을 심는다.[20]

'기쁜 소식의 새벽' 앱이 ISIS의 추종자를 실제보다 훨씬 더 많아 보이게 하는 것은 사실이지만 모병 영상에서 전 세계적으로 인기를 끌고 있는 지극히 폭력적인 비디오게임 〈그랜드 테프트 오토Grand Theft Auto〉의 영상 클립을 활용하는 등 ISIS는 소셜미디어를 통해 새로운 추종자 모집에도 적극적이다.[21]

처음에는 플랫폼 기업들이 허둥대는 것처럼 보였다. 소셜미디어 여기저기에 불쑥 등장하는 엄청난 수의 ISIS 프로파간다에 대처할 수 있는 일관된 전략도 없었다. 적어도 그 사건이 모든 것을 바꾸기 전까지는…. ISIS는 시리아 북서부에서 제임스 폴리James Foley를 처형했고, 이 장면을 전 세계가 지켜볼 수 있도록 소셜미디어로 생중계했다.

제임스 폴리는 사망 당시 AFP 통신Agence France-Presse, 글로벌포스트GlobalPost와 일하는 저널리스트였다. 그는 내가 자란 동네에서 가까운 지역 출신이었고, 그의 사망 소식은 미국에 큰 충격을 안겼다. 폴리는 2012년 말에 ISIS의 포로가 되었고, ISIS는 그의 몸값으로 수백만 달러를 요구했다. 미국 정부는 협상을 거부하고 그를 구하기 위한 군사작전을 세웠다.[22] ISIS가 포로들을 다른 장소로 이동하는 바람에 그 작전은 실패했고, 2014년 8월 19일 카메라 앞에서 제임스 폴리를 잔인하게 처형했다.

유튜브처럼 페이스북은 전후 사정을 충분히 이해할 수 있다는 이유로 처형 장면을 찍은 동영상을 그대로 두기로 결정하면서 많은 논란을 낳았다.[23] 폴리 사건이 일어나기 전까지는 그런 부류의 동영상은 대부분 아주 먼 지역에서, 미지의 희생자를 대상으로 했다. 아마도 그래서 정책입안자들도 그런 동영상을 그대로 두는 것을 정당화하기가 더 쉬웠을 것이다. 그러나 이제 폴리의 가족뿐 아니라 대중의 청원에 그들은 자신들의 결정을 다시 검토해야 했다. 대중의 요구에 상당한 압박을 느낀 트위터와 유튜브는 항복하고 그 동영상을 공유하는 것을 금지했다.[24] 페이스북의 대변인은 자사의 정책이 이미 테러 단체 또는 그 어떤 개인이나 단체가 "테러리즘을 홍보하거나 가학적인 목적으로 폭력적이거나 선정적인 콘텐츠를 공유하는 것"을 금지하고 있다고 밝혔다.[25] 또한 주류 언론도 그 동영상의 캡처 이미지를 싣는 것을 자제했다.

대중은 이런 반응을 대체로 반기는 분위기였지만, 일부 전문가는 반대했다. 미국 홀로코스트 메모리얼 박물관United States Holocaust Memorial Museum 관장을 지낸 월터 라이히Walter Reich는 증인이 되는 것의 중요성을 강조하면서 플랫폼 기업들이 중도적인 조치를 취해야 한다고 주장했다. "폭력적인 영상이라는 사실을 경고하는 공지를 붙여야 합니다. 그리고 대중에게 볼지 말지를 선택할 수 있게 해야 합니다. 만약 그 동영상을 보고 싶다면 볼 수 있어야 합니다. 그리고 그 과정에서 뭔가 중요한 것을 배울 수 있어야 합니다."²⁶《보스턴 글로브Boston Globe》의 칼럼니스트 제프 자코비Jeff Jacoby도 동의하면서 이렇게 말했다. "적어도 우리는 그가 끔찍한 최후를 맞이할 때 보여준 용기와 품격의 증인이 될 수 있다."²⁷

유튜브에서 일했던 알렉스는 그들이 어떤 입장을 취할지를 두고 "오락가락"했다고 말했다. 그들이 우려한 것 중 하나는 그 동영상이 없어도 폴리의 이야기는 알려지겠지만 플랫폼에 올라오는 생생한 폭력 영상들 다수가 신원을 파악하기 어려운 희생자의 처형을 보여준다는 점이었다. 이 점이 특히 알렉스의 마음을 무겁게 짓눌렀다.

"아무도 모를 때는 어떻게 해야 할까요?" 그들은 애도했다. "처형당한 사람 중에 백인이 없는, 별로 알려지지 않은 17분짜리 동영상이 있었어요. 5명이 참혹하게 처형을 당했어요. 우리가 삭제한 동영상 중 하나였는데, 그렇게 해도 아무도 몰랐어요. 이런 생각이 들죠. '내가 내일 버스에 치여 죽는다 해도, 그런 역사는 영영 기록에 안 남고 잊혀지겠구나.'"

그것이 폭력적이고 선정적인 영상에 실리콘밸리 정책입안자들이 대처하는 방식이 문제에 부딪히는 핵심적인 이유다. 2011년 시리아에서 신원을 알 수 없는 사람들의 처형 장면을 담은 동영상이 올라오기 시작했을 때 그런 동영상을 삭제하지 않고 그대로 두는 것은 '뉴스 가치가 있는 것'으로 여겨졌다. 그러나 미국인의 죽음이 전 세계에 방영되자 그런 셈법이 바뀌었다. 폴리의 가족이 동영상이 공유되는 것을 금지해달라고 목소리를 냈다는 사실도 물론 중요하다. 그러나 주류 언론은 고사하고 유튜브에 접근할 방법이 없는 시리아 사태의 희생자 가족은 어떻게 해야 하는가?

더 나아가 그런 정책 전환에는 유튜브에 접근 불가한 정보교환소를 마련하려는 아무런 실질적인 계획이 포함되어 있지 않았다. 그 점이 알렉스의 마음을 무겁게 했다.

그와 나는 그런 콘텐츠를 위한 정보교환소 설립 시도가 수포로 돌아간 것과 아무런 결과물을 내지 못한 것에 대한 실망감에 대해 이야기했다. 알렉스는 말했다. "언젠가는 만들어지면 좋겠어요. 콘텐츠 검토자로서도 [그런 일이 일어났다는 사실을] 알고, 그걸 아는 건 당신밖에 없고, 아무것도 변한 게 없다고 느끼는 건 끔찍하니까요."

***

시리아에서 갈등이 지속되면서 유튜브는 시리아 내부에서 촬영되고 업로드된 엄청난 분량의 동영상으로 채워졌다. 주요 사건의 기록이 전문적인 저널리즘 지식과 기술 없이 진행되었다. 빅테크 기업의 한 직원은 2018년 회담에서 이렇게 말했다. "실제 현실에서 전쟁이 벌어진 시간보다 훨씬 더 긴 분량의 시리아 내전 기록이 유튜브에 올라와 있습니다."[28]

물론 화학무기와 드럼통 폭탄 공격 기록, 1인칭 서사, 지역 시위 영상들 사이에는 ISIS 등 극단주의 단체가 자신들의 무자비함을 자랑하거나 청년들에게 합류하라고 부추기려고 만든 수많은 영상도 섞여 있었다. 제임스 폴리의 영상을 둘러싼 결정은 그 당시로서는 매우 어려운 문제였지만 실리콘밸리의 정책입안자들의 입장에서는 상대적으로 훨씬 더 간단한 문제였다. 명백한 범죄행위를 보여주는, 내용이 무엇인지가 명확한 단 한 개의 동영상에 관한 문제였다.

2017년 워싱턴 DC의 일간지 《더 힐The Hill》의 한 논설은 ISIS의 소셜미디어 사용을 감독하고 그에 대처하는 미국 정부의 노력이 "미온적이고, 소극적이며, 서투르다"고 비난하면서 "당장 ISIS의 서사를 탈취하고 대안 서사를 만들어야 한다"고 조언했다.[29] 그러나 트럼프 미국 대통령은 자국의 미디어와 전쟁을 선언하느라 너무 바빴고, 실리콘밸리는 온라인상에서 ISIS에 맞서 싸워야 하는 해결 불가능한 과제를 홀로 떠안아야 했다.

그럼에도 불구하고 ISIS를 상대로 '뭐라도 하라'는 대중과 미디어의 요구가 높아졌고, 페이스북은 그 과제를 받아들였다. 2017년 6월, 페이스북은 극단주의 콘텐츠 삭제를 도와줄 인공지능을 도입할 예정이라고 발표했다. 《뉴욕타임스》 보도에 따르면 "인공지능을 적극적으로 활용하면서 콘텐츠에 따라서는 인간 관리자의 콘텐츠 검토 작업을 병행할 것이다. 그러나 인공지능 개발자들은 인공지능 사용이 앞으로 더 늘어나기를 기대하고 있다고 페이스북의 글로벌 정책 관리팀 부장 모니카 비커트는 말했다."[30]

나도 같은 기사에 인용이 되었는데, 거기에서도 동일한 의문을 제기했다. "그런 조치가 효과가 있을까요, 아니면 실패할까요? 페이스북은 애초에 사람들이 테러 단체에 합류하는 것을 막으려는 걸까요, 아니면 페이스북에 테러리즘 관련 콘텐츠를 올리는 것을 막으려는 걸까요?" 이제 와서 돌아보면 ISIS와 같은 극단주의 단체가 올렸거나 그런 단체를 찬미하는 동영상과 사진을 포착하고 삭제하는 데

인공지능을 활용하겠다는 페이스북의 전략은 전자보다는 후자에 더 초점을 맞추고 있었다.

물론 사진과 동영상을 검열하는 것은 텍스트를 검열하는 것보다 훨씬 더 간단한 작업이다. 상대적으로 폐쇄된 공간인 페이스북 그룹이나 사적인 메시지에서는 더욱 그렇다. 부적절한 사진을 포착하기 위해서는 그와 유사한 사진들로 머신러닝 알고리즘을 훈련시켜야 한다. 예컨대 꽃 사진을 충분히 보여준 알고리즘은 다른 꽃 사진을 쉽게 찾아낼 수 있다. 그러나 '극단주의 사진'은 꽃 사진과는 다르다. 맥락이 매우 중요하다. 처형 장면을 찍은 사진이 극단주의 사진이라는 것은 명확하다. 그러나 폭파 장면을 찍은 사진은 테러 단체가 과시하려고 찍은 사진일 수도, 인권 유린 현장을 기록하기 위한 중요한 자료일 수도 있다. 그래서 페이스북이 극단주의에 맞서기 위해 인공지능을 활용하기 시작했을 때, 그리고 유튜브 등이 그 뒤를 따랐을 때 디아케이얄리는 "사람들이 수십만 개의 동영상이 사라지는 것을 보기 시작했다"고 말했다.

케이얄리는 위트니스WITNESS라는 비영리 단체에서 일하는데, 이 단체의 목적은 사람들이 "동영상과 IT 기술을 활용해 인권을 보호"하도록 돕는 것이다. 2017년 그녀는 극단주의에 대처하기 위한 알고리즘이 시리아 분쟁의 중요한 기록들도 삭제한다는 사실을 알아차렸다. "실제로 상당한 분량의 콘텐츠가 삭제되었어요…. 그중에는 시위 현장, 화학무기 공격을 촬영한 동영상과 인권침해를 자행한 자들이 촬영한 동영상도 포함되어 있었죠. 예를 들면 ISIS가 사람들을 죽이는 장면을 찍은 동영상 같은 거요." 베를린 사무소에서 함께 커피를 마시면서 그녀가 말했다.

위트니스와 같은 인권보호 단체는 중요한 기록이 사라진다는 것을 알아차린 최초의 목격자 중 하나다. 플랫폼 기업들이 극단주의에 대처하기 위해 인공지능을 도입한 지 두세 달도 지나지 않아서 인터넷 매체 '인터셉트Intercept'는 페이스북과 유튜브가 전시 만행의 증거를 삭제해서 전쟁범죄 소송을 곤경에 빠뜨리고 있다고 비난하는 긴 기사를 실었다. 그 기사는 케이얄리를 비롯해 국제인권감시기구, UC 버클리의 인권센터Human Rights Center, 그리고 당시에는 별로 알려지지 않았던 시리아 아카이브Syrian Archive(케이얄리와 나는 이후 시리아 아카이브와 함께 공동 논문을 발표했다) 등에서 일하는 전문가들의 말을 인용했다. 이 모든 단체는 앞장서서 플랫폼 기업들이 간과한 일을 했다. 그들은 증거를 보존했다.[31] 인권 관련 콘텐츠를 보존하는 다기업 정보교환소를 설립한다는 유튜브의 계획에 아무런 진전이 없었으므로 실망한 시리아인들은 스스로 그런 장소를 마련할 수밖에 없었다.

시리아 아카이브는 전쟁범죄를 기록하고 증거를 보존하기 위해 설립되었지만 그 단체의 직원들은 곧 엄청난 시간을 유튜브와 싸우는 데 쏟아야 했다. 시리아 아카이브는 인권 단체에 지인들이 있었으므로 설립 초기부터 유튜브와 연락을 주고받으면서 복구해야 하는 동영상 정보를 건넸다. 유튜브는 대체로 시리아 아카이브의 요청을 잘 받아주었지만 해당 동영상들이 곧 다시 삭제되는 일이 반복되었다.

때로는 동영상 복구 자체에도 어려움을 겪었다. 시리아 아카이브의 창립 멤버인 하디 알 카팁Hadi Al Khatib은 인터셉트와의 인터뷰에서 "우리가 수집하는 자료 중 일부는 그것이 전쟁범죄가 자행되었다는 사실을 보여주는 유일한 증거일 때도 있다"고 말했다. 그는 그 예로 시리아 서북부의 이들리브 근처 시골 지역에 대한 러시아의 공습 장면을 촬영한 동영상을 언급하면서 이 공습이 무고한 시민들을 목표물로 삼았다고 말했다. 그리고 덧붙였다. "이것은 매우 중요한 의미가 있습니다. 국제법을 위반한 행위이고, 현재까지는 그 동영상을 복구하지 못했습니다."[32]

소셜미디어 증거는 전쟁범죄자를 기소하는 데 핵심 자료가 될 수 있다. 2017년 국제형사재판소는 페이스북에서 찾은 동영상 증거를 근거로 리바아군의 사령관 마흐무드 무스타파 부사이프 알웨르팔리Mahmoud Mustafa Busayf al-Werfalli에 대한 체포 영장을 발부했다.[33] 그는 33명의 처형을 직접 지시한 혐의를 받고 있었다. 체포 영장은 그중 7명의 처형과 관련된 증거로 알웨르팔리의 소셜미디어 프로필에 게시된 동영상과 그 동영상의 녹취록을 지목했다.[34]

인권 단체는 플랫폼의 과거 홍보 전략과 모순되는 정책에 불만을 표시했으며, 그들의 그런 주장도 일리가 있다. UC 버클리의 인권 센터 임원인 알렉사 코닉Alexa Koenig은 "2011년 '아랍의 봄' 이후 기업들은 사람들에게 자신들의 플랫폼을 이용해 기록을 남기라고 권했어요. 그들은 공공선의 중재자를 자처했어요"라고 하며 말을 이었다. "그리고 그런 식으로 사용자의 의존도를 높였기 때문에 그만큼 더 큰 책임도 생겼다고 저는 생각합니다."[35]

케이알리가 지적했듯이 우리가 잃는 것은 단순히 범죄 기록만이 아니다. 역사도 함께 사라진다. "우리가 상대적으로 덜 이야기하는 영향들은 문화적이고 심리적인 것들입니다." 그녀가 내게 말했다. "나는 시리아인입니다. 다른 많은 시리아인들이 사람들이 무슨 일이 벌어지는지에 관심이 없다고 느끼며, 우리가 무슨 일이 벌어지는지를 기록해야 하고, 그 이유는 그것이 유일한 기록이기 때문이라고 말하는 것을 듣습니다. 그러니 정말로 실질적이고 현실적인 영향을 미치고 있는 거죠…. 이런 것들이 지워지고 있다는 사실을 아는 것, 그리고 우리의 역사가 지워지고 있다고 느끼는 것. 그런 것들이 더해지면서 세계가 시리아에 대해 무심하며 이런 동영상이 삭제되는 것을 신경 쓰지 않는다는 느낌이 점점 더 커집니다."

그로부터 3년 뒤, 시리아 아카이브는 여전히 유튜브와 페이스북과 싸우고 있다. 물론 더 작고 덜 알려진 단체는 그들 기업에 아무런 요청조차 할 수 없는 경우가 비일비재하다. 극단주의가 세력을 키우자 실리콘밸리는 점점 더 외부와 단절되었고, 모든 일을 점점 더 불투명하게 처리하기 시작했다.

백인 우월주의 테러리스트의 공격에 대한 대응으로 발의된 저신다 아던의 크라이스트 콜은 시민사회와 협력했다면 새롭고 혁신적인 해결 방안을 고안할 수 있었을 것이다. 그러나 늘 그렇듯이 그들은 익숙한 당사자들에게 도움을 구했다. 이 경우에 그 익숙한 당사자들은 페이스북, 구글, 마이크로소프트, 트위터라는 네 기업이었고, 그들은 글로벌 인터넷 대테러 대책 포럼Global Internet Forum to Counter Terrorism, GIFCT을 창설했다.

GIFCT는 "테러리스트가 벌이는 회원 디지털 플랫폼의 오남용 활동을 막는 것"을 목표로 2017년 여름, 산업 주도의 프로젝트 일환으로 탄생했다.[36] 이 단체의 사업은 세 가지 기둥을 중심으로 진행된다. 공동 기술 혁신, 연구, 지식정보 공유. 이 셋 중에 지식정보 공유가 GIFCT가 추진하는 사업 가운데 아마도 가장 논란을 불러일으키는 비밀스러운 부문일 것이다. 이것은 주로 '폭력적인 테러리스트 사진 및 영상과 프로파간다'의 '해시' 데이터베이스 공유를 의미한다.

그 데이터베이스는 회원 기업들이 자신들의 정책에서 테러리스트와 관련이 있다고 정의한 사진과 동영상의 고유 디지털 지문인 해시를 수집한다. 다른 회원 기업도 그 데이터베이스를 활용해 자사의 서비스에 올라온 동일한 콘텐츠를 포착하고 차단할 수 있다. 요컨대 만약 한 기업이 특정 동영상이 폭력적인 극단주의 또는 테러리스트 콘텐츠라고 판단해서 삭제하면 그 데이터베이스를 활용하는 다른 모든 기업들도 동일한 동영상을 삭제한다는 것이다. 그것도 그 동영상의 내용을 직접 확인하기도 전에 말이다.

표현의 자유 및 인권 단체들은 GIFCT의 설립 초기부터 비판적이었고, 그 프로젝트와 회원 기업을 상대로 데이터베이스의 투명성을 강화하라고 반복해서 요청했다. 2019년 2월 유럽 의회에 보낸 서한에서 35개 이상의 단체와 전문가들이 입법자들과 대중에게 "그 데이터베이스와 기존의 필터링 도구가 이런 목적에 얼마나 기여하는지, 그로 인해 민주적 가치와 각 개인의 인권이 얼마나 큰 대가를 치러야 하는지에 관한 제대로 된 정보가 없다"면서 유럽 의회가 현재 발의된 EU 테러리즘 규제 법안에 나열된 것 같은 적극적인 필터링 요건을 폐기해야 한다고 호소했다.[37]

2019년 말 GIFCT는 그 단체를 설립한 기업들로부터 독립된 비영리 단체로 전환하고, "시민사회, 정부, 국제 정부기관"을 포함하는 독립 고문 위원회Independent Advisory Committee, IAC를 구성할 예정이라고 발표했다.[38] 국제인권감시기구, 전자프런티어재단, 미국시민자유연합American Civil Liberties Union, ACLU, 민주주의와 정보통신 센터Center for Democracy and Technology 같은 인지도가 높은 디지털 단체와 인권 단체는 GIFCT의 성명서에서 밝힌 인권 보호 의지가 전혀 반영되지 않았다는 점뿐 아니라 독립 고문 위원회에 정부를 포함한다는 내용에 크게 실망했고, 2020년 2월 GIFCT의 임시 지도부에 보낸 비공식 서한에서 그런 우려를 상세히 알렸다. 그런 우려에는 정부가 독립 고문 위원회에 참여함으로써 합법적인 테두리 밖에서 검열을 행사할 위험성, 해시 데이터베이스의 활용처와 규모 확대의 위험성, "GIFCT 활동의 지속적인 투명성 부족", 인권 보호에 대한 무관심 등이 포함되었다.[39]

GIFCT의 답변은 디지털 단체와 인권 단체의 우려에 대한 만족할 만한 해명을 제시하지 못했고, 그 단체들은 다시 한 번 서한을 보냈다. "GIFCT가 앞서 우리가 제시한 비판에 대한 아무런 답변이 없었던 까닭에 우리는 독립 고문 위원회에 지원하지 않기로 결정했습니다. 따라서 독립 고문 위원회는 정부 관계자와 학자들로만 채워지게 될 것입니다."[40] 두 번째 서한에서 단체들이 제기한 우려 중 주요한 것만 간추리자면 대테러 전략과 콘텐츠 검열 간의 구분이 점점 더 모호해지고 있다는 점, 플랫폼 기업들의 콘텐츠 관리 과정에서 오류가 발생할 확률이 높다는 점, GIFCT가 "테러리즘과 극단주의적 폭력의 정의에 대한 국제적인 합의가 부재[하고] [폭력적인 우파 극단주의가] 법적으로 규제당하지 않는 복합적인 글로벌 환경에서" 운영되는 현실 등이다.[41]

실제로 GIFCT 데이터베이스에서 우선순위를 차지하는 것은 ISIS와 알카에다의 프로파간다이다. 요컨대 이 데이터베이스가 크라이스트처치 콜이 대응하고자 하는 부류의 극단주의에는 크게 효과가 없을 것이다. 더 나아가 데이터베이스의 투명성 부재로 인해 시민사회가 테러리즘과 대테러리즘 모두에 의해 가장 많은 영향을 받는 집단의 인권을 보호할 수 있는 방법이 없다. 즉 아랍과 무슬림 공동체의 인권이 이중으로 침해당하는 것을 막을 수 없다.

그러나 범산업 데이터베이스의 주된 관심사는 '테러리스트' 콘텐츠가 이미 적발되고 기업들에 의해 그런 콘텐츠로서 판정받은 이후 발생할 수 있는 불평등과 편향 문제다. 대체적으로 실리콘밸리의 테크기업은 '테러리즘'에 대한 미국 정부의 정의를 기본으로 삼으며, 미국무부의 FTO 목록에 오른 단체의 콘텐츠를 삭제한다. 페이스북 직원들이 그렇게 하는 것이 그들이 법적 의무라고 주장하지만, 내가 조언을 구한 수많은 변호사들은 그렇지 않다고 말한다. FTO 목록에 오른 단체의 지도자가 《뉴욕타임스》에 논설을 기고할 수 있듯이(실제로도 그렇게 했고, 하고 있다) 페이스북에도 글을 게시할 수 있다. 이 원칙에 예외는 없다. 다만 만약 그 단체나 개인이 재무부 해외자산통제국 Office of Foreign Asset Controls의 '특별지정 제재대상 specially designated nationals' 목록에도 올라가 있다면 문제가 될 수도 있지만 그 목록은 매우 짧다.

플랫폼 기업마다 정책에 조금씩 차이가 있지만 대체로 대다수 플랫폼은 그 목록에 있는 단체의 또는 그런 단체를 찬양하는 콘텐츠를 삭제하며 일반적으로 문서화된 정책에 '테러리즘'이라는 단어를 사용하는 것을 피한다.

예를 들어 페이스북의 정책은 '위험한 단체와 조직'이라는 표현을 사용하며, 여기에는 테러리스트도 포함되지만 그 외에도 집단폭력, 인신매매 등 물리적으로 위해를 가하는 활동에 참여하는 단체도 포함된다. 또한 페이스북의 정책에서 금지하는 시각적으로 자극적이고 생생한 폭력 장면에는 다양한 유형의 콘텐츠가 포함된다. 유튜브의 정책은 테러리스트 단체를 전혀 언급하지 않지만 시각적으로 자극적이고 생생한 폭력 장면은 금지한다. 그런데 두 기업 모두 FTO 목록에 나오는 덜 알려진 단체의 비폭력적인 콘텐츠조차도 정기적으로 삭제한다.

흥미롭게도 트위터의 규정은 테러리즘과 폭력적 극단주의를 금지한다. 또한 테러 단체의 "불법적인 활동을 홍보하거나 테러 단체와 결탁해서는 안 된다"고 명시한다. 그러나 또한 트위터의 규정은 "과거를 청산하고 개혁을 단행했거나 최근에 평화적인 해결 절차를 밟고 있는 단체, 그리고 민주적인 선거를 통해 공무직에 선출된 대표가 있는 단체에는 제한적 예외"를 허용한다고 명시하고 있다. "또한 명백하게 교육적인 목적이나 다큐멘터리 기록을 위해 테러리즘이나 극단주의에 관한 논의 관련 콘텐츠에도 예외를 허용한다."[42] 트위터의 정책은 그런 발언과 표현을 호스팅하는 것이 합법적이라는 사실을 확인하고 있는 듯하다.

FTO의 발언이 법적으로 보호를 받는다는 사실이 미국 정치인에게는 별로 중요하지 않다. 미국 정치인 중 일부는 FTO라는 이유로 그들의 플랫폼 사용을 봉쇄하라고 요구하기도 한다. 상원의원 리버먼이 최초로 그런 요구를 했지만 그가 그런 요구를 한 유일한 의원은 결코 아니다. 그동안 몇몇 국가의 입법자들은 테크기업을 상대로 법을 우회해서라도 특정 테러 단체, 특히 팔레스타인의 반反이스라엘 무장 단체 하마스Hamas와 레바논의 이슬람교 시아파 무장 단체 헤즈볼라Hezbollah를 탈퇴시키라고 강력하게 청원했다. 그리고 때로는 그런 청원이 성공하기도 한다.[43] 가장 최근의 예를 들자면, 2019년 미국 하원의원 16명이 트위터에 서한을 보냈다. 그 서한은 하마스를 트위터에서 탈퇴시킬 것을 요청했고, 트위터는 처음에는 거절했지만, 결국 하마스와 헤즈볼라 두 단체의 계정을 금지했다.[44]

이들 정치인이 법적 지식이 부족한 것인지 아니면 단순히 기업의 규정을 근거로 법을 우회할 것이라고 기대하는 것인지는 불분명하다. 그러나 하마스와 헤즈볼라의 사례에서 우리는 이런 질문을 던져야만 한다. 그런 조치가 지역 정치에서 이들 단체가 강력한 당사자인 팔레스타인과 레바논에는 어떤 영향을 미치는가? 게다가 그곳의 지역 정치에서는 폭력적인 행위자가 이미 넘쳐 난다.

미디어학자인 아자 엘 마스리Azza El Masri는 레바논 출신이며 지난 몇 년간 콘텐츠 검열을 연구했다. "시리아, 이라크, 예멘에서 헤즈볼라가 벌이는 활동, 그리고 이란·사우디아라비아 대리전 참전이 테러 활동에 해당하는가? 네, 해당합니다." 그녀는 문자로 내게 답했다. "그러나 그렇다고 해서 헤즈볼라가 현재 레바논에서 가장 강력한 정치 행위자라는 사실이 부정되지는 않습니다."

외부인이 보기에 레바논의 정치 상황은 혼란스럽고 분석하기가 어렵다. 수십만 명의 사망자를 낸 15년에 걸친 내전 끝에 레바논 의회는 해당 법이 발효되기 전까지 행해진 모든 정치 범죄를 사면하는 법을 제정했다. 그래서 기존에는 군부였던 집단이 정치 정당을 형성할 수 있었다. 내전 중에 레바논의 시아파 인구를 결집시키기 위해 이란의 지원을 받아 탄생한 헤즈볼라만이 시리아 내전 참전을 이유로 군대 조직을 유지할 수 있었다. 미국은 1995년에 헤즈볼라('신의 정당'을 의미한다)를 해외 테러 단체로 지정했다. 헤즈볼라가 레바논의 수도 베이루트에 주둔 중인 미군의 막사에 자살폭탄 테러를 감행한 지 10년도 더 넘은 시점이었다. 영국과 유럽연합 그리고 트위터 등은 헤즈볼라의 군사 조직과 정치 조직을 구별하고 군사 조직만 블랙리스트에 올렸다. 또한 애초에 헤즈볼라를 테러 단체로 규정하지 않는 국가도 있다.

엘 마스리가 지적하듯이 긍정적인 방향으로든 부정적인 방향으로든 헤즈볼라는 현대 레바논 정치에 활발하게 참여하는 핵심 당사자 중 하나다. 따라서 미국 정부의 압력에 테크기업이 굴복한 것은 레바논의 정치 지형도에 측정 불가능할 정도로 엄청난 영향을 미친다. "모든 플랫폼 기업의 본사가 서구 국가에 있고, 극단주의와 위험 단체와 관련된 정책에 서구 국가의 테러 단체 목록을 참고해야 하다 보니 레바논과 같은 정치적 맥락을 지닌 복잡한 지역에 테러리즘에 관한 보편적인 잣대를 적용하면 정치 등식에서 한쪽이 자신들의 이익을 위해 그 정책을 무기로 삼을 수 있게 된다"고 그는 말했다. "단체의 [플랫폼으로부터의 퇴출은] 헤즈볼라에 서구의 렌즈를 들이대 테러 단체로 규정하며, 이 단체의 정치적 역사와 레바논 국내 정치와 중동지역 정치에 참여하는 현실을 지워버립니다. 단순히 이란과의 관계만을 의미하는 것이 아니며 연맹과 연합체뿐 아니라 정부, 의회, 지방정치 단위에서의 대표성이라는 맥락에서도 이것은 중요한 문제입니다."

또한 기업 정책은 종종 그런 단체의 퇴출로 끝나지 않고 그들의 이름을 감히 입에 올리는 모든 사람의 퇴출로도 이어진다고 말했다. "대안 독립 미디어 플랫폼은 페이스북과 유튜브에 의해 [헤즈볼라의 지도자 하산 나스랄라Hassan Nasrallah가 나오는] 몇몇 동영상에 대해 삭제 조치를 당했습니다. 전혀 헤즈볼라를 미화하고 있지 않았는데도 요. 서구의 관점을 그대로 반영하는 이들 정책은 대안 미디어와 독립 행위자의 표현의 자유도 위협합니다."

잠시 단 하나의 집단을 제외한 모든 집단이 소셜미디어로 캠페인 활동을 할 수 있는 선거를 상상해보자. 엘 마스리는 현재 소셜미디어가 레바논 정치에서 영향력이 미미하다고 말했지만, 미래에는 더 영향력이 커질 수도 있다는 점을 실리콘밸리는 아예 고려하지 않고 있는 듯하다. 실은, 아예 무시하고 있는 듯하며 그래서 더 걱정스럽다. 특정 무장 단체는 금지하고 나머지는 받아들임으로써 페이스북은 실질적으로 한 주권국가의 선거 결과를 좌지우지할 수 있게 된다.

궁극적으로 그것이 현재 법으로는 불가능한 일들을 하기 위해 정부가 기업 정책에 점점 더 많이 의지하는 현상이 그토록 우려스러운 이유다. 미국 정부의 목록은 당연히 정치적이다. 그리고 여러 측면에서 문제가 많다. 그런데 덜 민주적인 국가가 GIFCT 같은 시스템 내에서 권위를 행사하기 시작하면 어떤 일이 벌어질까? '테러리스트'에 관한 그런 국가의 정의가 국제사회의 동의를 얻을 수 있을까? 2014년 저널리스트 톰 리즌Tom Risen이 지적했듯이 "부적절한 게시물을 삭제하는 소셜미디어 사이트의 작업이 맞닥뜨리는 또 하나의 장애물은 그 사이트가 운영되는 국가의 정부들이 각기 다른 동기로 콘텐츠 삭제를 요청한다는 점이다."[45]

실제로 우리는 기업들이 사우디아라비아와 같은 권위주의 국가의 요청을 받아들였다는 사실을 알고 있다. 사우디아라비아는 최근 들어 반대파를 억압하는 데 반테러리즘 법규를 활용하고 있다.[46] 이와 같은 국가가 GIFCT와 같은 단체를 통해 실질적으로 영향력을 행사하는 시나리오를 상상하기는 어렵지 않다.

오늘날 소셜미디어의 '테러리즘' 검열은 언론 거버넌스를 둘러싼 기존의 규범에서 훨씬 더 멀리 벗어난 영역에 속한다. 평상시에는 '표현의 자유!'를 외치는 정치인들도 콘텐츠 삭제를 전혀 문제 삼지 않는다. 적법절차의 원칙과 테러 단체를 단순히 언급만 한 개인의 표현의 자유는 완전히 무시해버린다. 다른 부문에서는 투명성 원칙을 준수하는 기업들도 외부에 공개하기를 거부하는 기준을 근거로 이른바 '테러리스트' 계정을 꾸준히 일괄적으로 차단한다. 페이스북과 유튜브는 과거에 우파 음모론자들이 그들의 플랫폼을 통해 거짓 정보와 혐오 표현을 쏟아낼 권리를 보호했다는 이유로 비판받았지만, 트위터가 또다시 이른바 테러리스트 계정 50만 개를 차단했다고 발표해도 아무도 눈 하나 깜짝하지 않는다.

일반적으로 소셜미디어에서의 언론 거버넌스는 투명성과 책임성이 강화되는 방향으로 나아가고 있지만, 이른바 테러리스트 언론 감찰은 점점 더 비밀스러워지고 있고, 그에 관한 의사결정은 밀실에서, 시민사회의 실질적인 참여 없이 오직 권력층에 의해 이루어지고 있다. 그리고 무엇보다 그런 결정에 의해 가장 큰 타격을 입게 될 공동체가 그 의사결정 과정에서 배제되고 있다.

6장

빅토리아 시대를 살아가는 21세기 현대인들

권력에 굶주린 부유한 이성애자 백인 남성들에게는 이것이 나아가야 할 방향인 것이다. 일상뿐만 아니라 예술에서도. 여자의 형상은 감상되어야 하는 것, 통제되어야 하는 것이다. 그 형상은 여자의 것이 아니다. 그 여자를 보려고, 그리려고, 소유하려고 줄을 서는 남자들의 것이다 .

_찰리 아서Charlie Arthur

나체 이미지와 성행위 묘사를 제한합니다.
커뮤니티에 그런 콘텐츠에 민감한 사람이 있을 수 있기 때문입니다.

_페이스북 '커뮤니티 규정'(2019년 7월)

미켈란젤로의 대리석 조각상 〈다비드David〉는 감탄을 자아내는 대작이다. 관람객으로 붐비는 이탈리아 피렌체의 아카데미아 미술관에 있는 이 조각상을 밑에서 올려다보면, 또는 베키오 궁전 앞에 세워진 그 복제품 앞에 서서 올려다보면 그 조각상의 위압적인 모습에 갑자기 난쟁이가 된 듯한 기분이 든다. 당신의 시선은 윤곽이 뚜렷한 몸을 향하고, 아마도 〈다비드〉의 완벽한 어깨나 복근에 머물 것이다. 별로 특별할 것 없는 음경은 스치듯 지나칠 것이다. 그리고 그 시선은 곧 정맥이 튀어나온 손등이나 근육이 새겨진 종아리의 완벽함에 이끌릴 것이다.

젊은 시절의 미켈란젤로가 완성하는 데 2년이 넘는 시간을 들인 이 조각상은 처음에 1504년 피렌체 시청 입구 바깥쪽에 설치되었다.

일부 역사가들의 말에 따르면, 지방 당국은 그 즉시 〈다비드〉의 음경을 황금색 나뭇잎을 엮어 만든 가리개로 덮었다고 한다.[1] 그로부터 40년이 채 지나기 전에 가톨릭교회는 미켈란젤로의 유명한 프레스코화 〈최후의 심판〉 검열에 나섰고, 결국 미켈란젤로의 사후에는 트리엔트 공회의Council of Trent(1545~1563년까지 이탈리아 트리엔트에서 개최된 종교회의 - 옮긴이주)의 승인을 받아 다니엘 다 볼테라Daniele da Volterra(본명은 다니엘로 리치아렐리Daniello Ricciarelli - 옮긴이주)를 고용해 그림 속 남자들의 음경에 페인트를 덧칠해 모두 가리게 했다. 이것이 곧 '무화과 잎 캠페인fig leaf campaign'의 신호탄이 된다. 이 캠페인은 유명한 예술작품, 특히 조각상의 음경과 음부를 가리는 사업이었고 때로는 음경을 떼어내기도 했지만, 대개는 인조 무화과 잎으로 가리는 더 간단한 방식을 선택했다. 무화과 잎을 사용한 이유는 기독교 성서의 창세기에 아담과 이브가 무화과 잎으로 음경과 음부를 가린 것에서 착안한 것이다.

창세기에 나오는 이야기에 따르면 아담과 이브는 처음 세상에 태어났을 때는 부끄러움을 몰랐다("남자와 그의 아내, 두 사람은 벌거벗었으나 부끄러워 아니하니라"). 오히려 그들은 금지된 과일을 먹고 난 뒤에야 자신들이 벌거벗었다는 사실을 깨닫게 된다. "이에 그들의 눈이 밝아져 자기들이 벗은 줄을 알고 무화과나무 잎을 엮어 치마로 삼았더라." 기독교를 믿지 않는 사람에게 아담과 이브의 이야기는 문화가 만들어낸 수치심이란 개념의 시작을 보여준다. 이 설화에 대한 해석은 대부분 이 이야기가 기독교 신자에게 자신의 몸을 부끄럽게 여기고 나체를 보여주는 것을 죄악시하도록 교육하는 역할을 한다고 주장한다.

1873년 피렌체의 〈다비드〉 조각상을 찍은 초기 사진들에는 무화과 잎이 나온다. 1857년 이탈리아 토스카나 대공이 영국 빅토리아 여왕에게 선물한 복제품은 현재 런던 빅토리아 앨버트 박물관Victoria and Albert Museum(과거 명칭은 'South Kensington Museum')에 전시되어 있는데, 무엇보다 빅토리아 여왕을 비롯해 "감상하는 여자 귀족들이 얼굴을 붉혀야 하는 일이 생기지 않도록" 석고 무화과 잎을 붙였다.[2] 그로부터 시간이 많이 흐른 근대에 들어와서도 미국 캘리포니아주, 호주 시드니, 이스라엘 예루살렘처럼 아주 멀리 떨어진 곳에서조차 〈다비드〉 조각상과 그 조각상의 그림이나 사진은 가리개를 하고 있다. 불쌍한 〈다비드〉는 지난 수세기 동안 수없이 검열을 당하는 모욕을 감내해야 했다.

그런데 페이스북은 이 조각상을 검열하지 않는 것처럼 보인다. 다르게 기억하는 사람이 있다면 그럴 만하지만 말이다. 지난 몇 년간 페이스북은 나체 기타 '성인' 콘텐츠를 금지하는 엄격한 정책에 따라 세계적으로 유명한 예술가들의 작품이 나오는 콘텐츠를 삭제했다. 심지어 그 정책은 종종 문서화된 정책과 정면으로 충돌할 때도 있다. 온라인 플랫폼에서 예술작품을 삭제하는 행위는 아마도 어떤 면에서는 무화과 잎 검열에 비유할 수 있을 것이다. 그러나 한 가지 핵심적인 차이가 있다. 무화과 잎은 예술작품의 한 부분만을 가리지만 현대의 검열은 그 작품 전체를 완전히 지워버린다.

여기서 잠깐 '유럽의 조모Grandmother of Europe' 영국 빅토리아 여왕과 마크 저커버그의 독특한 평행성에 주목하지 않을 수 없다. 빅토리아 시대에 만연했던 검열과 고상한 체하는 도덕관은 한 여성이 자신의 재위 기간 중에 제정한 법이 빚어낸 결과물도 아니었고, 그 여성의 성향이 빚어낸 결과물도 아니었다. 그 시대의 도덕관을 빅토리아 여왕이 정립했다고 오해받듯이 마크 저커버그에게도 같은 논리를 적용할 수 있을 것이다. 우리는 저커버그의 어린아이 같은 내숭이 현재 페이스북 사용자들이 정전政典으로 여기고 다른 기업의 간부들이 모방하는 페이스북 커뮤니티 규정을 빚어냈다고 오해하고 있는 것일 수 있다.

〈다비드〉가 페이스북에서 아직 삭제되지 않고 있는 것은 문자 그대로 그 규정에서 합법적인 나체 표현으로 인정받았고, 그 사실이 커뮤니티 규정에 기록되어 있기 때문이다. 2011년 페이스북의 첫 커뮤니티 규정은 이렇게 명시하고 있다. "페이스북은 포르노 콘텐츠와 아동이 나오는 노골적인 성적 콘텐츠의 공유를 엄격하게 제한한다. 또한 우리는 나체 이미지에 제한을 가한다. 우리는 사람들이 자신에게 개인적으로 중요한 콘텐츠를 공유할 권리를 존중하려고 노력한다. 그 콘텐츠는 미켈란젤로의 〈다비드〉와 같은 조각상의 사진일 수도 있고 모유 수유 장면이 찍힌 가족사진일 수도 있다." 이 첫 커뮤니티 규정에서 이 조각상을 콕 집어 예로 들었기 때문에 이 작품은 콘텐츠 관리자들의 검열에서 무사할 수 있었다. 콘텐츠 관리자들은 당연히 이 조각상의 이미지를 떠올리도록 교육도 받았을 것이다. 그러나 다른 예술작품은 그렇게까지 운이 좋지 않았다.

2011년 뉴욕 아카데미 오브 아트New York Academy of Art의 이사는 본교의 페이스북 페이지의 콘텐츠 업로드 권한이 7일 동안 중지된다는 엄중한 경고를 받고 깜짝 놀랐다. 그런 조치를 당한 이유는? 그 학교의 대학원생인 스티븐 아사엘Steven Assael이 펜으로 그린 여성의 상반신 누드화를 올렸고, 그것이 페이스북의 규정을 위반했다는 것이었다. 페이스북이 학교 측에 보낸 메시지는 페이스북의 규정이 "우리 사이트를 이용하는 많은 아동을 비롯해 모든 사용자에게 안전하고 신뢰할 수 있는 공간이 되도록 확실하게 보호"하는 것을 목적으로 한다고 밝혔다.[3]

아카데미 오브 아트는 이 사실을 본교 블로그에 게시했고 "우리가 세상과 공유하는 예술작품에 대해 페이스북이 최종 심판관, 그리고 온라인 큐레이터 노릇을 한다는 사실을 받아들이기 힘들다"고 썼다.[4] 언론이 이 사건을 다루자 페이스북은 해당 조치를 해제했고, 페이스북 대변인은 "누드화나 누드 조각상을 허용하는 불문율"을 그 근거로 언급했다. 더 나아가 페이스북 대변인 사이먼 액스튼Simon Axten은 그 그림을 그린 스티븐 아사엘에게 "솔직히 우리 검토자들이 사진으로 착각할 만큼 생생하게 그렸다"는 칭찬까지 했다.[5]

그다음 해에 《뉴요커》도 벌거벗은 아담과 이브가 나무 아래에서 나란히 무릎을 가슴 쪽으로 당겨서 앉아 있는 그림에 "뭐, 새롭긴 했어Well, it was original"라는 캡션을 단 만화를 자사 페이지에 올렸다가 페이스북으로부터 규정 위반 경고를 받았다. 그림 속 인물들의 유두는 문자 그대로 점에 불과했지만, 페이스북은 그 만화가 성적인 콘텐츠에 관한 자사의 규정을 위반했다면서 《뉴요커》의 계정을 임시로 정지시켰다. 《뉴요커》의 카툰란 편집자 로버트 맨코프Robert Mankoff는 이 사건을 가리켜 "니플게이트Nipplegate('니플'은 '젖꼭지'를 뜻함-옮긴이

주)"라고 불렀다.[6]

이 사건을 다룬 기사에서 그는 〈오남용 규정 위반〉이라는 제목의 페이스북 교육 지침서를 인용했다. 같은 해 2월에 페이스북의 하청업체이자 인력제공 서비스업체인 오데스크(현재 업워크Upwork – 옮긴이주)의 모로코 출신 직원이 '고커'를 통해 유출한 문서였다. 해당 지침서에는 콘텐츠 관리자가 심사하는 모든 유형의 콘텐츠에 대한 내부 지침이 나와 있다. '성性과 노출'이라는 항목에는 여기에 예로 든 것 외에도 10개 정도의 금지 사항들이 나열되어 있다.

- 성기 노출. 여기에는 여성의 유두 윤곽이 드러나는 것과 엉덩이 골이 그대로 드러나는 것이 포함된다. 남성의 유두는 노출되어도 괜찮다.
- 나체를 표현한 디지털 이미지/만화. 예술작품의 나체는 괜찮다.[7]

《뉴요커》의 만화를 심사한 콘텐츠 관리자는 12개나 되는 글머리표의 내용을 일일이 확인해야 했을 것이고, 각 글머리표마다 서너 가지 금지 또는 허용 사항이 나온다. 콘텐츠 관리자는 해당 만화가 규정을 위반했는지 판단하기 위해 이런 항목을 재빨리 훑어나가야 한다. 이 목록은 나체를 표현한 만화를 명시적으로 금지하지만, 작은 점 두 개가 과연 "여성의 유두 윤곽이 드러나는 것"에 해당할까? 맨코프는 그렇지 않다고 생각했고, 페이스북도 동의했다. 페이스북은 《뉴요커》에 대한 정지 조치를 해제했다.

애나는 페이스북의 커뮤니티 운영팀 직원으로 오래 일했고, 현재는 페이스북을 떠났다. 그녀는 내게 정책팀이 "더 세밀한 부분까지 반영하려고 노력"하지만 지난 10년 중 첫 5년 동안 그들이 내린 많은 판단이, 그녀의 말을 빌리자면 "멍청했다." "[교육 지침서]는 더 신경 써서 만들어야 한다"고 그녀는 내게 말했다. "하지만 그런 것에는 거의 시간을 들이지 않아요. [커뮤니티 운영]은 영구적인 혼란 상태에서 돌아가는 팀이라고 보면 돼요."

뉴욕 아카데미 오브 아트 사례가 그 후로 나체를 표현한 예술작품에 대한 검열을 막는 선례가 되었어야 하지만, 페이스북을 비롯한 플랫폼들은 법원처럼 일하지 않는다. 판례법이라는 것이 존재하지 않으며, 견제와 균형의 원리가 적용되지도 않았고, 최근까지도 적법절차 원칙도 지키지 않았다. 제 기능을 하는 민주주의 체제에서와 달리 판사(콘텐츠 관리자)가 지명되는 것도 아니고, 투표로 선출되는 것도 아니다. 검열 절차에는 고과를 묻는 시스템이 없으며, 그렇기 때문에 같은 이미지라도 어떤 사용자가 게시하면 제재를 받지만 다른 사용자가 게시하면 아무런 제재를 받지 않을 수도 있다.

2011년 한 덴마크 화가가 귀스타브 쿠르베Gustave Courbet의 대표작 〈세상의 기원L'Origine du Monde〉을 게시했다는 이유로 페이스북 계정이 폐쇄되었다는 기사가 《르몽드Le Monde》에 실렸다. 〈세상의 기원〉에는 여성의 풍만한 하반신이 그려져 있고, 그 여성은 다리를 살짝 벌리고 있어서 음모 아래로 음순이 살짝 보인다.[8] 아마도 그 그림을 부적절하다고 판단했을 빅토리아 여왕이나 교회와 마찬가지로 페이스북 또한 계속해서 그 그림이 부적절하다고 판단했고, 많은 사용자가 그 그림을 게시한 후 계정이 정지되었다고 말했다.

파리에서 교사로 일하는 프레데릭 뒤랑바이사Frédéric Durand-Baïssas

는 쿠르베의 작품 게시를 금지하는 것은 명백한 월권 행위라고 생각했다. 덴마크 화가가 했듯이 그도 〈세상의 기원〉의 디지털 세계에서의 존재감을 높이기로 했고, 그로 인해 페이스북에서 영구적으로 추방당했다. 초등학교 교사인 뒤랑바이사는 이 사건을 법정으로 가져갔다. 그는 페이스북이 검열 활동을 하고 있다고 주장하면서 페이스북을 상대로 자신의 계정을 복구하고 2만 유로의 손해배상금을 지급할 것을 요구했다. 이 사건의 판결이 나오기까지 7년이 걸렸고, 프랑스 법원은 페이스북이 그의 계정을 아무런 공지 없이 폐쇄한 것은 서비스 약관상 의무를 다하지 않은 것이라고 판시했지만, 뒤랑바이사는 법원이 페이스북의 게시물 삭제 행위가 자신의 표현의 자유를 침해했는지에 대해서는 침묵했다며 유감을 표명했다.[9]

2017년, 이 사건의 판결이 나오기 1년 전 성행위나 나체를 표현한 예술작품의 처리에 대한 페이스북 규정을 담은 문건 여러 개가 유출되었다. 그 문건들은 이런 콘텐츠를 판단하는 일관된 규정을 세우려면 곡예에 가까운 정신 활동이 필요하다는 것을 보여주었다. 내부적으로 페이스북은 수공 작품handmade art과 디지털 작품을 구별했으며, 수공 작품에서 나체나 성행위를 표현하는 것은 허용한 반면, 디지털 작품에서는 나체 표현만 허용하고 성행위를 표현하는 것은 금지했으며, 성기는 '윤곽' 노출만을 허용했다.

문건 유출 사건으로 페이스북 규정이 서로 모순된다는 사실이 마침내 만천하에 드러났다. 한 예술 분야 저널리스트가 탄식했듯이, "실은 페이스북의 콘텐츠 검열의 황당한 논리가 그림은 '현실 세계 예술작품'으로 인정하면서도 사진이나 동영상은 배제하는 예술작품 관련 지침에서 비롯된 것이며, 그래서 이론적으로는 쿠르베의 〈세상의 기원〉 게시는 허용되지만 여성의 엉덩이를 보여주는 디지털 인쇄물은 금지된다는 결론이 도출된다."[10]

뒤랑바이사가 소송을 제기한 때부터 판결을 받기 전까지 페이스북은 어느 정도 예술성이 인정되는 나체의 표현을 명시적으로 허용하도록 커뮤니티 규정을 수정했다. 예컨대 "나체 인물을 표현한 그

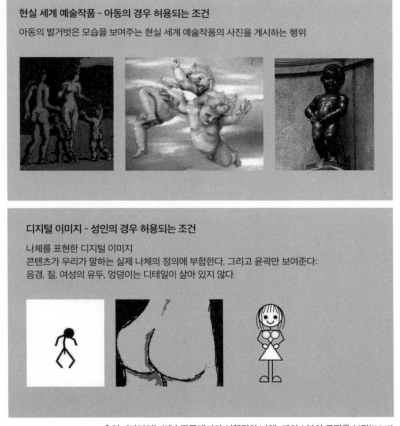

현실 세계 예술작품 – 아동의 경우 허용되는 조건
아동의 벌거벗은 모습을 보여주는 현실 세계 예술작품의 사진을 게시하는 행위

디지털 이미지 – 성인의 경우 허용되는 조건
나체를 표현한 디지털 이미지
콘텐츠가 우리가 말하는 실제 나체의 정의에 부합한다. 그리고 윤곽만 보여준다:
음경, 질, 여성의 유두, 엉덩이는 디테일이 살아 있지 않다.

출처: 《가디언》, '예술작품에서의 성행위와 나체: 페이스북의 규정을 보라'(2017)

림, 조각상 기타 예술작품의 사진"도 허용한다고 명시했다.[11] 그러나 2018년 프랑스의 고등법원이 원심 판결을 뒤집으면서 뒤랑바이사는 큰 타격을 입는다. 고등법원은 페이스북이 그의 계정을 폐쇄한 이유를 그에게 충분히 설명하고 고지하지 않은 것은 부당했다는 입장은 고수했다.

실수는 불가피하다

미국의 소셜미디어 기업들은 다양한 글로벌 공동체에서 활동하면서 약 50여 개국의 언어로 기록된 콘텐츠를 감독하지만[12] 콘텐츠 감독팀에 대한 투자는 공학기술 관리 및 개발, 인수합병에 대한 투자에 비하면 너무나 미미하다. 이것은 곧 국제적인 네트워크 커뮤니케이션 플랫폼이라는 페이스북의 주요 혁신의 근간을 감독하는 과중한 업무를 대부분 제3자 하청업체에 전적으로 맡긴다는 것을 의미한다. 이것은 우연한 결과가 아니라 페이스북이 핵심 서비스보다 기업의 사세 확장을 우선순위에 둔 의도적인 선택의 결과다.

　　이들 민간 콘텐츠 관리자는 자신의 처리 목록에 올라온 콘텐츠에 대해 즉각적인 판단을 내려야만 한다. 굉장히 고된 작업이다. 콘텐츠 관리자는 매일 평균 수천 개의 이미지를 살펴보고, 끊임없이 수정되는 규정의 내용을 숙지하고 있어야 한다. 고용주가 누구인지, 어디에서 일을 하는지에 따라, 그리고 숙련도에 따라 그들은 최소한의 교육만 받으며 저임금에 시달릴 수도 있다. 그런 중요한 일을 이직률이 높은 하청업체에 맡기는 것은 마치 고급 나이트클럽에서 경력이 풍부한 문지기를 잡부로 교체하는 것에 비유할 수 있다. 그런 환경에서 콘텐츠 관리자는 실수를 저지를 수밖에 없다. 그런 와중에 고상한 척하는 모호한 규정을 제시하면서 다른 사용자를 신고할 인센티브를 제공하다 보니 터무니없는 검열 사례가 나올 수밖에 없다.

2011년 두 젊은이가 데이트 첫날 런던 소호에 있는 존 스노 펍에서 시간을 보내고 있었다. 그런데 직원이 다가와서 그들의 키스가 "외설적"이라고 주장하면서 가게에서 나가달라고 말했다고 한다. 두 남자 중 한 명이 이 일을 트윗했고, 이 사건은 영국 언론의 주목을 받았다. 이에 대항하는 '키스인kiss-in'(어떤 목적을 달성하기 위해 그 자리에 앉아서 꼼짝하지 않고 시위를 벌이는 '농성sit-in'을 변형한 표현으로, 동성애자의 키스에 대한 사회의 편견에 저항하는 의미로 사용됨 – 옮긴이주) 시위가 조직되었고, 이를 페이스북을 통해 알린 덕분에 수백 명이 시위에 참여할 수 있었다.

리처드 메츠거Richard Metzger는 영국 채널4에서 방영하는 〈허위정보Disinformation〉라는 프로그램의 사회자로 활동한 적이 있고, '위험한 생각들Dangerous Minds' 사이트의 블로그 운영자다. 동료 블로거가 이 키스인 시위에 대해 알리면서 사진 하나를 포함하는 글을 올렸고, 메츠거는 그 글을 자신의 페이스북 페이지에 공유했다. 그가 공유한 글에 실린 사진은 BBC의 TV연속극 〈이스트엔더스EastEnders〉의 한 장면을 캡처한 것으로 두 남자가 부드럽게 키스를 하고 있다. 한 남자가 한 손으로 다른 남자의 뺨을 감싸고 있고, 둘의 입술이 가볍게 포개졌다. 그게 전부다. 상대 남자의 손은 손바닥을 편 채 옆에 놓여 있다. 서로를 부적절하게 더듬고 있지 않으며, 파격적이거나 성적인 분위기도 전혀 풍기지 않는다. 그런데도 메츠거가 자신의 블로그에 올린 글에 따르면 다음 날 아침에 일어났을 때 그 글이 사라져 있었다고 한다.

"나는 그런 문제에 그다지 관심이 없었다"라고 그는 썼다. "그날 저녁 자러 가기 전에 내 아내는… 헤비메탈 팬 같은 외모의 '제리'라는 남자가 내 페이스북 페이지에 올라온 이 사진에 대해 정말 역겹다면서 엄청나게 유치한 동성애 혐오 발언을 잔뜩 남겼다고 전했다. 다음 날 아침 6시에 일어났을 때 페이스북이 내게 보낸 메시지가 기다리고 있었고, '페이스북의 경고'라는 무시무시한 제목의 그 메시지는 내가 '모욕적인 자료'를 게시했으며 그래서 삭제되었다고 통보했다."[13]

그 경고는 내가 지난 몇 년간 본 다른 많은 경고처럼 당시 실제로 적용 중인 규정에 부합하지 않았다. 그 경고 메시지의 내용은 다음과 같았다.

안녕하세요. 당신이 페이스북에 공유한 콘텐츠는 페이스북의 권리와 책임에 관한 약정을 위배했으므로 삭제되었습니다. 페이스북에서는 나체나 기타 시각적으로 자극적이거나 선정적인 콘텐츠를 공유하는 것을 금지합니다. 이 메시지는 경고입니다. 권리와 책임에 관한 약정을 꼼꼼히 읽어보시고 앞으로 유해한 자료를 게시하지 않도록 해주십시오. 당신의 이해와 협조에 미리 감사드립니다.[14]

권리와 책임에 관한 약정은 약관을 보충하기 위해 작성된 긴 문서였다. 이것은 그해 하반기에 첫 페이스북 커뮤니티 규정으로 교체되었다. 페이스북 뉴스룸Newsroom 블로그에 나오는 표현을 빌자면 "40페이지 분량의 법적 전문 용어를 6페이지 이내로 줄인" 압축적인 문서다.[15] 메츠거의 포스트가 삭제되었을 때 이 약정에는 "선정적인" 콘텐츠는 전혀 언급되지 않았고, 이와 관련된 내용은 다음이 전부였다. "다음과 같은 콘텐츠 게시를 금지합니다. 혐오, 협박, 포르노 콘텐츠. 폭력을 선동하는 콘텐츠. 나체나 시각적으로 자극적인 콘텐츠, 불필요하게 폭력적인 콘텐츠."

그러나 해당 키스 장면에는 신체 노출이 없었고, 당연히 포르노도 아니었다. 폭력적이지도 않았고, 혐오나 협박이 담겨 있지도 않았으며, '모욕적'이지도 않았다. '고커'가 입수한 문건에 비추어봐도 페이스북의 지침에 위배되는 내용이 전혀 없었다. 당시에 언론은 키스하는 커플이 남녀 커플이었다면 그 장면이 삭제되지 않았을 것이라고 지적했다. 문화 블로그 '보잉보잉Boing Boing'과의 인터뷰에서 메츠거는 페이스북이 동성애 혐오주의자는 아닐 거라고 믿는다고 밝혔지만 페이스북의 커뮤니티 감독 시스템은 비난받아야 한다고 말했다. "생각하면 할수록 이 사소한 검열 행위가 점점 더 신경이 쓰였어요."라고 그는 말했다. "너무 편협해 보였으니까요. 페이스북이 왜 그런 무해한 사진을 삭제했는지 이해가 안 됐고, 또 그 '제리'라는 작자가… 시끄럽게 '징징거린 것만으로' 내 페이지에서 뭔가가 삭제되었다는 사실에 화가 났어요."[16]

무슨 일이 벌어졌는지에 대한 그의 직감은 아마도 정확할 것이다. 동성애를 혐오하는 제리가 아마도 그 콘텐츠를 신고했을 것이다.

당시에 그의 화면에는 '친구 맺기 취소' 선택지, 즉 메츠거를 차단하는 버튼이 있었을 것이고, 그 버튼을 클릭하면 그 콘텐츠가 '부적절한 페이지 게시물'이라고 신고할 수 있는 항목도 있었을 것이다. '부적절한 게시물'이라고 신고하면 그다음 화면으로 넘어가서 "이 게시물을 가장 잘 설명하는 것은?"이라는 질문과 함께 다섯 가지 보기가 주어졌을 것이다. 그중 하나가 '나체, 포르노, 노골적인 성적性的 콘텐츠'였을 것이다.

제리는 아마도 그 보기를 클릭했을 것이고, 사람인 콘텐츠 관리자에게 신고가 접수되었을 것이다. 우리가 이미 살펴봤듯이 당시 대중에게 공지된 규정은 콘텐츠를 신고했을 때 주어지는 보기와 메츠거가 받은 해명, 두 가지 모두와 상당히 달랐다. 오직 메츠거가 받은 해명에서만 '선정적인' 콘텐츠라는 표현이 나온다. 그리고 앞서 살펴봤듯이 콘텐츠 관리자는 그 규정을 완전히 다른 관점에서 해석하고 있을 수도 있다.

뉴욕 아카데미 오브 아트와《뉴요커》사례와 마찬가지로 메츠거는 그의 사회적 지위 덕분에 언론의 주목을 끌 수 있었다. 결국 페이스북은 키스하는 장면의 사진을 복구했고, 대중적인 게이 블로그에 게재한 성명서를 통해 "불편을 끼친 것"에 대해 사과했으며, 그 사진의 삭제 결정은 실수였다고 밝혔다.[17] 그러나 그동안 지나치게 열정이 넘치는 콘텐츠 관리자에게 희생된 콘텐츠는 그야말로 너무나도 평범해서 검열하는 것이 황당하게 느껴지는 모유 수유하는 장면부터 음문처럼 보이게 만든 컵케이크 아이싱, 선사시대 비너스 조각상과 16세기 포세이돈 조각상, 팝아트 예술가 에블린 악셀Evelyne Axell의

1964년작 〈아이스크림Ice Cream〉, 코펜하겐의 명소 〈인어공주〉 조각상, 그리고 코퍼턴 자외선 차단제의 고전 광고 패러디 영상에 이르기까지 다양했다.

최근 사례 중에 내가 기억하는 가장 비논리적이고 역설적인 소셜미디어 희생양은 캐나다의 젊은 시인 루피 카우르Rupi Kaur의 작품이다. 그녀는 자신의 창작물을 인스타그램에 공유하면서 유명해졌다. 카우르가 쓴 시의 주제는 보통 폭력, 여성성, 자기 돌봄 등이다. 2015년 학부 마지막 과제로 카우르는 생리에 관한 금기를 다룬 시를 썼고, 생리혈이 묻은 옷과 이불을 보여주는 사진 여러 장을 그 시와 함께 올렸다. 그녀의 이런 행보에 온라인 커뮤니티는 지지를 보였지만, 하루 만에 그 사진들은 신고되고 삭제되었다.

2016년 캐나다 공영방송인 CBC와의 인터뷰에서 카우르는 탄식했다. "도대체 누가, 그 사람도 자궁에서 태어난 인간일 텐데…, 어떻게 거기 앉아서 이게 안전하지 않다고 생각할 수 있죠? 인스타그램은, 그러니까, 때로는 정말이지 포르노와 무식함 그 자체여서 너무나 끔찍하고 위험한 이미지로 가득하잖아요. 그런데도 제 사진이 위험하다고 말하는 건가요?"

카우르는 그 사진들을 다시 올렸지만 8시간 만에 또다시 삭제되었다. 그녀는 자신이 인스타그램 측으로부터 받은 메시지를 캡처해서 팔로워들에게 공유하며 분노에 찬 글을 남겼다. "인스타그램 관계자 여러분, 내 작품이 비판하고자 했던 바로 그런 반응을 보여줘서 참 고맙군요."[18] 그녀가 2016년 인터뷰에서 전한 바에 따르면, 자신이 다음 날 아침에 일어나 보니 그 포스트에 400만 명 이상이 '좋아요'를 눌렀고, 인스타그램은 그녀의 사진을 복구했다고 한다.

　　카우르가 이미 대중적으로 유명한 인사였고, 포기하지 않았기 때문에 인스타그램 측이 즉각적으로 반응을 했지만, 대다수 사용자는 그녀만큼 운이 좋지 않다. 새러 마이어스 웨스트Sarah Myers West가 관찰한 바에 따르면 연예인을 비롯해 유명 인사는 언론의 주목을 받으므로 기업 이사진의 관심도 끌 수 있다. 미국의 팝가수 리아나Rihanna도 그런 예다. 리아나는 '#젖꼭지를해방하라#FreetheNipple' 캠페인에 참여하면서 자신의 전라 사진 여러 장을 올렸고, 그때마다 인스타그램은 그녀의 계정을 일시 정지시켰다. 그러나 리아나가 워낙 대스타이다 보니 이런 계정 정지 조치는 곧 언론의 조명을 받았고, 인스타그램은 리아나에게 사과를 표하면서 이렇게 발표했다. "이 계정은 우리의 자동화 시스템에 의해 잘못 적발되었고, 그 결과 아주 잠시 차단되었습니다. 이로 인해 불편을 겪었다면 사과드립니다."[19] 때로는 검열을 하지 않기로 하는 선택은 단순히 신중한 계산을 거친 사업적 결정에 불과할 수도 있다.

　　웨스트는 이와 유사한 일화를 들려주었다. 그 이야기의 주인공은 산모 전문 사진가 헤더 베이스Heather Bays였다. 그녀는 신생아인 딸에게 모유 수유하는 장면을 찍어서 올렸다가 계정 정지를 당했다. 베이스에게는 "처음에 이 문제에 대해 인스타그램의 관심을 끌 수 있는 공공 플랫폼public platform이 없었다. 그녀는 다른 소셜미디어 계정으로 이 문제를 공론화하고 이 문제가 어느 정도 세간의 주목을 받고 난 후에야 인스타그램 계정을 되찾을 수 있었다."[20]

　　이런 사례들은 하나같이 그 일을 당한 피해자를 곤경에 빠뜨리지만 전부 콘텐츠 검열 절차의 오류로 인해 발생했다. 실수가 있었고, 현재 대다수 기업이 제공하는 이의 제기 절차를 통해 재검토될 만한 사례들이다. 여기서 제시한 사례는 대부분 해피엔딩으로 끝나지만 그것은 거의 언제나 언론이나 다른 어떤 방법으로든 사람들의 주목을 받았기 때문에 가능한 일이었다. 대다수 사용자에게는, 웨스트의 지적대로, 그런 해결 통로가 주어지지 않는다. "[사용자가] 기존의 통로를 통해 업체에게 책임을 물을 수 있는 방법이 거의 없다. 많은 소셜미디어 플랫폼이 콘텐츠를 삭제당한 사용자가 이의를 제기할 수 있는 양식과 절차를 마련했지만, 사용자는 그런 절차에 대해 알지 못하거나 이의를 제기하더라도 콘텐츠가 복구되는 경우는 거의 없었다고 말한다."[21]

실제로 현재 이의 제기 절차가 마련된 경우가 많아졌지만, 그런 절차는 단기간에 검토 작업을 끝내야 하는 동일한 민간 콘텐츠 관리자 집단이 담당하며, 게다가 복구를 위한 효율적인 방법이 아닐 때가 많다. 케이트 클로닉은 트위터 계정을 정지당하는 경험을 한 후 이렇게 적었다. "신기술이 아무리 반짝거리고 좋아 보여도 계정 정지나 삭제된 게시물을 복구할 때는 대체로 옛날 방식이 잘 먹힌다. 명성, 권력, 인맥을 동원하면 된다. 특권층에는 유리한 반면, 테크기업이나 정부 기관에 아는 사람이 없고 팔로워가 10만 명이 넘는 인플루언서인 지인이 없는 일반 사용자에게는 불리한 불공정한 시스템이다."[22]

《뉴요커》, 메츠거, 카우르 그리고 여러 사람은 운이 좋은 편에 속했음에도 페이스북이 내숭을 떠는 것에 비판을 가했고, 그들의 비판에는 일리가 있다. 앞서 살펴본 모든 사례에서는 개인의 편견이 잘못된 검열로 이어진 것처럼 보인다. 클로닉이 구체적으로 정리했듯이 "콘텐츠 관리자는… 각자 나름의 선입견이 있고 문화적 배경에 따른 기호가 있다."[23] 초창기에 페이스북은 콘텐츠 관리자에게 강도 높은 대면 교육을 통해 편견이 개입하는 것을 줄이려고 노력했다. 변호사인 클로닉은 "콘텐츠 관리자가 규정을 적용하는 데 있어 문화적 편견이나 정서적 반응에 영향을 받지 않도록 교육하는 것은 변호사나 판사를 교육하는 것이나 마찬가지"라고 지적했다.[24]

콘텐츠 관리자가 청교도적인 배경을 지니고 있기 때문이든, 기업의 내부 규정과 지침이 모호해서이든 콘텐츠 검열 과정에서 개인의 선입견을 극복하기는 매우 어렵다. 기업은 직원을 채용할 때 그들의 정치적 성향이나 가치관에 대해 물을 수 없고, 사용자가 특정 오류가 왜 발생했는지 이해하는 데 도움이 되는 정보를 공유할 수 있는 것도 아니다. 다만 기업은 내부 지침이 대중에게 공개된 규정과 일관성을 유지하도록 신중을 기하고, 콘텐츠 관리자의 교육과정과 내용을 더 투명하게 공개하며, 규정을 위반했다고 판단된 사례에서 거짓 양성 비율이 얼마나 되는지 각 항목별로 그 데이터를 발표할 수 있을 것이다.

검열과 감수성

많은 사용자가 페이스북이 동성 커플의 키스 장면이나 여성의 생리혈 사진을 검열한 것에 대해 지나친 대응이었다고 여기지만, 페이스북 등 플랫폼 기업들의 입장에서는 성정체성과 인간의 신체 부위에 대한 판단에 미국적 가치관을 적용한 것에 불과할 수도 있다.

코트니 디몬Courtney Demone은 소셜미디어의 시대에 자랐다. 캐나다 서부 지역 출신인 그녀는 웹앱WebApp(PC나 스마트폰 등 단말기의 기종에 관계없이 아무 단말기에서나 같은 콘텐츠를 볼 수 있도록 해주는 시스템-옮긴이주) 회사에서 일하면서 가끔 프리랜서로 글을 쓰던 20대 초반에 자신이 트랜스젠더라는 사실을 공개적으로 밝혔다. 나와 영상통화로 인터뷰하면서 그녀는 어느 날 오후의 일을 떠올렸다. 그녀는 마당에서 상의를 탈의한 채 일광욕을 즐기고 있었다. 그때 그녀의 룸메이트 중 한 명이 농담 반 진담 반으로 이렇게 말했다. "이제 여자가 되기로 했으니, 내가 네 젖꼭지를 보지 못하게 해야 하는 거 아냐?" 지금은 유명해진 '매셔블Mashable'의 기고문에서 디몬은 이 사건이 자신의 머릿속에 얼마나 강렬하게 각인되었는지에 대해 썼다. 이전에는 느끼지 않았던 자신의 몸에 대한 수치심을 느끼게 되었다는 것이다. "사람들이 나를 계속 여자로 보기 시작하면서 공공장소에서 상반신을 완전히 노출하고도 편안히 지낼 수 있는 특권이 영원히 사라졌다"고 그녀는 적었다.[25]

여자의 몸을 성애화하고 검열하는 것은 결코 새로운 현상이 아니다. 이른바 서구 사회에서는 대부분 아주 어릴 때부터 나체를 성과 연결시킨다. 우리는 벌거벗은 몸은 사적인 영역에 머물러야 한다고 믿는다. 우리는 옷을 벗어도 좋은 장소는 집 안이나 혼자 있는 공간뿐이며, 배우자와 있을 때나 경우에 따라서는 가족 구성원이 있을 때에만 예외적으로 허용된다고 배운다. 그것이 맥주 광고에 등장하는 여자이건, 해변에서 비키니를 입은 여자이건 피부가 밖으로 노출되는 순간 그런 피부 노출은 성애화되곤 한다. 미국에서 반라의 여자 몸을 봤다면 그 몸은 거의 언제나 뭔가를 파는 데 이용되고 있다.

그런데 모든 지역이 그렇게 생각하는 것은 아니다. 예를 들어 독일의 FKK Freikörperkultur(자연주의, 나체주의 – 옮긴이주) 지역에서는 사우나, 공원, 호수 같은 장소에서, 그리고 연례행사인 크리스토퍼 스트리트데이 행진을 할 때 등 공공장소에서 신체를 노출하는 것이 허용되는 경우들이 있다. 상반신을 노출한 여자의 성애화된, 그러나 여전히 지나치게 선정적이지는 않은 사진이 실린 달력이 가게에 버젓이 걸려 있고, 심지어 아이의 눈이 닿는 곳에 걸려 있을 때도 있다. 베를린의 일부 나이트클럽에서는 남자와 여자가 오로지 신발만 신은 채로 춤을 춘다. 몸은 때로는 성별에 상관없이 그냥 몸으로 받아들여지기도 한다.

그러나 인스타그램에서는 그렇지 않았다. 디몬은 사람들이 자신의 변화하는 몸을 어떻게 받아들일지가 궁금해져서 작은 실험을 시작하기로 했다. "우리는 사진을 찍고 [매셔블 기사를] 썼어요. 그리고 나는 어떤 일이 벌어지고 있는지 되도록 규칙적으로 기록하기로 했어요. 그다지 오래가지는 못했어요. 아마도 두세 달 정도 했을 거예요. 그때 인스타그램과 페이스북이 모든 기록을 차단했거든요. 호르몬 치료를 시작하기 전이어서 유방이 생기기 전의 일들에 대해 쓴 초창기 글까지도요…. 그냥 전부 다 삭제되었어요."

디몬이 실험을 시작할 무렵, 페이스북과 인스타그램의 정책은 "유두가 보이는 여성의 가슴 사진을 금지한다"는 것이었다. 시위 장면, 모유 수유 장면, 유방절제술 흉터 등의 사진, 그리고 나체인 인물을 묘사한 사진 외의 예술작품은 예외였다. "현재의 정책은 당연히 아주 위선적이죠." 그녀가 내게 말했다. "[제가 사진을 올린] 목적 중 하나는 성애화가 되지 않는 것이었어요…. 그런데도 프로젝트가 진행되자 그 모든 것이 삭제되었어요. 지금은 제 소셜미디어 페이지의 전체적인 어투가 그때보다 훨씬 더 선정적이에요. 하지만 유두 사진만 올리지 않으면 추방되지도 않죠."

디몬은 페이스북의 금지 사항이 무엇인지 잘 알고 있고, 알면서도 그 사항들을 위반했다. 그러나 무엇이 금지되는지가 늘 명확했던 것은 아니다. 뒤랑바이사, 메츠거, 모유 수유를 하는 엄마들 등 여러 사람이 페이스북의 규정이 모호하고 일관성이 부족하던 초창기에 희생양이 되었다. 2015년이 되어서야 페이스북은 모유 수유 장면의 이미지가 허용된다는 당연한 사실을 자사의 커뮤니티 규정에 명시했다.

#젖꼭지를해방하라

2007년 아이를 낳고 엄마가 된 켈리 로먼Kelli Roman은 자신이 딸에게 모유 수유하는 모습을 찍은 사진을 올렸다가 그 사진이 삭제당했다는 것을 알게 된다. 그녀는 왜 사진이 삭제되었는지 문의하는 이메일을 페이스북에 보냈지만 답장을 받지 못하자 '어이, 페이스북, 모유 수유는 외설적이지 않아'라는 페이스북 그룹을 시작했다. 그룹은 금세 커졌고, 아류 그룹도 몇 개 생겨났다. 그중 하나가 '엄마들의 국제

243

모유 수유 캠페인Mothers International Lactation Campaign, MILC'이다. 로먼은 또한 페이스북 규정에 반대하는 시위도 조직했고, 시위 소식은 《뉴욕 타임스》에도 보도되었다. 2008년에 진행된 온라인 시위에서는 1만 1000명 이상의 페이스북 사용자가 자신의 프로필 사진을 모유 수유 장면 사진으로 바꿨고, 그 뒤로도 여러 시위를 벌였다. 2009년에는 페이스북의 팔로알토 본사 앞에서 진행했다.

당시에 페이스북 대변인은 나체 이미지를 금지하는 것은 "절대 사수해야 하는 원칙"이라고 발표했다. 페이스북은 모유 수유 장면의 사진은 허용되지만 유두가 확실하게 드러나는 경우에는 규정에 위배된다고 해명했다. "우리는 그것이 일관된 정책이라고 생각합니다"라고 대변인은 말했다.[26] 여기서 생략된 말은 오직 여성의 유두가 보일 때만 나체로 분류된다는 것이었다.

커뮤니케이션 연구자 탈튼 길레스피는 많은 사람에게 모유 수유 장면이 일상적이고 사소한 것이지만 "소셜미디어 플랫폼의 입장에서는 문젯거리이고 우리가 소셜미디어 플랫폼을 바라보는 관점과 관련이 있다"고 말했다. 그는 이 논리를 확장해서 모유 수유 장면에 관한 논쟁이 "페이스북이 나체 이미지에 대해 상대적으로 더 엄격한 규정을 적용하는 것에 대한 일련의 질문들과 관련이 있다"고 지적했다. 예컨대 "그런 규정에 대한 합리적인 예외는 무엇인가(의도되지 않은 것, 예술적인 것, 아무런 메시지를 전달하지 않는 것), 그런 규정은 얼마나 일관되게 적용되는가, 나체 이미지 금지 규정이 자신의 신체를 노출하는 것이 부적절하지 않다고 생각하며, 심지어 그런 행위를 통해 자신감을 얻는 사용자의 이해관계와 어떻게 부딪히는가" 등의 질문이

제기된다고 주장했다.[27]

나체를 자신감의 원천이라고 생각하는 집단과 나체를 충격적인 것으로 보는 집단은 뚜렷하게 나뉘며 그 경계도 뚜렷하지만, 페이스북이 남녀 성별에 따라 다르게 적용하는 이중 기준과 그 근거는 덜 명확하다.

그런 위선적인 태도는 놀랍게도 최근 미국의 규범에도 깊이 뿌리박혀 있다. 1936년까지도 대다수 주에서는 남자가 상반신을 노출하는 것이 불법이었다. 몇 차례 시위를 벌이고 수십 명의 남자가 체포당하고 나서야 남자들은 1936년 뉴욕 해변에서 유두를 공공장소에서 노출할 권리를 쟁취할 수 있었고, 곧 다른 주에서도 그 권리를 인정했다. 뉴욕주 대법원은 1992년 여자의 상반신 노출을 금지하는 차별적인 판결을 내렸다. 그러나 지금도 오직 13개 주만이 여자가 전라全裸로 일광욕하는 것을 허용한다. 만약 여성이 아무것도 걸치지 않은 채로 일광욕을 즐기면 체포될 수 있다. 광고나 도시의 농구장에서 남자들이 상반신을 탈의한 모습을 자주 목격할 수 있지만 미국에서는 여자가 성적인 의도 없이 가슴을 노출하는 모습을 거의 볼 수 없다. 나는 잡지나 뉴스에서 상반신을 노출한 여자를 본 기억이 없다. 미국의 주류 방송 프로그램에서 여자의 가슴을 마지막으로 본 게 언제인지 기억도 안 난다.

그리고 그런 위선은 연방 및 주의 법규만이 아니라 소셜미디어 기업의 규정의 근간인 것처럼 보이는 통신산업 관련 규범에서도 찾을 수 있다. 미국 연방통신위원회Federal Communications Commission, FCC는 자정 이후에 저속한indecent 텔레비전 프로그램을 방영하는 것을 금지

한다. 여기서 말하는 '저속한' 프로그램은 '생식기관이나 배설기관 또는 생식행위나 배설행위를 맥락상 방송 매체에 대한 현대 공동체의 기준에 비추어 보았을 때 누가 봐도 불쾌한 방식으로 묘사하거나 설명하는 언어나 자료'로 정의된다. 나체를 특정해서 언급하지는 않지만, 2004년 미식축구 하프타임 쇼에서 재닛 잭슨Janet Jackson의 유두가 노출되었던 사건을 지칭하는 '니플게이트'로 인해 FCC에는 50만 건 이상의 민원이 쇄도했고, 이 프로그램을 방영한 비아콤은 엄청난 벌금을 물어야 했다.

영화 등급제도는 비록 영화 산업계가 자발적으로 실시하는 것이기는 하지만, FCC 규정보다 그 규정이 훨씬 더 모호하다. 영화 등급은 영화산업 동업조합인 미국영화협회Motion Picture Association of America, MPAA에서 부여한다. 그동안 이 협회는 성 및 폭력과 관련된 내용에 이중 잣대를 적용한다는 비판을 받았다. 2006년에 발표된 다큐멘터리 〈이 영화는 아직 등급을 받지 않았습니다This Film Is Not Yet Rated〉는 그런 이중 잣대를 정면으로 다루면서 일반적으로 폭력적인 내용은 청소년 관람이 가능한 등급을 받아내지만 나체나 성행위 같은 내용은 거의 언제나 R Restricted(17세 미만 아동 및 청소년은 부모나 성인 보호자 동반 요망) 등급 또는 NC-17 No One 17 And Under Admitted(17세 미만 관람 불가) 등급을 받는 현실을 보여준다. 또한 이 다큐멘터리는 MPAA가 동성애가 등장하는 영화를 유독 엄격하게 심사하는 불공정한 태도를 취하고 있다고 비판했다. 이에 대해 MPAA는 비난의 화살을 대중에게 돌렸다. "우리가 기준을 정하는 게 아닙니다. 우리는 기준을 따를 뿐입니다."[28]

미국에서는 법적으로 여성의 유두가 곧 나체를 의미하는 것으로 여겨지기도 한다. '반스 대 주식회사 글렌 극장Barnes v. Glen Theatre, Inc.' (1991) 판례에서 미국 연방대법원은 인디애나주가 나체로 춤추는 행위를 규제하더라도 미국 수정헌법 제1조에 위배되지 않을 수 있다고 판시했다. 이 판결의 핵심은 주 정부가 '도덕 규범moral standards'을 수호할 권한이 있는가 하는 것이었다. 인디애나주의 공공음란죄 규정은 나체를 "남성이나 여성의 성기, 음모 부위, 엉덩이를 불투명한 가리개로 완전히 덮지 않은 채 노출하는 것, 유두를 완전히 가리는 불투명한 가리개로 덮지 않은 여성의 유방을 보여주는 것, 남성의 가려진 성기가 누가 봐도 부풀어 오른 상태를 알 수 있는 채로 보여주는 것"으로 정의한다.[29]

미국 대다수 주가 스트립댄스와 스트립클럽을 허용하지만 그런 주에서도 스트리퍼의 유두는 가려야 한다고 규정한다. 도대체 왜일까? 인류학자인 주디스 한나Judith Hanna는 자신의 책《벌거벗은 진실: 스트립클럽, 민주주의, 그리고 기독교인의 권리Naked Truth: Strip Clubs, Democracy, and a Christian Right》에서 남성의 유두가 아닌 오직 여성의 유두를 가리는 데에만 집착하는 현상은 미국 특유의 청교도 정신에서 비롯되었다고 주장한다. "유방이 그 유방이 달린 사람과 그 유방을 보는 사람에게 의미하는 바는 문화마다 개인마다 다르다"고 그녀는 주장했다. 190개의 사회를 조사한 한나는 실제로는 여성의 유방을 가리는 데 집착하는 사회가 거의 없었으며, "사람들에게는 성적인 것으로 발전할 가능성이 있는 상황이 무엇인지를 알려주는 표식이 필요하다"고 지적했다.[30]

모든 소셜미디어 기업의 발상지인 캘리포니아주는 이 문제에 대해, 특히 피부 노출에 대해 상대적으로 자유주의적인 태도를 보인다. 캘리포니아주의 공공음란죄 규정은 여성이 유두를 드러내는 것을 금지하지 않는다. 또한 술을 판매하지 않는다는 조건하에 일부 스트립 클럽에서는 전라도 허용된다.

또한 캘리포니아주는 젠더 관련 쟁점에 대해서도 비교적 진보적인 입장을 취하며, 특히 트랜스젠더의 권리 보호에 관심을 기울인다. 미국 최초의 퀴어 봉기(1959년 쿠퍼 도넛 폭동, 1959년 5월 로스앤젤레스에서 24시간 영업하는 쿠퍼 도넛 카페에서 경찰들이 시시때때로 신분증 검사를 실시하며 LGBT를 괴롭히자 이에 반발하면서 무력 충돌이 일어났던 사건 – 옮긴이주)의 본거지이자 미국에서 트랜스젠더임을 공개적으로 밝힌 선구적인 인물들의 보금자리인 캘리포니아주는 미국의 다른 지역에서는 훨씬 더 가혹한 처지에 놓이게 되는 트랜스젠더들에게는 일종의 피난처다. 그리고 트랜스젠더 및 제3의 성과 관련된 법적 문제에서 다른 지역에 비해 더 진보적이다. 캘리포니아주는 2013년에 트랜스젠더 학생에 대한 법적 보호 장치를 최초로 명문화했다. 2014년에는 살인사건 용의자의 변론 사유의 예시에서 "트랜스젠더 공황trans panic"이 삭제되었다.

2017년에는 트랜스젠더와 제3의 성별인 사람들이 신분증의 기본 기재 사항인 법적 성별을 바꾸는 것을 허용한 소수의 주 중 하나가 되었다(나머지는 오리건주, 뉴욕주 기타 소수의 행정구역이다). 원래 법적 성별은 의학적 성별을 따르게 한다. 법적 성별 수정을 허용한 캘리포니아주의 법은 실질적으로는 어떤 것이 남성의 몸이고 어떤 것이 여성의 몸인지를 구별하는 경계선을 모호하게 만드는 기능을 한다.

그러나 이런 변화는 여전히 특수한 예외에 불과하고, 트랜스젠더와 제3의 성별에 대한 진보적인 관점은 소셜미디어에서 주류로 자리 잡는 데 실패했다. 그래서 어느 한 성별에 속하더라도, 또는 어떤 성별에도 속하지 않더라도 가슴이 클 수 있지만, 정책에 의해서건 절차에 의해서건 콘텐츠 관리자는 가슴이 큰 사람을 여자로 분류한다.

젠더 유형에 따라 다르게 적용되는 나체 이미지 금지 규정을 만들고 강제하는 것이 얼마나 어리석은 짓인지를 보여주는 가장 좋은 예는 아마도 스트리밍 플랫폼인 트위치Twitch가 2020년 4월 발표한 엉성하기 그지없는 콘텐츠 규정일 것이다. "스스로를 여자라고 소개하는 사람은 유두를 가리기를 부탁드립니다."[31] "여성을 나타내는 유두"를 보여주는 것을 금지한 텀블러의 2018년 정책도 좋은 예다.[32]

이런 트랜스젠더 개념에 무지한 규정의 아이러니는 이들 기업 다수가 퀴어를 위한 서비스를 제공하는 데 있어서 다른 문제에 대해서는, 다시 한 번 강조하지만 상대적으로 진보적이라는 것이다. 예를 들어 페이스북은 이미 2014년에 다양한 '젠더 정체성 보기'를 제공하기 시작했다. 보기를 제공하겠다는 결정을 발표했을 당시에는 보기의 개수가 50개 이상이었다. 또한 과거에는 성소수자 인권의 달Pride Month에 '무지개 반응' 버튼 같은 재미있는 기능을 제공했다. 다만 그런 서비스는 동성애가 불법인 국가에서는 제공되지 않았다는 사실이 눈에 띄며, 페이스북은 이에 대해 해명하기를 거부했다.[33]

현실은 페이스북을 포함해 많은 실리콘밸리 기업의 규정이 여전히 미국 문화의 많은 부분을 그대로 받아들이며, 특히 그중에서도 목소리가 가장 큰 집단의 문화를 반영한다는 것이다. 그리고 페이스북과 구글의 직원들은 자신들도 그저 현재의 문화 기준을 따를 뿐이라고 주장한다. 그러나 여전히 의문이 남는다. 정확히 누구의 문화 기준이 여성은 가려져야 하는 존재라고 주장하는가?

실리콘밸리의 가치관

앞서 살펴보았듯이 대다수 주요 기업의 초창기 규정은 그 규정을 만드는 아주 작은 팀, 때로는 한 개인의 가치관을 반영했다. 페이스북의 초창기 정책팀 직원이었던 데이브 윌너가 지적한 것처럼 페이스북의 최초 커뮤니티 규정은 "자신들이 뭘 하는지도 모르는 26살짜리들"이 만들었다. 그러나 그는 이런 말도 했다. "내가 이해한 바로는, [2006~2007년에] 두려워했던 것이 나체 이미지와 관련해서 엄격한 입장을 취하지 않으면 순식간에 포르노 사이트가 되어버려서 다른 일반 사용자들이 빠져나갈 가능성이었어요."

윌너는 페이스북이 "디즈니랜드처럼 권역 만들기"를 지향했다고 주장했다. 요컨대 페이스북은 사용자가 특정 기준에 순응하도록 강제하는 설계와 규칙들을 만들고 광활하고 복잡한 웹에 한 자리를 떼어내 자신들만의 정돈된 작은 공간을 마련하고 싶어 했다. 그러나 그는 페이스북의 초창기 정책입안자들이 주로 젊은 미국인 남성이었다는 내 가설을 부인했다. "초안을 작성했던 우리 초창기 팀은 [대략] 여자 4명, 남자 2명으로 구성되었어요. 한 명은 독일 출신, 한 명은 인도 출신, 한 명은 아일랜드 출신, 나머지 3명은 미국인이었고요."

그것이 사실이라 해도 플랫폼 기업들이 성장할수록 젠더 비율은 점점 더 편중되었다. 오늘날 실리콘밸리의 상위 기업들의 직원 구성을 살펴보면 남성 비율이 압도적으로 높다. 구글의 글로벌 직원의 68퍼센트, 페이스북 직원의 64퍼센트, 트위터 직원의 58퍼센트가 남성이다. 정책을 결정하는 고위 간부급의 성비는 더 참담하다. 구글의 상급 관리직에서 여성의 비율은 25.9퍼센트에 불과하다. 페이스북은 30퍼센트다. 플랫폼 기업들의 기술공학 직군은 인종적·지역적 다양성이 어느 정도 확보된 상태지만 페이스북과 구글의 고위 정책입안자는 미국 출생 백인의 비율이 압도적으로 높다.

마크 저커버그는 하버드대 자퇴생인지 몰라도 그의 기업의 정책팀 간부들은 아니다. 로이터통신은 2016년 페이스북이 일련의 논란에 휩쓸렸을 때 그런 논란을 일으킨 콘텐츠 관련 결정을 한 5명의 이사진 모두 하버드대 출신이며 "그중 4명은 학부와 대학원 졸업장을 모두 엘리트 기관에서 받았다"고 보도했다.[34] 마찬가지로 내가 몇 년간 연락을 주고받은 정책입안자들의 링크드인 LinkedIn 프로필을 보면 프린스턴, UC버클리, 스탠퍼드 동문들이라는 것을 알 수 있다. 학회장의 복도에서 우리가 나눈 많은 대화에서는 그런 명성 높은 기관에서 교육을 받은 사람들에게 부여되는 세속성이 드러났다.

해당 로이터 기사가 지적했듯이, 다양한 배경의 정책팀 직원과 중간 관리자급이 페이스북의 커뮤니티 규정 개정에 어느 정도 관여하지만, 마리아*가 내게 말했던 것처럼 직원들의 전문 지식이 늘 참고되거나 받아들여지는 것은 아니었다. "마치 1인 팀 같았어요. 똥이 날

아오면 결국 결정권은 한 사람에게 집중되고 그 사람은 늘 최상위 간부였죠." 그녀의 말에 따르면 "뭔가에 투입된 인원이 수백 명이라 하더라도 [저커버그가] 어느 날 잠에서 깨서 이렇게 말하는 식이죠. '이건 내 결정이었어.'"

따라서 전 세계 수십억 명의 사용자에게 수출되는 것은 미국적 가치관 그 자체가 아니라 아주 특정되고 한정된 인구 집단의 가치관이다. 아마도 우연은 아니겠지만, 그 집단은 페이스북의 초기 사용자 집단과 동일한 집단이다. 페이스북의 엘리트 이사진이 한 세대의 사용자들의 가치관을 형성하는 정책을 만들고 있다는 것은 누가 봐도 분명한 사실이다. 그 사용자들 중에는 나체와 인간의 몸에 대해 더 느긋하고 긍정적인 문화적 배경을 지닌 사람도 많다. 따라서 이런 질문을 던지지 않을 수 없다. 페이스북이 독일이나 네덜란드(영주권 신청자에게 나체에 대해 얼마나 편안한 시각을 지녔는지를 측정할 수 있는 질문들이 포함된 관용성 시험을 보게 하는 것으로 유명하다)에서 설립되었거나 브라질의 카야포Caiapó족이나 호주의 아런다Arrernte족, 아니면 오히려 여자가 설립했다면 그들의 규정은 얼마나 달라졌을까?

미국에서조차 나체에 대한 사람들의 태도가 이들 기업을 설립한 남자들이 생각하는 만큼 금욕주의적이지 않다는 것을 보여주는 증거는 많다. 2019년 실시된 설문조사에서 미국인 10명 중 7명은 공공장소에서 옆자리에 앉은 여성이 모유 수유를 해도 불편하지 않다고 답했다.[35] 2015년의 여론조사에서는 미국의 응답자 65퍼센트가 지정된 장소에서 하는 것이라면 벌거벗은 채로 일광욕을 해도 개의치 않는다고 답했다.

거의 10년 동안 나는 왜 페이스북이 그토록 많은 사용자를 분노케 하고 시위에 나서게 하고 비난을 부르는 정책을 굳이 유지하는지 궁금했다. 사우디아라비아 같은 정부에 의해 자사의 서비스 제품이 차단당하는 위험을 감수하고 싶지 않아서 그런 정책을 유지하는 걸까? 저커버그와 그의 동료 이사진은 정말로 그 정도로 순진하고 덜 성숙한 걸까?

나는 그동안 수많은 정책팀 직원들에게 질문을 했고, 대개는 답을 들을 수 없었다. 현재는 사퇴했지만 한때 페이스북의 지역사무소 소장을 지낸 사람은 내게 페이스북이 정부로부터 그 정책을 유지하도록, 또는 스웨덴 정부 같은 경우는 그 정책을 폐지하도록 압박을 받았다고 말했지만, 그는 정부의 압박 때문에 페이스북이 그런 정책을 고수하는 것은 아니라고 생각했다. 페이스북의 글로벌 정책 관리팀 부장 모니카 비커트는 공식적으로 그것이 안전의 문제라고 발표했다. 그렇게 해야 상반신을 노출한 이미지가 동의 없이 공유되는 것을 확실하게 막을 수 있다고 주장했다. 그러나 최근에 페이스북의 직원이 다른 더 일반적인 주제로 대화하던 중에 지나가는 말로 그녀가 생각하는 진짜 이유를 흘렸다. "안 그러면 젖통 사진으로 도배될 테니까요." 그녀는 수화기 너머로 가볍게 툭 던지듯 말했다.

여성의 몸에 대한 페이스북의 규정은 빙산의 일각에 불과하다. 페이스북의 지도부는 나체, 포르노, 섹스를 동의어로 여기는 것 같다. 주목할 점은 페이스북의 커뮤니티 규정에는 '포르노'라는 단어가 전혀 언급되지 않는다는 것이다. 오직 "성교의 직접적인 노출"과 "성적인 활동"이라는 표현만 나온다. 그러나 아주 최근까지도 플랫폼의 신고 도구를 사용해 콘텐츠를 신고해본 사용자에게는 '이것은 나체 이미지 또는 포르노입니다'와 함께 '성적 흥분', '성행위', '성매매 하는 사람' 등이 보기로 주어졌다.

이것 또한 매우 미국적인 판단이다. 1964년 '제이코벨리스 대 오하이오주Jacobellis vs. Ohio' 판례에서 연방대법원 판사 포터 스튜어트Potter Stewart는 하드코어 포르노를 이렇게 정의한 것으로 유명하다. "보면 알 수 있다"고. 그로부터 10년 뒤 '밀러 대 캘리포니아주Miller vs. California' 판례에 따라 외설성을 판별할 때 세 가지 핵심 기준을 적용하는 법적 틀이 마련되었고, 이것을 '밀러 시험Miller test'이라고 부른다. "동시대 공동체 표준"을 기준으로 삼는 "평균적인 사람"이 불쾌하다고 여긴다면 외설적인 것으로 본다. 그로부터 20년도 더 지나서 '세이블 커뮤니케이션즈 오브 캘리포니아 대 연방통신위원회Sable Communications of California vs. Federal Communications Commission' 판례(다양한 포르노를 제공하는 여러 '튜브' 사이트의 아날로그 전신인 '전화 포르노dial-a-porn'의 합법성을 다룬 사건)는 부적절하지만 외설적이지는 않은 성적 표현은 미국 수정헌법 제1조로 보호받는다는 점을 분명히 했다.

1970년대 미국에서는 밀러 시험이 통했는지 모른다. 그러나 페이스북 같은 글로벌 플랫폼에서 "평균적인 사람"은 누구인가? 페이스북은 항상 나체 이미지를 금지하는 근거로 "우리 커뮤니티에는 그런 콘텐츠에 민감한 사람이 있을 수 있기 때문"이라고 주장했다. 그러나 그 커뮤니티의 구성원이 어떤 사람인지는 단 한 번도 구체적으로 설명한 적이 없다. 그리고 혹여 페이스북이 그런 사람을 구체적으로 설명한다고 해도, 그 사람이 과연 평균적인 사람을 대변할 수 있을까?

아마도 그 질문에 대한 답은 앞으로도 절대 알 수 없겠지만, 한 가지는 분명하다. 페이스북은 권력을 쥔 자들의 의지에 복종해야만 한다. 그리고 과학기술 연구자 벤 와그너Ben Wagner가 제시하듯이 정부와 대기업에 속한 소수의 엘리트 행위자들이 인터넷 거버넌스 권력을 쥐고 있다.[36] 그 결과 와그너가 말한 허용되는 표현의 "글로벌 기본 설정the global default"이 탄생한다. 그 설정은 아주 한정된 소수의 행위자가 규정한 것이며, 그보다 권력이 더 약한 이들이 그대로 모방하고, 그런 방식으로 그 설정이 온라인의 현 상태가 된다. "인터넷상 표현의 공통 한계선에 대한 정의는 그런 현 상태를 반영한다"고 그는 말한다.[37]

궁극적으로 페이스북을 비롯한 플랫폼 기업들은 법원보다는 교회처럼 운영된다. 정부와 부유층의 의사에 좌우되며, 자신들의 회원의 필요보다는 권력자의 이익을 우선시하는 데 망설임이 없다. 참여형 거버넌스의 포장을 벗기고 나면 판례법도 없고, 비교를 가능하게 할 결정 관련 기록도 없으며, 아주 최근까지도 적법절차조차 지키지 않았다. 그 대신 짜깁기된 교리와 모순된 정전政典이 있을 뿐이다. 이것들에 규모의 경제가 적용되면 근시안적인 도덕성과 심히 의심스러운 가치관으로 표출되는 독특한 문화적 식민주의만 남는다.

소셜미디어의 여명기는 근대성이 우리 사회에 깊이 뿌리박은 조작된 도덕성을 몰아낼 기회였다. 그러나 오히려 고루한 전통과 두려움이 승리했다. 적어도 대다수 플랫폼에서는 그랬다. 그런 조작된 도덕성은 어디에서 기원한 걸까? 바로 포르노에 대한 고질적인 혐오 또는 두려움이다.

7장

성과의 전쟁

인터넷의 쓸모는 포르노야! 인터넷의 쓸모는 포르노라고!
왜 인터넷이 탄생했다고 생각해? 포르노! 포르노! 포르노!
_〈애비뷰 Q Avenue Q〉(미국 어린이 TV프로그램 〈세서미 스트리트 Seseame Street〉의
캐릭터들이 등장하는 인형극 형식의 성인 뮤지컬 – 옮긴이주)

광대역 인터넷이 등장하기 전까지는 미국 청소년이 포르노를 구하기
란 쉽지 않았다. 1990년대 중반에 십 대 시절을 보낸 나는 딱 두 번 포
르노를 접했다. 한 번은 부모님 집 지하실에서 찾은 오래된《플레이보
이Playboy》잡지였고, 한 번은 대학교에서 친구 집에 놀러 갔을 때 본
비디오였다. '전라 잡지'를 판매하는 것은 합법적인 활동이었지만 편
의점 판매대에서 깊숙이 숨겨두고 있고 계산이 끝나면 종이봉투로
포장해서 건넬 정도로 부끄러운 소비 상품이었다. 포르노 비디오는
비디오 대여점의 창고에 잘 감춰져 있어서 18세 이상이어야만 구경
할 수 있었고, 스스로 각종 요금을 지불할 수 있는 사람이 아니면 TV
채널의 유료 포르노pay-per-view는 아예 접근이 불가능했다. 고속도로
변에서 24시간 영업하는 섹스숍 스키비Skeevy는 트럭 운전사가 주 고
객이었다(당시에는 아직 굿 바이브레이션Good Vibrations 같은 고급 섹스숍이
없었다).

　　포르노를 주변에서 구하기는 힘들었지만 당시에 미국에서 포르
노 판매와 소비는 합법적인 활동이었다. 그러나 다른 국가에서도 그

런 것은 아니었다. 서로 이웃한 국가라도 포르노 제작과 유포를 관리하는 법은 완전히 다를 수 있었다. 예를 들어 유럽 전역에서 오래전부터 포르노가 제작되었지만 아이슬란드, 불가리아, 우크라이나 등 몇몇 유럽 국가는 포르노 판매를 엄격하게 규제하거나 금지한다. 북아프리카, 중동, 아시아 대다수 국가에서는 포르노 제작이 불법이었거나 여전히 불법이고, 포르노의 판매와 소비 모두 불법인 경우가 많다 (그렇다고 해서 판매와 소비가 반드시 불가능한 것은 아니다).

인터넷이 이 모든 걸 바꾸어놓았다. 1990년대 중반이 되자 유즈넷Usenet(사용자 네트워크의 약자. 전자게시판의 일종으로 특정한 주제나 관심사에 대해 의견을 게시하거나 관련 분야에 대한 그림, 동영상, 실행 파일, 데이터 파일 등의 자료를 등록할 수 있는 전 세계적인 토론 시스템 – 옮긴이 주) 뉴스그룹과 단일 목적 웹사이트에는 포르노 이미지가 가득했고, 그래서 다이얼 접속이 가능하고 혼자 있을 수 있는 시간과 공간이 있는 사람은 누구나 그런 이미지를 볼 수 있었다. 그로부터 이삼 년도 지나지 않아 포르노가 온라인에서 매우 흔한 것이 되었고, 그래서 브로드웨이 뮤지컬 〈애비뉴 Q〉에는 '인터넷의 쓸모는 포르노The Internet Is for Porn'라는 제목으로 오직 포르노만을 다루는 노래도 나온다. 한때는 교육에 대해서만 사용되었던 '위대한 균형추the great equalizer'라는 표현은 이제 포르노 소비자가 인터넷을 묘사하기에 안성맞춤인 표현이 되었다.

모든 사람이 이런 균형추 효과에 만족한 것은 아니었다. 1995년 7월, 잡지 《타임Time》은 어린아이가 눈이 휘둥그레져서는 입을 쩍 벌린 채 컴퓨터 화면 앞에 앉아 있는 모습을 표지에 실었다. 아이의 얼굴 바로 아래에는 '사이버 포르노'라는 단어가 적혀 있었다. 그 단어 바로 아래에 적힌 머리기사 제목은 다음과 같았다. 〈단독 특종: 실제로 얼마나 만연해 있고, 얼마나 심각한지를 보여주는 새로운 연구 결과가 나왔다. 과연 우리는 우리의 아이들, 그리고 표현의 자유를 지킬 수 있을까?〉 이 특집 기사는 카네기멜론대학교의 학부생인 마틴 림Martin Rimm이 《조지타운 법학 저널Georgetown Law Journal》에 발표한 연구를 중점적으로 다뤘다. 그의 논문에 따르면 당시 뉴스그룹에 올라온 이미지의 80퍼센트가 포르노로 분류될 수 있다고 주장했다. 당연히 충격적인 수치다. 그것이 사실이라면 말이다.

림은 《타임》 저널리스트를 속이는 데 성공했다. 저널리스트는 그의 연구가 "전수 조사"를 실시했으며, 연구를 진행한 것이 카네기 멜론의 연구 부서였다고 설명했지만, 인터넷에 대해 전문 지식을 갖춘 변호사와 전문가를 속이지는 못했다. 일단 림의 논문을 손에 넣은 그들은 그 논문을 낱낱이 분해했고, 그가 뉴스그룹 전체를 조사한 것이 아니라 성인물 선호 성향이 있는 게시판에 올라온 파일만 살펴봤다는 것을 밝혀냈다.[1]

그러나 그런 비판은 민주당의 네브래스카주 상원의원 짐 엑손Jim Exon과 공화당의 워싱턴주 상원의원 슬레이드 고턴Slade Gorton에게는 별로 중요하지 않았다. 그들은 미국이 위기에 처했으며, 그 위기를 당장 막아야 한다고 믿었다. 1995년 6월 두 상원의원은 통신법 개정을 제안했고, 그 개정안이 훗날 '통신품위법'이 되었다. 이 법은 기존에 존재하던 음란물 관련 법들을 인터넷에도 확대 적용하는 것을 주요 골자로 했다. 그들이 이 법안을 제안한 근거는? 림의 논문이었다.

1995년 6월 14일, 엑손은 미국 상원의회 앞에서 연설을 할 때 원내 목사가 쓴 기도문으로 시작했다. "전능하신 하나님, 모든 생명의 주인이시여, 현재 우리가 누리는 컴퓨터 통신의 기술 발전을 허락하신 주를 찬양합니다. 그러나 슬프게도 정보의 고속도로를 음란하고, 문란하고, 파괴적인 포르노로 오염시키는 무리들이 있습니다. 가상이기는 하지만, 가치관이 사라진 현실을 역겹고 왜곡된 성의 남용으로부터 보호하소서."

한 달도 지나지 않아 림은 비평가들의 집중 비난을 받았고, 심지어 《뉴욕타임스》도 그의 논문이 "서툰 글, 오해를 불러일으키는 분석, 모호한 정의, 근거 없는 결론"을 담고 있다면서 그 논문의 신뢰성에 의문을 제기했다. 그러나 이미 너무 늦었다. 엑손·고턴 수정안은 통과되었고 1996년 2월 8일 당시 미 대통령 빌 클린턴은 CDA에 서명했다. 이 법으로 누구든 알면서 "현대 공동체 표준을 적용했을 때 그 맥락상 명백하게 불쾌한 표현으로 생식기관 또는 배설기관, 생식행위 또는 배설행위를 설명하거나 묘사한 논평, 요구, 주장, 제안, 이미지 기타 커뮤니케이션을 양방향 컴퓨터 서비스로 18세 미만인 개인 또는 집단에게 보내거나… 양방향 컴퓨터 서비스로 18세 미만인 개인이 접근할 수 있는 방식으로 게시"하는 것을 금지했다.

언론의 자유 옹호자와 인권 단체는 분노했고 이 개정법을 무효화하기 위해 부지런히 노력했다. 전자프런티어재단은 후원자들에게 공식 서한을 보냈다. CDA가 "우리가 오늘날 알고 있는 인터넷의 본질과 존재를 심각하게 위협한다"는 내용이었다. 미국시민자유연합은 CDA가 명시한 검열에 관한 조항이 미국 헌법에 위배된다고 주장했다. 미국 수정헌법 제1조로 보호받는 표현을 범죄행위로 규정하며 "음란"과 "명백하게 불쾌한"이 미국 헌법에 위배되는 모호한 표현이라는 이유에서였다.

EFF와 ACLU의 주장이 옳았다. 더구나 그 법은 온라인 포르노의 확산을 막지도 못했다. 클린턴이 CDA에 서명한 지 두어 달밖에 되지 않았을 무렵 '섹스닷컴 Sex.com'이라는 사이트가 개설되어 값비싼 광고 배너를 판매하는 것만으로 이미 수백만 달러를 벌어들였다. 이 사이트의 성공에 고무되어 유사한 사이트들이 생겨났고, 곧 수십 개의 웹사이트가 포르노 사이트 아웃링크(클릭했을 때 외부 URL의 매출을 올려주는 링크)를 팔아 현금을 긁어모았다. 그러나 "포르노 거물들이 인터넷의 부러움을 사고 있는 동안 연방정부는 아주 편리하게도 책임에서 쏙 빠져나갔다."[2] 1997년 기념비적인 판례에서 연방대법원은 CDA가 "보호받는 표현에 허용 불가능할 정도로 무거운 책임을 지웠다"고 판시했다. CDA가 "인터넷 커뮤니티에서 큰 부분을 차지하는 집단을 제거"할 위험이 있다고 본 것이다. 이 판결에서 대법관 존 폴 스티븐스 John Paul Stevens는 이렇게 적었다. "민주 사회에서 표현의 자유를 신장해야 할 필요가, 이론적으로는 제시되었으나 입증되지 않은 검열로 얻는 이득보다 우선한다."

이후 포르노는 온라인에서 활개를 치며 널리 퍼져나갔다. 포르노 비디오를 많이 구비했다고 자랑하는 웹사이트들이 하나둘 생겨났고, 신용카드만 있으면 누구든 시청할 수 있었다. 인터넷 다운로드 속도가 빨라지고 개인과 개인이 직접 연결되어 파일을 공유하는 P2P가 보편화되면서 외설적인 비디오가 인터넷 네트워크에서 거래되었다.

돈을 지불하고 포르노를 구입할 형편이 안 되는 이들(여기에는 물론 미성년자가 포함된다)에게 이것은 엄청난 변화였다. 2006년이 되면서 글로벌 포르노 산업은 그 가치가 970억 달러에 달하게 되었고 전통적인 포르노 산업은 비명을 질렀다. 무료 사이트에서 "사람들이 자기 집에서 포르노를 만들어 클릭하고 전송한다"고 한 성인 사이트의 결제 서비스업체 CEO가 불평했다. "시장이 죽어나고 있어요."[3] 포르노를 생중계하는 캠 사이트가 넘쳐났으므로 2006~2007년 포르노 DVD 대여 및 판매는 15~25퍼센트 감소했고 유료 결제 매출도 감소세로 돌아서면서 전통 포르노 산업은 휘청거릴 수밖에 없었다.[4]

당시 2005년 전후로 세 가지 혁신적인 기술개발이 누구나 동영상을 찍고 공유할 수 있는 환경을 제공했다. 스마트폰, 동영상 공유 플랫폼, 고속 인터넷 서비스가 그것이다. 이로 인해 수백만 명의 사람들이 동영상과 포르노를 온라인에서 캡처하고 유포하고 소비할 수 있게 되었다. 그와 더불어 동영상 공유 혁명도 진행 중이었다. 유튜브가 등장한 직후 곧 페이스북이 합류했고, 이후에 인스타그램, 트위터, 바인Vine이 뒤따른 것처럼, x햄스터xHamster, 포르노허브Pornhub, 레드튜브RedTube가 유포르노YouPorn의 유명세에 편승했다. 튜브와 프리미엄 사이트가 주류를 이뤘지만 인디 포르노 플랫폼도 있었으며, 포르노는 블로그와 소셜미디어 플랫폼 같은 다른 공간의 여백에도 금세 한자리를 꿰찼다. 일부 동영상은 기꺼이 거래되고 공유되었지만 포르노 사이트 아웃링크 등 나머지 동영상은 스팸에 더 가까웠다.

비록 몇몇 플랫폼이 포르노를 허용하기로 결정했지만 나머지는 (특히 페이스북과 유튜브) 아예 처음부터 노골적이고 선정적인 콘텐츠를 금지하기로 결정했다. 이들 기업은 포르노가 인터넷 구석구석을 휩쓸고 다니던 시기에 설립되었고, 당시 시장은 뭔가 다른 것을 요구하고 있었다. 이들 기업은 마이스페이스 같은 경쟁사와 차별화할 필요성을 느꼈다. 다나 보이드의 비평에 따르면 마이스페이스는 "아슬아슬한 행동으로 가득"한 곳으로 인식되고 있었다.[5] 콘텐츠 검열 관행을 초창기부터 관찰하고 기록한 저널리스트 에이드리언 첸은 내게 이런 추론을 제시했다. 마이스페이스와 달리 "페이스북이 성공할 수 있었던 것은 사람들이 페이스북이 청소년에게 깨끗하고 안전한 공간이라고 생각했기 때문"이라고. 그러나 페이스북이 설립 당시부터 반反포르노를 정책으로 삼았다 하더라도 페이스북은 대량으로 쏟아지는 포르노를 검열할 역량을 충분히 갖추지 못하고 있었다. 곧 이들 기업은 자사의 플랫폼이 포르노의 홍수에 휩쓸리지 않도록 확실히 보호할 수 있는 해결책을 찾기 시작했다. 해결책을 찾지 못하면 광고주들이 돌아설 것이 뻔했기 때문이다. 그렇게 소셜웹에서 포르노 퇴치를 위한 경주가 시작되었다.

2009년 페이스북에 고용된 콘텐츠 관리자는 단 150명에 불과했다. 그들은 주로 팔로알토에서 근무했고, 연봉은 약 5만 달러였다(이 연봉은 당시 이미 고공행진 중이던 베이에어리어의 임대료를 염두에 두고 평가해야 한다). 콘텐츠 관리자는 여러 주제의 게시물을 폭넓게 다루었지만, 그해 《뉴스위크Newsweek》가 내보낸 기사는 콘텐츠 관리 노동자가 얼마나 큰 책임을 지는지는 간과한 채 그들을 "포르노 경찰"이라고 불렀다. 다만 그 기사는 그들이 페이스북 성장의 핵심 열쇠라는 점은 인정했다.[6] 그 기사에 등장한 스물여섯 살의 페이스북 직원 사이먼 액스튼은 그로부터 네 달 뒤에 《뉴욕타임스》와 인터뷰를 하면서, 페이스북이 콘텐츠 관리 업무를 아웃소싱하려고 시도했지만 "그 비중이 크지는 않았다"고 말했다.[7]

이제 와서 돌아보면 포르노는 소셜미디어 기업이 맞서 싸우기에 버거운 상대였고, 몇 년 지나지 않아 콘텐츠 관리 작업을 대부분 필리핀 등 노동력이 싼 지역에 있는 하청업체로 넘기기 시작했다. 그러나 그들이 콘텐츠 관리에 아무리 투자를 해도 포르노 공급업자들은 어떻게든 방법을 찾아냈다. 2010년 여름, 유튜브 사이트의 취약점을 발견한 말썽꾼들이 시청자를 포르노 사이트로 보내는 스크립트를 유튜브에 심었다. 한 기사에 따르면 십 대들이 사랑하는 저스틴 비버Justin Bieber의 동영상이 특히 큰 타격을 받았다.[8] 유튜브는 그 취약점을 며칠 내로 수정했지만 그로부터 1년이 막 지났을 때 해커들은 〈세서미 스트리트〉를 공격해 그 채널의 모든 동영상을 하드코어 포르노 동영상으로 바꾸어놓았다.[9] 그 무렵 페이스북은 선정적인 이미지와 폭력적인 이미지로 뒤덮였다. 사용자들은 아기 사진이나 파티 사진을 보려고 로그인했다가 죽은 개나 음경 사진의 집중 포화에 시달려야 했다. 페이스북은 전혀 대처할 준비가 되어 있지 않았다. 현재는 방치되었지만 당시에 블로그 올페이스북AllFacebook에서 재키 코헨Jackie Cohen은 이렇게 논평했다. "이런 사진이 최대 48시간 동안 아무런 제약 없이 확산되었다는 사실만으로도 페이스북이 부적절한 콘텐츠를 관리하는 데 있어 개인 사용자의 신고에 얼마나 의존하는지 [알 수 있다]. 사람들은 '신고' 링크를 클릭하기보다는 그 이미지가 얼마나 충격적인지에 대해 글을 쓰기 바빴다."[10]

안전한 사이트는 하나도 없었다. 당시 야후! 소유였던 플리커Flickr는 선정적인 사진 옆에 광고가 뜨는 바람에 화가 잔뜩 난 광고주를 상대해야 했고, 위키피디아의 공동설립자는 자사의 "포르노 문제"에 대해 블로그 글을 썼고, 온라인 매체 '매셔블'은 트위터가 금지 해머를 들고 더 단호하게 대처해야 한다고 주장하는 논평을 실었다.[11]

결국 대다수 플랫폼은 성난 대중을 달래기 위해 검열 절차를 더 엄격하게 관리하기 시작했다. 그 덕분에 주요 플랫폼의 포르노 게시물 수는 줄었지만 성인의 전신 노출, 성소수자 콘텐츠, 성에 대한 건강 정보 같은 다른 것들도 마찬가지로 줄었다. 그들은 원치 않는 콘텐츠를 제거하는 가장 좋은 방법은 넓은 그물을 던지는 것이라고 결론 내렸다…. 그 과정에서 돌고래가 그물에 걸리든 말든 그것은 상관할 바가 아니었다.

물론 지금도 마음만 먹으면 소셜미디어 사이트에서 포르노를 찾기는 어렵지 않다. 유튜브에도 있고, 페이스북 라이브 방송에도 나오고, 심지어 링크드인에서도 찾을 수 있다. 소셜미디어 플랫폼은 그런 콘텐츠를 없애려고 최선을 다하지만, 그런 노력은 무한 반복되는 두더지게임일 수밖에 없다.

포르노를 제거하기 위해 지나치게 광범위한 필터 기술을 적용하다 보니 정작 피해를 입는 것은 포르노가 아니라 플랫폼의 '성인' 콘텐츠 관련 규정에 그들의 예술작품, 정체성, 생계가 걸린 이들이다.

바르도 스미스Bardot Smith는 스스로를 "기업 재무 탈주자"로 소개한다. 아담하고 지적인 분위기를 풍기는 그녀가 기업 재무 일을 하는 모습을 떠올리기는 어렵지 않지만 이미 10년 전부터 다른 일을 하고 있다. 위태로운 성노동의 세계에 입문했기 때문이다. 또한 그녀는 점점 성장하고 있는 성노동자 공동체와 힘을 합쳐 연구활동과 인권운동을 통해 실리콘밸리의 현 상태에 적극적으로 도전한다. 내가 처음 스미스의 연구를 접한 것은 그녀가 2014년 실리콘밸리의 비평지《모델 뷰 컬처Model View Culture》에 기고한 에세이를 통해서다. 그 에세이에서 그녀는 "여성의 재능과 성공이 점점 더 존재감을 드러내면서 테크 문화가 도전받고 있다"고 주장했다. "여성의 성공과 능력은 남성들의 우선순위와 자존심에 아부하는 테크산업 문화와 철저한 상충관계에 있다."[12] 나는 그녀의 글에 크게 공감했고, 그 에세이는 내 머릿속에 각인되었다.

그로부터 거의 5년 뒤 스페인에서 열린 어느 테크 학회장 한 켠에서 스미스와 함께 샐러드와 와인을 먹으면서 무자비한 온라인 검열로 인해 성노동자들이 생존을 위협받는 현실에 대해 그녀가 이야기하는 것을 듣고 있었다. 그리고 그제야 그녀가 그 에세이의 저자라는 사실을 깨달았다. 나는 스미스가 제기한 문제에 대해 거의 10년 동안 고민하고 있었으므로 누군가 새로운 통찰을 제기해도 감탄하는 일이 드물었지만, 그날 점심 식사를 하면서 들은 이야기들은 내가 다시 겸손해지고 의지를 다지는 계기가 되었다. 소셜미디어 기업이 인간의 몸을 어떻게 검열하는지에 대해 오랫동안 연구했지만 그런 제약이 한 산업 전체와 그 산업에 속한 사람들에게 어떤 영향을 미치는지에 대해서는 완벽하게 이해하지 못하고 있었던 것이다.

스미스를 만나기 두세 달 전에 SESTA-FOSTA, 더 간략하게 줄이자면 FOSTA가 통과되면서 온라인에서 성과 성 성향에 허용되는

창이 상당히 좁아졌다. FOSTA는 미국 상원이 발의한 법안인 'SES-TA Stop Enabling Sex Traffickers Act(인신매매자에 대한 조력 차단법)'와 미국 하원이 발의한 법안 'FOSTA Fight Online Sex Trafficking Act(온라인 인신매매와의 전쟁법)'를 통합한 법이다. 온라인에서 성 착취 목적의 인신매매와 전쟁을 벌이기 위해 설계된 것이 명백한 이 법의 광범위한 규제 조항은 다양한 온라인 공동체에 즉각적인 영향을 미쳤다.

FOSTA의 동력은 그동안 플랫폼에게 책임을 물을 수 없는 한계로 인해 축적된 법 집행기관의 불만이었다. 특히 항목별 광고란을 운영하는 사이트 백페이지닷컴Backpage.com이 대표적인 예로, 플랫폼은 사용자가 게시한 불법 콘텐츠에 대해 법적 책임을 지지 않는다. 2016년 백페이지닷컴을 상대로 한 소송에서 연방고등법원이 플랫폼 기업이 법적 책임이라는 위험 부담 없이 사람들의 발언과 표현을 게시하는 공간을 제공할 수 있도록 하는 제230조를 명시적으로 인용하면서 항소를 기각하자, 미국 상원의회는 백페이지닷컴을 수사하기 위한 조사위원회를 꾸렸고 해당 사이트의 폐쇄를 요구하는 캠페인이 뒤따랐다. 이야기의 핵심은 백페이지닷컴이 그런 거센 반발에 직면하자 시간과 자원을 투입해 항목별 광고란을 수시로 검열하기보다는 그 광고란의 성인 항목을 폐쇄하기로 결정했다는 것이다. 플랫폼이 그런 선택을 강요받으면 안 되지만, FOSTA 이후의 인터넷 현실이 보여주듯이 선택의 기로에 놓이면 플랫폼은 그런 선택을 하게 된다.

FOSTA가 통과된 직후 블로그 사이트 텀블러는 모든 성적인 이미지를 금지한다고 발표했다. 텀블러는 그동안 다양한 성적 콘텐츠의 본거지 역할을 했었다. 그 성명문에서 CEO 제프 도노프리오 Jeff D'Onofrio는 이렇게 밝혔다. "무엇보다도 계속 진화하는 문화 속에서 우리는 우리의 약속을 지키고 우리의 역할을 다하기 위해서는 우리도 변화해야 한다는 사실을 깨달았습니다."[13]

그러나 그것은 구체적으로 누구의 문화인가? 수년간 페이스북이 온라인 지배력을 강화하는 동안 텀블러는 성적 소수자가 모이는 공간으로 남았고, 가명을 허용하는 텀블러의 정책 덕분에 그들은 그곳에서 안전하다고 느낄 수 있었다. 코트니 디몬과의 영상통화에서 그녀가 내게 이렇게 말했다. "텀블러는 제 사적인 삶에서 정말로 큰 자리를 차지했어요…. 멋진 공동체가 있었고, 사람들은 일상에서는 할 수 없는 것들을 탐색하고 공유할 수 있었어요. 텀블러의 느슨한 정책이 큰 도움이 되었죠."

인권운동가이자 성노동자, 교육자인 칼리 수드라Kali Sudhra는 유색인종 성노동자 및 포르노산업 종사자를 대변하는 일에 힘쓰고 있다. 수드라는 텀블러의 결정을 오롯이 FOSTA 탓으로 돌리고 있다. 그녀는 FOSTA가 "인신매매를 막는 가장 좋은 방법은 성노동자와 협력하는 것이지 성노동자를 범죄자로 만드는 것이 아니라는 사실을 너무나도 잘 알기 때문에 화가 난다"고 말했다. 텀블러가 성인 콘텐츠를 금지함으로써 "성노동자, 여성, 트랜스, 퀴어가 자신을 표현할 수 있는 장소가 없는…" 공간을 만들었다.

성노동자와 트랜스젠더 등 성소수자를 바라보는 사회의 시선이 대체적으로 긍정적인 방향으로 변화하고 있는 시기에 실리콘밸리 CEO들이 성노동자와 성소수자 공동체가 오랫동안 활동했던 공간을 서둘러 폐쇄하는 상황이 모순되게 느껴지기까지 한다. 실은 이것을 모순되었다고 말하는 것은 옳지 않은지도 모른다. 결국 그런 공간에 대한 배려의 부재는 샌프란시스코의 급격한 성장이라는 의제에 수반된 것이기 때문이다. 그런 성장 의제로 인해 샌프란시스코의 전설적인 퀴어 공간마저 폐쇄되었다. 실리콘밸리에서 일하는 고임금 노동자가 가장 최근에 입소문을 탄 식당에서 7달러짜리 커피를 마시고 식사를 할 수 있도록 말이다.

FOSTA의 파급력은 모든 공동체에 미쳤지만, 단일 집단으로 성노동자만큼 큰 타격을 받은 집단은 없다. 그동안 소셜미디어는 여러 면에서 성노동자의 노동 환경을 더 안전하게 만들어주었다. 여기에는 성매매가 합법인 국가에서 일하는 성노동자뿐 아니라 합법적인 포르노산업에 종사하거나 대개 합법인 스트립댄서로 일하는 성노동자가 포함된다.

성노동자들은 선정적인 콘텐츠를 올린 적이 전혀 없었는데도 인스타그램이 자신의 계정과 게시물을 삭제했다고 증언했다. 성노동에 관한 대화가 오고갔다는 이유로 페이스북의 토론 그룹이 폐쇄된 사례들도 기록했다. 링크드인은 프로필에 성노동을 언급하는 것을 금지함으로써, 프로필 소유자가 어느 국가의 법 관할권에 속하는가에 상관없이 직업으로서의 성노동을 비합법적인 것으로 규정한다. 페이팔부터 스퀘어Square에 이르기까지 결제 서비스업체들은 성노동자의 계정을 주기적으로 차단하고 거의 모든 온라인 광고 도구가 성적 콘텐츠를 금지한다.[14]

사용자들은 계정이나 게시물이 삭제되거나 차단된 경우 거의 대부분 그 사실을 확인할 수 있지만 트위터와 인스타그램은 훨씬 더 교묘한, 그래서 그만큼 더 큰 피해를 입히는 '섀도배닝shadowbanning(우리 말로 옮기면 그림자 차단하기 - 옮긴이주)'이라고 불리는 방식을 활용한 다. 섀도배닝은 특정 해시태그나 키워드가 검색되지 않도록 차단한 다(일시적일 수도, 영구적일 수도 있다). 사용자가 자신이 무엇을 찾는지 정확하게 알지 못하면 해당 해시태크나 키워드 관련 콘텐츠를 찾을 수 없게 되는 것이다. 트위터는 섀도배닝을 한다는 것을 공식적으로 부인했지만, 성노동자들은, 그리고 내가 이야기를 나눈 몇몇 인권운 동가들은 그에 반하는 증거를 제시했다.[15]

　　스미스는 URL '잭이즈어나치닷컴jackisanazi.com'(트위터 CEO 잭 도시를 겨냥한 것이다)을 소유하고 있고, 트위터의 검열 방식을 특히 강 력하게 비난해왔다. 그녀는 섀도배닝이 성노동자가 임금을 받고 공동 체 의식을 가꿀 수 있는 기회를 빼앗는다고 주장하면서 이렇게 썼다. "매일 내가 올린 트윗 여러 개가 '좋아요'를 수백 개 받는데, 그 트윗들 에 바로 이어서 사진을 올리면 거기에는 '좋아요'가 단 두 개 찍힌다. 인터넷은 그런 식으로 돌아가지 않는다. 일반적으로 텍스트로만 된 트윗보다 사진이 더 많은 반응을 얻기 마련이다."

　　내가 그 운명과도 같은 점심 식사에서 만났던 대니엘 블런 트Danielle Blunt도 스미스의 의견에 동의한다. 공공보건 석사학위가 있 는 퀴어 성노동자인 블런트는 해킹//허슬링Hacking//Hustling의 공동설 립자다. 이것은 FOSTA가 통과된 후 "판을 뒤엎어서 성노동자의 지 식과 전문성의 생산자로서의 역할에 초점을 맞춘다"는 발상을 토대 로 성노동자를 위해 만든 플랫폼이다.[16] 지난 몇 년간 블런트는 학회 등의 행사에서 FOSTA의 여파에 대해 강연을 몇 차례 진행했다. "제가 성노동을 중심으로 조직한 학회들이 있습니다." 블런트가 말했다. "그리고 [사람들이 제 이름을 검색할 때] 제일 먼저 뜨는 검색 결과는 가짜 계정, 저를 사칭하는 사람들의 계정입니다. 제 프로필은 찾을 수가 없죠." 또한 트위터는 사용자 답변에서 '불쾌한' 것이라고 판단한 특정 키워드를 감췄다. 그런 불쾌한 것으로 판단된 단어의 예를 하나 들어볼까? 바로 '질'이다.

트위터처럼 인스타그램도 성적 콘텐츠를 차단할 때 은밀한 집행 메커니즘을 활용한다. 2019년 4월 인스타그램은 이렇게 발표했다. "우리는 인스타그램의 커뮤니티 규정에 위배되지는 않지만 부적절하다고 판단되는 게시물의 유포를 제한하기 시작했습니다."[17] 이런 정책은 연방대법원이 외설적인 것과 저속한 것의 차이를 설명하려고 시도한 사례나 영국이 불법적이지 않은 "유해한 콘텐츠"를 정의하고 규제하려고 시도한 사례를 떠올리게 한다. 인스타그램은 익스플로러 페이지나 해시태그 검색에서 그런 콘텐츠를 차단했다고 인정했다. 최근의 예는 해시태그 #폴댄싱#poledancing인데, 이는 스트립댄서보다는 폴 댄스를 취미 운동으로 삼은 이들이 많이 쓰는 해시태그다. 꽤 오랫동안 이 현상을 지켜본 블런트는 #펨돔#femdom(여성 지배 – 옮긴이주), 그리고 심지어 #여자#women조차도 인스타그램 검색에서 차단당한 반면 #메일돔#maledom(남성 지배 – 옮긴이주)은 여전히 검색이 가능하다는 것을 확인했다고 전했다.

일부에게는 섀도배닝이 단순히 조금 성가신 일에 불과할 수 있다. 그러나 그런 검열 정책은 많은 성노동자에게는 치명적일 수 있다. "어떻게 돈을 벌라는 거죠? 어떻게 조직을 하고, 어떻게 공동체를 만들라는 거죠?" 블런트가 내게 이렇게 설명했다. "많은 성노동자가 고립된 채 일해요. 많은 퀴어가 고립된 채 살아갑니다."

그러나 성노동자에게 섀도배닝은 빙산의 일각에 불과하다. 스미스는 실리콘밸리가 성노동자가 실제로는 무엇을 하고 있는지는 확인하지 않은 채 무조건 성행위 중인 것으로 간주한다고 주장했다. "그런 정책으로 인해 당신은 자동적으로 성애화됩니다." 그녀는 다음과 같은 일화를 들려줬다. 한 친구가 스미스의 개인 이메일 주소로 슈퍼마켓 체인인 홀푸드의 선불카드를 전송했다. 그러나 그 선불카드는 친구에게 환송 처리되었다. 환송 처리 공지에는 그녀가 사기 범죄의 대상이었을 가능성이 있다는 메시지가 첨부되어 있었다. "한번은 선불카드의 현재 상태에 대해 아마존에 문의를 해야 했어요." 그녀가 회상했다. "그들은 물었죠. '정말로 선물로 받았나요?' 마치 친구가 내게 보낸 것이 생활비일 리 없다는 말투였죠. 그녀가 내게 선불카드를 전송한 것이 '성인물' 거래인가요? 아니면 단지 제가 포르노 스타라는 이유로 그런 생각이 드는 걸까요? 그들은 본질적으로 [우리가] 서로 돈을 주고받을 수 있는 쉽고 단순한 경로를 없애려고 해요."

성노동자는 내가 이야기를 나눈 그 어떤 공동체보다도, 콘텐츠 관리 시스템이 어떻게 설계되었는지를 아주 정확하게 인지하고 있었다. 나는 10년도 넘게 개인, 집단, 봇, 정부 행위자가 어떻게 신고나 플래깅 도구를 활용해 다른 사람을 침묵시키는지를 관찰하고 연구했다. 예를 들어 베트남의 민주주의 운동가들은 페이스북에 미성년자로 신고당하는 경험을 했다. 그로 인해 그들은 신분증 제출을 요구받았는데, 이것은 그들이 공유하기를 꺼리는 정보다.[18] 그러나 내가 이야기를 나눈 몇몇 성노동자는 치명적인 여성 혐오주의, 성노동의 범죄 활동과의 근접성, 온라인에서의 유명세가 함께 작용해서 그들을 공격하기 쉬운 목표물로 만든다고 강조했다.

"콘텐츠 관리 시스템의 가장 큰 문제는 트롤이 그것을 속일 수 있다는 겁니다. 그리고 기업은 그들을 막을 방법이 없고요"라고 블런트가 말한다. 실제로 많은 기업이 자신의 시스템이 속을 수 있다는 것조차 인정하지 않는다. 페이스북의 현 글로벌 정책 관리팀 부장인 모니카 비커트가 2016년에 이란 시민운동가에게 보낸 이메일을 나도 참조인으로 수신했는데, 그 이메일에서 그녀는 이렇게 주장했다. "우리는 규정과 절차가 우리 커뮤니티의 필요에 부응하고, 스팸 유포자, 해커, 정치적 반대 견해를 침묵시키려는 자 등 악의적인 행위자들이 시스템을 속일 수 없도록 열심히 노력하고 있습니다."

이런 것들은 어려운 문제이고, 페이스북 등 플랫폼 기업들이 그 문제들을 해결하기 위해 고심하고 있다는 것을 의심하지 않는다. 그러나 동시에 나는 악의적인 신고임이 명확한데도 그런 신고에 의해 콘텐츠가 삭제되는 사례를 보고 또 본다. 다음과 같은 시나리오를 상상해보라. 한 성노동자가 자신이 어떤 행사에서 만난 친구와 연락을 주고받기 위해 자신의 법적 실명을 이용해 페이스북에 새 계정을 만들었다. 그녀는 자신의 온라인 정체성을 보호하고 싶어 한다. 그러나 잠시 경계를 늦췄고, 누군가 자신을 알아볼 수 있는 사진을 프로필에 올렸다. 누군가(트롤, 거절당한 고객, 전 연인 등 그 사람이 누구인지는 중요하지 않다)가 그 계정을 찾았고, 그녀를 골탕 먹이기로 마음먹는다. 페이스북의 플래깅 도구를 이용해 그는 그녀가 가명을 사용한다고 신고하거나 13세 미만인 미성년자라고 신고해서 페이스북이 법적 신분증 제출을 요구하게 만들 수 있다. 이제 그녀는 계정을 유지하려면 신분증을 제출해야 한다. 그러나 그녀는 페이스북이 그 정보를 악용하지 않으리라는 것을 확신할 수 없다. 이전에도 당한 적이 있기 때문이다. 다시 한 번 그녀는 플랫폼에서 추방당한다.

이 시나리오는 전혀 과장된 것이 아니다. 나는 비슷한 상황에 처한 사람들에게 꾸준히 이메일을 받는다. 누군가 자신을 알아볼 수 있는 사진을 조심스럽게 올렸다가 이런저런 규정을 '위반'했다는 플랫폼의 경고를 받는다. 성노동자는 그런 악의적인 신고의 목표물이 되기 쉽지만, 사람들이 흔히 생각하는 것보다 훨씬 더 다양한 집단의 사람들도 그런 일을 겪는다.

온라인 검열이 현실 세계의 위험으로 변환되다

검열의 효과는 서서히 퍼진다. 이런 집요한 검열이 인터넷과의 연결이 생명이나 생계 유지에 필수인 사람에게 미치는 가장 큰 영향은 그들이 자기검열을 하게 된다는 것이다. 음반 산업계 표준을 통과하려고 가사를 바꾸는 음악가나 더 낮은 영화 등급을 받으려고 성행위 장면을 잘라내는 영화제작자와 마찬가지로 플랫폼 사용자도 규정을 위반하지 않도록 선제적으로 자기검열을 할 수밖에 없다.

"사람들을 건강하게 유지하는 것이 무엇인지 우리는 압니다. 사람들이 돈을 벌거나 자신의 공동체와 교류하거나 스스로를 대변하고

276

조직할 능력을 빼앗는 것은 치명적인 결과를 낳습니다." 블런트가 말한다. "이들 플랫폼은 사람들을 죽이고 있습니다. 표현의 자유가 사라지면 그런 일이 벌어집니다. 소셜미디어에서 추방당하는 것은 내 표현 활동에 찬물을 끼얹었습니다…. 그들이 그런 강력한 도구를 설계하는 바람에 그들의 약관에 순응하는 것이 내가 말하고 싶은 것을 있는 그대로 정확하게 말하는 것보다 더 중요해졌습니다."

성 성향을 그렇게까지 엄격하게 검열하는 것은 사회에 장기적인 영향을 미칠 수밖에 없다. 성적 동의의 가능성조차 차단함으로써 테크기업들은 주류 포르노 사이트에 만연한 성적 환상을 더 심화한다. 페미니스트들은 오래전부터 그런 성적 환상의 유해성을 지적했다. 또한 특히 '여자들 스스로가' 만들고 공유하는, 여성의 몸을 긍정적이고 현실적으로 묘사하는 콘텐츠를 금지함으로써 실리콘밸리 기업들은 현 상태가 굳건히 유지되도록 한다. 그래서 편협한 규범 밖에 존재하는 신체 유형은 제한적으로만 표현되며 그런 편협한 신체 기준이 끼치는 해악을 막을 수 없게 된다.

메이크러브낫포르노닷컴MakeLoveNotPorno.com을 만든 신디 갤럽Cindy Gallop은 페이스북이 자신의 게시물 하나를 삭제한 것을 발견했고, 이런 열정적인 경고로 그에 맞섰다.

여성인 성 테크sex-tech 기업 설립자들과 우리가 제공하는, 젠더 평등을 추구하고 다채롭고 포용적이며 비#미투, 비#타임스업 #timesup('때가 되었다'라는 뜻—옮긴이주)인 렌즈는 페이스북을 비롯한 소셜미디어 플랫폼의 지지를 받지 못할 뿐 아니라, 그들은 우리를 망하게 하기 위해 우리를 적극적으로 방해하고 차단한다…. 당신의 자녀와

인류의 미래가 급격하게 하강 곡선을 그리게 될 거라고 예상하는 것도 당연하다.[19]

에리카 러스트Erika Lust도 이에 동의한다. 스웨덴 출신인 그녀는 성인영화 감독이며 예술적인 각도, 페미니즘 관점, 인종적·젠더적으로 다채로운 배우들을 써서 포르노를 찍는 감독으로 알려져 있다. 그녀는 자신의 글과 강연에서 더 나은 성교육과 포르노의 광범위한 변화가 필요하다고 호소했다. 그녀는 이런 것들이 "젠더와 성 성향과 관련해서 가장 중요한 담론"이라고 믿는다.[20] 갤럽과 마찬가지로 그녀는 비메오Vimeo와 유튜브 등 여러 플랫폼에서 검열당한 경험이 있다.

러스트는 내게 보낸 이메일에서 "여성의 쾌락을 홍보하는 페이지가 감춰져 있으면 우리는 우리의 쾌락이 정당하지 않다고 생각하게 됩니다"라고 썼다. "여자의 질 그림이 삭제되면, 그것은 우리에게 자신의 몸을 수치스럽게 여겨야 한다고 가르칩니다. 여자의 유두만 검열 받고 남자의 유두는 검열의 대상이 아니라면 우리는 남자를 흥분시키지 않도록 우리 자신의 몸을 단속해야만 한다고 여기게 됩니다…. 온라인에서 허용되는 몸, 성 성향, 욕구는 사회에서 허용되는 몸, 성 성향, 욕구로 저절로 변환됩니다."

실제로 젊은 유명인이나 인플루언서들의 초성애화hypersexualized 콘텐츠가 이들 플랫폼에서 넘쳐나며 그것은 미국 TV방송 프로그램에서도 마찬가지다. 현재 킴 카다시안Kim Kardashian의 풍만한 엉덩이를 보여주는 악명 높은 사진은 주요 플랫폼에서 삭제되지 않고 그대로 남겨졌다. 저스틴 비버가 딱 맞는 팬티 한 장만 입고 있는 사진도 그대로 남아 있다. 반면에, 그동안 역사적으로 소외된 공동체들이 목소리를 키우기 위해 사용하는 덜 선정적인 이미지와 정보는 계속해서 부적절하다는 판단을 받는다.

예를 들어 트위터와 페이스북(두 플랫폼 모두 킴 카다시안의 노출된 엉덩이 사진은 기꺼이 게시했다)은 저명한 산부인과 전문의인 젠 건터Jen Gunter가 쓴 여성 해부학 책의 광고에서 '질'이라는 단어를 삭제했다.[21] 마찬가지로 저널리스트 새러 레이시Sarah Lacy는 자신의 책《자궁은 특징이다A Uterus Is a Feature》를 페이스북에서 광고하는 것이 허용되지 않는다는 사실을 알게 되었다.[22] 한 플러스 사이즈 여성은 비키니를 입고 찍은 셀카 사진을 인스타그램 계정에 올렸다가 계정이 삭제되었다. 비쩍 마른 여성은 아무런 제재를 받지 않고 늘상 하는 일인데도 말이다.[23] 두 플랫폼 모두 그외에도 십 대의 임신, 적절한 브래지어 사이즈, 산부인과 방문에 관한 정보의 광고를 차단했다.[24]

이런 청교도주의는 수드라 등 여러 사람이 지적한 대로 퀴어, 그리고 특히 트랜스젠더 사용자에게 유독 더 큰 영향을 미치는 것 같다. 이 점을 아주 명확하게 보여주는 사례가 '와츠더세이프워드Watts the Safeword'라는 유튜브 채널이다. 이 채널은 "변태 친화적인 성교육" 콘텐츠 제공을 표방한다. 채널의 개설자 중 한 명인 앰프Amp는 자신과 운영진이 동영상의 내용을 잘 나타낼 수 있도록 신중하게 고른 섬네일이 검색 결과로 뜨지 않았다고 말했다. 유튜브와 며칠 연락을 주고받은 뒤에야 유튜브 측은 그들의 맞춤 섬네일이 "사용자들이 보기에 부적절한 것으로 판단"되었다고 알렸다.

앰프는 퀴어 콘텐츠는 자격을 상실하고, 강등되고, 삭제되는 반면 거의 동일한 이성애 콘텐츠는 건드리지 않는 경우도 봤다고 말했다. 또 다른 유튜브 사용자인 체이스 로스Chase Ross는 단순히 '트랜스'라는 단어를 동영상 제목에 넣기만 해도 계정 정지 절차가 충분히 시작될 수 있다고 전했다. 그런데도 성소수자 반대 광고가 자신의 콘텐츠에 뜬다고 보고하는 이들도 있다.[25]

그토록 많은 사례를 너무나 쉽게 접할 수 있다 보니 기업들의 정책팀이 이 문제를 인지하지 못하고 있다고 생각하기는 어렵다. 오히려 그들이 퀴어 사용자를 중요하게 여기지 않는다는 생각이 든다. 적어도 미국의 보수적 성향의 사용자만큼 중요하게 여기지는 않는 듯하다. 그들은 가장 요란하게 반대 의사를 표현하는 집단이고 그에 대한 보상으로 상당한 배려를 받았다. 또는 수드라가 내게 요약 정리해 준 것처럼 아마도 다음과 같은 더 큰 문제가 작용하고 있을 수도 있다. "청교도주의적 가치관. 노골적인 트랜스 공포증, 매춘부 공포증, 인종차별주의, 장애인 차별주의…."

우리가 잃을 수도 있는 것들

밀레니얼과 그들보다 더 어린 세대가 성, 성 성향, 젠더 규범을 재편하고 소외된 성소수자 집단을 위해 공적 공간을 확보하고 있는 반면 실리콘밸리의 가치관은 눈에 띄게 퇴행하고 있는 것처럼 보인다. 만약 이들 플랫폼이 콘텐츠와 공공 담론의 성격에 관한 오래된 논쟁의 새로운 지형이라면 그들이 19세기 목사 수준의 관용을 보인다는 것은 우리 사회에 대해 무엇을 말하고 있는가? 나아가 그것은 미래 세대에 어떤 영향을 미칠 것인가? 우리가 깨어 있는 모든 시간을 이들 플랫폼에서 보내도록 부추기면서도 그런 플랫폼에서 우리 자신으로 지낼 수 없다는 것은 무엇을 의미하는가? 더 나아가 창작자들이 규범 내에 머물지 않으면 검열당할 위험을 감수하도록 요구함으로써 우리는 현재의, 그 규범보다는 훨씬 더 허용적인 현실을 전혀 닮지 않은 성 성향의 기록을 만들어 미래에 전달하고 있는 것은 아닐까?

　　나는 나치정권이 권력을 잡고 바이마르공화국에서 확장되었던 자유를 심각하게 훼손했을 때 무엇이 상실되었는지에 대해 생각하지 않을 수 없다. 역사에서 아주 짧고도 독특했던 공화국 집권기 베를린에서는 나이트클럽부터 정치운동 조직에 이르기까지 퀴어 활동이 아주 활발하게 이루어지고 있었다. 아마도 세계 최초의 트랜스젠더 잡지로 추정되는 《제3의 성The Third Sex》 등 수많은 퀴어물이 발행되었다. 성노동은 대체로 합법이었다. 그리고 물론 성소수자 권리 등을 옹호한 성과학연구소Institut für Sexualwissenschaft도 있었다.

　　바이마르공화국이 떠오른 이유는 아마도 그로부터 100년 뒤 내 보금자리가 된 도시 베를린에서 다시 한 번 성적 자유가 확대되고 있는 한편, 우파 포퓰리즘의 위협에도 직면하고 있기 때문일 것이다. 또는, 물론 이들 기업은 나치정권에 비할 바는 아니며 직접적으로 비교해서도 안 되겠지만, 성적 자유라는 측면에서는 나치정권과 똑같이 미성숙하고 독재적인 성향을 보이기 때문이다. 그리고 적극적으로 개입하지 않으면 100년 전에 조상들이 지켜보았듯이 우리의 살아 있는 역사가 지워지는 것을 지켜보게 될지도 모른다는 두려움을 느낀다.

　　이런 것은 사회 전체에 영향을 미치는 중요한 고민 사항들이며,

공공 담론에서 더 중요하게 다뤄져야 한다. 그러나 내가 그림을 그려 보이려고 노력했듯이 나쁜 정책으로 가장 큰 고통을 받는 것은 언제나 그 사회의 가장 취약한 계층이다. 놀랍지는 않겠지만, 어떤 정책이 만들어질 때 사회에서 가장 소외된 계층도 탁자에 초대해 그들의 관점을 제시하도록 요청받는 일은 거의 없다. 정책이 만들어진 후에 목소리를 내더라도 그 목소리는 무시당하기 십상이다. "소셜미디어를 현실의 진짜 세계라고 생각해야 해요." 수드라가 말했다. 그녀는 가장 차별을 많이 당하는 집단으로 "트랜스젠더, 흑인, 유색 원주민, 성노동자, 장애인"을 꼽았다.

규칙을 만드는 사람들(그것이 입법자이건 기업 이사진이건)은 수드라가 언급한 공동체 구성원들만큼 절박한 이유로 소셜미디어에 참여하는 일이 거의 없다. 그럴 필요가 없기 때문이다. 지배계층은 돈이 있고, 《뉴욕타임스》 논설란에 대한 접근권이 있다. 그들은 목소리를 내기 위해 트위터에 의존하지 않아도 된다. 그들에게 소셜미디어는 진짜 삶이 아니며 온라인상 지인은 자신이 속한 공동체의 일원이 아니다.

그러나 누군가에게는 온라인 플랫폼에 대한 접근권이 전부다. "나는 텀블러가 없었다면 트랜스가 되지 못했을 거라고 꽤 확실하게 말할 수 있어요." 코트니 디몬이 내게 말했고, 그렇게 말한 것은 그녀만이 아니다. 지난 몇 년간 수많은 퀴어 동지가 내게 온라인 플랫폼, 그리고 플랫폼을 통해 얻은 네트워크가 그들이 자신의 성정체성을 이해할 수 있도록 도왔다고 말했다. 나도 마찬가지다. 어린 시절 온라인 게시판에 접속할 수 없었다면 대학에 가기 전에 내 성정체성을 찾는 데 도움이 되는 어휘를 배우지 못했을 것이다.

　나는 상위계층 사람들도 디몬이나 나와 같은 사람들에게 온라인 플랫폼이 얼마나 중요한지 안다고 믿는다. 적어도 특정 표현을 제한하면 어떤 결과가 생길지에 대해 어느 정도는 고민해봤다고 믿는다. 그렇다면 그들이 단순히 사람보다 수익을 우선으로 고려했다는 것 외에 내가 어떤 결론에 도달할 수 있을까?

반격

성노동자 등 취약계층은 FOSTA에 대해 반대한다는 점을 처음부터 확실히 했다. 에이미 슈머Amy Schumer와 같은 유명인이 그 법을 지지했지만, 성노동자는 온라인 플랫폼을 통해 자신들의 팔로워에게 그 법에 반대한다는 의사를 표시해달라고 촉구했다. 2018년 3월, 성인 공연물 연기자 로렐라이 리Lorelei Lee는 자신의 팔로워에게 그 법에 반대해달라고 호소하면서 인스타그램에 이렇게 썼다.

> 이 법은 인신매매 철폐를 목표로 한다고 주장한다. 그러나 그 과정에서 '나쁜 데이트 상대 목록'을 공유하면서 고객을 선별하고, 거리로 나가지 않고 실내에서 일하며, 살아남기 위해 서로 소통하는 데 온라인 플랫폼에 전적으로 의존하는, 동의를 전제로 일하는 성노동자에게 새로운 벌칙을 부과한다. 데이터를 보면 이런 온라인 플랫폼에 대한 접근권이 성노동자를 대상으로 한 폭력을 줄인다고 나온다. 그러나 나는 그런 데이터 없이도 내 친구들이 고객을 선별하고 정보를 공유하고 거리로 나가지 않고 일할 수

있을 때 더 안전하다는 것을 안다.[26]

인권 단체는 곧장 FOSTA에 반대하는 운동에 동참했다. 인권 단체 두 곳, 성노동자의 이익을 대변하는 개인, 성적인 요소를 배제하는 인증받은 마사지 치료사, 온라인 도서관을 운영하는 비영리 단체 인터넷아카이브Internet Archive(전자프런티어재단은 공동 변호인으로 참여)가 공동으로 제기한 소송에서 FOSTA법이 미국 수정헌법 제1조와 제5조에 위배되는 위헌적인 법이라고 주장했다. 민주주의와 과학기술센터Center for Democracy & Technology는 원고의 주장을 뒷받침하는 법적 소견서에서 이렇게 썼다.

> 사용자의 표현을 호스팅하는 일에 대한 법적 책임에 한계를 두지 않는다면 [중개자들은] 사용자가 무엇을 말할 수 있는지를 상당히 제한하는 방향으로 대처할 가능성이 높다. 그렇게 되면 합의하에 하는 성인의 성관계를 주제로 한 데이트 포럼부터 성노동자가 안전을 확보하는 데 필요한 자료에 이르기까지 잠재적으로는 합법적인 표현도 폭넓게 제한될 수밖에 없다. 실제로… 그런 일이 이미 일어나고 있다. 플랫폼은 공공보건과 안전, 정치 담론, 경제 성장에 기여하는 정보에 대한 접근권을 제한하고 있다.[27]

요컨대 모호하고 지나치게 광범위한 법을 강제하려는 정부의 시도로 인해 이미 충분히 미성숙한 실리콘밸리의 정책입안자들은 과도하게 조심하는 쪽을 선택했고, 그래서 다양한 합법적인 표현들까지 제한하는 잘못을 저지르고 있다. '참치 그물에 걸린 돌고래' 우화를 떠올리게 한다. 물론 변호사는 플랫폼이 법을 준수하기 위해 노력하는 것을 비난할 수 없다는 지극히 변호사다운 주장을 펼칠 수도 있다. 그러나 플랫폼 기업들이 이미 전 세계에 미국의 가부장제적 문화를 수출하고 있는 현실에서 그런 주장은 설득력을 잃는다.

2019년 말 미국 사회는 대선을 맞아 후끈 달아올랐다. 민주당 의원 몇몇이 이 법이 온라인 성노동자에게 미치는 영향을 연구하자는 제안을 했다. 한편, 민주당 의원 중에 FOSTA에 찬성표를 던진 것은 상원의원 엘리자베스 워렌Elizabeth Warren 단 한 명뿐이었다. 어쨌건 '세이프 섹스 노동자 연구법SAFE SEX Workers Study Act'이라는 명칭의 그 법안은 미국 보건복지부가 미국 전역에서 FOSTA의 부정적인 영향을 조사하도록 규정하고 있다.

이 글을 쓰는 현재 그 법안은 미국 하원의 보건위원회에 회부된 상태다. 만약 통과된다면 당연히 올바른 방향으로 한 발 나아간 것이지만 내가 이야기를 나눈 많은 전문가는 이미 너무 늦었다고 말한다. 만약 그 조사로 FOSTA가 구체적인 해악을 끼치고 있다는 것이 입증되더라도, 그 법이 촉발한 변화를 되돌릴 수는 없다는 것이다. 법으로 강제하지 않는 한 기업들로서는 성인 콘텐츠를 공유하는 기능을 복구할 인센티브가 없기 때문이다. 그리고 미국의 독특한 법적 틀로 인해 법으로 민간 행위자가 특정 유형의 표현을 호스팅하도록 강제할 수도 없다.

따라서 기업 내부에서 변화의 바람이 불지 않는 한 우리는 이 정체 상태를 벗어날 길이 없다.

너무 늦은 때란 없다

성, 인간의 몸, 그리고 특히 여성의 형상의 재신비화re-mystification(신비화란 다른 사람의 경험을 잘못 해석함으로써 의도적으로 왜곡하고 다르게 묘사하거나, 벌어진 사건이나 현상에 대해 모순되고 반대되는 설명을 함으로써 그 속에 내재된 문제를 무시하려는 시도 - 옮긴이주)는 치명적이고 파괴적인 사회현상이다. 그러나 이들 플랫폼이 변화의 방향을 바꾸기에 너무 늦은 것은 아니다. 예를 들어 페이스북이 포르노부터 '테러리스트' 콘텐츠에 이르기까지 모든 콘텐츠의 식별에 이미지 인식 기술을 널리 적용한다는 점을 고려할 때 그 기술을 사용자에게 넘겨서 그들이 자신의 피드에서 배제하고 싶은 내용을 선택하도록 하면 어떨까? 뱀 공포증이 있는 사용자는 뱀 이미지를 제외할 수 있고, 아기를 별로 좋아하지 않는 사용자라면 자신의 페이스북에 로그인했을 때 그런 이미지를 차단할 수 있다. 그것도 새로 부모가 된 사람들을 당황하게 하는 일 없이 말이다. 그리고 우리 중에 마크 저커버그보다 인간의 몸에 대한 관념이 더 평등주의적이고 진보적인 사람은 자신의 피드에 여성의 가슴이 노출된 사진이 올라오는 것을 허용하는 선택을 할 수 있다.

인스타그램 같은 플랫폼은 모든 사용자가 아니라 오직 어린 사용자를 위해서만 특정 "경계성" 콘텐츠가 차단되도록 할 수 있다. 또한 사용자들이 개인 단위로든 집단 단위로든 자신의 콘텐츠를 직접 검열하는 것을 허용할 수도 있을 것이다. "사전 고지 기능을 도입하는 것이 조회자에게 자신이 그 콘텐츠를 볼지 그냥 넘길지 선택권을 주는 아주 훌륭한 방법이라고 생각합니다"라고 수드라가 제안한다. 또다시 소유주가 바뀐 텀블러는 성인 콘텐츠에 대한 전면적인 금지 조치를 되돌릴 수 있고, 되돌려야만 한다. 모든 플랫폼은 자사가 콘텐츠를 검열하는 기준과 절차를 지금보다 훨씬 더 투명하게 공개해야 한다.

물론 주요 플랫폼이 사용자들의 목소리에 귀 기울이기를 거부한다면 다른 협상 카드도 있다. 우리는 새로운 공간을 만들 수 있다. 미성숙한 이들의 승인을 받은 세탁된 발언만이 허용되는 그런 표현의 자유가 아니라 진정한 표현의 자유를 추구하는 공간을.

"내가 생각하는 이상적인 플랫폼은 흑인, 원주민, 유색인종, 트랜스젠더, 성노동자가 만들고 운영하는 플랫폼입니다." 수드라가 말했다. "표현의 자유를 위한 플랫폼이 있어야 한다고 생각해요. 단순히 성적 자유만이 아니라 정치와 우리의 경험에 대해 이야기할 수 있는 그런 플랫폼이요." 그녀가 제안하는 표현의 자유에도 한계는 있지만 그 한계는 현재 플랫폼이 적용하는 한계와는 극명하게 대비된다. 그녀가 제시하는 한계는 "미성년자 착취물, 자해, 물리적 폭력이 들어간 표현"이다.

수드라의 제안은 '유해성'에 관한 정의가 얼마나 주관적인 것인지를 보여준다. 그리고 실리콘밸리 플랫폼들이 실제 시행하는 정책에 비추어 보면 그들이 말하는 '유해성'이라는 관념이 역사적으로 미국인이 정의한 관념과 거의 정확하게 일치한다는 사실이 점점 더 확실해지고 있다. 그래서 페이스북은 자사 플랫폼에서 총기 광고를 게시하는 것은 허용하면서도 '질'에 관한 책 광고를 게시하는 것은 금지한다. 그래서 도널드 트럼프는 트위터에서 다른 국가를 무력 침공하자고 트윗해도 아무런 제재를 당하지 않지만, 여성의 유방은 틈새 사이에 꼭꼭 감춰진다.

　실리콘밸리의 정책을 지지하는 사람들은 아마도 스스로도 퇴보적인 세계관에 깊이 갇혀 있는 것일지도 모른다. 그래서 그런 정책이 퍼뜨리는 해악이 얼마나 심각한지를 제대로 보지 못하는 것이리라. 우리가 유색인종, 퀴어, 트랜스젠더, 여성, 장애인 등 모든 소외된 집단의 구성원들이 탁자에 초대되는 그런 공간을 확보해야 하는 이유다.

8장

인간에서 기계로

A.I. 도구는 아주 무딘 장비다. 인간에게는 불가능한 방식으로 대량 업무를 쉽게 처리하지만, 명시적으로 프로그램하지 않은 세심하거나 미묘한 판단은 못하여 일을 광범위하게 처리하는 끔찍한 단점이 있다.

_새러 로버츠

자동화는 지난 이삼 년 사이에 우리 온라인 삶의 거의 모든 측면에 스며들었다. 자동화는 우리가 트위터 피드를 열었을 때 무엇을 보게 될지를 결정한다. 우리가 관심을 가질 만한 제품의 광고를 제공하는 데도 활용된다. 우리가 구글에서 뭔가를 검색할 때마다 어김없이 작동되며, 우리의 '받은메일함'에서 스팸을 걸러내는 데도 관여하고, 플랫폼이 설정한 콘텐츠 정책을 실행하는 일에도 점점 더 많이 투입되고 있다. 자동화의 더 기본적인 전신前身(여기서는 '기술 보조 콘텐츠 관리 technology-assisted content moderation'라고 부르겠다)은 마크 저커버그가 페이스북에 대한 아이디어를 내기 훨씬 전부터 있었다. 가정 또는 도서관 등 공공 접속 지점에서 사용할 수 있는 기초적인 필터링 소프트웨어는 미국에서 '아동 인터넷 보호법Children's Internet Protection Act, CIPA'이 통과된 후 1990년대에 널리 보급되었다. 많은 정부가 오래전부터 시민이 온라인상에서 특정 정보에 접속하는 것을 막기 위해 일종의 필터링 기술을 도입했다. 처음에는 IP 차단과 DNS 필터링, 이후에는 더 정교한 방법으로 필터링 기술이 발전했다. 또한 30년 전부터 이메일이 보편화되면서 스팸을 방지하기 위한 다양한 필터링 기법이 개발되었다.

이런 기술 보조 콘텐츠 관리 방식은 놀라울 정도로 원시적이고 우리가 오늘날 목격하는 지나치게 광범위한 콘텐츠 관리와 유사한 결과를 낳는다. 이 문제의 근원을 이해하려면 시간을 되돌려 1990년대 중반 영국 근교로 가야 한다.

과학기술자와 표현의 자유 지지자들의 어휘에 편입되기 전, 영국 노스링컨셔North Lincolnshire에 있는 스컨소프Scunthorpe는 제철 산업이 발달했다는 것 외에는 별로 사람들의 관심을 끌 만한 점이 없는 평범한 공업도시였다. 그런데 1996년 스컨소프는 아주 흥미로운 문제로 인해 국제사회의 주목을 받았다. 이 도시의 영문 이름에는 'S'와 'hor-pe' 사이에 미국에서는 입에 담지 못할 정도로 불결하게 여겨지는 단어가 들어 있다('cunt', 여자의 성기를 가리키는 말로 미국에서는 상욕으로 인식되어서 일상에서는 웬만해서 쓰지 않는 단어임 – 옮긴이주). 그 단어가 금기어라는 것은 미국 사회에서는 워낙 널리 알려진 사실이라서 코미디언 조지 칼린George Carlin의 대표 독백극 〈TV방송에서 절대 말할 수 없는 일곱 단어Seven Words You Can Never Say on Television〉에도 등장한다.

영국의 기준은 미국의 기준과는 상당히 다르지만 그런 사실은 웹포털 AOL에게는 중요하지 않았고, 그래서 그 단어는 금지어 목록에 올랐다. 결과는? AOL 계정을 열려고 나선 스컨소프 사람들은 그것이 불가능하다는 것을 알게 되었다. 자신이 사는 도시명이 유효하지 않다면서 입력을 거부당했기 때문이다. 《스컨소프 이브닝 텔레그래프Scunthorpe Evening Telegraph》에 실린 기사에 따르면 AOL은 이 상황을 "내부 소프트웨어 문제"로 돌렸으며, 임시방편으로 사용자의 도시명을 "스콘소프Sconthorpe"로 수정했다.[1] 이런 우스꽝스러운 사태를 통해 AOL 개발자들이 교훈을 얻었을 거라고 생각하겠지만, 당연히 이와 유사한 문제가 또다시 발생했다. 이번에는 성이 '컨츠Kuntz'인 사용자가 같은 필터에 의해 거부당했다.[2]

물론 만약 이 문제가 AOL만의 문제였다면 다른 시대에 발생한 웃긴 역사적 일화 정도로 치부할 수 있을 것이다. 그런데 스컨소프 딜레마는 결코 해결되지 않았다. 그후로 오랫동안 영국 하원부터 구글에 이르기까지 수십여 개의 기관이 이런 부류의 부차적인 문제를 일으키는 기술을 적용했다. 뉴질랜드의 파카타네Whakatāne 마을의 명칭이 무료 와이파이에서 검열된 적이 있었다. 소프트웨어가 이 단어의 마오리족 발음을('wh'를 'f'로 발음한다) 정확하게 인식했기 때문이다(미국에서 심한 욕 중의 하나로 여겨지는 'fuck'과 발음이 같다고 인식하고 검열한 것임 - 옮긴이주).[3] 버섯 미식가가 URL '시타케머시룸스닷컴shitakemushrooms.com'을 등록하지 못하는 일도 있었다('shroom'은 환각 작용을 일으키는 버섯 종류를 일컫는 은어 - 옮긴이주).[4] 캐나다 위니페그에 본사를 둔 역사 잡지《비버Beaver》는 기본 스팸 필터가 잡지명을 음부를 일컫는 은어로 인지해서 스팸으로 분류되는 일을 반복적으로 겪는 바람에 창간 89년이 되는 해에 잡지명을 바꿔야 했다.[5] 런던의 호니먼 박물관Horniman Museum은 박물관이 사용하는 필터링 프로그램이 박물관 대표 이메일로 이메일을 받는 것을 차단했다. 필터가 '호니먼Horniman'을 '호색한horny man'으로 인식했기 때문이다.[6]

이런 일화는 웃음을 유발한다. 심각한 문제는 야기하지 않았기 때문이다. 매번 해결책을 찾거나 우회할 방법을 찾았고, 필터링의 '희생자'는 덕분에 공짜로 언론을 탔다. 그러나 늘 그런 것은 아니다. 때로는 게으른 필터링이 여기에 걸린 사람에게 심각한 해를 끼칠 수 있다. 예를 들어 우등생으로 졸업했기 때문에 오히려 이력서가 걸러지는 모범생이나(미국에서는 우등 졸업〔상위 25% 혹은 30%〕은 'cum Laude', 준최우등 졸업〔상위 10% 혹은 15%〕은 'magna cum laude', 최우등 졸업〔상위 5%〕은 'summa cum laude'로 표기하는데, 'cum'이 '정액' 또는 '사정射精'을 뜻하는 은어로 사용되기도 한다 – 옮긴이주) 나탈리 위너Natalie Weiner처럼 이름 때문에 기본적인 웹서비스에 가입할 수 없는 경우를 생각해보라('Weiner'가 남녀 생식기를 가리키는 속어인 'wiener'와 철자가 유사하다 – 옮긴이주).[7] 기술공학자에게 이런 것들은 극히 예외적인 사례지만 그런 일을 당하는 사람들에게는 이것이 차별로까지 느껴질 수 있다.

이것은 복합적인 문제다. 필터링 기술이 주어진 문장의 맥락을 이해해야만 해결되는 문제이기 때문이다. 요컨대 《비버》는 잡지명으로 손색이 없는 이름이다. 그러나 'beaver'라는 단어를 특정 단어와 함께 치면 십중팔구 포르노 콘텐츠가 검색 결과로 뜰 것이다. 현재 자동화 기술이 상당한 수준으로 발달했지만, 머신러닝 알고리즘은 여전히 기본적인 뉘앙스를 파악하는 데 고전하고 있다.

감정 분석하기

온라인 댓글란은 탄생한 순간부터 괴롭힘, 욕설, 스팸의 하수구였다.

글을 쓰는 나는 절대 댓글을 읽지 않으며, 그렇게 하는 것은 나뿐만이 아니다. '댓글을 읽지 말라'는 내가 아는 여성 작가들 사이에서는 일종의 불문율과도 같다. 따라서 내 지인들 중에는 처음에 직소 Jigsaw (구글 아이디어의 새로운 이름이며, 여전히 알파벳의 한 부서다)가 '유독한' 댓글을 밑으로 내려보내거나 필터링하는 도구를 개발했다는 소식을 환영한 이도 있다.

퍼스펙티브 API Perspective API라는 이름의 그 도구는 머신러닝으로 일정 길이의 텍스트의 어조나 의도를 파악한다. 초기 반복 과정에서는 미리 사람이 점수를 매겨둔 댓글과 해당 텍스트와의 유사성을 토대로 주어진 텍스트의 유독성을 평가해 0부터 100까지 점수를 매겼다. 온라인 댓글에 점수를 매기는 사람들은 한쪽 끝은 '매우 해롭다', 반대쪽 끝은 '매우 건전하다'로 제시된 스펙트럼에서 주어진 댓글이 어디에 위치할지를 판단해서 점수를 매겨야 하고, '당신을 토론장에서 떠나게 만들 정도로 무례하거나 모욕적이거나 불합리한 댓글'에는 '유독하다'라는 라벨을 붙이라는 지시를 받았다. 현재 퍼스펙티브 API 웹사이트에서 제공하는 샘플 테스트를 시험해보면 '내 생각에는'이나 '내가 보기에는'으로 시작하는 댓글은 유독성 점수가 낮게 매겨지는 경향이 있고, 욕설이 포함된 더 직설적인 언어나 텍스트는 유독성 점수가 높게 매겨지는 경향이 있다.[8]

나를 비롯해 논평가들이 퍼스펙티브 API의 결함을 지적하기까지는 그리 오래 걸리지 않았다. 예술가이자 머신러닝 연구자인 캐롤라인 신더스 Caroline Sinders는 API가 유독성이 아니라 어투를 평가하고 있다고 주장하면서 개발자들이 너무 편협한 데이터 집합을 사용했다고 비판했다. 2017년 API의 알파 버전이 출시된 직후 그녀는 "이것은 분노와 짜증의 데이터 집합이며, 진정한 의미에서는 유독하다고 할 수 없을 것 같다"고 지적했다.[9]

그해 내가 제시한 비판도 그녀의 비판과 비슷했다. 나는 퍼스펙티브 API가 실제 댓글에서 뽑은 텍스트로 훈련받았기 때문에 해석력이 제한적일 수밖에 없다고 결론 내렸다. "'퍽유 fuck you (우리말로 '엿 먹어라' 정도로 해석되는 상욕 – 옮긴이주)'는 본질적으로 부정적 감정을 나타내기 때문에 본질적으로 긍정적 감정을 표현하는 '퍽예 fuck yeah (우리말로 '존나 좋아, 존나 멋있어' 정도로 해석되는 비속어 표현 – 옮긴이주)'보다 온라인 댓글란에 더 자주 등장한다."[10] 나는 개인적인 실험을 실시했고, 'fuck off (우리말로 '꺼져' 정도로 해석되는 다소 거친 표현 – 옮긴이주)'라는 구문은 유독성 100퍼센트라는 평가를 받았지만, '여자는 남자만큼 똑똑하지 않다'거나 '인종 집단학살은 바람직하다' 같은 문장은 유독성 점수가 매우 낮게 나온다는 것을 발견했다.[11] 이와 비슷하게 더 최근에 실시된 브라질의 한 연구는 드래그 퀸이 자주 쓰는 어휘로 쓰인 댓글은 백인 우월주의자가 자주 쓰는 어휘로 쓰인 댓글보다 유독성 점수가 더 높게 나오는 경향이 있다는 사실을 발견했다. 전자는 은어가 포함되기도 하고, 한때는 비하하는 표현으로 여겨졌지만 성소수자 공동체가 재탈환한 표현들이 포함되기 때문이다.[12]

필터링 프로그램과 마찬가지로 퍼스펙티브 API의 문제는 결국 사람의 문제다. 즉 이들 기술은 인간이 제공하는 정보에 따라 그 수준이 결정된다. 그런데 단순한 필터링 프로그램과 달리 머신러닝 알고리즘은 데이터 입력을 통해 학습하고 데이터를 토대로 세계에 관한 모델을 설계한다. 따라서 인공지능AI은 그 창조자의 세계관을 반영한다. AI는 편견을 가지거나 차별적일 수 있고, 현실에 실재하는 사람에게 해를 입힐 수 있는 치명적인 문화적 성향을 획득할 수도 있다.

케이트 크로퍼드와 버지니아 디그넘 Virginia Dignum 같은 학자는 법의 집행부터 자율주행 자동차에 이르기까지 우리 삶의 영역에서 점점 더 널리 활용되고 있는 자동화 기술이 아주 치명적인 위험을 야기할 수 있다는 점을 보여줬다. 그러나 감정 탐지 기술부터 얼굴인식 기술까지 온갖 용도로 홍보되는 AI 기반 소비자 제품은 여전히 규제되지 않은 채 시장을 활보한다.

수많은 반대 증거에도 실리콘밸리에서는 여전히 AI가 대체로 선한 요소로 여겨진다. 중개 플랫폼은 AI를 널리 사용하지만, 투명성을 더 강화해야 한다는 시민사회의 거듭된 요구에도 불구하고 그 AI를 어떻게 사용하는지에 대해서는 외부인에게 거의 공개하지 않는다. 우리는 AI가 적용된 검색 결과로 소수 집단이 대가를 치르는 일이 흔하다는 것을 안다. 사피야 우모자 노블Safiya Umoja Noble 은 2018년에 출간한 《구글은 어떻게 여성을 차별하는가Algorithms of Oppression》(한스미디어, 2019)에서 '흑인 소녀' 같은 표현으로 개별 검색을 실시했을 때 성애화 검색 결과가 나온다는 사실을 그런 예로 제시했다.

우리는 트위터 타임라인, 페이스북 피드, 유튜브 목록이 우리가 스스로 제공한 데이터를 토대로 우리가 좋아할 것이라고 알고리즘이 판단한 콘텐츠로 채워진다는 것을 안다. 그러나 우리가 잘 모르는 사실은 화면 뒤에서 AI가 플랫폼의 규정을 어떤 식으로 강제하며, 인간 콘텐츠 감독관을 어떻게 보조하고 대체하는가이다.

휴먼인더루프

'머신러닝'은 주어진 데이터 집합에서 추세를 추정하고 의미를 도출하는 데 활용되는 여러 수학적 회귀분석법을 한데 묶어서 부르는 엉성한 표현이다. 그러나 알고리즘은 우리가 아는 세상의 근사치에 불과하다. 수치화된 세계를 기계와 매우 다르게 이해하는 인간에게 이것은 곧 알고리즘이 오류를 범할 수 있다는 것을 뜻하며, 특히 그 알고리즘이 현실 세계에 영향을 미칠 때는 더욱 그렇다.

　　머신러닝이 가능했던 것은 결국 감시 자본주의 덕분이다. 롤프 윙클러Rolfe Winkler는 말한다. "AI의 토대가 되는 이론은 수십 년 전으로 거슬러 올라간다…. 상업적 용도를 위한 머신러닝은 컴퓨터가 스스로 사고할 수 있도록 훈련시키는 데 필요한 엄청난 양의 데이터 집합을 축적한 뒤에야 비로소 가능해졌다…. 또한 그와 더불어 처리 속도가 더 빠른 반도체도 개발되어야 했다."[13] 사용자들이 플랫폼에서 공유한 것들에서 추출한 이들 데이터 집합은 분석을 위한 행동 데이터로 변환되고 궁극적으로는 수익을 낳는다.

　　쇼샤나 주보프는 이런 현상을 우리 인간의 행동을 예측하고 통제하려는 기업들의 탐구 과제로 묘사한다. 그녀는 2014년 에세이에서 이렇게 썼다. 지불받지 않는 사용자들의 아웃풋은 "'배기가스'(가치가 없는 폐기물)라고 주장된다. 즉 아무런 저항 없이 도용된다." 그래서 기업들은 자신들이 원하는 것을 추출하고 자사의 이익을 위해 그것을 활용해도 제재를 받지 않는다. 감시 자본주의에서 "인구 집단은 고용되거나 서비스를 받는 대상이 아니다. 대신 행동 데이터로서 수

확된다"고 주보프는 주장한다.[14]

애초에 감시 자본주의가 작동 가능했던 것은 사용자들이 공유하는 것(개인적인 사진, 행동에 나서라는 호소, 격정적인 정치 논쟁)에서 축적된 데이터 덕분이지만, 그런 데이터는 수익으로 전환될 수 있을 때에만 기업에게 유용하다. 사용자에게는 어떤 게시물이 생명줄일 수도 있지만, 기업에게는 그것이 잠재적 수익원이라는 것 외에는 아무 의미가 없다.

머신러닝 기술은 수많은 부문에 적용되고 있지만, 최근 이삼 년 동안 실리콘밸리는 머신러닝 기술이 콘텐츠 검열에 유용하다고 점점 더 확신하고 있다. 이제는 머신러닝 기술을 단순히 소셜미디어 플랫폼만이 아니라 디지털 인프라 전체에 도입하는 탐구 과제에 매진하기 시작했고, 그 결과 끝이 보이지 않는 가상 군비 경쟁이 시작되었다.

이 경쟁의 선두 주자들은 이미 10년 이상 플랫폼을 운영하면서 뽑아내고 엄청난 군자금으로 구입한 다량의 소셜 데이터를 확보한 상태다. 기계를 시험하고 훈련시키는 데 사용되는 데이터는 사용자에게서 직접 나온다. 제3자 데이터 중개인에게서 구매한 정보처럼 우리의 현실 삶에서의 정체성과 관련된 오프라인 데이터뿐 아니라 개인이 저장한 사진, 프로필 데이터, 심지어 개인이 오래전부터 공유한 텍스트 게시물도 여기에 포함된다.

오늘날 그렇게 통합된 데이터는 지구에서 가장 고되고 논란을 불러일으키는 노동, 즉 지구상에서 가장 큰 플랫폼에서 허용되는 표현이 무엇인지 규제하는 일에 활용되고 있다. 그 데이터는 우리 계정의 타임라인과 콘텐츠 피드의 모습을 결정하고, 기업이 어떤 콘텐츠가 인기 있는지 파악할 수 있도록 도울 뿐 아니라 특정 콘텐츠를 플랫폼에서 몰아내는 콘텐츠 관리 절차에도 관여한다…. 그리고 그 콘텐츠가 게시되기도 전에 그렇게 하는 경우가 점점 더 늘어나고 있다.

모든 기계 보조 콘텐츠 관리 기술 또는 자동화된 필터링 기술이 머신러닝과 관련이 있는 것은 아니라는 점을 기억할 필요가 있다. 예를 들어 트위터는 잠재적으로 불쾌할 수 있는 답변을 사용자의 피드에서 제거하는 일에는 원시적인 필터링 기술을 활용하는 것처럼 보이고, 그래서 '스컨소프 효과Scunthorpe effect'의 희생양이 되고 있는 것 같다. 그러나 비록 성공률은 들쑥날쑥하지만, 시각 콘텐츠 관리에는 머신러닝에 대한 의존도가 점점 더 높아지고 있다.

싱크탱크 뉴아메리카New America재단이 운영하는 열린 과학기술 연구소Open Technology Institute의 지적대로 "어떤 도구가 온라인에서 콘텐츠를 탐지하고 삭제할 때 그 정확도는 특히 그 도구가 어떤 유형의 콘텐츠에 대처하도록 학습했는가에 의해 크게 좌우된다." 요컨대 공학자와 개발자는 아동 성 착취물, 저작권의 보호를 받는 콘텐츠, 나체 등 도구가 분류하기 쉬운 콘텐츠의 특정 유형에만 집중하도록 훈련시키는 데 성공했다. 열린 과학기술 연구소는 "이것은 도구를 훈련시킬 수 있는 엄청난 양의 말뭉치가 그런 유형의 콘텐츠에 집중되어 있고, 또한 그런 콘텐츠에 대해서는 어떤 것이 그 유형에 속하는지 판단할 수 있는 명확한 변수가 존재하기 때문이다."[15]

머신러닝 과정은 다음과 같이 설명할 수 있다. 어린아이가 읽는 법을 배울 때, 각 문자의 차별화되는 특징을 배운다. 시간이 흐르면 'n'과 'm'을 구별하거나 'b'와 'd'를 구별하기가 점점 더 쉬워진다. 이와 비슷하게 연구자들은 '훈련 데이터'를 활용해 신경 네트워크에게 공학자들이 '찾기'를 원하는 이미지의 변수들을 가르친다. 같은 유형의 이미지를 아주 많은 다른 버전으로 준비해서 구성한 탄탄한 '훈련 데이터' 라이브러리는 이미지 분류 알고리즘의 전체적인 윤곽을 형성한다. 기업들은 이미 인간 감독관이 삭제한 콘텐츠들의 저장소를 가지고 있으므로, 그 이미지들을 활용해 기계가 인간 감독관의 작업을 거의 똑같이 모방하도록 훈련시킬 수 있다. 그러나 인간의 신체가 여러 다양한 형태를 취하다 보니 알고리즘은 허용되는 콘텐츠(예: 남성의 유두)를 금지되는 콘텐츠(예: 여성의 유두)로 분류하기도 한다. 허용되는 콘텐츠를 금지되는 콘텐츠로 분류하면 그것을 '거짓 양성'이라고 부른다. 그리고 반대로 시스템이 금지되는 이미지를 허용되는 이미지로 분류하는 것은 '거짓 음성'이라고 부른다.

그런 훈련 시스템은 독점적 소유권의 대상이므로 플랫폼이 활용하는 신경 네트워크를 감사할 기회는 거의 제공되지 않는다. 또한 기업들이 투명한 보고 절차를 통해 관리자의 분류 오류 사례(인간 관리자의 사례일 수도 있고, 기계 관리자의 사례일 수도 있다)는 설명할지 몰라도 실제 오류 비율을 발표하는 일은 거의 없다. 기계는 주어진 이미지의 픽셀 그래디언트 집합이 실제로, 예컨대 대머리가 아니라 여성의 유방을 의미한다는 판단 기준의 오차범위 내에서 콘텐츠를 그대로 둘지 삭제할지를 결정하므로 편향의 가능성은 더욱 높아진다.

신기술의 탄생

물론 도구가 주어진 범주 내에서 자료를 파악하도록 훈련시키려면 인간이 먼저 그런 콘텐츠의 데이터베이스를 만들어야만 한다. 2008년 컴퓨터공학 교수 헤이니 파리드Hany Farid는 아동 성 착취물을 탐지할 수 있는 도구를 설계해서 인간 콘텐츠 관리자가 정신적 피로도가 높은 아동 성 착취물을 검열하는 작업의 부담을 덜어주는 것을 목적으로 하는 프로젝트를 맡았다. 이 경우에는 그런 콘텐츠의 데이터베이스가 법 집행기관에 의해 이미 축적되어 있었다. 미국에서는 국립 실종 및 착취 아동센터에서 그런 데이터를 관리하고 있었다.

파리드는 2017년 한 온라인 매체와의 인터뷰에서 "무해한 자료가 그물에 걸리지 않도록 하면서도 콘텐츠를 정확하게 효과적으로 제거하는 기술 설계가 가능할 것인가에 대한 걱정이 있었다"고 말했다.[16] 그러나 그의 개발팀은 아동 성 착취물의 유해성과 과도한 검열의 대가를 저울질하면서 계속 적절한 균형점을 찾았고, 그 결과 신기술이 탄생했다.

이른바 포토DNAPhotoDNA로 불리는 그 기술은 훈련에 사용되는 확실하게 차별화되는 각 이미지의 대표적인 특징을 추출한다. 그런 대표적인 특징은 이미지를 변형하더라도 그 이미지가 존재하는 동안은 고정적이다. "인간의 DNA와 매우 유사"하다고 파리드는 설명했다. "놀라울 정도로 정확합니다. 우리는 컴퓨터에게 아동 포르노인 것과 아닌 것이 실제로 어떻게 다른지 구별하라고 시키지는 않습니다. 그것은 매우 어려운 문제이고, 그 판단은 여전히 인간의 몫입니다. 그리고 저는 인간만이 그런 판단을 할 수 있다고 믿습니다. 그러나 일단 인간 검토자가 어떤 것을 포르노라고 판단하면, 우리는 기술을 온라 인에 풀어놓고, 그 기술은 그 콘텐츠를 아주 효과적으로 걸러내죠."

'휴먼인더루프Human in the loop'는 흔히 인간과의 상호작용이 필 요한 모델을 설명할 때 사용하는 용어다. 콘텐츠 관리에 활용되는 자동화 기술이라는 맥락에서는 일반적으로 다음 중 하나를 의미한 다. 파리드의 포토DNA처럼 데이터베이스 형성 과정에 인간이 참 여하는 것. 또는 자동화된 절차에 대해 인간이 감독 내지는 검사하 는 것. 파리드는 앞서 언급한 인터뷰에서 이렇게 말했다. "우리가 2008~2009년에 돌파구를 찾을 수 있었던 이유는 인간을 시스템에서 빼지 않는 기술을 개발했기 때문입니다. 무엇이 아동 포르노이고 무 엇이 아동 포르노가 아닌지를 판단하는 매우 어려운 작업을 담당하 도록 인간을 시스템에 넣은 채로 기술을 설계했습니다. 일단 인간이 그것을 판단해주면 그다음에 기술을 적용해서 이미 명백하게 의심의 여지 없이 아동 포르노로 판정된 콘텐츠를 찾게 하는 거죠. 그렇게 했 기 때문에 그 기술이 전 세계적으로 그토록 큰 효과를 거둘 수 있었던 것입니다."[17]

아동 성 착취물이 문제가 될 때는 사회가 과도한 검열에 대해 관 대해지는 경향이 있다. 어려 보이는 성인이 성행위를 하는 동영상이 나 이미지를 잘못 삭제해서 생기는 부정적인 효과를 줄이는 것은, 합 의가 전제될 수 없는 아동을 그런 행위에 참여시키는 성 착취물을 인 터넷에서 확실하게 제거하는 것보다 우선순위에서 밀린다.

그러나 다른 유형의 콘텐츠의 경우에는 그런 비교로 얻는 결론이 다를 수 있다. 법학자 에블린 두엑의 매우 간명한 트윗처럼 말이다. "우리는 우리가 어떤 종류의 오류를 선호하고 용인할 수 있는지에 대해 이야기하는 데 더 능숙해지고 익숙해져야 한다. 대량 콘텐츠 관리 시스템에서는 오류가 발생할 수밖에 없기 때문이다."[18]

맥락이 전부다

오류가 불가피하다면 그런 오류를 분석해서 그로 인해 발생하는 부정적인 효과가 얼마나 심각한지 이해하는 것이 매우 시급하다. 2017년 페이스북은 아랍에미리트의 저명한 저널리스트가 게시한 사진을 삭제했다. 헤즈볼라의 지도자 하산 나스랄라 위에 성정체성의 다양성을 상징하는 무지개 깃발을 덮어놓은 사진이었다. 헤즈볼라가 성소수자의 인권에 무관심한데도 일부 좌파 집단의 지지를 받는 것에 대한 풍자적 논평이었다. 우리는 그 사진을 삭제한 것이 인간 관리자였는지, 자동화 기술이었는지 알 수 없다. 그러나 후자라면 하산 나스랄라의 이미지를 탐지하고 삭제하도록 훈련받은 기계가 사진의 뉘앙스를 이해하지 못했다는 점을 쉽게 알 수 있다.

　이 사례는 일부 독자에게는 단순히 우스꽝스럽게 느껴질 수 있겠지만, 다음과 같은 점을 고려하기 시작하면 달리 보일 것이다. 우리는 '테러리스트 콘텐츠'를 그런 무딘 장비로 관리함으로써 오히려 테러리스트에 맞서 싸우는 이들의 목소리를 억누르고 있는 것은 아닐까? 자신의 목숨을 쉽게 빼앗을 수 있는 집단을 용감하게 비판하는 사람들을 침묵시키는 데 일조하고 있지는 않은가?

혹시 우리는 역사가 지워져도 상관없다고 생각하는가? 5장에서 서술했듯이 시리아, 리비아 등지에서 자행된 전쟁범죄의 동영상 증거를 대량으로 삭제한 것도 자동화 기술이었다. 시각적으로 자극적인 폭력 장면을 탐지하고 삭제하도록 훈련받은 자동화 도구가 해당 동영상의 역사적 중요성을 이해하지 못할 수 있다는 것은 쉽게 알 수 있다. 또한 그것이 엄청난 자원을 아낌없이 투자하지 않고서는 해결하기가 무척 어려운 문제라는 것도 알 수 있으며, 기업들은 그렇게 할 의지가 없다는 점을 거듭해서 입증해 보였다.

그러나 분류 가능한 시각 콘텐츠를 식별하도록 훈련시키는 기술을 만드는 것도 어려운데, 텍스트 기반 콘텐츠에 대해 그런 기술을 만드는 것은 얼마나 더 어렵고 복잡할지 생각해보라. 우리는 이미 '스컨소프Scunthorpe'에서 '컨트cunt'를 분리하거나 '퍽유fuck you'와 '퍽예fuck yeah'를 구별하는 것이 얼마나 어려운 일인지 살펴보았다. 그런데도 실리콘밸리는 여전히 인간이 수십 년 또는 그보다 더 오래전부터 정확하게 규정하는 데 어려움을 겪고 있는 개념을 인식하는 기술을 만들 수 있다고 주장한다.

2020년 초 페이스북은 AI가 페이스북이 삭제한 "혐오 표현의 88.8퍼센트를 사전 탐지했다"고 발표했다. 이것은 그 전 분기 사전 탐지 비율 80.2퍼센트보다 상승한 수치다. 페이스북이 "언어에 대한 구문적 이해가 깊어지면서 우리 시스템이 더 미묘하고 복잡한 의미를 탐지할 수 있게"되었고, "우리 도구가 콘텐츠를 이해하는 방식"을 확장해서 "우리 시스템이 이미지, 텍스트, 댓글 기타 요소를 전체론적으로 바라볼 수 있게"된 덕분이라고 설명했다.[19] 페이스북은 자사의 시스템이 "결코 완벽해질 수는 없"으며, "언어의 맥락과 미묘한 차이가 핵심 열쇠"라고 인정했지만, 우리가 수집한 증거를 통해 페이스북의 AI 시스템의 문제가 페이스북이 인정하는 것보다 훨씬 더 해결하기 어려운 문제임을 짐작할 수 있다.

열린 과학기술 연구소는 페이스북이 직면한 문제를 다음과 같이 설명한다. "극단주의 콘텐츠와 혐오 표현 같은 콘텐츠의 경우 집단과 지역에 따라 뉘앙스의 범위와 양상도 달라진다. 그리고 그런 콘텐츠의 경우 그것이 삭제되어야 하는 콘텐츠인지를 판단하는 데 있어 보통 맥락이 매우 중요하다. 그래서 그런 유형의 콘텐츠를 위한 종합적인 데이터세트를 만들기는 매우 어려우며, 여러 집단, 지역, 표현의 하위 유형에 모두 안정적으로 적용할 수 있는 도구를 개발하고 운영하기란 매우 어렵다. 더 나아가 어떤 표현이 어떤 범주에 속하는지 판단하는 기준 또한 훨씬 더 모호하다." 연구소는 "이들 도구는 인간의 표현에 담긴 뉘앙스와 맥락적 다양성을 이해할 수 없다는 점에서 한계가 있다"고 결론 내렸다.[20]

데이브 윌너도 이에 동의하는 듯하다. 그와 서너 번 통화를 하는 동안 그는 거의 모든 전문가가 주장한 바를 다시 한 번 확인했다. 자동화는 분류 가능한 콘텐츠에 대해서는 효과가 있다. 그러나 다른 거의 모든 콘텐츠 검열에 있어서는 인간 관리자를 대체할 수 없다. 그는 이미지, 예를 들면 킴 카다시안의 벌거벗은 엉덩이 이미지를 제시받은 기계는 '이것은 벌거벗은 유명한 인물의 사진이다'라고 말하지 못한다고 설명한다. "사진 자체에는 맥락이 나오지 않기 때문이다. 사진의 맥락을 이해하려면 사진 외의 다른 정보를 알고 있어야 한다. 역사를 알아야 한다…. 맥락에 관한 문제는 매우 어렵다. 단순히 설명하거나 묘사한 내용에 관한 문제보다 훨씬 더 어렵다." 그는 이름을 탐지하는 것도 마찬가지라고 말한다. "특정 단어가 이름이거나 이름이 아니어야 할 특수한 이유는 존재하지 않는다. 그 단어들이 사람들의 이름에 쓰인다는 것을 알아야 한다. 그리고 그것은 맥락 밖에 존재하는 정보다. 만약 콘텐츠 관리인에게 그런 규칙에 대해 알아야 한다고 지시하면 대량 작업에서는 어떤 성과도 기대할 수 없을 것이다. 이름이 너무 많고, 사진이 너무 많고, 큰 집단에서는 사람이 일관되게 행동한다는 보장이 없기 때문이다."

그래서 이름이 성 같은 것 없이 단 한 단어로만 이루어진 인도네시아인은 특정 플랫폼에 계정을 열기 위해 진짜처럼 들리는 이름을 하나 더 만들어야 한다고 불평하는 것이다. 또한 원래 묘사적인 이름을 쓰는 미국 원주민이 페이스북에서 자동적으로 추방되는 이유이며, 성이 '요다'인 일본 여성이 그녀의 이름이 가짜라는 공지를 끊임없이 받는 이유이기도 하다.[21] 페이스북의 이사진은 종종 자사의 플랫폼이 글로벌 커뮤니티라고 말하지만 앵글로족 백인 중심 관념에 들어맞지 않는 이름을 지닌 사람들은 다른 사용자는 겪지 않아도 되는 처벌적 조치를 당한다.

문화적 복잡성

약 삼사 년 전 구글 포토는 사용자의 포토 라이브러리에 자동 라벨 기능을 출시했다. 알고리즘이 각 이미지를 '스캔'하고 그 특징에 따라 분류하는 기능이었다. 그러나 자동화 시스템이 흑인에 '유인원'이라는 라벨을 붙이면서 구글은 논란에 휩싸였다.[22] 그 무렵 연구자들은 구글 이미지 검색이 '의사'(검색 결과가 대부분 남자 사진이었다)와 '간호사'(검색 결과가 대부분 의료 서비스에 종사하는 여자 사진이었다)에 대한 검색 결과에서 젠더 기반 편향이 목격된다는 사실을 밝혀냈다.[23]

이것은 자동화 콘텐츠 탐지 기술에 의존할 때 일어날 수 있고 실제로 얻게 되는 의도치 않은 결과 중 두 가지를 보여준다. 첫째, 알고리즘은 인간과 비인간을 구별하는, 어린아이들에게조차도 '간단한' 과제를 완성하기 위해 '훈련'을 받아야만 한다. 둘째, 무감독 학습 같은 새로운 기법에도 불구하고 자동화 시스템은 많은 면에서 '쓰레기를 넣으면 쓰레기가 나온다garbage-in, garbage-out' 문제에서 자유롭지 못하다. 따라서 사회적 불평등(특정 직업에서 한 젠더가 지나치게 높은 비중을 차지하는 것)은 편향된 시스템 아웃풋이라는 양상으로 나타날 수 있다.

대량 콘텐츠 관리 작업에서는 검열 기술에 대한 의존도가 높다 보니 사회적 선입견이 훨씬 더 극단적으로 나타난다. 공학기술자들은 그들의 자동화 시스템이 편향된 훈련 라이브러리로 인해 획득한 선입견을 인지하지 못할 수도 있다. 그런 선입견을 찾고 바로잡을 전담팀 없이는 신경 네트워크가 도출한 추론은 실제로 나쁜 결과를 야기하기 전까지는 드러나지 않을 수 있다. 이 문제는 실리콘밸리 공학기술팀의 다양성 부재로 더 악화되었다. 기술 개발의 최전선에 있는 공학기술자는 사용자의 인격을 박탈하는 알고리즘의 모순을 한 번도 경험해보지 못했을 가능성이 높다.

글로벌 사용자층의 다양성이 반영되지 않은 훈련 데이터 라이브러리는 일부 유형의 이미지 분류에 규범적 특징을 부여할 수 있다. 흑인이 백인보다 유인원과 더 공통점이 많다고 판단한다. 가슴이 큰 몸은 여자의 몸이라고 판단한다. 행동 기반 검열 시스템이 이와 같은 논리로 설계되면 사용자의 외모가 근본적으로 '허용 범위 내'라는 기준을 '통과'하지 못하면 얼굴 알고리즘 거짓 양성 결과(여성의 몸 + 유두 삭제)에 직면하게 된다. 마찬가지로 알고리즘이 이분법적인 논리로 과제를 수행하도록 설계되었다면(남성의 유두 무시; 여성의 유두 삭제) 그 시스템은 자아정체성의 미묘한 차이를 이해할 수 없다.

비록 많은 기업이 현재 글로벌한 사용자층을 상대하지만 늘 그랬던 것은 아니다. 이들 플랫폼의 초기 사용자는 주로 고대역폭 인터넷 기반시설을 갖춘 북미, 유럽, 아시아 국가 출신이었고, 이들 기업이 지난 10년간 축적한 데이터는 비대칭적이다. 따라서 머신러닝 시스템이 흡수하는 데이터가 세계 일반을 진정으로 대변하지 못한다는 합리적인 결론을 도출할 수 있다. 유감스럽게도 알고리즘은 독점적 소유권의 대상이고 기밀이다 보니 우리는 훈련 과정을 들여다보면서 데이터가 어떻게 사용되는지, 즉 얼마나 편향되었는지를 파악할 수 없다.

텍스트 검열에 있어 데이터의 편향 문제는 이번에도 더 복잡해진다. 우리가 앞서 살펴봤듯이 기계는 '퍽유fuck you'(본질적으로 부정적인 감정)와 '퍽예fuck yeah'(거의 언제나 긍정적인 표현)를 구별하지 못한다. 그런 구별은 문제가 되는 단어가 외국어에서 유래했을 때 더 어려워진다. 기업의 공학기술팀이 그 단어에 수반되는 감정을 고려해야 할 뿐 아니라 '모든 문화적 맥락'에서 그 단어에 수반되는 '모든 가능한 감정'도 고려해야 한다.

자연언어 처리 기술이 발달하면서 말에 담긴 감정을 파악할 수 있게 되었지만 언어의 의미는 여전히 발화자의 입과 청자의 귀와 밀접하게 연결되어 있다. 물론 세심한 변역자라면 이것은 매우 익숙한 현상이다. 그들은 출발어에서 의도하는 의미를 새로운 청중에게 문화적으로 익숙한 단어와 구문을 사용해서 전달해야 하기 때문이다.

그러나 콘텐츠 검열의 경우에는 문제점이 무엇인지가 명확하다. 기업들은 영어, 스페인어, 프랑스어 등 몇몇 언어 외에 비주류 언어에는 그만큼 자원을 투자하지 않는다. 그래서 때로는 우리가 미얀마 사례에서 봤듯이 참담한 결과를 낳는다. 우간다에서 800만 명 이상이 사용하는 로간다어처럼 아예 아무런 지원을 받지 못하는 언어도 있다.[24] 이것은 당연히 인간 콘텐츠 관리 작업과 자동화 콘텐츠 관리 작업의 효율성에 영향을 미친다. 만약 해당 언어 전문가가 없다시피 하다면 그 언어의 콘텐츠가 잘못 삭제되거나 삭제되어야 하는데 간과되어도 전혀 놀랍지 않을 것이다.

외국어에 대한 지원이 부족한데도 자동화 시스템을 그 외국어에 적용했을 때 발생하는 어려움을 극명하게 보여주는 사례가 '컬라kalar'라는 미얀마 단어로 인해 발생한 사건이다. 이 단어의 어원은 언어학자들 간에 논란의 대상으로 남아 있지만 전통적으로 동인도 출신 사람들을 지칭할 때 또는 '인도의'를 의미하는 형용사로서 사용되었다.[25] 미얀마 저널리스트 탄트 신Thant Sin이 지적하듯이 "최근 몇 년간 급진적인 민족주의운동이 시작되면서 그 단어는 아주 심한 경멸의 뜻을 담게 되었다. 초민족주의자와 종교적 극단주의자가 미얀마의 이슬람교도를 공격할 때 '컬라'를 사용한다. 특히 미얀마 북서지역의 로힝야 소수민족을 가리키는 말로 쓰기도 한다."[26]

상황이 이렇다 보니 페이스북은 그 단어의 사용을 전면 금지하기로 결정한다. 페이스북은 그 단어, 그리고 그 단어를 둘러싼 쟁점이 '어려운 문제'라고 인정했다. 2017년 페이스북의 공공정책 부사장 리처드 앨런은 자신이 올린 사려 깊은 블로그 글에서 이렇게 강조했다. "우리가 정책을 집행할 때 완벽하지 않다는 것은 확실합니다. 종종 아슬아슬한 위기에 맞닥뜨립니다. 그리고 우리는 너무나 자주 잘못된 판단을 합니다."[27] 그는 계속해서 이렇게 말했다. "때로는 명확한 합의를 이끌어낼 수가 없습니다. 단어 자체가 모호하고, 단어 뒤에 감춰진 의도를 알 수 없거나 그 단어를 둘러싼 맥락이 불분명하기 때문이죠. 또한 언어는 끊임없이 진화합니다. 어떤 단어는 어제는 비방의 의미가 없었지만 오늘은 비방의 의미를 나타낼 수 있습니다."

같은 해 탄트 신은 말했다. "'컬라'는 오늘날 인종차별주의와 흔히 연결되지만 그 단어 자체가 언제나 혐오 표현인 것은 아니다. 맥락이 중요하다. 많은 사람이 그 표현의 용례를 논하거나 용례에 대한 우려를 표현한 글도 마찬가지로 검열당했다고 알렸다." 그는 계속해서 이렇게 말했다. "더 나아가 미얀마어에는 컬라라는 글자가 들어가지만 의미가 완전히 다른 단어가 서너 개 있다. 예를 들어 의자를 뜻하는 컬라 타잉kalar htaing과 컬라 패kalar pae(완두콩), 컬라 오우kalar oat(낙타), 컬라카kalarkaar(커튼) 등이 그렇다."[28]

이전의 퍼스펙티브 API와 검색엔진 빙처럼 페이스북은 아주 치명적이기도 하지만 완벽하게 일상적이거나 긍정적인 용례도 존재하는 단어를 금지하려는 해결 불가능한 덫에 빠지고 말았다. 비록 페이스북은 그런 단어들에 자동화 기술이 어떤 식으로 적용되는지 투명하게 공개하지 않았지만 적어도 인간 관리자가 단어마다의 모든 용례를 검토하지는 않는다는 합리적인 추론이 가능하다.

결국은 어떤 오류가 수용 가능한지를 우리가 결정해야만 한다. 로힝야족을 상대로 무기화된 컬라와 같은 단어를 금지하는 것과 낙타, 커튼, 완두콩 수프에 대해 이야기할 수 있는 것 중 어느 쪽이 더 중요한가? 우리가 '퍽예 fuck yeah!'라고 말할 수 있는 것이 정말로 그렇게 중요할까? 기계가 유방, 유방암, 가슴, 닭가슴살에 대한 이야기를 각각 정확하게 구별할 것이라고 신뢰할 수 있을까?

이번에도 페이스북은 자사의 시스템이 부차적인 손해를 야기할 수 있다는 것을 공개적으로 인정했다. 블로그 글에서 앨런은 이렇게 적었다.

러시아와 우크라이나에서 우리는 두 집단이 오래전부터 서로를 묘사하는 데 사용한 은어로 인해 비슷한 문제에 직면했습니다. 우크라이나인은 러시아인을 '모스칼moskal'이라고 부릅니다. 말 그대로 '모스크바 사람Muscovites'이라는 뜻입니다. 러시아인은 우크라이나인을 '허홀khokhol'이라고 부릅니다. '상투topknot'라는 뜻입니다.

2014년 이 지역에 갈등이 깊어지면서 두 나라 국민은 상대가 이 단어들을 쓰면 혐오 표현이라고 신고합니다. 우리는 내부 검토를 거쳐 그런 신고가 옳다고 결론 내렸습니다. 그래서 두 단어를 삭제하기 시작했습니다. 처음에는 양쪽 다 그런 조치에 반대했습니다. 지나치다고 생각한 거죠. 그러나 지역 갈등이라는 맥락에서 우리는 그렇게 하는 것이 중요하다고 생각했습니다.[29]

페이스북의 주장 중 한 가지는 옳다. 이것은 정말로 어려운 문제이며 정답이 없는 문제다. 그러나 그것은 또한 우리가 하나의 사회로서 함께 논의해야 하는 문제다. 기업에 그 문제의 해결을 맡겨서는 안 된다.

재빨리 움직이고 뭔가를 부숴라

자동화의 복잡성은, 그리고 자동화가 자신의 표현을 어떻게 검열하는지에 대한 사용자의 이해는 기업들이 사용하는 알고리즘이 거의 모든 경우에 독점적 소유권의 대상이라는 사실에 의해 심화된다. 대중도 규제 기관도 훈련 데이터를 검사하거나 알고리즘이 어떻게 적용되는지를 조사할 권리가 없다.

더 나아가 실리콘밸리 기업은 역사적으로 특정 유형의 표현을 관리할 때 얼마나 자동화에 의존하는지를 공개하는 것을 유별날 정도로 꺼렸다. 비록 많은 논평가와 학자가 기업들이 콘텐츠 관리에 자동화 기술을 적용한 지 거의 10년은 되었을 것으로 추정하지만 주요 플랫폼이 자동화 기술 사용을 인정한 지는 겨우 4년 정도밖에 되지 않는다. 그것은 온라인 극단주의를 뿌리 뽑으라는 대중과 정부의 압박이 커진 시점과 일치한다.

외부 압력이 자동화 기술의 도입으로 이어진 초기 사례는, 페이스북의 전 직원 애나*의 말로는 2015년 프랑스 파리 바타클랑 극장Bataclan theater 테러 사건이다. "프랑스에서 바타클랑 극장이 공격을 당한 다음 날 아침, 프랑스 정부는 페이스북에 희생자의 사진을 모두 내려달라고 요청했어요. 엄청난 작업이었죠. 나는 [출근했고] 프랑스 팀뿐 아니라 커뮤니티 운영팀 전체에서 프랑스어를 할 줄 아는 모든 사람이 한 명도 빠지지 않고 전부 모인 걸 봤어요. 우리는 공학기술자들을 불러서 자동화 시스템을 설계하는 데 도움을 받았어요. 그리고 이 한 가지를 위해 온갖 자원이 동원되었어요. 사실 우리는 다른 시장에서도 비슷한 문제를 정기적으로 겪는데도 말이죠. 예를 들면 우르두 시장이나 아랍어 사용 시장의 폭파 사건 같은 거요. 그래도 한 번도 그런 식의 자원 지원을 받은 적이 없어요."

그 테러 사건이 발생한 지 얼마 지나지 않아 기업들은 자동화 도구 사용을 조금씩 인정하기 시작했다. 2017년 구글은 극단주의 콘텐츠를 탐지하는 데 머신러닝을 도입하겠다고 발표했다. 그로부터 두 달 뒤 구글은 "폭력적인 극단주의"의 정의를 충족하는 동영상의 75퍼센트가 "단 한 번이라도 다른 사용자가 신고하기 전에" 삭제되었다고 밝혔다.[30] 페이스북도 곧 그 뒤를 따랐다. 《뉴욕타임스》 기사에 따르면 페이스북은 "인공지능은 대체로 각 사례를 일일이 검토하는 인간 콘텐츠 관리자와 병행해서 사용될 것"이라고 발표했다. 그러나 페이스북의 글로벌 정책 관리팀 부장 모니카 비커트는 "개발자들은 인공지능의 사용이 앞으로 더 확대될 것으로 기대한다"고 말했다.[31]

마찬가지로 트위터는 2018년에 지난 2년간 삭제된 120만 개의 테러리스트 계정이 "[트위터의] 내부 소유의 도구로 적발"되었으며, 그 계정 중 74퍼센트는 "첫 트윗을 남기기도 전에 정지되었다"고 자랑했다.[32] 그러나 트위터가 '테러리즘'을 어떻게 정의했는지, 그런 계정을 파악하는 데 어떤 기준을 적용했는지는 밝히지 않았다. 이런 가운데 앞서 언급한 2017년 글로벌 인터넷 대테러 대책 포럼의 출범은 투명성을 제고하는 데 전혀 도움이 되지 않았다.

플랫폼 기업들의 검열이 투명하지 않게 이루어지다 보니 연구자들은 추측에 의존할 수밖에 없다. 디아 케이얄리는 시리아 아카이브의 동료들과 함께 몇 년 전부터 시리아의 콘텐츠 삭제 사례들을 기록하고 있다. 그녀는 "머신러닝 알고리즘은 동영상에 실제로 담긴 내용뿐 아니라 지역과 언어도 고려해서 콘텐츠를 탐지하고 있는 것처럼 보입니다"라고 말했다. "그래서 다양한 콘텐츠가 실제로 삭제되었습니다. 물론 저는 인권 콘텐츠에 집중하니까, 시위 동영상, 화학무기 공격 동영상, 인권 침해 가해자가 찍은 동영상 등을 말하는 거죠. 예를 들어 이슬람국가가 자신들이 사람들을 죽이는 장면을 찍은 동영상 같은 것들요."

플랫폼 기업들을 향해 더 많은 투명성을 요구하는 시민 단체와 학계의 목소리는 거센 저항에 부딪혔다. 기업들이 가장 자주 내세우는 주장은 자신들의 도구가 "시장에서 경쟁력을 유지할 수 있도록 영업 비밀로 보호받는다"는 것이다. 또는 그런 정보를 공유하면 악의적인 행위자가 "[배워서] 자신들의 시스템을 충분히 역이용할 수 있다"고 주장하기도 한다.[33] 일부 연구자들은 독점적 소유권 문제보다는 아마도 다루기 까다로울 것으로 예상되는 데이터를 해석하는 문제를 걱정한다. 그들은 블랙박스를 열면 "인풋과 아웃풋이 뒤섞인 이해 불가능한 엄청난 양의 데이터가 쏟아져 나올 것이고 그런 데이터에서 통찰을 이끌어내려면 꽤 많은 양의 데이터를 분석해야 할 것"이라고 말한다. 또한 그런 데이터를 처리하는 것 자체가 불가능한 것은 아니지만, "실제 삭제 결정이 어떻게 이루어지는지, 그리고 기업이 그 도구가 공정하게 사용되도록 어떤 안전장치를 마련했는지를 투명하게 밝히는 데 도움이 되지 않을 것"이라고 주장한다.[34]

플랫폼 기업들이 콘텐츠 관리에 기술 도구를 활용함으로써 발생하는 피해를 줄이는, 그리고 기업들이 이미 실제로 실천하고 있다고 주장하는 한 가지 방법은 반드시 인간이 그 과정을 감독하게 하는 것이다. "자동화 탐지는 너무 많은 거짓 양성을 양산한다. 그래서 일부 플랫폼과 외부 당사자는 자동화 탐지와 인간의 선별적 감독을 병행한다"고 학자 탈튼 길레스피는 말한다.[35]

이렇듯 여러 복잡성이 켜켜이 쌓여 있다는 사실은 콘텐츠 관리에 자동화 도구를 사용하는 문제에 있어 실리콘밸리가 주객을 전도했다는 것을 보여준다. 기업들은 민감한 주제에 투명하게 공개하지 않는 독점적 소유권의 대상인 기술 도구를 끌어들이기 전에 공정성, 투명성, 명확성이 확보되도록 외부 또는 내부 전문가와 협력했어야 했다. 기업들은 대신 재빨리 움직이고 뭔가를 부수는 쪽을 택했다.

구글의 초창기 정책 '결정권자'였던 니콜 웡과 대화를 나누는 중에 그녀는 구글이 현재 나아가는 방향에 우려를 표명했다. 내가 그녀에게 온라인에서 테러리즘 콘텐츠를 식별하기 위해 알고리즘을 사용하는 것에 대해 묻자 그녀는 이렇게 말했다. "알고리즘은 [사용해서는 안 돼요.] 일관되고 절제된 방식으로는 결코 운용될 수 없어요."

웡은 구글에서 보낸 "그 7년 동안 잠을 제대로 못 잤다"고 말했다. 그러나 그럼에도 불구하고 당시에는 콘텐츠의 대량 검열이 가능하다고 생각했다. "충분히 잘 분류하면, 최전방에 정말 교육을 잘 받고 옳은 것을 지향하는 사람들을 배치한다면 말이죠. 그리고 우리는 그렇게 하려고 노력했어요. 인간이 검토하는 것이 실제로 가능했어요." 그러나 그녀는 오늘날 "이들 플랫폼이 목표하는 것만큼 대량으로, 그리고 [그 플랫폼이 운영되는] 다양한 국가에서 하려면 힘들어"진다고 말했다.

실패한 명제

각 기업에는 예전이나 지금이나 사려 깊은 사람들이 있다. 그들은 인간도 제대로 해내기 힘들어하는 업무에 자동화를 도입했을 때 발생할 수 있는 곤란한 문제들에 대해 고민했다. 나는 연구를 진행하면서 그런 사람들 몇 명과 이야기를 나눴다. 그러나 그들도 많은 면에서 훨씬 더 큰 기계의 톱니바퀴에 불과하다. 그들이 우려를 표명하면 주목은 받을 수 있을지 몰라도 실제로 변화로 이어지는 경우는 드물다.

결국 사업적 이해관계가 언제나 우선한다. 플랫폼 기업들은 임금 노동자인 인간 콘텐츠 관리자에게 더 높은 임금, 더 나은 복지 혜택, 더 나은 정신건강 서비스 지원을 제공하고, 고되고 때로는 가슴 아픈 작업이 야기하는 부정적인 영향을 완화하라는 정당한 압박에 시달리고 있다. 또한 물론 더, 더, 더 많은 돈을 벌라는 압박에도 시달리고 있다. 기술 개발의 초기 투자비용은 당연히 매우 높겠지만, 장기적으로 자동화 시스템에 들어가는 비용은 콘텐츠 관리자에게 생활이 가능한 수준의 임금을 지급하는 것에 비하면 저렴하다.

그러나 앞으로 또 수십억 명의 다음 세대가 온라인으로 몰려올 것이고, 지금도 불가능한 콘텐츠 대량 검열이 그때는 훨씬 더 불가능해질 것이다. 이런 역설에 대응하기 위해 기업들이 계속해서 자동화에 의존할 것이라고 예상되지만 자동화 시스템에 대한 연구자, 인권 운동가, 정부의 반발이 점점 더 거세지고 있다는 것을 기업들도 깨달아야만 한다.

지금까지 가장 눈에 띄는 자동화 콘텐츠 검열 반대운동은 온라인 표현 검열(예방적 감찰과 형사처벌)보다 훨씬 더 암울한 결과를 야기하는 자동화 도구 사용에 초점을 맞추고 있다. 그러나 두 경우 모두 문제의 근원은 거의 동일하다. 민주주의와 과학기술 센터는 기업이 독점으로 소유한 알고리즘이 "사회 정의 실현의 걸림돌"이라고 지적했다. 빠르게 성장 중인 뉴욕대학교의 AI 나우 연구소AI Now Institute는 인공지능에 내재된 문제를 기록한 논문을 여러 편 발표했다. 전 세계에서 가장 규모가 큰 과학기술 전문 단체인 전기 및 전자 공학기술자 협회Institute of Electrical and Electronics Engineers는 알고리즘 편향 심사 기준

을 마련하고 있다.[36]

　이것은 쉽게 사라지지 않을 문제다. 실리콘밸리가 우리를 뭐라고 설득하건 알고리즘에 인간의 경험을 압축해서 끼워 넣기란 불가능하다. 그리고 기업들이 인간을 시스템에서 빼는 순간, 그리고 고삐를 기계에게 넘기는 순간 미래에 알고리즘이 결국 어떤 문화 규범을 전파할지는 아무도 장담할 수 없다.

9장

혐오의 전염성

2009년 마크 저커버그가 스물다섯 살이고 페이스북이 5년 차 기업이었을 때 이 회사는 처음으로 혐오 발언 논쟁에 휩싸였다. 혐오 발언의 주제는 '홀로코스터 부정'이었다.

페이스북이 알면서도 제2차 세계대전 중 유대인이 당한 잔혹한 행위를 부정하는 데 열성적인 몇 단체를 호스트하고 있다는 소식이 흘러나왔고, 블로그와 미디어에는 이에 대한 맹렬한 비난이 쏟아져 나왔다. 이런 집중 포화의 절정은 억만장자 마크 쿠번Mark Cuban의 동생 브라이언 쿠번Brian Cuban이 페이스북에 보내는 공개서한을 통해 그 단체들을 퇴출하지 않기로 한 "[그런] 논란을 불러일으키는 결정을 내리게 된 구체적인 사항에 대해" 투명하게 공개할 것을 요구한 것이었다.[1] 저커버그를 직접 지목하며 그는 이렇게 썼다.

당신도 그런 결정에 관여했나요? 이런 유형의 논의에 어떤 식으로 참여합니까? 페이스북은 '내부 토론'을 어떻게 정의하나요? 몇 명이나 그런 토론에 참여하죠? 이 주제에 그들은 어떤 전문적인 소양을 갖추었나요? 그들은 자신의 개인적인 신념을 내세우나요? 본질적으로 주관적일 수밖에 없는 의사결정 과정에서 객관성을 보장하기 위해 어떤 안전장치를 두고 있습니까? 그런 문제에 경력이 있는 변호사에게 자문을 구했습니까? 아니면 그냥 일반적인 자문을 구했습니까? 어떤 것들은 합법적일지라도 혐오 발언이 될 수 있다는 데 동의하십니까? 최종 결정은 당신이 내린 겁니까? 당신 책임은 없습니까? 모든 책임은 당신이 질 건가요?

대다수가 소셜미디어를 유흥거리로, 아니면 경력에 활용하는 도구로 여기던 시기에 쿠번은 중요한 질문들을 던졌다. 페이스북이 커뮤니티 규정을 만드는 데 있어 책임을 다하지 않았다는 그의 의심은 나름 타당했다. 쿠번의 공개서한 덕분에 페이스북은 몇몇 홀로코스트 부정 단체를 퇴출했지만 대다수는 여전히 남아 있었다. 페이스북의 성장기(2008~2012년)에 기업 소통 및 공공정책을 담당했던 배리 슈니트Barry Schnitt는 당시 이렇게 밝혔다.

우리는 홀로코스트 부정 문제로 꽤 오랫동안 내부 토론을 진행했고, 단순히 홀로코스트를 부정한다는 선언만으로는 우리 약관에 위반했다고 볼 수 없다는 결론을 내렸습니다…. 페이스북에서 일하는 우리 중에는 부모가 홀로코스트를 피해 유럽을 탈출했거나 탈출하지 못한 친척이 있는 등 홀로코스트로 직접적이고 개인적인 영향을 받은 사람이 많습니다. 우리는 검열보다는 사람들이 세상을 더 열린 곳으로 만드는 도구가 되겠다는 페이스북 사명의 실천이 무지나 거짓에 맞서는 데 효과적인 방법이라고 믿습니다. 물론 페이스북의 직원을 포함해 그렇게 생각하지 않는 사람도 있다는 것을 압니다.[2]

초창기에 홀로코스트 부정에 관한 페이스북의 입장은 플랫폼에서 행해지는 혐오 발언의 일반적인 처리 방식과 대체로 일관성을 유지하고 있었다. 그러나 페이스북을 비롯한 플랫폼 기업들이 취한 자유방임적 접근법은 이슬람국가Islamic State의 등장 직후 온라인 괴롭힘과 우파 프로파간다가 연달아 문제를 일으키면서 도전에 직면했다.

무정형의 개념

비록 전 세계의 정책입안자들이 그렇지 않다고 주장하지만 '혐오 발언'을 정의하기란 불가능에 가깝다. 외설적인 콘텐츠를 판단하는 기준으로 '보면 알 수 있다'는 터무니없는 논리는 이에 비하면 아무것도 아니다. 많은 사람이 시도했고 많은 사람이 실패했지만, 실리콘밸리가 도전하는 것을 막을 수는 없었다.

세계적으로 혐오 발언은 거의 언제나 민족 또는 민족주의자 집단의 이해관계를 가장 우선순위에 두는 국가 행위자가 정의하는 무정형의 개념이고, 그래서 비판 세력을 탄압하는 무기가 될 수도 있고, 정의 구현의 도구가 될 수도 있다.

국제인권법의 기본 틀은 명확한 정의를 제시하려고 노력하지만, 누군가에게는 오히려 모순만 일으킨다. '세계인권선언Universal Declaration of Human Rights, UDHR' 제7조는 "모든 사람은 법 앞에 동등하며 어떤 차별 없이 동등한 보호를 받을 권리가 있다"고 규정한다. 여기에는 "세계인권선언 자체를 위반하는 일체의 차별과 그런 차별을 유발하는 모든 행위"로부터 보호받을 권리가 포함된다. 제19조는 혐오 발언을 직접적으로 다루지는 않지만 모든 사람이 "국경을 초월해 모든 미디어를 통해 정보와 사상을 찾고, 받아들이고, 전파"할 권리를 보장하고 있다.

홀로코스트의 참혹함이 세계의 집단 기억에 여전히 생생하게 남아 있었고(물론 그럼에도 불구하고 반유대주의도 생생하게 남아 있었다) 아시아와 아프리카 대부분 지역에서 탈식민지화의 혼란스러운 과정이 점차 마무리되고 있었던 1960년에 UN 총회는 결의안 하나를 채택한다. 그 결의안은 "모든 인종적·종교적·민족적 혐오 표현 및 행동"을 UN헌장 및 세계인권선언에 대한 위배 행위로 규정하고 참석한 국가들에게 "모든 인종적·종교적·민족적 혐오 표현을 막기 위해 모든 조치를 동원"할 것을 요구했다.

1966년 UN 총회가 채택한 다자조약인 '시민적·정치적 권리에 관한 국제규약The International Covenant on Civil and Political Rights, ICCPR'은 서명국에게 생명권, 표현·종교·집회의 자유, 적법절차의 원칙에 따라 공정한 재판을 받을 권리를 포함해 개인의 시민적·정치적 권리를 존중할 의무를 부과한다. 이 규약집이 출간된 현재 173개국이 국제규약의 당사자이며, 6개국은 비준을 하지 않은 서명국이다. 일부 국가는 명시적인 유보 조항을 두고 비준을 했고, 이 규약의 적용 및 강제 수준은 나라마다 차이가 있다.

동유럽에서 공산주의가 몰락한 1992년에야 이 규약을 비준한 미국은 상당한 유보 조항을 둔 국가 중 하나다. 가장 눈에 띄는 유보 조항은 국제규약에서 표현 및 결사의 자유에 둔 제한 조항을 하나도 받아들이지 않았다. 이는 실질적으로는 수정헌법에서 보장되는 표현 및 결사의 자유를 제한하는 내용은 받아들이지 않았다는 것을 뜻한다. 수정헌법은 혐오 표현에 대해서도 제한을 허용하지 않으며 국제조약에서 그런 제한 조건을 둔다고 해도 수정헌법이 국제조약보다 우월한 법적 지위를 지니므로 그런 제한 조건은 수정헌법에 따라 무효다.

ICCPR 다음으로는 UN 경제사회이사회UN Economic and Social Council가 "인종적 선입견, 민족적·종교적 편협성을 표현하는 것"에 관한 결의안 초안을 작성했다. 그 초안은 각국 정부에게, 대중에게 관용을 교육하고 차별적인 법을 폐기할 것을 요구했다. 아프리카의 신생 독립국가 중앙아프리카공화국, 다호메이(현재 베냉Benin), 코트디부아르, 말리, 모리타니는 인종적·종교적 편협성을 규제하는 국제협약 체결을 추진했지만 결국 여러 국가들의 이해관계에 따라 의견이 갈리면서 두 가지 별도의 결의안이 마련되었다. 하나는 인종차별을 규제하는 선언 및 국제협약 초안이었고, 다른 하나는 종교적 편협성을 규제하는 선언 및 국제협약 초안이었다.

이런 토대를 바탕으로 '모든 형태의 인종차별 철폐에 관한 국제협약International Convention on the Elimination of All Forms of Racial Discrimination, ICERD'이 제정된다. 1965년 12월 UN 총회에서 채택되었고 1969년에 발효된 ICERD는 사회의 모든 층위에서 인종차별을 규제하는 것을 목적으로 하는 협약으로 법 앞의 평등 보장부터 공공 서비스와 공공 공간에 대한 접근권 보장을 명시하고 있다. ICERD의 제4조는 특히 표현의 자유를 다루고 있으며, 인종차별 선동을 범죄행위로 규정한다.

이 조항은 처음부터 현재에 이르기까지 계속 논란의 대상이었다.

제4조에 관한 논의를 진행하는 동안 두 개의 초안이 마련되었다. 하나는 미국이 제안한 것이고, 다른 하나는 소비에트연방과 폴란드가 제안한 것이었다. 미국은 상대적으로 더 보수적인 입장을 취했고, 그래서 "폭력을 일으키거나 폭력을 일으킬 가능성이 높은" 선동만 금지할 것을 제안했다. 소비에트연방과 폴란드는 "인종차별적 단체, 파시스트 단체 기타 인종차별을 실제로 행하거나 선동하는 모든 단체를 금지하고 해체"하는 규정을 넣기를 원했다. 북유럽 국가들의 타협안을 수용한 최종 조문은 다음과 같다.

> 체약국은 어떤 인종이나 특정 피부색 또는 종족의 기원을 가진 인간의 집단이 우수하다는 관념이나 이론에 근거를 두고 있거나 어떠한 형태로든 인종적 혐오와 차별을 정당화하고 증진시키려고 시도하는 모든 선전과 조직을 규탄하며, 체약국은 이같은 차별을 목적으로 하는 모든 선동 또는 행위를 근절시키기 위한 즉각적이고 적극적인 조치를 취할 의무를 진다. 이 목적을 위하여 세계인권선언에 구현된 모든 원칙 및 이 협약 제5조에 명시적으로 언급된 모든 권리와 관련하여, 특히 체약국은 (a) 인종적 우월성이나 혐오, 인종차별 선동에 근거를 둔 모든 관념의 유포, 그리고 피부색이나 종족의 기원이 상이한 인종 또는 인간의 집단에 대한 폭력행위나 폭력행위 선동을 의법 처벌해야 하는 범죄로 선언하고, 재정적 지원을 포함하여 인종주의자의 활동에 대한 어떠한 원조의 제공도 의법 처벌해야 하는 범죄로 선언한다. (b) 인종차별을 촉진하고 선동하는 조직과 조직적 및 기타 모든 선전 활동을 불법으로 선언하고 금지시킨다. 그리고 이러한 조직이나 활동에의 참여를 의법 처벌하는 범죄로 선언한다. (c) 국가 또는 지방의 공공기관이나 공공 단체가 인종차별을 촉진시키거나 선동하는 것을 허용하지 아니한다.[3]

모든 선언과 마찬가지로 ICERD는 많은 사람에게 인종과 관련한 정의 구현이 절박한 문제였던 시대에 갇힌 문서다. ICERD 지지자들의 의도는 선했지만, 당시 니키타 흐루쇼프Nikita Khrushchev는 소비에트연방이 소수 집단의 권리에 막 관심을 가지기 시작하면서 적극적으로 나서자 음흉한 음모가 있을 것이라는 의심을 샀다. 아마도 소비에트연방의 입장은 당시의 맥락 속에서 이해하면 더 수긍하기 쉬울 것이다. 소비에트연방은 약 10년간 위성국가의 반란군을 무자비하게 제거했고, 그 결과 몇몇 국가에서는 반러시아 정서가 매우 강하게 일어났다.

전후 사정이야 어떠했건 모든 대륙을 아우르는 68개국이 ICERD에 서명함으로써 1960년대는 혐오 발언에 맞서는 권위 있는 국제 문서를 마련하면서 마무리되었다.

미국도 ICERD의 서명국이었지만 몇 가지 조항은 유보했다. 특히 미국 수정헌법의 정신을 지키기 위해 제4조와 제7조, 그중에서도 개인의 표현·언론·결사의 자유를 제한해야 할 의무를 부과하는 협약 내용을 거부했다. 또 다른 주요 유보 조항은 제22조다. 이 조항은 국가 간 분쟁을 국제사법재판소에 회부하도록 규정했지만 미국은 미국 정부의 동의 없이는 국제사법재판소에 회부할 수 없도록 했다.

1969년, ICERD가 채택된 바로 그해에 '브랜든버그 대 오하이오주 사건'이 미국 연방대법원의 판결을 기다리게 되었다.[4] 이 악명 높은 사건은 백인 우월주의자 단체인 쿠 클럭스 클랜Ku Klux Klan, KKK의 지도자 클레어런스 브랜든버그에게 소수집단에 대한 폭력을 장려할 권리가 있는가 하는 문제를 다뤘다. 그의 이름이 판결에 등장한다는 것을 제외하면 브랜든버그는 현재 거의 잊힌 존재다. 오늘날 그의 대안 우파 후손들과 크게 다르지 않게 그는 정부의 손에 달린 "코카서스 백인 인종"의 운명에 한탄하는 과장된 연설에도 불구하고 공감을 얻지 못했고, 자연스럽게 역사의 연대기 속에 남겨졌다. 그러나 그에 대한 판결은 지금도 영향력을 행사하고 있다.

폭력을 옹호하는 KKK 집회에서 연설을 마친 브랜든버그는 오하이오주의 범죄조합주의법Criminal Syndicalism Act 위반을 이유로 기소되었다. 이 법은 1919년 미국을 휩쓴 첫 번째 "적색 공포red scare"의 유물로, 개인들이 "산업 내지는 정치 개혁을 달성하기 위해 범죄, 업무 방해 및 태업, 폭력 기타 불법적인 테러 공작"을 장려하고 "범죄조합주의의 교리를 가르치거나 옹호하기 위해 개인들을 집합시키거나 사회 또는 집단에 자발적으로 합류하는 것"을 금지했다.[5]

브랜든버그는 기소되었고, 검사 측은 1000달러의 벌금형과 최하 1년 최고 10년의 징역형을 구형했지만, 브랜든버그는 범죄조합주의법이 미국 헌법에 위배된다고 주장했고, 오하이오주 고등항소법원에서 이의를 제기했다. 고등항소법원은 브랜든버그에게 유죄를 선고했고, 주 대법원도 고등항소법원의 판결을 그대로 받아들였다. 그래서 브랜든버그는 운명이 이끄는 대로 미국 연방대법원에 항소를 제기한다. 연방대법원은 오하이오주가 브랜든버그의 헌법적 권리인 표현의 자유를 침해했다고 판단했다.

미국에서 표현의 자유에 대한 다른 규제들, 특히 '외설적'인 콘텐츠와 해외 테러리즘 등에 대한 규제들은 시간이 지남에 따라 강화되었지만 '혐오 표현'만큼은 법이 건드릴 수 없는 영역으로 남아 있다.

이런 규범들이 미국 소셜미디어 기업의 정책입안자들이 혐오 발언과 관련된 초창기 규정을 마련하는 배경을 구성했다.

디지털 시대의 혐오 발언

2005년 9월, 덴마크 일간지《폴리티켄Politiken》은 아동서 작가 코레 블루잇겐Kåre Bluitgen이 마호메트의 생애를 다룬 책을 출간할 출판사를 찾는 데 어려움을 겪고 있다는 이야기를 상세히 다뤘다. 블루잇겐의 책에는 불쾌감을 불러일으킬 만한 내용이 없었다. 그동안 다른 세속적인 주제를 삽화와 함께 아이들을 위해 풀어쓴 작가의 다른 책들과 다를 바 없었다. 그러나 이슬람교는 마호메트의 형상을 모방하는 것을 금지하기 때문에 블루잇겐은 자신의 책의 삽화를 그려줄 일러스트레이터를 찾는 단계에서도 어려움을 겪었다. 중도우파 일간지《윌란스 포스텐Jyllands-Posten》은 이 이야기를 최대한 활용하기로 한다. 이 신문의 문화면 편집자는 덴마크의 일러스트레이터 조합 회원들에게 편지를 보내 마호메트를 표현하는 삽화를 그리는 실험을 제안한다. 조합에 등록된 42명의 회원 중에서 9명이 삽화를 제출했고, 신문사 직원 3명도 삽화를 제출했다. 그중 두 개의 삽화는 마호메트를 직접적으로 그리지 않았다. 제출된 삽화는 전부 일간지에 실렸다.

이에 대한 전 세계의 반응은 폭발적이었다. 여러 무슬림 국가의 덴마크 주재 대사는 덴마크 총리와의 면담을 요청했다. 총리는 면담 요청을 모두 거절하고 불만이 있으면 법원에 소송을 제기하라고 권했다. 중동지역에서는 덴마크 제품에 대한 불매운동이 시작되었다. 사우디아라비아는 자국 대사를 소환했고, 카이로, 벵가지, 라고스, 베이루트 등의 도시에서는 시위대가 거리를 행진했다. 요르단, 알제리, 예멘에서는 삽화를 게재한 무슬림 저널리스트들이 체포되었고, 유럽 등의 지역에서는 삽화를 게재한 언론인들이 살해 협박에 시달렸다.

그 삽화 사건과 그 이후에 이어진 후폭풍이 발생한 시기는 무슬림과 서구 간 관계가 특히 악화된 시기이기도 했다. 9·11 사태가 터진 지 4년, 미국이 이라크를 침공한 지 2년밖에 되지 않았을 때였다. 많은 이들이 보기에 마호메트의 삽화를 신문에 싣기로 한《월란스 포스텐》의 결정은 불필요한 도발이었다. 그러나 이것을 공포와 자기검열이 점점 더 심해지는 사회 분위기에 이의를 제기한 결정이라고 평가하는 이들도 있었다. 당시《워싱턴 포스트》가 정확하게 지적했듯이 "한쪽에는 표현의 자유의 보장이, 다른 한쪽에는 신성한 인물에 대한 용서할 수 없는 모욕이" 자리를 잡고 있었다.[6]

결국《월란스 포스텐》은 무슬림에게 불쾌감을 준 것에 대해 형식적인 사죄문을 게재하면서 그런 삽화를 실은 행위 자체는 덴마크 법에서 보호받는 권리라는 지적을 덧붙였다. 그리고 마지막으로 2006년 1월 덴마크의 총리는 TV방송과 언론보도 자료를 통해 자신은 결코 마호메트에게 모욕을 주는 방식으로 그를 형상화하지는 않겠지만, 정부가 자국의 신문사를 대신해 사과할 수는 없다고 주장했다. 그는 표현의 자유가 절대적인 권리라는 점을 명백하게 밝히면서도, 또한 "우리 모두에게는 혐오를 불러일으키지 않고, 덴마크 공동체를 분열시키지 않는 방식으로 표현의 자유를 실천할 의무가 있다"고

강조했다.[7]

적어도 한 저널리스트는, 홀로코스트 부정에 대해서는 검열을 하면서 무슬림에게 모욕적인 뭔가를 게재할 때는 표현의 자유가 보장되어야 한다고 주장한다면서 유럽 국가의 이중 잣대를 비판했다. 홍콩의 온라인 신문《아시아 타임스Asia Times》의 에샨 아라리Ehsan Ahrari는 여러 언론사를 통해 발행되는 정기기고란에서 "무슬림들은 서구가 자유의 표현을 타협할 수 없는 권리라고 강력하게 주장하는 것을 보면서 그런 태도가 위선적이라고 느낀다. 그 자유는 어떤 영역에서는 그들이 주장하는 것만큼 절대적인 자유가 아니기 때문이다"라고 말했다.[8] 또한 서구 제국주의가 무슬림 국가에 미친 영향과 그들이 진정한 민주주의와 자유에 대한 시민의 희망을 어떻게 짓밟았는지에 대해서도 이렇게 언급했다. "권위주의, 정실인사, 부패의 썩은 뿌리가 너무나도 구석구석 자리 잡고 있어서 사람들은 현실적으로 자유, 번영을 추구하거나 기술 발전을 기대할 수 없다."

"인종주의, 인종차별, 외국인 혐오증 기타 관련 편협성의 현대적 양상"에 대한 UN 인권위원회 특별보고관(1993년 UN 인권위원회와 함께 새로 생겨난 직무)은 덴마크의 삽화 논란이 이슬람교와 테러리즘을 하나로 보는 최근의 분위기, 다문화주의의 적응 과정에서 생긴 "범세계적인 정체성의 위기", 그리고 인종주의와 차별 철폐를 위한 국제 인권 도구의 미비에서 비롯되었다고 진단했다.[9] 그 삽화들은 실질적으로는 일종의 '약자 괴롭히기punching down'였다.

그 삽화들이 혐오 표현인지에 관한 논쟁은 혐오 표현을 정의하기가 얼마나 어려운지를 명확하게 보여주는 사례다. 다른 대다수의 사례와 마찬가지로 이 사례에서도 맥락이 중요하다. 만약 그 삽화를 게재한 것이 1970년대의 일이었다면, 심지어 5년 전의 일이었다면 그렇게까지 격렬한 반응을 불러일으키지는 않았을 것이다. 물론 분노로 반응하는 이들도 있었을 것이고, 심지어 시위나 살해 협박도 있었을 것이다. 그러나 전체적으로는 대부분 냉철한 시각으로 그 사건을 받아들였을 것이다. 혐오 발언의 복잡성으로 인해 그런 발언의 여파는 온전히 그 발언의 발화자인 개인이나 집단, 그리고 그 발언의 대상인 개인이나 집단의 지위와 처지에 좌우된다.

그러나 그 사건은 1970년대에 일어나지 않았다. 그 사건은 전 세계의 많은 사람이 온라인에서 자신의 목소리를 내기 시작하던 시기에 일어났다. 소셜미디어 이전의 세계는 달랐다. 오직 특정 목소리만이 수면 위로 떠오를 수 있었고, 그래서 국제적으로 어떤 것이 용인될 수 있는지에 관해 편향된 인식을 조성했다. 그러나 거의 모든 사람이 동일한 플랫폼에 동등한 접근권을 갖게 되자 모든 사람의 견해가 동일하지 않다는, 적어도 모든 미국인이 결코 동일한 가치관을 공유하지 않는다는 단순한 사실이 아주 극명하게 드러났다.

그럼에도 불구하고 2006년 미국인의 견해가 여전히 온라인에서 가장 크고 압도적인 목소리를 내고 있었고, 기업의 정책입안자들도 물론 미국인의 견해를 가장 신뢰했다. 그리고 정확하게 누가 목소리를 내고 있는지에는 큰 관심을 보이지 않았다. 우파 선동가 미셸 멀킨Michelle Malkin은《윌란스 포스텐》을 지지하는 가장 큰 목소리를 낸 인물 중 한 명이었다. 그녀의 혐오 발언은 앞으로 닥칠 사태에 비추어보면 상당히 예스럽게 느껴진다.《윌란스 포스텐》삽화 사건에 대한 반응으로 멀킨은 음악을 배경으로 깔고 이슬람 테러 공격의 희생자들의 모습을 편집한 영상을 제작해 유튜브에 올렸다가 유튜브 접속을 차단당한다.[10]

그녀는 아마도 주요 플랫폼에서 혐오 표현 관련 정책을 근거로 계정 정지를 당한 첫 유명인사일 것이다. 또한 콘텐츠 검열의 일관성 부족에 대해 논평한 첫 비전문가일 것이다. 2017년 멀킨은 자신의 상황을 돌아보면서 《윌란스 포스텐》 사건이 발생한 지 11년이 지났는데도 "구글, 유튜브의 선택적 검열은 여전히 테러리스트의 혐오 표현과 정치적 자유의사 표현을 제대로 구분하지 못한다"고 썼다.[11]

그녀의 지적이 틀린 것은 아니지만 대다수 이데올로기에 의해 논평가로 나선 사람들과 마찬가지로 그녀도 정치 스펙트럼의 왼쪽에 있는 사람들, 그리고 이슬람 교리를 선전하는 사람들은 방임되면서 오른쪽 끝에 있는 사람들이 유독 검열당하고 비난을 받고 있다고 믿었다. 실제로 이것은 전혀 사실이 아니다. 온라인 플랫폼 대다수는 이슬람 극단주의자들에 대처하는 일에 엄청난 자금과 자원을 쏟아붓고 있으며, 다른 유형의 혐오 발언에 대해서는 일관성 없이 그때그때 대처하고 있다. 특히 혐오 발언을 내뱉은 위반자가 세계 지도자일 때는 더욱 일관성 없이 대처한다.

내게 특히 깊은 인상을 남긴 일화가 있다. 미국 대통령으로 선출되기 전인 2015년 도널드 트럼프는 소셜미디어를 통해 무슬림에게 미국 국경을 "완전하고 완벽하게 봉쇄"하라고 호소했다. 이것은 트위터와 페이스북 모두에서 엄청난 내부 갈등을 일으켰다고 전해진다. 미국의 주류 언론은 페이스북 내부의 논쟁을 페이스북 이사진과 무슬림 직원 간 갈등이라는 관점에서 묘사했다. 한 기사에 따르면 무슬림 직원들은 트럼프의 혐오 표현에 대해 "예외를 허용한 플랫폼의 결정에 분노했다." 그 기사는 트럼프의 게시물이 "전 세계 여러 사무소에서 수백 명을 고용하는 페이스북의 커뮤니티 운영팀의 검토 절차 진행을 촉발했다"고 썼다.[12] 다른 기사는 이 사건을 무슬림 직원 중 한 명이 트럼프를 '검열'하려고 시도했다는 점에 초점을 맞췄다.[13]

이 일화에서 특히 내가 주목한 점은 마크 저커버그와 그 이사진이 내부의 저항이 임계점에 도달할 때만 그에 대처하는 것처럼 보인다는 사실이다. 그리고 내부의 저항은 문제의 원인이 미국적인 것일 때에만 임계점에 도달하는 것 같다. 이를테면, 지난 몇 년간 팔레스타인 관련 콘텐츠의 잘못된 삭제나 점점 심해지는 괴롭힘 문제에 대한 무관심을 처리하는 방식에 페이스북 직원들이 우려를 표명하고 해결 방안을 모색하려고 시도했다는 것을 알고 있다. 그리고 그런 시도는 모두 실패로 끝났다.

또한 페이스북의 더블린 소재 운영팀의 전직 직원들 덕분에 다음과 같은 사실에도 주목하게 되었다. 그 직원들은 2015년 트럼프가 '봉쇄'를 주장한 뒤 그 게시물을 검토할 때 그 자리에 있었다. 그들은 언론 보도가 거짓이라는 점을 명확히 했다. 반대파를 조직한 "페이스북 내부 집단은 없다"는 것이었다. 또한 내부 논쟁은 주로 아랍어 콘텐츠팀의 커뮤니티 운영진 내에서 벌어졌다고 했다. 사실 그런 주제로 논의하는 것도 아랍어 콘텐츠팀의 업무에 속했다.

그 팀은 다른 지역에서는 정치 콘텐츠를 체계적으로 검열하면서 미국에서는 정치 상황을 고려해 예외를 허용했을 때, 그것이 전 세계

적으로 어떤 영향을 미칠지를 설명하려고 노력했다고 한다. 내 소식
통에 따르면 팀원 중에는 무슬림도 있었지만 가장 큰 목소리를 낸 것
은 다른 종교 신자거나 종교가 아예 없는 사람이었다고 한다.

　미국 내에서는 이런 즉흥적인 접근법이 트럼프뿐 아니라 영국의
허세꾼 밀로 야노풀로스Milo Yiannopoulos, 파시스트 정치인 폴 넬른Paul
Nehlen, 음모론자 알렉스 존스Alex Jones 등 우파론자들에 적절하게 대
처하는 데 실패했다는 사실이 누가 봐도 명백했다. 이들 우파론자들
은 여러 소셜미디어에서 꽤 오랫동안 계정을 유지하면서 규정에 위
배되는 것이 확실한 게시물을 올렸다. 페이스북과 트위터 같은 기업
이 '테러리스트 콘텐츠'를 대량으로 삭제하는 기술을 갖췄다고 자랑
하고 상습적인 괴롭힘 차단에 진척을 보였지만 포퓰리스트와 우파의
혐오 발언에 대한 대처법은 미국 정치의 현재와 밀접한 관련이 있고
미국뿐만 아니라 전 세계에 영향을 미친다.

포찬 정치의 등장

봇bot(특정 작업을 반복 수행하는 프로그램 – 옮긴이주)과 트롤troll(사이버
상에서 악플 등의 공격적인 행위로 타인에게 괴롭힘을 가하는 사람들 – 옮긴
이주). 트위터 출범 초기부터 플랫폼들은 일상에서 기업들이 완곡하
게 "비정상적인 활동inauthentic activity"이라고 부르는 것에 사용되는 자
동화 계정과 실제 사람이 등록한 계정을 각각 가리키는(때로는 동의
어로 사용되기도 한다) 용어인 이 두 가지에 시달렸다. 더 이른 사례가

존재한다고 확신하지만, 내가 이 현상을 처음 접한 것은 2011년이었다. 시리아 정부의 반정부 시위 무력 진압을 비난하는 트윗의 숫자가 늘자 그에 대응하는 한 무리의 봇이 튀어나와서는 "[해시태그 #시리아 #Syria로] 미리 설정된 트윗을 2~3분마다 사진, 오래된 시리아 국내 스포츠 경기 점수, 시리아 코미디쇼의 링크, 친정권 뉴스, 시위대를 지지한다고 표명한 많은 트위터 사용자에게 보내는 경고 등 다양한 내용으로 덮어버렸다."[14]

그다음 해에 시리아 내전이 격화되자 온라인 핵티비스트 hacktivist (해커 hacker와 활동가 activist를 합쳐 만든 말로, 정치·사회 활동에 적극적인 인터넷 해커 – 옮긴이주) 집단이 나서서 시리아 정부 웹사이트를 훼손하는 등 시리아 반정부 시위를 지지하려는 여러 사이버 공격을 감행했다. '어나니머스 Anonymous'라고 하는 이 집단은 포찬 4chan이라는 사이트가 2003년에 생긴 직후에 등장했다. 포찬은 일종의 밈 meme(비유적 문화 요소 또는 문화의 전달 단위 – 옮긴이주)이었고, 어나니머스는 온라인에서 짓궂은 장난을 칠 때 쓰는 이름이었다. 시간이 흐르면서 어나니머스는 탈중앙집중화된 글로벌 핵티비스트 운동으로 탈바꿈했다.

어나니머스의 탈중앙집중화 성향으로 인해 정의하기가 쉽지는 않지만, 어나니머스를 깊게 연구한 인류학자 가브리엘라 콜먼 Gabriella Coleman은 이렇게 썼다. "물론 어나니머스는 단일체가 아니고 기존의 여러 지역 네트워크와 느슨하게 조직된 다수의 노드로 이루어져 있다. 한 개인이나 집단이 그 이름과 표식에 대한 법적 소유권도 주장할 수 없으려니와 그에 대해 전면적인 통제권도 행사하지 못한다. 그래서 다음에 어떤 행동을 취할지 예측하기가 어렵다. 그 활동에 참여하는 많은 개인이 제도화에 저항하거나 심지어 자신들의 규범을 정하기를 거부하지만… 나름의 논리와 상호작용을 위한 안정적인 공간이 존재한다."[15]

어나니머스가 더 넓은 세상으로 갑자기 나온 첫 주요 사건은 2008년 사이언톨로지교Scientology를 공격한 것이다. 핵티비스트들은 사이언톨로지교 웹사이트에 분산 서비스 공격Distributed Denial of Service attack, 즉 'DDoS' 공격을 시작하고 사이언톨로지교 사무소의 프린터 잉크를 소진할 의도로 검은색 종이들, 이른바 '블랙 팩스black faxes'를 전송했다. 포찬의 게시판 등 여러 인터넷 게시판에서 어나니머스의 회원이라고 주장하는 이들의 조직화된 행동은 오프라인으로도 흘러나온다. 2008년 2월 10일 수천 명의 개인들이 전 세계 주요 도시에서 가이 포크스 가면(영국에서 국왕 제임스 1세를 죽이려던 '화약음모사건'에 가담했다가 발각되어 처형당한 인물로 사후에 저항의 아이콘이 되었고, 현대에 들어서서는 동명 만화를 각색한 영화 〈브이 포 벤데타V for Vendetta〉에 무정부주의자인 주인공이 가이 포크스 가면을 쓰고 등장해 유명해짐 – 옮긴이 주)을 쓰고 거리로 나와 사이언톨로지교 시설 앞에서 시위를 한다.

이 시위로 인해 나는 어나니머스의 존재에 대해 알게 되었다. 그날 보스턴 비컨스트리트를 한가로이 산책하다가 우연히 그 시위 현장을 지나가게 된 것이다. 보스턴의 시위에 참여한 사람은 몇십 명에 불과했고 대다수는 젊은 남자들이었지만, 가이 포크스 가면과 사이언톨로지에 대한 내 개인적인 반감으로 인해 나는 집에 돌아와 그 시위에 대해 검색했다.

그 뒤로 몇 년간 어나니머스는 튀니지, 중국, 이스라엘 등의 정부를 상대로 점점 더 정교하고 위험한 작전을 수행했다. 그러다 위키리크스 지지로 이목을 끌었고, 2012년에는《타임》이 선정하는 세계에서 가장 영향력 있는 인물 100 목록에도 이름을 올렸다. 공식 목록과 달리 후보자들에 순위를 매기는《타임》의 독자 설문에서 어나니머스는 상위에 랭크되었다.

실제로 당시에 대중은 어나니머스를 부당한 정부와 기업을 공격하고 약자의 편에 서서 지지를 표명하는 이른바 정의를 추구하는 존재로 여겼다. 그러나 형태가 없는 무리가 하나로 오랫동안 연대를 유지하며 행동하기는 어려우며, 결국 그 운동은 각기 다른 목표와 도덕률에 따라 움직이는 여러 유사 운동으로 분산되었다. 포챈의 높아지는 인기(그리고 게시판에서 활발하게 자라나는 인종주의)와 어나니머스의 성공은 같은 전술을 활용하는 다른 운동이 생겨날 수 있는 환경을 조성했다. 다만 목적은 완전히 달랐다.

2014년 해시태그 #아버지의날을폐지하라#EndFathersDay가 불쑥 나타나서는 "#아버지의날을폐지하라 왜냐하면 백인 여자들에게 우리의 좋은 흑인 남자를 빼앗기는 데 지쳤으니까"와 같은 트윗에 붙었다. 이 해시태그는 곧 보수주의 논객들의 먹잇감이 되었고, 그들 중한 명은 그것을 "페미니스트 분노 기계의" "잡소리"라고 부르며 조롱했다.[16]

샤피카 허드슨Shafiqah Hudson은 '@sassycrass'가 핸들handle('@' 기호로 시작하는 트위터의 사용자 고유 아이디 – 옮긴이주)인 미국 흑인 트위터 사용자로, 그 트윗을 봤을 때 다른 내막이 있다고 의심했고 그 해시태그를 조사하기 시작했다. 미국의 웹진 《슬레이트Slate》의 저널리스트 레이첼 햄턴Rachelle Hampton의 기사에 따르면 그녀는 자신의 타임라인에 있는 사람들에게 "무슨 일인지 아는 사람이 있는지" 수소문했고, "자신이 아는 사람 중에는 그런 계정이 실제로 현실에 존재하는 여자들이라고 입증할 수 있는 사람이 없었다." 조사를 더 진행하자 그 해시태그를 쓰는 계정들이 유명한 흑인 페미니스트들의 계정을 팔로우하지 않는다는 것을 확인할 수 있었다. "흑인 페미니스트를 알거나 좋아하는 사람이라면 속을 리가 없죠"라고 그녀는 《슬레이트》와의 인터뷰에서 말했다.[17] 그 무렵 몇몇 트롤 계정이 다른 사용자들을 괴롭히기 시작했다.

허드슨은 해시태그 '#너의슬립이보여#YourSlipIsShowing'를 만들어 자신을 비롯해 블랙 페미니스트가 트롤 작전을 수행 중이라고 의심하는 가짜 계정에 표시를 했다. 허드슨의 설명에 따르면 '너의 슬립이 보여your slip is showing'는 그녀가 자란 "플로리다주 남부 지역 공동체에서 사용하는 고유한 남부 흑인 사투리에서 유래"한 구문이며, 감춰져야 할 것이 훤히 보인다는 것을 의미한다.[18] 이나사 크로켓INasah Crockett(@so_treu)을 비롯한 다른 블랙 페미니스트들은 해시태그 '#아버지의날을폐지하라'의 기원을 조사했고 그것이 포챤 게시물에서 나왔다는 것을 알게 되었다. 햄턴은 그 '작전'을 "인종 및 계급과 관련된 온라인 페미니스트 운동에 이미 존재하는 틈새를 이용할 의도로 남성 권리 운동가, 픽업 아티스트pickup artist(성관계를 할 상대를 골라서 유혹하는 기술을 지녔다고 자부하는 사람으로, 돈을 받고 그 기술을 가르치거나 강연을 하기도 함–옮긴이주), 온갖 여성 혐오주의자들이 벌이는 성전聖戰

의 일부"로 묘사했다.[19]

몇몇 저명한 블랙 페미니스트는 그 계정들을 추적해서 기록하고 트위터의 신고 시스템에 따라 플래깅도 했지만, 햄턴의 기사에 따르면 "허드슨과 크로켓은 트위터가 말 그대로 아무것도 하지 않는다고 느꼈다." 트위터는 트롤 계정 몇 개를 정지시켰지만 그 외에는 여자들은 그런 괴롭힘에 알아서 스스로를 방어해야만 했다.

그로부터 1년도 채 되기 전에 포찬에서 파생한 또 다른 트롤 캠페인이 게임 산업을 비판한 여성들을 목표물로 삼고서 유사한 전술을 펼쳤고, 그 캠페인은 테크 부문의 다른 여성들까지 공격하는 더 광범위한 운동으로 확대되었다. '게이머게이트GamerGate'라고 불린 그 캠페인에 맞서기 위한 시도는 때로는 물리적 폭력을 행사하겠다는 협박을 받기도 했다. 그 캠페인의 목표물이 된 여자들은 트위터에 그런 트윗을 플래깅했지만 별로 소용이 없었다. 이 캠페인이 절정에 달했을 때는 매일 그 해시태그가 수십만 번 사용되었고, 트윗 대다수는 그 캠페인을 지지했다. 이 캠페인이 얼마나 광범위하게 진행되었는지는 아무리 강조해도 지나치지 않다. 내 연구 분야에서 내가 기억하는 한 2015년도에 일어난 사건 중에 그보다 더 중요하다고 할 만한 사건은 없다고 해도 무방하다. 게이머게이트는 내가 아는 수십 명의 여자들에게도 타격을 입혔다. 숨쉴 틈이 없을 정도로 몰아세워 그녀들을 쫓아내고도 또 다른 희생양을 찾아나섰다.

게이머게이트의 눈에 잘 띄지 않는 유산 중 하나는 '표현의 자유'의 도용盜用과 전용轉用이다. '표현의 자유'는 본래 한계가 있는 용어였지만, 여성 혐오주의자와 극우 지향자들은 '표현의 자유'를 자신들의 혐오와 증오로 가득한 이데올로기의 방패막으로 삼고서 플랫폼 정책에 반발하거나 그에 따른 규제를 우회했다. 또 다른 유산은 게이머게이트의 '성공'이 2차 플랫폼에서 대규모 괴롭히기 캠페인(이른바 '좌표 찍기brigading' 또는 '스워밍swarming')이 얼마나 쉽게 조직되어 트위터에서 실행될 수 있는지를 보여준다는 점이다. 평론가 존 빅스John Biggs가 이른바 포찬 정치학의 부상을 다룬 관련 주제의 초석이 되는 글에서 정확하게 지적했듯이 "분노에 찬 페이스북 사용자, 대안우파, 언제 입을 다물어야 하는지 모르는 목소리 큰 영상채널 운영자 등 인터넷에서 증오를 퍼뜨리는 작자들이 시스템을 해킹하고 있다. 해커라고 해서 영화에 나오는 그런 모습을 상상해서는 안 된다. 현실의 해커는 지하실에 박혀 있는 180킬로그램 나가는 거구의 남자가 아니다. 그들은 확성기가 주어진 사람들이고 그 확성기로 남을 돕기보다는 트림을 해대고 욕을 해대고 소리를 질러대는 사람들이다. 다리에 선 사람에게 그게 나약함의 증거라면서 '뛰어내려'라고 외치는 사람들이다." 소셜미디어가 제공하는 도구는 "강력하고 중요하며, 그 도구를 탈취하는 것은 담론의 통로를 탈취하는 것"이라고 말한다.[20]

게이머게이트가 한창이던 당시에는 그에 관한 글을 쓰지 않았지만 그때에도 나는 기업들이 절대로 사용자의 발언을 검열해서는 안 된다고 믿었다. 여전히 기업들이 발언의 심판자가 되어서는 안 된다고 굳게 믿지만, 그들이 주어진 역할을 제대로 수행하지 못해도 괜찮다고 생각하지는 않게 되었다. 법학자 메리 앤 프랭크스Mary Anne Franks가 썼듯이 "온라인의 여성 혐오주의 공격이 축적되면 결국 여자들이 침묵하게 된다."[21] 게이머게이트가 시작된 뒤 몇몇 여성들은 소셜미디어를 완전히 떠나버렸다. 계정을 닫아버린 여성들도 있다. 그러나 나를 비롯해 나머지 여성들은 자기검열을 하고, 특정 주제는 건드리지 않으며, 인터넷을 조심스럽게 대한다.

이런 현상으로 인해 괴롭힘에 대처하기 위한 기술적 도구들도 등장했다. 대다수는 기업들이 제공한 것이 아니라 외부 행위자들이 개발했다. 그중 대표적인 것이 '차단 항목 목록blocklist'이다. 이 도구를 이용하면 사용자들이 차단하고 싶은 개인들의 목록을 작성하고 공유할 수 있다. 이 도구에도 여러 종류가 있으며, 사용자에게 아주 유용한 무기이지만 이것이 해결책이 될 수는 없다.

앞 장에서 밝혔듯이 표현의 자유와 관련해서는 언제나 양자택일의 문제가 대두되며 누가 검열 또는 침묵으로 해를 입는지를 전체론적인 관점에서 판단하고 결정을 내려야 한다. 괴롭힘의 경우에는 협박, 선동, 좌표 찍기로 인해 발생하는 위해를 고려해야 하지만 또한 그런 협박을 어떻게 정의하고 누구에게 그 정의를 맡길지 항상 신중하게 선택해야 한다.

나는 게이머게이트 사태가 그 이후에 등장한 대안우파와 극우 음모론 단체 큐어넌QAnon 같은 온라인 포퓰리즘운동의 전조였다고 확신한다. 이 글을 쓰는 현재 온라인 포퓰리즘운동은 점점 더 커지고 프랙탈fractal(작은 구조가 전체 구조와 비슷한 형태로 끝없이 되풀이되는 구조 - 옮긴이주)처럼 자가복제를 하고 있다. 이 운동이 사회의 근간에 미치는 영향은 이 책의 주제를 벗어난 내용이지만 그 운동의 희생양이 되었던 게임 개발자 조 퀸Zoe Quinn과 온라인 괴롭힘의 역사를 추적하고 기록한 머신러닝 설계자 캐롤라인 신더스 같은 작가들이 그에 관한 예리한 글을 남겼다.

이들 유산을 목격한 실리콘밸리는 앞으로 다가올 미래를 대비했어야 했다. 공학자들의 시간을 괴롭힘의 타격을 약화시키고 사용자들이 트롤을 차단하거나 거르는 것을 돕는 도구를 개발하고 설계를 바꾸는 데 써야 했다. 플랫폼 기업들은 괴롭힘 방지 전문가를 정규직 직원으로 채용하려고 노력해야 했다. 그런데 그들은 오히려 게이머게이트가 현실 세계에 가하는 위해를 축소한 언론의 목소리에 귀를 기울였던 듯하고, 그래서 그 뒤에 벌어진 일들을 완전한 무방비 상태로 맞이하게 되었다.

우파의 부상

미국 국민들이 도널드 트럼프를 최고 수장으로 선출한 지 얼마 되지 않았을 때 나는 기존에 분열되었던 미국의 백인 우월주의자 단체들이 서로에게서 공통점을 발견하기 시작했다고 지적한 글을 읽었다. 2008년에 출간된 베가스 테놀드Vegas Tenold의 《당신이 기꺼이 불태우고 싶어 할 모든 것: 미국 백인 민족주의의 환생의 내막Everything You Love Will Burn: Inside the Rebirth of White Nationalism in America》을 인용한 그 글은 그런 단체 중 다수가 매슈 하임바크Matthew Heimbach, 리처드 스펜서Richard Spencer처럼 미디어에 능숙한 젊은 사람들(내 세대 사람들) 덕분에 다시 번창하고 있다고 주장했다.[22]

그 글을 읽으면서 등골이 오싹해졌고, 나는 새로운 질문을 제기하게 되었다. 다양한 등장인물을 보여주는 건전한 TV방송을 시청하고 차이를 존중하도록 학교에서 배운 내 또래 미국인은 왜 과거 100년 동안 수백만 명을 잔인하게 죽음으로 몰고 간 끔찍한 이데올로기로 회귀했는가? 미국의 젊은이들은 도대체 왜, 자신들의 조부모가 뿌리 뽑기 위해 살인까지 저질러야 했던 가치관을 받아들이게 되었는가?

여전히 답은 알 수 없지만 그 글의 지적은 옳았다. 지난 10년 간 미국 전역의 백인 우월주의자들은 사소한 이견은 잠시 접어두고 옛날 옛적의 불타는 십자가와 하얀 망토의 이미지를 벗고 더 매력적인 이미지를 차용하면서 불만에 찬, 그리고 투표권이 없는 다른 젊은이들 한 무리와 더불어 이민과 무슬림에 반대하는 우파와 연대할 수 있는 공통의 목표를 찾았다.

2017년 8월, 백인 우월주의자의 모든 역겨운 부류를 대표하는 무리가 버지니아주 샬러츠빌에 모여 거리 시위를 벌였다. 조잡한 횃불과 무기를 들고 인종주의적인 구호를 외치는 엉성한 시위대였다. 이틀에 걸친 '우파를 결집하라Unite the Right'라는 암시적인 명칭의 이 시위는 이것에 반대하는 시위를 벌이던 헤더 헤이어Heather Heyer를 원래 신나치주의를 지지했던 젊은 백인 남성이 자신의 차로 들이받아 살해하는 사건으로 마무리되었다.

사회학자 조안 도너번의 설명대로 "플랫폼들은 자신들의 기술이 그런 혐오스러운 행사를 조직하는 데 아주 구체적인 역할을 할 수 있다는 것을 알았"지만 그 사실을 인정하거나 실질적인 변화를 도모하지 않았다. 도너번은 미국의 공영 라디오방송 NPR과의 인터뷰에서 플랫폼들에게는 규정을 일관되게 적용할 의무가 있다고 주장했다. "궁극적으로는 이들 기업은 생각해봐야 해요. 그러니까, 자신들의 콘텐츠 관리 전략이 무엇인지를요. 그러나 또한 그런 전략을 어떻게 하면 모든 플랫폼에 똑같이 적용하고 강제할 수 있을지도 생각해봐야 해요. 그러지 않으면 이런 역타격을 또 당하겠죠?"[23]

여기서는 미국의 백인 우월주의의 부상에 관해 다루지 않을 것이고, 이 지경까지 오게 된 더 거시적인 요인들을 살펴보지는 않겠다. 다만 소셜미디어가 중동지역과 북아프리카에 있는 별개의 지역 공동체들이 공통의 목표를 찾고 연대하는 것을 가능하게 했고, 결국 그 지역의 현실을 바꿨으며, 마찬가지로 백인 우월주의자들도 똑같은 일을 하도록 도왔다는 사실을 지적하고 싶을 뿐이다.

"소셜미디어는 기존에 소외되었던 집단에게 용기를 낼 수 있는 힘을 줬어요." 데이브 윌너는 나와의 마지막 인터뷰에서 이렇게 말했다. "그리고 기존에 소외되었던 집단에는 트랜스 청소년도 있지만 신나치주의자들도 있죠. 그 힘의 정서는 같지만, 우리는 어떤 것은 좋다고, 어떤 것은 좋지 않다고 생각합니다. 어떤 소수만의 문제나 관점이 사람들을 하나로 묶을지는 아무도 알 수 없는 거예요." 정말로 그렇다. 따라서 혐오 표현에 대한 규제가 전무한 상황에서는 무엇이 괜찮고 무엇이 용인될 수 없는지에 대한 판단이 플랫폼 기업들의 몫이 되었다.

혐오 행진이 진행되고 며칠 동안은 소셜미디어가 그 행사의 조직 과정에서 한 역할, 그리고 그런 것에 어떻게 대처해야 하는지를 다룬 기사와 논설이 쏟아져 나왔다. 수정헌법을 다시 검토해야 한다는 주장도 나왔지만 대개는 사람들이 소셜미디어를 통해 시위에 참가할 사람들을 파악하고 발견한 방식에 주목했다.[24] 또한 일부는 소셜미디어가 백인 우월주의를 뿌리 뽑을 수 있는 규정과 도구가 이미 존재하는데도 기업들이 충분한 조치를 취하지 않았다고 비판했다.[25]

실제로 2017년에는 페이스북, 트위터, 유튜브 모두 많은 유형의 혐오 표현을 금지하는 정책을 공지한 상태였다. 다만 그런 정책의 구체적인 의미가 해석되거나 일관되게 적용되는 일은 드물었다. 예를 들어 나치주의를 노골적으로 옹호하는 콘텐츠는 누군가 신고하면 거의 언제나 삭제되었지만, 반무슬림 발언은 구체적으로 얼마나 저속한 단어들을 썼는가와는 무관하게 그대로 유지되기도 했다. 트랜스젠더나 기타 퀴어의 존재나 유효성을 부정하는 발언은 홀로코스트 부정 발언처럼 대다수 플랫폼에서 '견해'로 취급되어 대체로 용인되었다. 언제나 그랬듯이 가장 취약한 집단에 대한 혐오 표현은 심각하게 받아들여지지 않았다. 실제로는 그런 혐오 표현이 훨씬 더 큰 피해를 입히는데도 말이다.

샬러츠빌 사건은 실리콘밸리 기업들에게 하나의 변곡점이 되었다. 그전까지 실리콘밸리는 소셜미디어 플랫폼에서 급속히 확산되는 혐오 표현에 점점 커지는 대중의 우려를 무시했다. 그런데 정치권, 대중, 광고주가 점점 더 압박을 가하자 주요 기업들은 갑자기 자신들의 시스템을 개편하기 시작했다.

한 해 전에 모든 사용자에게 차별 금지 동의서에 서명하게 하는 정책을 발표한 에어비앤비는 그보다 한층 더 나아가 나치주의자나 대안우파 회원으로 밝혀진 인물의 등록을 금지했다. 에어비앤비의 CEO

브라이언 체스키Brian Chesky는 언론 보도자료에서 "이 세상에 신나치주의자, 대안우파, 백인 우월주의자들이 보여주는 폭력, 인종주의, 혐오가 설 자리는 없다"고 밝혔다.[26] 구글과 고대디GoDaddy는 나치의 쓰레기 신문《데일리 스토머Daily Stormer》가 자사 서비스를 이용하는 것을 금지했고, 누구에게나 서비스를 제공하겠다는 정책으로 악명 높은, 그리고 때로는 테러 단체를 호스팅하는 불법 행위를 저지른다는 의심을 받기도 하는 클라우드플레어Cloudflare도 같은 조치를 취했다.

주요 소셜미디어 플랫폼들은 언론을 통해 기존의 정책 내용을 강조했지만, 혐오 표현에 적극적인 유명한 인종주의자, 나치주의자, 대안우파 지지자들에 대해 더 단호하게 대응하기 시작했다. 일부 주류 언론 사이트는 "개입하기로 결정한 것은 정책의 철학이 크게 전환했다는 것을 보여준다"고 주장했다.[27] 그러나 실제로는 그런 변화는 크지도 않았고 철학적인 것도 아니었다. 다만 그동안 꾸준히 제기되었던 행동에 나서라는 요구에, 소비자와 광고주의 압박으로 마지못해 취하게 된 다소 때늦은 대응이었다.

여기서 잠시 짚고 넘어가야 할 점은 주요 기업들이 자신들이 항상 혐오 표현 금지 정책을 일관되게 적용했다고 간접적으로 주장하면서 보인 철저한 기만적 태도다. 당시 보도에서도 알 수 있듯이 '실제로 스스로 나치주의자임을 밝힌 사용자의 계정' 삭제는 많은 경우에 상당한 외부의 압력이 들어온 뒤에야 이루어진 조치였다.[28] 또한 다른 한편에서는 퀴어와 트랜스들이 이제는 재탈환되어 긍정적인 의미를 지니게 된 '다이크dyke'(레즈비언 – 옮긴이주)나 '트래니tranny'(트랜스젠더 – 옮긴이주)를 사용하거나 괴롭힘에 맞대응했다는 이유로 무차별적으로 퇴출당하는 동안 29 알렉스 존스 같은 우파 음모론자는 여전히 여러 플랫폼에서 위험한 거짓 정보를 유포하는데도 아무런 제재를 받지 않았다. 결국 기업들이 지켜보면서 기다리다가 어떤 논란에 대한 대중의 정서가 어느 정도 구체적으로 형성되어 충분한 동력이 생겨야 기업들이 그에 맞춰 움직이는 구도인 것이다.

'해도 욕을 먹고, 안 해도 욕을 먹는다.' 이것만큼 기업들이 직면한 딜레마를 잘 표현한 문장도 없을 것이다. 실리콘밸리는 때로는 무언가를 하라는 엄청난 압박을 받는다. 그 '무언가'는 대개 검열 또는 계정 차단으로 귀결된다. 그러나 그런 전략은 단기적으로는 피해를 줄일 수 있을지 모르지만 장기적인 해결책은 될 수 없다.

동시에 우리는 플랫폼이 기업이라는 것과 그들의 제1 목표는 수익을 내고 주주를 만족시키는 것이라는 점을 명심해야 한다. 대중 여론이 대체로 백인 우월주의자와 혐오 표현에 반대하는 듯한 분위기일 때는 혐오 표현을 남발하는 백인 우월주의 선봉 인물의 계정을 삭제하는 것이 경제적인 측면에서 합리적이다. 그러나 이미 한동안 그런 동향이 감지되었지만 대중의 여론이 백인 우월주의자들의 이념에 동조하는 분위기라면 백인 우월주의자들의 계정을 그대로 두는 것이 기업에게는 더 이익이 된다.

물론 앞에서도 살펴보았듯이 플랫폼 규정을 만들고 집행하는 사람들의 가치관은 누가 온라인 대화에 참여할 수 있는지를 결정하는 데에도 관여한다. 트위터 CEO 잭 도시가 나치주의자라는 비난은 당연히 과장된 것이지만, 백인 우월주의자들이 실리콘밸리의 한 구획을 차지하고 있고 아주 잘살고 있다는 지적은 과장이 아니다. 트럼프에

350

게 선거 자금을 후원하고 레딧에 '쓰레기글'용 계정을 열었다고 전해지는 오큘러스 설립자 팔머 럭키Palmer Luckey부터 친백인·민족주의자 행사에 참석하고 표현의 자유를 폄하한 것으로 잘 알려진 페이스북 이사 피터 틸Peter Thiel, 그리고 실리콘밸리에서 가장 유명한 대안우파 지지자인 클리어뷰 AIClearview AI CEO 호안 톤댓Hoan Ton-That에 이르기까지 실리콘밸리는 백인 우월주의 지지자로 가득하다.[30]

저명한 우파 인사가 플랫폼을 운영하는 동안 취약 계층의 계정을 삭제하는 것이 어떤 결과를 낳을지는 미국인 다수에게는 아직 모호하게 보일 것이다. 아직까지 미국에서는 국가의 개입이 최소한으로(점점 더 늘고 있지만) 이루어지고 있어서 다양한 언론사가 자유롭게 보도하고, 대다수 시민이 인터넷에 접속할 수 있기 때문일 것이다. 그러나 동남아시아의 미얀마 등 다른 지역에서는 그것이 어떤 결과를 낳는지가 훨씬 더 명백하다.

미국이 우파의 부상에 어떻게 대처해야 하는지 헤매는 동안 지구 반대편에 있는 나라에서는 인종 집단학살이 벌어지고 있었다.

미얀마는 한때 영국의 식민지였다가 1962년부터 2011년까지 독재 군부가 정권을 잡고 통치했다. 바로 몇 년 전, 소규모 시위대가 치솟는 소비자 물가에 불만을 제기하며 10년 만에 처음으로 용감하게 거리로 나섰다. 미얀마 국민의 집단 정서에는 1988년 봉기의 기억이 아직도 생생하게 남아 있었다. 당시에 미얀마 군부는 무력 진압에 나섰고 무자비한 무력행사에 수천 명의 시민이 목숨을 잃었다. 2007년 2월에 시작된 시위에 군부는 처음에는 무력 진압으로 대응했지만 오히려 시위대가 결의를 다지게 되는 계기가 되었다. 그해 9월 승려 수천 명이 여러 도시와 마을에서 거리 행진에 나섰고, 그로 인해 그 시위에는 '사프란 혁명Saffron Revolution'이라는 이름이 붙었다. 승려들이 입은 승복이 사프란을 염료로 사용한다는 점에 착안해 그들에게 경의를 표하고자 붙인 이름이다.

수만 명, 심지어 수십만 명이 시위에 합류하자 군부는 무력 진압으로 대응했다. 군인들이 수도 양곤의 슈웨다곤 파고다에 바리케이드를 설치하고 그곳에 모인 군중을 향해 최루탄을 발사했으며 시위대를 지지한 저명인사들을 체포했다. 군인들은 학생들에게 발포했고, 9월 28일 이 사태가 국제 언론과 세계인의 관심을 받지 못하도록 미얀마 정부는 인터넷 접속을 차단한다. 이로써 미얀마는 3년 전 몰디브가 인터넷 접속을 차단한 이후 실제로 인터넷 접근을 차단한 두 번째 국가가 되었다.[31]

당시 미얀마 정부의 인터넷 차단에 관한 오픈넷이니셔티브(정부의 인터넷 필터링을 연구하는 프로젝트로, 이후 나도 이 팀에 합류했다)의 기술 보고서는 "미얀마 군부의 두드러진 특징은… 정보가 저 폭넓은 국제 시청자에게 닿는 것을 막으려는 의도가 다분해 보인다는 점"이라고 분석했다.[32]

2007년 미얀마의 인터넷 보급률은 전체 인구 중 0.2퍼센트 근처를 맴돌았다. 요컨대 1000명 중 한 명만 인터넷을 사용했다는 뜻이다. 비교를 위해 튀니지를 예로 들자면 2011년 튀니지의 인터넷 사용자는 400만 명으로, 전체 인구의 38퍼센트를 차지했다. 그런데도 미얀마 군부는 아마도 튀니지 대통령 벤 알리보다 언론에 대해 더 강력한 통제력을 행사할 것이다. 미얀마는 모든 TV 방송국, 라디오 방송국,

신문사가 국영 기관이었고, 손에 꼽을 정도로 적은 수의 민간 언론사에 대해서는 철저한 검열을 실시하고 있었다.

그러나 튀니지와 마찬가지로 인터넷 서비스업체가 정보와 통신 기술에 대한 접근권을 엄격하게 제한하고 있었고, 정부는 서구에서 개발한 감찰 및 검열 도구를 사용하고 있었다. 오픈넷이니셔티브의 연구원 나르 비유뇌브Nart Villeneuve와 마사시 크레테 니시하타Masashi Crete-Nishihata는 훗날 "민감한 정치 사건에 대한 대응으로 국가 전체의 인터넷 연결망을 끊은 행위는 적기 임시 차단just-in-time-blocking의 극단적인 예"라고 정확하게 지적했다. 적기 임시 차단은 "선거, 시위, 사회 봉기의 기념일 등 정보가 잠재적으로 가장 큰 영향을 미칠 수 있는 시기에 정확하게 맞춰서 정보에 대한 접근권을 봉쇄하는 현상을 말한다."[33]

미얀마 전역에서 무력 충돌이 간간이 일어났지만 2007년의 사태는 미얀마를 민주주의 개혁의 길로 이끌고, 다음해 헌법 개정을 위한 국민투표를 실시하게 된 계기가 되었다. 2010년과 2011년에는 논란은 있었지만 평화롭게 선거를 치렀고, 군부는 해산했다.

온라인 혐오가 인종 집단학살로 이어질 때

2014년 나는 이스트웨스트 센터의 객원으로 미얀마를 방문했다. 이 센터는 1960년 미국 의회가 미국, 아시아, 태평양 지역 국민들 간의 이해와 관계 증진을 목적으로 설립한 기관이다. 나는 학회에서 미얀마의 노벨평화상 수상자 아웅 산 수 치Aung San Suu Kyi와 같은 명사와 나란히 연단에 서게 되었다.

당시에 나는 로힝야족의 상황에 대해 아는 것이 매우 적었다. 로힝야족은 대다수가 이슬람교를 믿으며, 아주 오래전부터 여러 세대에 걸쳐 미얀마의 라킨주에 정착한 무국적의 인종 집단이다. 불교 신자가 주를 이루는 미얀마 정부는 로힝야족을 국민으로 인정하기를 거부하며, 그들을 단순히 방글라데시에서 넘어온 불법 이민자로 취급한다. 당시 내가 글을 기고하고 있던 카타르 방송사 알자지라의 영어팀은 2012년부터 지속된, 대부분 불교 신자인 라킨주 주민과 로힝야족 간의 심화되는 갈등을 꾸준히 보도했다. 마 티다 흐트웨라는 스물다섯 살 재봉사가 집단 강간을 당하고 사망하자 두 집단 사이에 무력 충돌이 발생했다.[34]

용의자로 지목된 이슬람교도들이 구속되었지만 불교 신자들이 몰려들어 용의자들을 군중에게 넘기라고 요구하고 도발적인 반무슬림 구호가 적힌 전단지를 배포하기 시작했다. 그 후로 2년 동안 폭력의 정도가 점점 더 심해졌고 국제인권감시기구, 열린사회재단Open Society Foundations, 국경없는기자회Reporters Without Borders, 국제위기그룹International Crisis Group 등의 단체가 사태의 심각성을 경고하는 보고서를 내놓았지만, 그 무렵 미얀마가 국제 기자들에게 개방되었음에도 불구하고 서구 언론은 대체로 침묵하는 쪽을 택했다.[35]

미얀마 방문 일정의 일부로 나는 이스트웨스트 센터가 조직한 단체 관광팀에 초대받아 양곤 지역의 종교 공동체를 돌아보게 되었다. 우리는 성 요셉 카톨릭 교회St. Joseph's Catholic Church, 시바신에게 기도를 드리는 힌두 사원, 그리고 양곤에서 가장 오래된 이슬람 사원에 들렀다. 힌두 사원에서는 도착하자마자 이마에 빨간색 점을 찍어줬다. 마지막 방문지는 파야톤주 불교 사원과 사찰이었다. 3월의 무더위를 잠시 피할 수 있는 살짝 어두운 방에서 우리는 바닥에 앉아 불교 승려와 이야기를 나눌 수 있었다.

대화의 구체적인 내용은 기억나지 않지만 로힝야족 이야기가 나왔을 때 불편한 감정을 느꼈던 것은 기억난다. 우리 팀의 일원들이 언제든 터져도 이상하지 않을 인종 집단학살에 대한 우려를 표명했을 때 그 승려가 별것 아닌 일처럼 취급하던 모습도 떠오른다.

다음 날 학회에서 나는 블로거로도 유명하지만 정치범으로 수감된 경험이 있고 현재 미얀마 경제개발기구를 위한 정보통신기술의 집행이사인 네이 폰 랏Nay Phone Latt과 같은 패널에 속해 있었다. 우리는 미얀마가 직면한 '사이버 도전과제'에 대해 토론을 벌였다. 내가 이야기를 나눈 대다수 사람들은 미얀마 정부가 점점 개방 정책으로 돌아서는 것에 대해 긍정적인 견해를 피력했지만 2008년 20년 징역형을 선고받아서 수감되었다가 군부 해산 이후 석방된 랏은 우려를 표명했다. "[여기서] 어느 정도 자유를 누리지만 안전하지는 않습니다."36

이선 주커먼이 기조연설을 했고, 나중에 그 학회에 대해 블로그에 글을 썼다. "미얀마의 인터넷에 대해 내가 나눈 모든 대화는 혐오 표현에 집중되었다"라고 쓴 그는 이렇게 덧붙였다. "사람들은 로힝야족에 대해서는 별로 이야기하고 싶어 하지 않는 것 같았다."37 기조연설에서 주커먼은 인터넷이 시민사회를 조직하는 데 아주 유용한 도구가 될 것이라고 말하면서도 인터넷의 소음 속에서 목소리를 들리게 하는 것의 어려움에 대해서도 이야기했다. 그는 검열에 대해서도 이야기하면서 검열의 역사적 맥락을 정리했다. 마지막으로 2007년 케냐의 선거 논란을 예로 들면서 이렇게 경고했다. "검열은 혐오 표현에 대처하는 잘못된 방법입니다."[38]

당시의 상황을 고려하면 주커먼의 경고는 시의적절했다. 미얀마는 수십 년에 걸친 엄격한 검열 체제에서 막 벗어나고 있었으며, 여전히 언론의 자유가 제한되고 있었다. 검열의 필요성에 대한 요청은 거의 언제나 정부가 대상이었다. 인터넷과 언론의 고삐를 쥐고 있는 그 정부는 또한 불교 신자가 압도적인 대다수를 차지하고 있었다. 혐오 발언이 난무하고 있었지만 정부에 대해 검열로 대처해달라고 요구한다면 필연적으로 부차적인 피해가 발생할 것이 뻔했다.

어느 날 오후 나는 이선과 함께 여객선을 타고 강을 건너 달라로 향했다. 동네를 돌아보는 동안 피부가 햇볕에 벌겋게 달아올랐다. 우리는 그동안 우리가 양곤에 대해 느낀 점을 공유했다. 음식이 훌륭했고 사람들은 친절했으며 식민주의 시대 건축물은 도심의 폐허로 변하고 있었다. 양곤 시내 곳곳(옥외 광고판, 트럭 뒷면, 심지어 소박한 식당의 메뉴판)에서 페이스북의 URL과 로고를 만날 수 있다는 게 신기했다.

미얀마는 블로그 시대가 거의 저물고 더 중앙집중화되고 사용이 편리한 소셜미디어의 시대로 넘어가는 특이한 시점에 주로 모바일 인터넷에 대한 접근권이 확대되었다. 그래서 사업체들이 굳이 웹사이트 제작에 돈을 쓸 필요가 없었다. 몇 분만 시간을 들여서 페이스북 페이지를 열면 충분했기 때문이다.

그해 하반기에 페이스북은 오페라 브라우저와 함께 미얀마에서의 인기를 적극 활용해 통신업체 텔레노Telenor와 협약을 체결했다. 그 협약으로 텔레노의 고객은 위키피디아와 페이스북 제로에 무료로 접속할 수 있었다.[39] 페이스북 제로는 페이스북이 2010년에 시작한 특별 프로젝트다. 신흥시장의 데이터 상한선 설정 문제에 대처하기 위해 페이스북 플랫폼의 기본만 남긴, 오직 문자로만 운영되는 버전에 데이터 이용료를 면제해주는 제로 레이팅을 도입해서 제공했다. 이 프로젝트 이후에 페이스북의 인터넷닷오알지Internet.org (또는 '인터넷 닷오그'로 불림-옮긴이주)가 출시되었고 2016년 미얀마에 보급되었다. 프리 베이직으로도 알려진 이 서비스는 이후 페이스북 디스커버로 재편되었다.

미얀마의 모바일 인터넷 보급률은 2012년과 2017년 사이에 급격히 상승했고, 그 결과 페이스북 사용자 수도 급증했다. 그동안 자주 반복된 진부한 표현이 미얀마에도 통하게 되었다. "페이스북이 인터넷이고, 인터넷이 페이스북이다."[40] 동료인 제니 갭하트Gennie Gebhart 는 이 표현을 가리켜 "더 손쉬운 이야기를 만들어내는 의도적인 착각"이라고 말했다.

아주 정확한 것은 아니지만 이 클리셰에도 진실이 조금 담겨 있다. 2017년 한 모질라Mozilla 분석가의 보고대로 "제로 레이팅은 인터넷으로 이어지는 진입차로 역할을 제대로 하지 못하고 있다."[41] 요컨대 미얀마의 인터넷 사용자는 페이스북에 대한 접근권만 확보했을 뿐 그 외 나머지 인터넷 세상에서는 여전히 단절되어 있었다. 그해 인권 단체 글로벌 보이스의 단장 엘러리 비들Ellery Biddle은 "페이스북은 사람들이 배우고 만들고 지을 수 있는 열린 인터넷을 그들에게 소개하지 않고 있다"고 지적했다. "사용자들을 대체로 서구 기업 콘텐츠의 수동적인 고객으로 만드는 작은 웹 세상을 만들었을 뿐이에요. 디지털 식민주의인 셈이죠."[42]

인터넷이 미얀마에 어느 정도 보급되면서 로힝야 소수민족에 대한 폭력도 더 심화되었다. 내가 미얀마를 방문한 지 4개월이 지났을 때 한 무슬림 찻집 주인이 불교 신자인 점원을 강간했다는 무고를 당했다. 한 블로거가 이 사건 소식을 전했고, 소식통에 따르면 페이스북에서 빠르게 퍼져나가면서 폭발적인 반응을 불러일으켰다.

그 게시글을 공유한 사람들 중에는 아신 위라투Ashin Wirathu라는 극단적 민족주의자인 승려도 있었다. 그는 만달레이에서 활동했지만 미얀마 전역에 추종자들이 있었다. "그는 스티브 배넌Steve Bannon(미국의 극우 성향 온라인 미디어 '브라이트바트 뉴스Breitbart News' 설립자, 트럼프 행정부 시절 백악관 수석고문을 지냈음 – 옮긴이주)이나 개빈 맥이네스Gavin McInnes(캐나다의 극우 정치평론가 – 옮긴이주) 같은 인물"이라고 한참 뒤에 디아 케이얄리가 내게 설명해주었다. "그 사람이 쓰는 언어는 백인 우월주의자들의 언어, 그리고 힌두 우월주의자의 언어와 판박이에요."

그 사건으로 만달레이에서 폭동이 일어났고, 당시 페이스북에 직접적인 인맥이 없었던 미얀마 정부는 혼란에 빠졌다. 군부에서 상급 간부였던 한 원로 관료가 회계 컨설팅 업체 딜로이트의 지역사무소 운영팀 부장이었던 크리스 툰Chris Tun에게 연락을 취해 도움을 구했다. 툰은 페이스북 관계자에게 이 사실을 알리려고 노력했지만 실패했다. 외교적으로 해결할 방법이 없었던 대통령 사무실은 임시로 만달레이 지역의 페이스북 접속을 차단했다.[43]

페이스북은 미얀마에서 시장 확대에 힘썼지만 미얀마에 진출할 때 주의 의무를 충실히 이행하지 않았고, 미얀마의 불안정한 정치 상황, 임박한 인종 집단학살의 전조를 이해하려고 노력하지 않았으며 (적어도 하지 않은 것으로 보인다), 그곳 사용자들을 보호하는 데 필요한 설계구조를 도입하지 않았다. 미얀마에서 페이스북의 전략은 철저히 자본주의적이었던 것으로 보인다. 플랫폼의 커뮤니티 규정은 2015년 중반까지도 미얀마어로 제시되지 않았으며, 소식통에 따르면 미얀마의 페이스북 사용자가 수백만 명에 달하는데도 미얀마어를 할 줄 아는 콘텐츠 관리자는 단 2명뿐이었다.

연구원들은 이르게는 2013년부터 갈등이 고조되는 미얀마의 상황에 대해 페이스북에게 경고했지만, 페이스북은 그런 경고를 귀담아 듣지 않았다. 호주의 저널리스트 아엘라 캘런Aela Callan은 페이스북의 최고위 간부 중 한 명인 엘리엇 슈라지를 만났고, 그는 캘런에게 인터넷닷오알지와 시민사회 단체와의 연락을 담당하는 직원 두 명을 소개했다. 캘런은 나중에 로이터통신과의 인터뷰에서 "그는 문제를 실제로 해결할 수 있는 페이스북의 내부자는 소개해주지 않았다"고 밝혔다.[44]

그로부터 4년 동안 페이스북의 사용자들이 폭력을 부추기고 있다는 보고가 간간이 흘러나왔다. 지켜보는 외부인도 없고 콘텐츠 관리 역량의 최저 조건만 겨우 맞춘 페이스북의 방음 반향실에서는 반무슬림 발언이 널리 울려 퍼지고 있었다. "파리, 런던 등에서 IS의 테러 공격이나 IS에서 영감을 받은 테러 공격이 일어날 때마다 미얀마의 혐오 표현도 증가했다."[45]

그 당시에 페이스북은 마침내 커뮤니티 규정의 미얀마 번역본을 게시했고, 신고 도구를 지역화했으며, 적은 수의 미얀마어를 아는 콘텐츠 관리자를 보충했다. 그러나 점점 심각해지는 문제에 대한 페이스북의 접근법은 무엇보다 "미얀마와 세계 전역에서 대중의 담론에 그토록 큰 지배력을 행사하는 수십억 달러짜리 테크 거인"치고는 "누가 봐도 즉흥적"이었다.[46]

예를 들어 한 혐오 발언 반대 프로젝트는 "미얀마 사람들이 용기 내어 온라인에서 긍정적인 메시지를 공유할 수 있도록 힘을 실어주는" 가상 스티커 배포가 포함되었는가 하면, 또 다른 프로젝트는 "지역 주민이 설명하는 가짜 뉴스 가리는 법"을 제공했다. 페이스북은 지역의 협력자와 함께 페이스북의 정책과 도구를 교육하는 워크숍을 열었다. "미얀마 사람들이 이 정보를 활용해 미얀마 전역의 공동체를 지원"하도록 돕는 것이 목적이었다.[47] 그러나 반反로힝야 정서가 미얀마 유명인과 정부 페이지에서 계속 활발하게 퍼져나갔고, 페이스북의 그런 대응책으로는 이런 분위기를 타파하기에 부족했다.

2017년 8월 정부의 탄압으로 70만 명 이상의 로힝야족이 국경을 건너 방글라데시로 피난을 갔고, UN 조사위원회가 구성되었다. 당시 UN 인권고등판무관이었던 자이드 라드 알 후세인Zeid Ra'ad Al Hussein은 미얀마 군대의 무력행사가 "교과서에 나올 법한 인종 청소 사례"에 해당된다고 말했고, 미얀마에 파견된 UN 독립 국제 진상규명 조사단 단장 마주키 다루스먼Marzuki Darusman은 소셜미디어가 미얀마 사태에서 "결정적인 역할"을 했다고 밝혔다.[48] UN에서 파견한 또 다른 판무관 이양희도 페이스북을 지목하면서 이렇게 말했다. "우리는 극단적 민족주의 불교신자들이 페이스북 페이지를 운영하고 있으며, 이를 통해 그들이 로힝야족을 비롯해 소수민족에 대한 폭력을 선동하고 혐오를 조장한다는 사실을 확인했습니다."[49]

이에 대해 페이스북은 자사 플랫폼에는 "혐오 표현이 설 자리가 없었다"고 답변했지만, 그럼에도 불구하고 미국 상원의원은 마크 저커버그를 소환했다.[50] 버몬트주 상원의원 패트릭 레이히Patrick Leahy는 무슬림 저널리스트에 대해 살해 협박을 표명한 선동적인 게시물이 커뮤니티 규정에 위반되지 않는다는 판정을 받은 사례를 들면서 페이스북의 소극적인 대응을 강하게 비판했다. "혐오 표현에서는 언어적 특수성이 매우 중요한 요소입니다." 저커버그는 이렇게 진술했다. "그 지역 언어를 사용하는 사람들 없이 하기 힘든 일이고, 우리는 그런 면에서의 노력을 한층 강화해야 합니다."[51] 그는 페이스북이 미얀마어를 사용하는 직원을 수십 명 더 고용해 미얀마의 혐오 표현을 조정하고 있다고 덧붙였다.

저널리스트 에즈라 클라인Ezra Klein이 페이스북의 혐오 표현에 대한 소극적인 대응 문제를 계속 물고 늘어지자 저커버그는 직접적인 답을 회피한 채 달변가의 면모를 보였다. "제 생각에, 미얀마 문제는 회사 내부에서도 많은 관심을 받았습니다." 그리고 "이제 사람들은 당연히 위험과 단점에도 신경을 쓰는 것 같습니다. 저는 그렇게 되기까지 시간이 너무 많이 걸렸다고 생각합니다. 우리가 아무것도 안 한 건 아닌데 말이죠."[52]

그다음으로는 미얀마에서 페이스북이 혐오 표현에 대응하는 데 협조한 시민사회 단체들이 공동으로 페이스북 CEO에게 서한을 보냈다. "당신이 이 기회를 이용해 미얀마의 상황과 관련해 당신들의 '시스템'을 자랑하는 것을 듣고 놀랐습니다. 우리가 보기에 이 사태는 효율적인 콘텐츠 관리의 정반대에 해당하는 대표적인 사례입니다. 회사 밖 제3자에게 지나치게 의존했고, 비상사태에 대응할 적절한 메커니즘이 없었습니다. 또한 시스템의 해결책에 지역의 이해관계자를 참여시키기를 거부했고, 투명성이 부족했습니다."[53]

2018년 8월 15일 로이터통신은 페이스북의 소극적인 대응이 그 당시 계속되고 있던 인종 집단학살에 불을 붙였는지를 조사한 기획 탐사보도 기사를 발표했다. 그 기사에 따르면 그해 6월 페이스북이 말레이시아 쿠알라룸푸르의 액센추어 사무소를 통해 채용한 미얀마어에 능통한 콘텐츠 관리자는 여전히 단 60명에 불과했고, 더블린 사무소에는 미얀마어를 할 줄 아는 정규직 직원이 단 3명에 불과했다.[54] 그 무렵 미얀마의 페이스북 사용자는 2000만 명이 조금 넘었다.

그 기사는 그달에 플랫폼에 올라온 게시물 샘플도 게재했다. 나치 정권하의 독일에서 쓴 것이라고 해도 믿을 만한 내용이었다. "인간도 아닌 컬라 개들인 벵골인이 우리 땅, 우리 물, 우리 인종을 죽이고 파괴하고 있다"고 한 사용자가 썼다. "우리는 그 인종을 말살해야만 한다."[55]

그 기사가 발표된 날 페이스북은 새로운 성명서를 발표하면서 이렇게 인정했다. "미얀마의 인종 학살은 끔찍한 일이며 우리는 페이스북에서 거짓 정보와 혐오가 유포되는 것을 막는 일에 너무 늦었습니다." 페이스북은 실행 가능성이 확실한 폭력과 관련된 정책을 개정하겠다고 공지했고, 그런 게시물을 선별하기 위해 독립 단체 연합과 협력하고 있다고 밝혔다. 페이스북은 이런 해명을 덧붙였다. "이 새로운 규정은 전 세계에 다 적용될 예정이지만, 우선은 가짜 뉴스가 생사를 가르는 결과로 이어진 국가에 초점을 맞추고 진행할 것입니다. 미얀마를 비롯해 스리랑카, 인도, 카메룬, 중앙아프리카공화국이 그런 국가에 해당합니다."[56]

다음 날《가디언》은 '미얀마에서의 페이스북의 실패는 걸음마를 막 시작해서 뒤뚱거리는 아이를 떠올리게 한다'는 제목의 기사를 냈다. 이 기사에서 저널리스트 올리비아 솔론Olivia Solon은 로이터통신이 기획 기사를 발표하기 전날 밤 페이스북과의 전화 기자회담에 참석했다고 전했다. 솔론은 이 회담이 "실수를 무마하려는 시도"였다고 말하면서 이렇게 평가했다. "시민사회 단체는 지금까지 [페이스북이 내놓은] 결과물에 실망하고 있다."[57]

"이것은 누가 봐도 페이스북의 결정에 생명이 달린 상황이고, 그들은 자신들이 경고를 받지 못했다고 말할 자격이 없다"고 케이알리는 말한다. 그녀는 인도에서 비슷한 상황이 발생하고 있으며, 페이스북이 사태를 악화시키고 있는 것에 우려를 표명했다.

그로부터 2주 뒤, 페이스북이 미얀마에서 개인 사용자와 단체의 페이지 20개를 폐지했다는 소식이 들렸다. 그중에는 미얀마군 사령관 민 아웅 흘라잉Min Aung Hlaing 장군과 군 소유의 미야와디 방송국도 포함되어 있었다. 페이스북 성명서에는 UN의 4월 보고서에서 제시한 증거를 근거로 들면서 이렇게 밝혔다. "이들 개인과 단체는 미얀마에서 심각한 인권 침해를 저지르거나 조력했습니다." 그리고 "우리는 그들이 우리 서비스를 통해 인종적·종교적 긴장을 더 악화시키는 것을 막고 싶습니다."[58] 그다음 달에는 페이스북에서 퇴출된 그 장군들이 러시아 소셜미디어 브콘탁테VKontakte에 등장했다. 그중 한 명은 자신의 추종자들에게 브콘탁테로 오라고 강권하는 게시물을 페이스북에 남겼다. "독재자 페이스북은 버려라. 브콘탁테로 옮겨라. [민족주의] 애국자에게 훨씬 더 잘 어울리는 곳이다."[59] 그 게시물에 5000명이 '좋아요'를 눌렀다.

소식통에 따르면 페이스북의 결정을 시의적절하고 필수적인 개입이라며 찬사를 보낸 미얀마 사람들도 있었지만, 다른 사람들은 총사령관을 비롯해 장군들의 계정을 차단하는 것이 진정한 의미에서의 검열인지 의문을 제기했다. 미얀마의 평론가 두 명은 "부디 미얀마 군대를 상대로 한 페이스북의 계정 차단이 정말로 침묵을 강요받는 사람들(비평가와 독립 언론)의 현실을 덮어버리지 않길 바란다"고 강조했다.[60]

물론 이야기는 여기서 끝나지 않았다. 미얀마에서 페이스북이 겪은 일은 아마도 페이스북이 새롭게 외부 감시 위원회를 구성하는 계기가 되었을 것이다. 외부 감시 위원회는 페이스북의 콘텐츠 관리자가 내린 결정이 논란을 일으켰을 때 중재하는 역할을 하는 독립 기구다. 이 글을 쓰는 현재 아직 출범하지 않았지만 너무 미국적이라는 이유로, 전 이스라엘 정부 검열관을 위원으로 초빙했다는 이유로, 그리고 실질적인 힘이 없다는 이유로 이미 엄청난 비판을 받고 있다.

또한 이 사태는 넥스트 빌리언스 네트워크Next Billions Network가 설립되는 계기도 되었다. 이 단체는 이른바 남반구 저개발국가 출신의 젊은 시민운동가들이 모여 구성한 연합으로 주요 IT 플랫폼이 전 세계에 미친 부정적인 영향(인도의 무슬림 집단과 터키의 쿠르드족에 대한 폭력 선동, 토고와 콩고민주공화국의 선거 폭동에 대한 공포 조장)의 피해를 완화하는 것을 목적으로 한다.[61]

그러나 트위터가 게이머게이트 사태 때 플랫폼에서 자행되는 심각한 협박에 제대로 대응하는 데 실패했듯이, 인종 집단학살이 임박했다는 보고에도 소극적으로 행동했다는 사실은 페이스북이 주장하는 표현의 자유 보호와 혐오 표현 철폐라는 모순된 두 가지 원칙의 충실한 이행에 수많은 의문을 제기하게 된다.

근본적으로 이들 기업은 지속성보다는 편의성을 염두에 두고 계속해서 정책을 만들어나갔다. 그들은 근시안적인 세계관에 따라 지구 반대편에 있는 나라의 극단적인 상황이 해결하기가 '더 쉽다'고 생각했기 때문에 그에 대응했다. 그러나 내 파트너인 기술윤리학자 마타나의 말처럼 그 기업들이 자신들이 아는 것이 거의 없는 세계에 쉽고 빠른 미봉책을 던지면 그들이 만들어낸 문제의 '해결책'이 물결효과를 일으켜 부정적인 외부효과를 낳는다. 금지 정책은 오히려 이들 플랫폼을 이용해 위해를 가하려는 개인과 집단에게 무기가 된다.

코로나19 팬데믹은 기업들이 활용할 수 있는 자원을 매우 실질적으로 제한했다. 그러나 코로나19도 플랫폼에서 폭력적이고 공격적인 정서가 무성하게 자라는 것은 막지 못했다. 미얀마와 인도, 미국과 영국에서 대체로 아무런 제재 없이 혐오가 계속 퍼졌고, 종종 분열을 조장하려고 나선 정부 인사나 기타 '허위' 행위자가 그런 혐오를 퍼뜨린다. 그럼에도 불구하고 표현의 자유를 어떻게 다뤄야 할지 결정하는 문제는 여전히 매우 복잡한 문제이고 쉽게 답할 수 없는 문제다.

이런 복잡성을 고려할 때 대다수 기업이 이 문제를 그런 속성에 맞춰 세심하게 다루기보다는 자동화라는 거친 도구를 적용했다는 점에 주목할 필요가 있다. 자동화 시스템은 혐오 표현의 뉘앙스를 다 파악하지 못할뿐더러 지나치게 넓은 그물망이어서 부차적인 검열이 이루어지기도 한다.

1969년 ICERD 제정 당시 그 조약의 토대가 된 관념은 정부로부터 시민을 보호해야 한다는 것이었다. 그러나 플랫폼의 시대에는 두 가지 흐름이 나타나는 것을 볼 수 있다. 하나는 독일과 같은 국가의 정부가 규제를 통해 플랫폼으로부터 시민을 보호하는 것이다. 또 하나는 플랫폼이 정부로부터 시민을 보호해야 하는 입장에 놓이게 된 것이다. 2020년 6월 트위터가 미국 대통령의 일부 트윗에 대해 그 내용이 오해를 불러일으킬 수 있다고 표시하기로 한 결정이나 페이스북이 미얀마 장군들의 페이지를 폐쇄한 조치가 그런 예다.

이런 행보는 충분히 납득이 가지만, 그리고 어느 정도는 시의적절하고 필수적이라고 여겨지지만, 그럼에도 불구하고 우리는 선출된 것도 아니고 어떤 자격 요건을 충족한 것도 아닌 미국 기업 CEO에게 그런 큰 힘이 주어진다는 관념 자체를 깊이 걱정해야 한다. 선거의 공정성을 보장하거나 인종 집단학살을 막는 등 민주주의의 미래가 최종적으로 마크 저커버그나 잭 도시에게 달렸다는 것은 무엇을 의미하는가? 이런 시나리오를 조장한 기업들이 그런 문제를 해결할 것이라고 기대하는 것은 본질적으로 부질없는 희망이다.

나는 10년 이상 혐오 표현 문제를 해결할 답을 찾고 있지만, 진실은 아직도 그 답을 찾지 못했다는 것이다. 그리고 그 문제를 순리대로 해결되도록 내버려두는 것이 최선이라고 믿었다. 햇볕이 최고의 소독제이며, 대항 발언이 그런 혐오 표현에 맞서는 핵심 도구라고. 또 주요 광장에서 혐오 표현을 검열하면 오히려 그 혐오가 지하세계로 숨어 들어가 더 곪을 것이 걱정되었고, 혐오 표현을 하는 이들이 교활한 도망자라서 어떤 식으로든 금지 조치를 우회할 방법을 쉽게 찾을 것이 걱정되었다. 지금도 여전히 그런 걱정을 한다.

플랫폼이 없었다면 나는 여전히 그렇게 믿었을 것이다. 그러나 플랫폼의 문제는 모든 사람이 무슨 말이든 하고 싶은 대로 하도록 내버려두는 것이 아니라, 플랫폼의 구조 자체가 그것이 킴 카다시안이든 인종 집단학살 선동이든 그때그때 인기를 얻고 대중의 지지를 얻는 것은 무엇이든 현금화하고 자본화하도록 설계되었다는 점이다. 이 사실은 선동과 괴롭힘이 문제가 될 때 왜 주요 소셜미디어 기업들이 몸을 사린 채 지켜보기만 할 뿐 좀처럼 적극적으로 개입하길 꺼리는지를 그 어떤 논리보다도 잘 설명해준다.

이런 환경에서 우리는 표현의 자유에 관한 질문이 아닌 유포의 자유에 관한 질문을 고민해야 한다. 혐오 표현은 소수의 청중을 대상으로 내뱉을 때는 그렇게까지 심각한 문제를 일으키지 않는다. 그러나 오늘날 소셜미디어 플랫폼에서는 누구든 '인플루언서'가 될 수 있고, 추천 알고리즘으로 인해 그런 논란을 일으킬 만한 콘텐츠는 필연적으로 검색 목록 상위에 뜬다. 이제는 세상의 종말이 온다고 쓴 표지판을 앞뒤로 메고 다니는 남자가 수백만 명에게 들리는 확성기를 들고 외치기가 그리 어렵지 않게 되었다. 특히 도널드 트럼프 같은 인물이 당신 트윗을 우연히라도 발견했다면 더욱 그렇다.

이제 이런 곤란한 질문들에 대처해야 하고 설계적·정책적 결정을 내려야 하는 권한을 부여받은 플랫폼 기업들의 내부에 있는 사람들이 이런 질문들을 오랫동안 깊이 고민한, 똑똑하고 삶의 지혜를 지닌 사람들이라는 점을 지적해야겠다. 내가 이야기를 나눈 많은 사람이 이런 것들이 어려운 문제이며 쉽게 답을 구할 수 없는 문제라는 점을 인정했다. 그리고 나도 그들의 생각에 동의한다. 그러나 한편으로는 많은 사람이 그들을 고용한 기업이 충분히 빨리 행동에 나서지 않았다는 점도 인정했다. 우리는 특히 2016년 미국 대선 이후 직원들의 사퇴, 인권운동가들의 시위, 전 직원의 비판을 통해 그런 평가를 확인할 수 있다. 그러나 그렇다고 해서 이들 개인을 공모자로 취급해서는 안 된다. 그들은 여전히 고용된 직원이다. 물결을 바꿀 수 있는 힘이 그들에게는 없다.

이 책에서 비판한 모든 기업 중에서 아마도 페이스북이 가장 강력한 힘을 쥐고 있고 비판에 가장 무심한 기업일 것이다. 2020년 한 해에만 여러 이야기가 흘러나왔다. 인도에 있는 페이스북의 고위급 정책팀 직원이 개입해서 인도의 집권당인 인도국민당Bharatiya Janata Party, BJP이 온라인에서 선동하는 것을 그대로 내버려두게 했다. 페이스북 이사 피터 틸이 백인 민족주의자들과 함께 식사를 했다. 앞에서도 언급했던 페이스북의 외부 감시 위원회 위원 에미 팔머가 예전에 팔레스타인 국민의 발언을 검열하는 데 큰 역할을 했다. 각각의 경우에 페이스북 이사진의 답변은 아무리 좋게 평가해도 소극적이었다.

국가의 영역이 끝나고 페이스북의 지배가 시작하는 경계선은 점점 더 모호해지고 있다.

우리 사회에 스며들고 퍼지고 있는 혐오 표현에 대처하는 것은 매우 절박한 문제다. 그것을 단순히 소셜미디어의 폐해 중 하나로 치부해서는 안 된다. 플랫폼 기업들은 그런 혐오 표현의 확산을 허용했고 증폭했다. 우리는 플랫폼의 역할에 대해서도 고민해야 하지만 이 문제의 근원도 파악해야 한다. 가정에서, 학교에서, 권력 집단이 모인 회의실에서. 검열로 최악의 범죄와 재난이 발생하는 것을 어느 정도까지는 막을 수 있을지도 모른다. 그러나 그것만으로는 문제의 뿌리를 뽑을 수 없다.

10장

미래는 우리가
써 내려가는 것

도구는 절대로 그 주인의 집을 해체하지 않는다.

_오드리 로드 Audre Lorde

2020년 3월 11일, 막 수리를 마친 자전거를 가지러 5킬로미터를 걸어 갔다. 가는 길에 손소독제를 사려고 몇몇 가게에 들렀지만 번번이 허탕을 쳤다. 그 주에 베를린에 신종 코로나 바이러스 소식이 전해졌고, 이미 다른 사람들이 비누, 세제, 화장지를 사재기한 뒤였으니까. 나는 집으로 돌아가 몇 군데 전화를 돌리고 목록을 만들고 마음을 편하게 먹었다. 그로부터 사흘도 지나지 않아 세상이 완전히 달라져 버렸다.

빅테크 기업이 어떤 발표도 하기 전부터 우리 같은 예민한 관찰 자는 그들이 콘텐츠 관리자의 업무를 완전히 중단시키고 집으로 돌려보내리라는 것을 알고 있었다. 어떤 지원 체계도 없고 프라이버시도 보장되지 않는 집에서 사람이 그런 업무를 할 수 있으리라고 기대하는 것도 비합리적이므로 수긍이 가는 결정이었지만, 그리고 아주 신중하게 고민하고 내린 결정이었겠지만(콘텐츠 관리자들은 여전히 임금을 전액 다 받았다), 그 결정이 준공공 영역에서 우리의 표현이 규제되고 감독받는 방식에 장기적인 영향을 미친다는 사실이 이미 여러 징후로 나타나고 있다.

코로나19가 전 세계로 퍼지면서 글로벌 팬데믹으로 탈바꿈하는 동안 콘텐츠 관리자들은 마닐라, 더블린, 베를린, 오스틴 등에 있는 자신의 집에 격리되었고, 자동화 도구가 그들의 자리에 대신 투입되었다. 비록 일부 기업, 예컨대 유튜브와 트위터는 자동화 시스템의 결함과 위험을 기꺼이 인정했고 그런 오류를 줄이기 위한 핵심 방어벽을 보강했지만, 유독 페이스북만은 거짓 정보와 싸우고 '유해한 콘텐츠를 삭제'하는 데 집중했다. 페이스북은 아무 문제 없는 콘텐츠를 잘못 삭제한 경우에 그 문제를 어떻게 해결할지에 대해서는 별다른 입장을 밝히지 않았다.[1]

팬데믹으로 인해 기업들은 오판을 했을 때 그것을 복구하기가 훨씬 더 어려워졌다. 대다수 플랫폼은 사용자들이 이의를 제기했을 때 그에 충분히 대처할 수 없는 상황이라는 점을 솔직하게 인정했다. 현재 페이스북은 어떤 조치에 대해 사용자가 동의하지 않을 때 그런 반박을 등록할 수 있는 선택지를 제공한다. 시기가 시기이니만큼 기업들이 제한된 자원으로 운영된다는 것은 알고 있지만, 더 많은 콘텐츠를 삭제하라는 압박이 계속되는 가운데 이미 팬데믹 이전부터 진행되었던 콘텐츠 관리 자동화가 확대되면서 억울하게 삭제되는 콘텐츠의 수가 증가했다. 그리고 대다수의 경우에는 사용자가 삭제된 콘텐츠 복구를 요청할 기회조차 주어지지 않는다.

2020년 5월 25일, 미국에서 전몰장병 추모일 전날 밤, 40대인 조지 플로이드George Floyd가 담배를 사려고 가게에 들렀다. 상점 주인은 플로이드가 위조지폐로 지불했다고 의심했고, 담배를 다시 내놓으라고 요구했지만 플로이드가 돌려주지 않자 경찰을 불렀다. 경찰은 도착한 직후 플로이드를 차에서 내리게 하고 수갑을 채웠다. 플로이드는 인도에 얌전히 앉아서 기다렸고, 다른 경찰관들이 도착해서 그를 정식으로 체포하고 경찰차로 끌고 갔다. 그런데 플로이드가 숨을 쉴 수 없다면서 반항하자 데릭 쇼빈Derek Chauvin이라는 경찰관이 그를 쓰러뜨린 다음 목을 무릎으로 눌렀고, 플로이드는 최소한 열여섯 번은 살려달라고 소리쳤다. 행인들이 다가가 여러 번 말렸지만 쇼빈은 그의 목에서 무릎을 떼지 않았고, 심지어 우쭐한 표정을 지어 보였다(쇼빈이 경찰관으로 재직한 19년간 그에 대해 불만을 제기한 민원이 열여덟 번이나 있었다). 결국 플로이드는 의식을 잃었고, 그로부터 한 시간 뒤 병원에서 사망 선고를 받았다.

미니애폴리스에서는 곧장 플로이드를 추모하고 경찰의 과잉진압을 규탄하는 시위가 시작되었다. 그리고 1주일도 지나지 않아 그 시위는 미국 50개 주 전역으로 퍼졌다. 6월 6일에는 미국 외 지역으로 확산되면서 도시 수백 곳에서 사람들이 거리로 나와 연대와 지지를 표했고, 해당 지역에서 자행되는 불공정 행위에 대해서도 대항했다. 그날 시위대의 구호는 명확해졌다. '경찰에 대한 재정 지원을 중단하라.'

그렇게 2020년 6월 6일은 전 세계인이 거리로 나와 결속을 다진 날이다. 그런데 그날은 그와는 다른, 그렇지만 매우 밀접하게 연결된 사건이 벌어진 날이기도 하다. 10년 전 같은 날, 지구 반대편에서 칼레드 사이드가 경찰의 폭행으로 사망했던 것이다. 각각 이집트와 미국에서 경찰이 과도한 무력을 행사하고 과잉진압한 두 사건은 떼려야 뗄 수 없는 관계에 있다. 그 두 사건은 자본주의와 권력의 글로벌 네트워크를 통해, 그리고 더 직접적으로는 군사 원조와 훈련을 통해, 무엇보다 권력자들이 반대 목소리를 억누르려고 동원하는 방식의 유사성을 통해 연결되어 있다. 그리고 권력자들이 동원하는 방식에는 플랫폼에 의한 검열이 포함된다.

우리 민중은 우리를 연결하는 불공정함의 유사성에 막 눈을 뜨고 있지만, 지난 몇 달간의 상황을 보면 실리콘밸리의 대다수 기업은 그것을 외면하며, 직시할 마음 자체가 없다는 것을 명백히 알 수 있다. 3월과 5월 사이에 실리콘밸리는 모든 노력을 코로나19에 쏟았다. 수많은 해시태그가 중단되고, 성노동자가 플랫폼에서 추방되었으며, 시민운동가가 검열을 당했다. 콘텐츠 관리 업무의 거의 전면적인 자동화를 추진하는 동안 유해한 콘텐츠를 삭제하라는 압박이 커지자 검열의 정밀성과 정확성을 높이기가 더 어려워졌고, 그 결과 이전보다 부수적 검열이 훨씬 더 많이 이루어지고 있다. 케이트 클로닉은 '죽이다'라는 단어가 들어간 농담을 올렸다가 트위터 계정이 정지당했다면서 이렇게 썼다. "지금 현재, 폭력적인 프로파간다를 유포할 염려가 있는 계정을 그대로 두었을 때 트위터가 치르게 될 대가는 매우 크다. 그리고 트위터가 일반 사용자의 계정을 정지해서 입는 손해는 매우 낮다."[2]

콘텐츠 관리에 투입할 수 있는 인력과 자원이 최소한에 머물고 있는데도 기업들은 여전히 새롭고 치명적인 규칙을 도입하기 위한 노력을 아끼지 않았다. 그런 규칙은 집에 갇혀 이전보다 온라인 플랫폼에 훨씬 더 많이 의존하게 된 많은 사용자에게 과도한 영향력을 행사하게 되었다. 수다를 떠는 장소였던 정수기는 업무용 메신저 슬랙으로 교체되었고, 강의실은 온라인 화상회의 앱 줌Zoom으로, 학회는 동영상 플랫폼 유튜브로 대체되었다. 우리 아이들은 온라인으로 수업을 듣고, 우리는 구글 그룹을 통해 상호 지원 방안을 조직하며, 고펀드미GoFundMe 같은 사이트를 통해 의료비나 월세 지급을 위한 자금을 모금하고, 그런 노력들을 트위터에서 홍보한다.

그렇다면 우리의 현 시대정신zeitgeist에서 도출되는 합리적인 결론은, 우리가 무엇을 표현해도 좋은지에 관한 결정을 할 때 인간 판단의 비중을 더 늘리고 더 신중해져야 한다는 것이다. 책임지지 않을 소수의 행위자와 알고리즘의 변덕에 맡겨서는 안 된다.

* * *

지난 10년간 주머니에 쏙 들어가는 작은 화면으로 우리는 시위가 끊이지 않는, 역사상 유례가 없는 상황을 목격했고, 세계적으로 서로 별개처럼 보이지만 너무나도 깊이 연결된 여러 운동이 전개되는 것을 지켜보았다. 그런 것들의 정확한 시작점을 파악하기란 어렵다. 어떤 이들은 제2차 인티파다에서 시작했다고 말하기도 하고, 다른 이들은 시애틀에서 있었던 1999년 WTO 시위를 지목하기도 한다. 그러나 대중에게 그런 질문은 중요하지 않다. 중요한 것은 그런 다양한 운동들을 하나로 연결하는 고리, 예컨대 정의 구현을 위한 여정과 감춰진 역사의 발굴과 보존 그리고 세계 전역에서 진정한 평등을 실현하려는 열망 등이다.

2017년 제이넵 투펙치는 "디지털 기술은 시민운동 역량과 그 신호 간의 관계를 근본적으로 바꾸고 있다"[3]고 지적했다. 물론 이것은 의심의 여지가 없는 진실이다. 레바논 베이루트의 시위대들이 자신들을 지지하기 위해 브루클린 거리에 나온 사람들에게 사랑한다고 메시지를 보내거나, 이집트와 튀니지 사람들이 지난 몇 년간 시위 관련 노하우와 일화를 나누거나, 미국의 '흑인의 생명도 소중하다' 운동이 유럽, 아프리카 등지에서 새로운 내용을 얻은 것 등이 모두 그런 예다. 그 결과 우리 민중은 변함없는 진실에도 눈을 뜨기 시작했다. 그것은 우리가 모두 서로 연결되어 있다는 사실이다.

그러나 이번 세기의 전환점에서 팔레스타인 사람들과 시애틀 사람들이 확실하게 보여줬듯이 권력의 중심 또한 서로 연결되어 있다. 오직 자본주의라는 렌즈로만 들여다보기 쉽지만 세계화는 세계의 많은 정부를 하나로 묶었으며, 글로벌 엘리트층의 권력을 공고화했다. 그리고 이제 우파 광신도와 백인 우월주의가 최고위층에 스며들면서 서로 연결되고 세계화된 거버넌스는 새롭고 한층 더 위험한 형상을 갖추게 되었다.

코로나19 팬데믹은 미국과 다른 많은 국가 기관의 실패를 여실히 드러냈다. 그러나 동시에 다른 흥미로운 뭔가도 드러냈다. 실리콘밸리 기업들은 수년 동안 인종 집단학살, 살인 협박, 거짓 정보에 대한 요구가 그들의 글로벌한 플랫폼에서 번창하는 것을 지켜보며 발만 동동 굴렀지만, 미국에서 질병과 사망이 널리 확산된 현실과 마주한 지금, 갑자기 특정 표현을 검열하고자 하는 확고한 의지를 보여주고 있다.

아마도 '플랜데믹Plandemic'이라고 불리는 다큐멘터리 영상이 거의 증발했다고 할 정도로 불시에 사라졌다는 사실이 그런 의지를 가장 잘 보여주는 증거일 것이다. 2020년 5월 4일에 게시된 26분짜리의 이 동영상은 신종코로나 바이러스에 관한 수많은 거짓 주장들을 내세웠다. 하이드록시클로로퀸hydroxychloroquine(말라리아, 루푸스 등 질병 치료에 사용되는 약)으로 코로나19 환자를 치료할 수 있다는 제안부터 독감 백신을 맞으면 신종 코로나 바이러스에 걸릴 확률이 높아진다는 거짓 주장까지 거침없이 쏟아냈다.

유튜브, 페이스북, 트위터는 이 동영상을 완전히 증발시켰고, 일부 비평가들은 이것이 그동안 기업들이 유해한 콘텐츠를 검열할 역량이 늘 충분했다는 것을 보여주는 정황 증거라고 주장했다. 그러나 예리한 비평가들이 이미 알아차리고 있었듯이 기업들은 지난 10년간 이미 특정 유형의 표현을 사라지게 만들고 '있었고', 그러면서도 흔적을 거의 남기지 않았다.

반면 같은 기간에 극우파는 미국에서는 물론 다른 지역에서도 권력과 영향력을 늘리고 있었지만, 기업들은 소요가 확산되는 것을 막기 위한 최소한의 조치만 취했다. 마치 자신들의 손이 묶였다는 듯이 굴었지만, 그들의 정책은 종종 트럼프 행정부가 원할 법한 방향으로 나아가고 있는 것처럼 보였다.

인터넷, 그중에서도 특히 소셜미디어는 중앙집중화된 미국 주류 언론의 신호를 증폭했다. 미국 주류 언론의 이해관계는 무엇보다 미국의 시사 문제에 달려 있다. 그리고 미국 시사 문제뿐 아니라 미국의 엘리트층에게 가장 중요한 일들에 달려 있다. 미국 엘리트층의 구성을 보면 여전히 백인이 압도적인 비중을 차지한다. 그래서 트럼프 재임 중에 미국 대중은 내 동료와 내가 오래전부터 알고 있던 사실을 알게 되자 놀랄 수밖에 없었다. 현재 우리의 표현은 거의 대부분 소수의 몇몇이 통제하고 있다.

그러나 더 깊이 파고들면 소셜미디어 플랫폼에서 성노동자의 목소리와 생계가 전략적으로 억압당했다는 사실도 알게 될 것이다. 주류 언론 밖으로 눈을 돌리면 시리아와 팔레스타인과 이집트, 칠레와 수단과 홍콩, 미얀마와 튀니지, 그리고 기타 지역의 인권운동가들이 시야에 들어올 것이다. 세상을 더 열린 곳, 더 연결된 곳으로 만들겠다고 약속했지만 그들의 이야기에 전혀 관심이 없었던 기업들에 의해 침묵을 강요당하는 이들이다. 물론 그들의 이야기가 미국의 문화적 · 경제적 헤게모니의 목적에 부합하는 경우는 예외다.

초창기 시절을 돌아보면, 서사 하나가 등장하기 시작한다. 초기에 핵심 플랫폼들, 적어도 구글, 유튜브, 트위터, 페이스북은 아주 진지하고 신중하게 자신의 업무에 임하는 정책팀을 고용했다. 정책팀의 직원들도 인간이다 보니 실수를 저지르곤 했지만 플랫폼을 모든 사람이 동등하게 목소리를 낼 수 있는 공간으로 만들기 위해 노력했다. 초창기에는 구글의 대표 고문 변호사 니콜 윙이 있었다. 그녀는 정부들의 요구에 콘텐츠를 지역별로 차단하기로 결정한 데 대해 여전히 무거운 책임감을 느끼고 있다. 또한 알렉산더 맥길브레이도 있다. 그는 트위터에서 재직 중이던 시절, 이른바 위키리크스 자원활동가로 지목된 사람들의 정보를 넘기라는 미국 정부의 요구를 거절했다. 알렉스 스테이모스Alex Stamos는 야후!를 떠나 페이스북으로 간 광산의 카나리아였다. 페이스북에서 그는 회사의 행보에 점점 불만이 커졌고, 짧게 3년 정도 일한 뒤 결국 사퇴했다. 페이스북의 실책을 기록하는 데 집착하는 블로거였던 스물다섯 살의 나에게 연락을 취했던 페이스북 직원은 궁극적으로 나를 여기로 이끌었다. 그리고 그런 노력을 기울인 사람들의 목록은 끝이 없다.

이들 개인들의 선한 선택들도 중요했지만, 그런 시절은 오래가지 않았다. 그들보다 기업의 위계질서상 더 높은 상층부에 있는, 권력과 돈에 집착하는 개인들이 최종결정권을 쥐고 있었다. 비록 겉으로는 다른 주장을 했지만, 마크 저커버그나 셰릴 샌드버그가 자신들이 권력과 돈 이외의 것에 관심이 있다고 주장하는 것을 나는 결코 믿지 않았고, 그리고 잭 도시는 나중에는 선한 길로 돌아온 것처럼 보이기는 했지만, 권력에 대한 그의 욕구 또는 그 주위에 머물고 싶은 욕구는 현재 우리가 이런 상황을 맞이하게 된 요인들 중 하나다. 트위터가 다른 결정을 내렸다면 결코 선출되지 않았을 사람이 대통령이 되고 미국이 몰락하는 것을 지켜봤다. 기업은 사람이다. 적어도 미국에는 그런 말이 있다. 그러나 기업의 입장과 행동을 결정하는 것은 수익을 거둬들이는 노동자 집단이 아니다. 정치 압박과 주주 압박에 취약한 이데올로기를 따르는 선택받은 소수가 결정하며, 그래서 최종적으로 정치 압박과 주주 압박이 그들이 내리는 결정의 근간이 된다.

이 책에서 나는 지난 이삼십 년간 실리콘밸리 플랫폼의 변곡점이라고 믿는 지점들을 기록했다. 또한 그동안 인권운동가와 시민사회 단체가 플랫폼에게 책임을 지우기 위해서 했던 수많은 시도들을 알리려고 노력했다. 2010~2011년의 '아랍의 봄'(물론 이미 그 전에 제1차 및 제2차 팔레스타인 인티파다, 이집트의 케파야 운동, 디지털에 능숙한 시민운동가들의 10여 년에 걸친 네트워크 구축 등 긴 서곡이 있었다)은 주요 플랫폼 정책입안자들로 하여금 자신들의 도구가 단순히 휴가 사진을 공유하는 공간 이상이라는 것을 깨닫게 만들었고, 그래서 시각적으로 자극적인 폭력이 담긴 콘텐츠에 대처하는 정책을 바꾸고 재빠른 대응 조치를 도입하고 시민사회 단체와 협력하게 했다.

이런 희망과 혁명의 시기 뒤에는 거의 곧바로 시리아의 내전과 이슬람국가의 급부상이 뒤따랐다. 두 사건 모두 엄청난 양의 프로파간다, 봇넷botnet(사용자가 모르게 바이러스 같은 악성 소프트웨어의 통제를 받는 컴퓨터들 - 옮긴이주), 그리고 저의가 의심스러운 국가 행위자를 온라인 전장으로 불러들였다. 나는 이 시기가 페이스북이 방향을 잃었던 시점이라는 점을 똑똑히 기억한다. 페이스북은 정책을 바로잡는 대신 인수, 합병, 그리고 AI에 자원을 쏟아부었다. 훨씬 더 적은 자원으로 운영되던 트위터는 괴롭힘, 선동, '비정상적인 활동'과 싸우고 있었지만, 사용자층이 훨씬 더 얇았기 때문에 종종 시민사회의 요구에 더 유연하고 즉각적으로 대응할 수 있었다.

아마도 언론의 분노를 정면으로 받아들여야 했던 유튜브는 처음에는 옳은 일을 하려고 노력했다. 훗날 니콜 윙은 그 시기를 "실수하지 않기 위해 우리가 봐야 하는 것들을 이해해야 했고, 이를 위해 인권 공동체가 [그리고 그들의 도움이] 필요했던 순간"이라고 설명했다. 그러나 시리아의 상황이 악화되면서 유튜브 측에 연락을 취하려고 애쓴 많은 시민운동가에 따르면 유튜브는 이후 내부 결속만 강화했다. 그 시기의 사건들은 그로부터 2~3년 뒤 우파의 맹습이 시작되었을 때 유튜브의 정책입안자들에게 교훈이 되었어야 하지만 근시안적 판단, 수익 우선적 사고방식, 그리고 뿌리 깊은 미국 중심주의가 그들의 눈을 가렸고, 그들은 누가 봐도 명백한 백인 우월주의자와 ISIS 간의 유사성을 알아차리지 못했다.

실리콘밸리에서 전반적으로 진행되는 온라인상의 표현 관련 정책의 변화를 내가 지켜보는 동안에도 플랫폼에 대한 시민사회의 반발은 점점 커지고 있었다. 세계 전역에서 진행된 이 국제적인 운동에 참여한 인권운동가, 학계, 기타 공공 지식인 인사들은 "감시와 통제에 활용될 수 있는 모든 디지털 기술 도구는 감시와 통제에 활용되고야만다"고 주장했다.[4] 그리고 "모든 국가와 그 국가들의 산업 전체가 몇몇 국가의 작은 집단이 세운 소수의 기업이 제공하는 핵심 인프라, 소프트웨어, 그리고 하드웨어에 전적으로 의존하고 있다"고 지적했다.[5]

이렇듯 10년 이상 협조하고 있는 이들을 포함해 서로 긴밀하게 연결된 집단과 개인들은 그동안 수년간 의미 있는 변화를 이끌어내기 위해 엄청나게 노력했다. 그들은 특정 정책의 수정을 촉구했고 성공했다. 변화를 기록하고, 콘텐츠를 삭제했으며, 중요한 정책 원칙을 만들었다.[6] 그들은 전 세계를 돌며 학회에서 이야기하고 기업의 확성기에서 흘러나오는 진부하고 모순된 이야기에 정부 관계자가 열심히 귀 기울이는 동안 눈알을 굴렸다. 그들은 콘텐츠의 대량 검열이 매우 복잡하고 궁극적으로는 불가능한 일이며, 북반구의 선진국들이 인터넷의 최악의 표현들로부터 우리를 보호하기 위해 값싼, 대부분 남반구 저개발국의 노동력을 동원할 수밖에 없다는 사실을 폭로했다. 그리고 무엇보다 그들은 광고 기반 사업 모델, 그리고 구글과 페이스북의 독점화가 모든 문제의 근원이라는 사실을 깨달았다.

실리콘밸리의 입장에서 인종차별주의는 수익성이 높은 아이템이다. 이와는 대조적으로 내가 가장 신경 쓰이는 것들, 즉 역사가 지워지지 않도록 보존하는 것, 여성·퀴어·트랜스젠더·성노동자가 차별당하지 않는 것, 대테러 조치가 비효율적이지 않은 것, 그리고 혐오와 선동 표현에 대항하려는 시도가 오히려 차단당하고 제거되지 않는 것 등은 수익성이 별로 없다. 그리고 실제로 실리콘밸리 기업들은 그런 것들이 경제적인 측면에서 위험하다고 판단하는 것 같다.

2020년 미국 전역에서 집단 시위가 벌어진 처음 며칠간 나는 브리 뉴섬 배스Bree Newsome Bass(영화감독이며, 아마도 사우스캐롤라이나주 주 의회 지붕에 올라가 남부연합군 깃발을 뜯어낸 시민불복종 활동으로 가장 유명할 것이다)가 트위터에 올린 내용에 충격을 받았다. "대규모 시위 이후 정치 기득권 세력이 인종차별주의에 대처하기 위해 하는 모든 것들은 그런 시위가 없었더라도 언제든 충분히 할 수 있는 일이었습니다. 다만 그들이 그동안 일부러 하지 않았을 뿐이었다는 사실을 부디 깨닫길 바랍니다"라고 그녀는 탄식하며 썼다.[7]

팬데믹에 대한 실리콘밸리의 반응은 재빠르고 합리적이고 신중했으며, 뉴섬 배스의 주장에 꼭 들어맞는 사례다. 테크기업이 그동안 온라인상에서의 혐오 표현이 야기하는 피해를 완화할 수 있는 조치를 언제라도 취할 수 있었다는 증거다. 다만 그들은 일부러 그렇게 하지 않았고, 정부와 권력을 쥔 집단이 플랫폼을 통해 검열하기를 원하는 것들에만 관심을 집중했던 것이다.

진실은, 미국인에 대한 잠재적 해악이 충분히 커지면 테크기업들이 움직인다는 사실이다. 외국인에 대한 해악이 충분히 커졌을 때는 엄청난 압박이 더해져야만 움직인다. 그리고 때로는 그런 때에조차 움직이지 않는다.

* * *

그렇다면 이것은 표현의 자유에 있어서는 무엇을 의미하며 우리는 무엇을 해야 하는가?

10년 전 콘텐츠 관리에 관한 정책과 관행은, 표현의 자유 절대주의까지는 아니라 하더라도 당시에 공유된 신념인 표현의 자유 극대화주의에 의해 형성되었다. 이 점은 구글이 2008년 알카에다의 동영상 삭제를 거부한 것, 트위터가 나체 이미지 금지를 거부한 것, 유튜브가 시각적으로 자극적인 폭력 동영상에 예외를 둔 것 등 여러 사례로 뒷받침된다. 그러나 시간이 지날수록, 기업과 사용자층이 커지고 탈중앙집중화할수록 시대정신은 반대편으로, 내 소중한 친구이자 멘토인 이선 주커먼이 '공중보건 체제'라고 부른 것으로 넘어간다. 그 체제에서는 어떤 표현의 잠재적 해악을 검열로 인한 해악 또는 그 표현을 온라인에 그대로 두었을 때 얻는 이득(기업들이 종종 '뉴스 가치'라고 부르는 것)과 비교해 균형점을 찾는다.

그런데 내가 보기에 이런 설명은 부분적으로만 정확하다. 미국, 유럽, 그리고 영어를 사용하는 다수의 국가에서 여러 요인들이 하나로 합쳐져 그런 공중보건 체제가 등장했다. 시민운동가, 광고주, 주주들이 혐오 표현, 인종차별주의, 총기 판매를 검열하도록 압박을 가했고, 정부도 같은 요구를 했다. 다만 정부는 성적 표현의 통제도 요구

385

했다. 물론 지난 몇 년간 이런 담론은 이른바 보수주의 표현 검열이라고 주장하는 것으로 전환됐지만, 그것은 오로지 소수의 대형 언론 재벌과 우파 정치인이 터무니없는 주장을 고집하면서 지겹도록 반복했기 때문이다.

나머지 세계에서는 모든 것이 상당히 다르게 전개되었다. 이슬람 극단주의자가 가하는 위협은 물론 매우 실질적인 것이었지만 서구 행위자에 의해 왜곡되었고, 그로 인해 마르크스주의자, 민주주의 운동가, 무정부주의자 기타 탄압에 저항하는 집단을, 파괴와 혼란을 최우선 가치로 삼은 알카에다, ISIS와 같은 부류로 취급하는 결과를 낳았다. 이것은 다시 극단주의 표현뿐 아니라 극단주의에 맞서는 대항 표현, 풍자, 그리고 시리아의 경우에는 집단 기억에 대한 광범위한 억압으로 이어졌다.

합의하에 이루어지는 성노동에 참여하는 성인에 대한 지속적인 탄압은, 그것이 합법적이건 아니건 언론이 거의 다루지 않는 우리 시대의 가장 충격적인 서사 중 하나다. 미국에서 일어난 법의 변화(예컨대 SESTA-FOSTA의 제정)에 의해 심화되었지만, 그 이전에도 이미 진행 중이었으며 의도는 선하지만 그 방향이 잘못된 성매매 반대운동과 결제 처리업체, 기업 이사진, 정치인의 보수적인 성향 둘 다가 작용한 결과다. 성노동자에 대한 검열은 팬데믹이 발생하기 훨씬 전부터 그들에게 아주 치명적이었지만, 성노동자들이 우리와 마찬가지로 자가 격리를 하며 거의 집에 갇혀 지내는 지금은 노동권이라는 아주 절박한 쟁점이 되었고, 이것은 그들이 거의 홀로 싸워야 하는 문제가 되었다.

권리 주체와 플랫폼 간의 전투, 그리고 권리 주체와 그들의 저작권을 침해하는 자들 간의 전투는 오래전부터 논평가들에 의해 이분법적인 투쟁, 즉 힘없고 약한 창작자와 그보다 훨씬 더 강한 집단 간의 투쟁으로 규정되었다. 그러나 실제로는 그보다 훨씬 더 복잡한 문제다(너무나 복잡해서 내가 그 서사를 충분히 제대로 다루지 못할 것을 알기에 그 주제를 나보다 이 분야를 더 잘 아는 전문가에게 맡기고 여기서는 다루지 않았다는 것을 독자들도 이미 눈치챘으리라). 단순히 다윗 대 골리앗의 서사로는 설명할 수 없는 문제이며, 아이디어의 소유권이 누구에게 있으며 누가 그 소유권을 판단할 권한을 부여받아야 하는가와 같은 복합적이고 철학적인 질문들과 연결되어 있다. 플랫폼 시대에 이런 질문들의 함의는 다른 유형의 콘텐츠 검열에서 논의되는 것들과 크게 다르지 않다. 요컨대 이런 질문들이 제기될 때 이미 사회적으로 소외된 집단은 불리한 입장에 놓일 수밖에 없다.

전 지구적인 관점에서는 플랫폼이 우리 자신의 정체성 형성에 미치는 영향력을 결코 간과해서는 안 된다. 플랫폼이 문자 그대로 우리가 '실명'을 사용해야 한다고 강제하는 규정을 통해서든, 아니면 15분간의 명성을 경험 중인 모든 사람에게 '공적 인물'이라는 신분을 부여하면서 규칙의 예외를 적용하는 실리콘밸리의 이른바 '인증' 절차를 통해서든, 책임지지 않는 기업들이 누가 중요한 인물이고 누가 쉽게 대체될 수 있는 인물인지를 결정하고 우리에게 주입한다. 플랫폼이 우리의 정체성과 행위능력agency을 형성하는 경로는 이 밖에도 매우 많다. 예컨대 우리는 플랫폼을 통해 중요한 문제를 논의할 수 있는 공간을 마련하고, 자신과 비슷한 부류를 찾으며, 7장에서 코트니 디모네가 아주 정확하게 지적했듯이 우리 자신에 대해 새로운 사실을 발견할 수 있다. 플랫폼에서 사람들은 때로 아주 가치 있는 목적을 중심으로 단결한다…. 그리고 때로는 혐오와 인종차별주의를 중심으로 단결한다.

민간 플랫폼에서 표현의 자유와 비슷한 무언가를 수호하기 위한 노력은 종종 실패가 예정된 투쟁처럼 느껴진다. 또한 그 무언가는 결코 단순하지도 않다. 젊은 트랜스젠더가 안전하게 익명성을 유지하도록 보장하는 것은 범죄자도 안전하게 익명성을 유지하도록 보장한다는 것을 의미한다. 인권운동가가 조직적으로 활동할 수 있게 돕는 페이스북 그룹은 혐오와 무질서를 부추기는 것이 유일한 목표인 집단에게도 활용된다. 우리가 지난 10년간 목격했듯이 개인이 자신을 자유롭게 표현할 수 있는 능력을 보호하려면 종종 아주 끔찍한 대가를 치러야 한다. 모든 정책을 결정하는 과정에서 그런 대가를 고려해야만 한다. 표현의 자유가 절대적인 가치일 수는 없지만, 그런 대가를 치러야 한다는 사실 때문에 표현의 자유를 극대화하는 노력을 멈춰서는 안 된다.

* * *

나는 거의 15년 동안 온라인 검열을 연구했다. 그중에서도 콘텐츠 관리를 연구한 지는 10여 년 정도가 되었다. 그동안 기업이 단순히 우리의 표현 능력에 미치는 부정적인 영향뿐 아니라 인간으로서의 정체성 자체와 행위능력에 미치는 부정적인 영향을 줄이기 위한 수많은 시도를 목격했다.

이 분야에서 내가 일을 막 시작했을 당시에는 법학자와 언론 전문가, 미 국무부 행정관, 기업 이사진으로 이루어진 엘리트 집단이 거의 언제나 미국 정부가 지향하는 목표에 완벽하게 부합하는 그런 표현의 자유 문제에 초점을 맞추고 그것을 해결하는 데 집중하는 것을 목격했다. 내가 참석자 중 유일한 디지털 원주민인 회의들에 참석했고, 그런 회의에서 참석자들은 사람들이 실제로 소셜 플랫폼을 어떻게 사용하는가를 제대로 이해하지 못한 채 소셜미디어 플랫폼에 관해 논했다. 나는 기업들이 정말로 끔찍한 실수를 저지르지 않도록 초기에 개입해서 막는 역할을 하는 다중이해관계자 기구인 글로벌 네트워크 이니셔티브가 탄생한 현장에 있었지만, 그 프로젝트의 자금은 기업들에게 책임을 실질적으로 부과하는 장치를 마련하는 것을 최종적으로 저지한 바로 그 기업들에게서 나왔다. 그런 현실을 지켜보노라면 너무 화가 치밀어 오르기도 했지만, 또한 그런 자리에서 목소리를 낼 기회를 얻었고, 그 시절에는 내가 연단에서 말을 하면 사람들이 대체로 귀를 기울였다.

그러다 2011년 1월 튀니지와 이집트에서 반정부 시위가 일어나자, 시위 현장에 탄탄한 인맥이 있고 중급 아랍어 능력을 갖춘 사람이라는 이유로 갑자기 여기저기서 나를 불러대기 시작했다. 기자회견에 참석했고, 전화로 저널리스트와 카이로에 있는 시민운동가를 연결시켜주었다. 사람들이 소셜미디어를 활용하는 방식에 대해 글을 썼고, 기업들이 그에 어떻게 반응하는지 썼으며, 나는 곧 셰릴 샌드버그 같은 사람들이 모인 회의실에 앉아 있었다. 아주 짜릿했지만 그저 의미

없는 반동처럼 느껴지기도 했다. 그러다 전자프런티어재단의 연락을 받았고, 몇 달 뒤 그곳에 취직하게 된다.

그 일은 나를 전 세계 곳곳으로 데려갔고, 그곳에서 인권운동가와의 인터뷰, 법학대학원 학회, 글로벌 좌파 모임, 그리고 가끔은 총리와의 면담 자리에 함께했다. 나는 정책입안자들에게 영향력을 행사할 기회를 얻었고, 부디 내가 그 기회를 현명하게 사용했기를 바란다. 그러나 내게 가장 의미가 있었던 것은 전 세계의 다양한 공동체에서 일하는 인권운동가와 연대할 기회를 얻었다는 것이다. 그들로부터 직접 배울 수 있었고, 그들의 목소리가 권력을 쥔 자들의 귀에 확실히 닿도록 도울 수 있었다. 적어도 그랬기를 바란다.

그리고 결국 이 모든 경험들을 종합하여 다음과 같은 네 가지 결론에 도달했다.

첫째, 플랫폼의 콘텐츠 관리 체제를 현존하는 거버넌스 시스템의 밖에서 독립적으로 존재하는 시스템으로 이해하고 바라봐야 한다. 최악의 경우 플랫폼의 콘텐츠 관리 체제는 이미 내부적으로 망가진 상태이며, 최선의 경우에도 이미 근본적인 결함이 있는 사회구조에 새로 장착된 불완전한 시스템이다. 콘텐츠 관리 절차는 대량 검열 작업을 처리할 수 있도록 설계된 것이 아니다. 콘텐츠 관리 규정 또한 기업들이 만든 것이 아니다. 오히려 그 규정들은 시간의 흐름에 따라 외부 요인에 대한 반응으로 그때그때 양파 껍질을 거꾸로 붙여나가듯 층층이 만들어졌다. 그런 규정의 부정적인 영향을 줄이려면 그 시스템, 즉 규정과 절차 모두에 대한 포괄적인 외부 감사가 실시되어야 한다.

둘째, 모든 집단이 진정한 의미에서 대변되고, 모든 집단을 포용하는 시스템이 필요하다. 10년간 콘텐츠 관리에 관한 외부 논쟁을 미국 백인이 주도하면서 관련 쟁점들이 미국 수정헌법 제1조의 문제로 잘못 규정되었다. 그래서 유독 정치 발언에만 초점이 맞춰졌고, 표현의 자유와 관련된 다른 핵심 쟁점들은 치명타를 입었다. 그리고 각 기업마다 다른 점은 있었지만, 플랫폼 기업 내부적으로도 당시 미국 언론이나 미국의 입법자들이 그때그때 관심을 보인 쟁점에 지나치게 몰두했다. 기업의 내부든 외부든, 세계에서 가장 소외된 집단이 직면한 위협에 대해 지속적인 관심을 가지는 일은 드물었다. 관심을 가질 때에도, 게이머게이트와 트위터 사례, 미얀마와 페이스북 사례처럼 시기는 항상 늦었고 정도도 미미했다.

많은 문제가 누가 대화에 참여하는가 또는 하지 않는가에서 비롯된 것이었고, 논평가, 학계 전문가, 시민운동 지지자들은 역사적 잘못을 바로잡기 위해 엄청난 노력을 기울였으며, 유색인종, 퀴어와 트랜스젠더 기타 소수자들의 목소리가 하나로 통합되기 시작했다. 아직도 갈 길은 멀지만 나의 공동체 일원들이 이룩한 성과가 놀랍고 자랑스럽다.

반면에 기업들은 적절한 사람을 회의실에 불러들이는 사소한 시도조차 무참히 실패했다. 이것은 '다양성 확보'라는 더 폭넓은 시도가 실패한 것에서도 알 수 있지만, 몇몇 주요 뒷이야기에서도 드러난다. 그런 이야기들은 이 책 곳곳에 흩어져 있으며, 정책 입안, 공학기술 개발, 콘텐츠 검열 과정의 모든 단계에서 포용성과 대표성을 확보하는 것이 왜 중요한지를 보여준다. 주요 테크기업에서 포용성과 대표성의 철저한 부재는 특정 쟁점들이 결코 해결되지 않을 것이며 나머지 쟁점들은 아예 감춰진다는 것을 의미한다. 예컨대 정책팀에 우간다 출신 직원이 단 한 명뿐이라면 우간다의 쟁점이 전면에 부각될 확률은 낮다. 그러나 한 명도 없다면 그 확률은 0이나 다름없게 된다.

'디지털 비동맹 운동digital non-aligned movement'을 주장한 후안 오르티즈 프레울레르Juan Ortiz Freuler는 이렇게 썼다. "빅테크는 이런 복잡한 연결망이 만들어내는 태피스트리 전체가 완벽하게 보이는 탑에 대한 배타적인 접근권을 지니고 있다. 빅테크는 이제 웹에서 우리가 하는 집단 작업으로 생겨난 지식에 대한 특권적 접근권도 지닌다. 그들은 어떤 지식이 생산되고 우선시되며 소비되는지를 규정하는 특권적 지위를 누린다."[8]

또한 "전 지구적인 규모의 연대"가 필수라는 데 동의하지만 "북반구의 부유한 선진국들이 현재의 지식 창조 시스템을 조직하는 방식을 바꾸는 일에 앞장설 것이라고 기대해서는 안 된다"고 말한다. 그리고 만약 웹이 "분열되지 않는다면, 그것은 남반구의 저개발국들이 도전을 기꺼이 받아들이고 대항했기 때문일 것"이라고 주장한다.[9] 내가 일하는 공간에서도 나는 남반구의 저개발국 출신 동료들이 뛰어난 능력과 기지를 발휘하는 것을 목격했고, 나 또한 나와 같은 북반구 선진국 출신인 사람들이 그들의 아이디어가 전면에 나설 수 있도록 더 많은 자리를 내주어야 한다고 믿는다.

물론 기업의 일개 직원이 전체 인구의 다양성을 재현하기란 불가능하다. 그러나 그렇다고 해서 그런 우려를 평가절하하는 것이 정당화되지는 않는다. 알렉산더 맥길리브레이는 자신이 재직하던 시절 트위터에 진정한 다양성이 부족했다고 기꺼이 인정한다. 그러나 그럼에도 불구하고 정책을 바꿀 때는 사용자들의 목소리에 귀를 기울이는 것이 중요하다고 주장했다. "형식적인 제스처보다 나쁜 것도 있으니까요. 이를테면 무지라든가"라고 그는 내게 말했다.

또한 뒷이야기들은 새로운 논평가 세대와 관찰자 세대의 필요성을 암묵적으로 보여준다. 그리고 우리는 이미 그런 세대교체를 목격하고 있다. "이것을 20년 동안 해온 동일한 사람들이 반드시 그것에 대해 계속 이야기하는 사람들일 필요는 없습니다"라고 맥길리브레이는 말한다. 그는 최근에 신뢰 및 안전 노동자 전문직협회Professional Association for Trust and Safety Workers를 설립했고 그 단체가 이 문제를 바로잡는 데 기여할 수 있기를 기대하고 있다.

니콜 윙은 "국가 행위자와 국가의 지원을 받는 악의적인 행위자의 참여는 위협의 양상과 역학관계를 심각하게 바꾼다"고 말한다. 기업의 내부와 외부의 새로운 목소리를 후원함으로써 오래된 문제를 바라보는 새로운 관점도 얻을 수 있지만, 새로 부상하는 위협을 분석하는 사람들이 그 위협의 본질을 정확하게 이해하고 미국 정부의 말을 있는 그대로 수동적으로 받아들이는 일이 없도록 단속하는 데도 도움이 된다.

셋째, 정부끼리 공조한다면 우리도 공조해야만 한다. 표현의 자유에 관해서 바뀌지 않는 사실 한 가지가 있다면 그것은 아무도 정부나 정부 관계자의 표현을 검열하지 않는다는 것이다. 물론 트위터는 트럼프의 트윗의 진위 여부를 팩트체크할 것이고, 페이스북은 외국 정부 내각을 플랫폼에서 추방할 수 있다. 그리고 언젠가는 미국 대통령도 추방할지도 모른다. 그러나 전체적인 그림을 봤을 때, 우리는 감시자를 감시할 수는 있을지언정 그 어떤 시민에게도 감시자를 침묵시킬 권한은 없다.

2013년 에드워드 스노든Edward Snowden의 폭로는 더 넓은 청중에게 전 세계 정부들이 자국 국민과 상대국 국민을 사찰하는 일에 공조하고 협력하는 방식을 보여줬다. 또한 그 과정에는 민간기업의 협조도 있었다. 물론 이런 유형의 공조는 그동안 정부들의 행보를 신중하게 지켜본 아랍 지역 시민운동가들에게는 새삼스러울 것이 없다. 그들은 오래전부터 정부가 사용하는 스파이웨어spyware('스파이'와 '소프트웨어'의 합성어로, 사용자 몰래 PC에 설치되어 정보를 수집하는 악성코드를 말함 – 옮긴이주)가 미국 제조업자가 판매한 것이라는 사실을 알고 있었다. 또한 이것은 미국의 인권 투쟁가들의 입장에서도 놀랄 일이 아니었다. 그들은 수년 동안 미국 경찰의 군대화 현상을 지적했으며, 그 경찰들은 다른 어느 조직도 아닌 인권 침해로 악명이 높은 이스라엘 방위군Israel Defense Forces에게 훈련받고 있었다.

정부끼리 머리를 맞대고 함께 전략을 짜고 있다는 것은 우리도 그렇게 해야 한다는 것을 의미한다. 경찰 살인, 표현 규제, 콘텐츠 검열 등 그 어떤 것도 진공 상태에서 벌어지지 않는다. 그렇기 때문에 서로에게 귀 기울이고 배우고, 점들을 연결하고, 구체적인 전술을 세우면서 전체론적인 해결책을 찾는 것이 더욱더 중요해졌다. 어떤 표현이 허용되어야 하고 검열되어야 하는지에 관한 모든 논쟁에는 양자택일의 문제가 제기된다. 그러나 인류의 미래를 깊이 걱정하면서도 그 해결책에 대해선 다른 의견을 지닌 사람들은 서로를 적으로 대하는 것을 멈추고 공동의 목적을 위해 힘을 합쳐야 한다.

내가 내린 마지막 결론은 다음에는 이 서사가 어떤 식으로 전개될지를 우리 민중이 결정해야 한다는 것이다. 지난 10년간 벌어진 사건들은 특정 표현이 상식을 벗어났다는 상당히 광범위한 공감대를 공공 영역의 전면으로 끌고 나왔지만, 내가 본 거의 모든 사례에서는 그런 표현을 제한하는 규제와 입법 제안이 목표물을 잘못 설정하고 있었다. 기업과 직원들의 실수를 처벌했고, 때로는 충분히 재빨리 움직이지 않았다고 처벌했다. 그런 대응은 문제의 근원을 해결하는 데는 아무런 도움이 되지 않았다.

나는 표현의 자유를 지지한다. 모든 표현이 동등하게 중요하다고 믿거나 모든 표현이 선하다고 믿어서가 아니다. 권력은 부패하며, 절대 권력은 반드시 부패한다고 믿기 때문이다. 그래서 당국이 효율적으로 검열할 수 있다고 믿는 것이 불가능하다. 더군다나 그 검열을 아마추어 CEO가 실행할 때는 더더욱 믿을 수 없다. 특히 현재 정치와 언론이 운영되는 속도에 비추어볼 때 기업이 적용하는 대다수 검열이 선한 결과보다는 더 많은 부차적 해악을 낳을 것이라는 우려가 개인적으로 점점 커지고 있다. 검열이 당면한 문제의 핵심에 대응하는 해결책과 대부분 분리되는 것이 특히 걱정스럽다.

우리는 하나의 사회로서 심각한 질문을 던지고 우리 머리 위에서 만들어진 선택들을 검증하기 시작해야 한다. 그리고 그 과정에서 이분법론에 빠지지 않아야 한다. 거짓 정보의 해악이 그런 정보에 대한 검열을 정당화하는가? 성적 자유와 아동 보호 간의 바람직한 균형은 무엇인가? 다른 이들의 도덕적 감수성을 위해 특정 문화의 자유를 제한하는 데 얼마나 적극적으로 나설 것인가? '대테러'를 위해 역사가 사라지는 것을 가만히 지켜볼 수 있는가? 누가 테러리스트인지는 누가 정하는가?

이것들은 우리가 곧 닥칠 미래에 고민해야 하는 문제들이지만 지금 당장 기업들이 바꿔야 하는 것들이 있다. 기업은 자사가 검열하는 내용을 투명하게 공개해야 하고, 사용자에게 충분히 고지해야 하며, 콘텐츠 및 계정에 대한 플랫폼의 조치에 이의를 제기할 권리를 모든 사용자에게 보장해야 한다. 100개 이상의 시민사회 단체가 지지를 표명한 콘텐츠 관리 시스템의 투명성과 책임성에 관한 '산타클라라 원칙Santa Clara Principles on Transparency and Accountability in Content Moderatio'은 이를 위한 기본 원칙을 제시했다.[10] 기업은 알고리즘에 데이터가 어떤 식으로 편입되는지 사용자에게 정보를 제공해야 하고, 데이터 사용에 대해 의미 있는 동의를 구해야 하며, 사용자에게 그들이 피드에서 무엇을 볼지에 대해 더 많은 선택지를 제공해야 한다. 기업은 정책입안 과정에 즉시 시민사회를 참여시켜야 하고 투명하게 진행해야 한다. 그리고 현재의 정책이 인권 기준에 부합하는지 정식 감사를 통해 평가받아야 하고, 필요하다면 수정해야 한다.

검열은 본질적으로 정치적인 것이며 규정이 복잡할수록 대량으로 적용하기가 더 어려워진다. 내가 이 책을 통해 이 점을 충분히 명백히 밝혔기를 바란다. 무엇보다 지난 몇 달이 입증하듯이 개인의 표현의 자유는 본질적으로 공중보건 및 위해로부터의 자유와 긴장관계에 있다. 이것들은 쉽게 해결할 수 있는 문제가 아니다. 쉬운 해결책이 존재한다고 주장하는 사람은 일단 경계해야 한다.

나는 쉬운 해결책을 제시하지 않는다. 원래 플랫폼이 사용자들의 표현을 감독해서는 안 된다고 믿었다. 플랫폼이 방임적인 태도를 취해야 한다고, 예외는 거의 없어야 한다고 믿었다. 내가 순진했다. 나는 여전히 실리콘밸리가 우리가 무엇을 말해도 되는지에 대한 심판권을 행사해서는 안 된다고 믿는다. 그러나 현실은 우리가 기업에게 그런 권한을 부여했다는 것이다. 그런 현실에서는 일단 기업이 주어진 책임을 최대한 현명하게 이행해야 한다.

지난 10년간 시민운동을 기록하고, 그들을 위해 주장하고, 글을 쓰고, 그들에게 조언을 하고 참여했다. 그런 경험이 콘텐츠 검열에 내재한 다양한 문제에 대해 앞서 제시한 여러 결론을 도출하도록 이끌었다. 예컨대 미국 정부가 기업에게 누가 테러리스트인지 지시하는 것은 허용되면 안 된다고 확신하지만, 여성의 일부 신체 노출을 광범위하게 금지하는 것은 차별적이고 페미니즘운동에 해가 된다고 믿는다. 그러나 여전히 우리가 봇이나 좌표 찍기로 의심되는 계정을 어떻게 처리해야 할지, 선동 수준에는 못 미치는 혐오 발언을 어떻게 처리해야 할지에 대해서는 답을 찾지 못했다.

최근 플랫폼 기업 내부에서 몇몇 새로운 아이디어와 해결책이 제시되었다. 이를테면 페이스북이 외부 감시 위원회External Oversight Board를 발족하겠다고 발표했고, 트위터가 거짓을 유포하는 정치인의 트윗에 경고 공지를 더하기로 결정했다. 나와 같은 분야에 몸담고 있는 사람들에게 그런 것들은 한낱 미봉책에 불과하지만, 다른 이들이 보기에는 잠재력이 충분한 조치들이다. 내가 보기에 그런 결정은 너무 늦었고, 터무니없이 부족하다. 나는 실리콘밸리가 자신들이 저지른 문제를 해결할 수 있다는 믿음을 잃었다(가진 적이 있는지도 확실하지 않지만).

　　베를린이 코로나19 봉쇄정책을 처음으로 해제한 지 얼마 지나지 않은 어느 늦은 여름, 밤늦게까지 나의 파트너와 가까운 친구 한 명과 공원에 앉아서 세상이 돌아가는 상황에 대해 이야기하고 있었다. 우리는 미국과 영국의 상황에 비관하고 있었다. 내 파트너는 우리가 막 경험한 것으로는 전 지구적인 각성을 기대할 수 없다고 한탄했다. 우리는 정부가 힘을 합쳐 다음 팬데믹에 대한 대비책을 세우는 것을 보지 못할 것이다. 적어도 트럼프나 브라질 대통령 보우소나루 같은 지도자가 실권을 잡고 있는 동안은 말이다. 내 파트너는 이렇게 정리했다. 하나의 사회로서 우리는, 인간이 망각의 동물이다 보니 이전에도 그랬듯이 같은 실수가 반복되도록 내버려둘 것이라고.

　　실제로 우리는 정부가 스스로 무엇을 잘못했는지 인정하기를 기대하면 안 된다. 실은 마스크가 불필요했다고 말하면서 사죄하는 일은 없을 것이며, 인간의 목숨보다 경제를 우선했고, 그 결과 그토록 많은 사람이 속절없이 죽어가도록 내버려둔 것에 대해 반성하지도 않을 것이다. 정부가 스스로 팬데믹에 적절히 대처하기에는 너무나 무능했음을 인정하기를 기다려서는 안 된다. 기업이 자신들의 실수를 인정하기를 기다려서도 안 된다. 그들은 이미 여러 번 그랬듯이, 비난의 화살을 돌릴 희생양을 찾아 나설 것이다.

　　그러나 우리는 잊지 않을 것이다. 기억하는 방법을 기억하는 한 기억할 것이다. 우리의 각성은 열린 토론과 닫힌 모임을 통해 일어날 것이다. 적어도 지금은 온라인에서, 그리고 결국에는 학회장의 복도에서도, 담배 연기가 자욱한 술집에서 촛불을 사이에 두고 낮은 목소리로 주고받는 대화뿐만 아니라 총회와 청사 복도에서도 일어날 것이다. 그리고 잊지 않도록 종이에 글을 남김으로써 일어날 것이다. 인터넷은 그런 각성을 기록하기에는 안전하지 않다고 여겨지니 말이다.

와엘 아바스는 우리의 글을 민간기업에 맡기면 어떤 일이 벌어지는지 너무나 잘 안다. 시리아인들은 자신들의 역사가 플랫폼에 의해 지워지는 것을 보는 고통을 겪어야 했다. 자신들의 역사가 정부의 서사에 의해 점령되는 것을 지켜보고, 그들 정부의 책임을 물을 수 있는 증거가 삭제되는 것을 보았다. 기억을 생생하게 보존하려고 애쓴 이집트 혁명가들은 단어들이 얼마나 즉각적으로 지워질 수 있는지 안다. 그리고 전기세나 가스비를 지불하는 것을 깜박하거나 DDoS 공격의 희생양이 된 모든 블로거, 그리고 저널리스트는 자신의 글이 무無로 돌아가는 고통에 대해 안다.

검열의 해악은 아주 크지만, 내게 가장 원초적인 고통을 안기는 것은 바로 우리의 역사 자체를 감추고 지우는 검열의 능력이다. 그것은 우리가 과거의 실수에서 교훈을 얻고 성장하며 사회로서 진보하는 것을 막는 능력이기도 하기 때문이다.

이것은 실체가 없는 추상적인 위협이 아니다. 2019년 나는 '자유롭게 말하기Speaking Freely'라는 프로젝트의 일환으로 르네상스 학자 에이다 팔머Ada Palmer와 인터뷰를 하는 영광을 얻었다. 나는 그녀에게 '표현의 자유 영웅'이 있는지 물었다. 그녀는 18세기 프랑스 철학자 드니 디드로Denis Diderot의 이야기를 들려주었고, 그 이야기는 그 후로 내내 내 마음에 새겨졌다.

디드로는 무신론자였고,《디드로와 달랑베르의 백과사전 L'Encyclopédie Diderot & d'Alembert》의 공동 편저자였다. 이 저술은 '사람들의 사고 방식을 변화시키는 것'과 세상의 모든 지식을 담는 것을 목적으로 하는 급진적인 계몽주의 백과사전이었는데, 결국 로마에서 금서로 지정되었고 그에 따라 프랑스에서도 폐간될 예정이었다. 그러나 그즈음 공식적으로 금서였음에도 불구하고 인기가 높다 보니 검열관들은 적극적으로 나서지 않았다.

팔머가 설명했듯이 "그것은 이전에는 엘리트만이 지녔던 권력을 모든 사람이 지니는 세상으로 바꾸기 위한 프로젝트였다. 또한 디드로는 그것을 신암흑시대를 예방하는 보험이라고 묘사했다."[11] 그러나 늘 그렇듯이 양자택일의 문제가 제기된다. 디드로는《백과사전》이 자신보다 오래 살기를 원했기에 스스로를 검열했으며, 자신의 무신론 종교관과 기타 논문 및 작품을 세상으로부터 감췄고, 자신의 사후에만 출간하도록 딸에게 지시했다.

그래서 그의 작품 중 하나인《라모의 조카 Rameau's Nephew》는 100년 이상 사라졌다가 19세기 말이 되어서야 센강 변의 한 노점 책방에서 발견되었다. 팔머가 "자신이 읽은 철학 논문 중 무조건적으로 가장 놀라운 업적"이라고 부른 그 책에서는 디드로가 "신세대의 교육 제도를 급진적으로 바꾸고 그들이 현 제도를 해체하고 더 나은 것을 창조하도록 격려하는 문제를 두고 엄청나게 고민"하는 모습을 볼 수 있다.[12] 그리고 그는 최종적으로 이것은 또한 자기 세대의 가치가 낡은 것이 되고 더 나은 것으로 교체되는 미래를 창조한다는 뜻임을 깨닫는다.

이 이야기는 검열과 자기검열이 우리에게서 무엇을 빼앗아갈 수 있는지를 환기할 뿐 아니라, 우리가 쉬운 답을 찾거나 자신만의 주관적인 관점에 갇혀서는 안 된다는 사실도 조명한다. 더 나은 미래를 빚으려면 우리는 과거에서 배워야만 한다. 미래가 아직 쓰이지 않았다는 것, 이것이 우리의 미래여야 할 필요는 없다는 것을 깨달아야 한다. 당시에는 사소한 결정이나 발견처럼 보였지만 실제로는 우리를 새롭고 다른 방향으로 이끈 순간들, 그리고 정반대로 재난에 직면했을 때 행동에 나서지 않았기 때문에 결국 더 큰 고통을 당해야만 했던 순간들이 역사에는 무수히 많다. 우리의 실수를 연구하고, 탐구하고, 탐색하고자 하는 의지와 능력, 그리고 대안 미래를 상상하는 우리의 의지와 능력을 발휘해야 할 때가 왔다.

민주주의, 표현의 자유, 인권의 지속적인 침식은 불가피한 것이 아니다. 다만 우리가 즉시 행동에 나서야만 그것을 멈출 수 있다. 미래는 우리가 써 내려가는 것이다.

주

미래의 주인은 누구인가

1   Joshua Adams (@JournoJoshua), Twitter, January 13, 2019, https://twitter.com/JournoJoshua/status/1084439719008788480.

2   Karen Reilly (@akareilly), Twitter, January 13, 2019, https://twitter.com/akareilly/status/1084452673175330817.

3   Richard Barbrook and Andy Cameron, "The Californian Ideology," Imaginary Futures, accessed June 1, 2020, http://www.imaginaryfutures.net/2007/04/17/the-californian-ideology-2/.

4   Barbrook and Cameron, "The Californian Ideology."

5   Aaron Sankin, "Composting Toilets, or 'Pooplets', Move One Step Closer to San Francisco Sidewalks," *HuffPost*, December 8, 2011, https://www.huffpost.com/entry/composting-toilets-pooplet-report_n_1137963.

들어가는 글

1   아쉽게도 지금은 존재하지 않는 그 블로그의 제목은 〈모로코 보고서The Morocco Report〉였다.

2   Ursula Lindsey, "Morocco suppresses poll despite favorable results for king," *Christian Science Monitor*, August 9, 2009, https://www.csmonitor.com/World/Middle-East/2009/0805/p06s07-wome.html.

1장 새로운 문지기들

1   Julie E. Cohen, "Law for the Platform Economy," *UC Davis Law Review*, 51,

no. 133 (2017): 72.

2   John Perry Barlow, "A Declaration of the Independence of Cyberspace," February 8, 1996, reprinted by the Electronic Frontier Foundation, January 20, 2016, https://www.eff.org/cyberspace-independence.

3   Bruce Sterling, "A Short History of the Internet," 1993, available at http://sodacity.net/system/files/Bruce_Sterling_A_Short_History_of_the_Internet.pdf, 3.

4   Sterling, "A Short History of the Internet."

5   이 책에서는 '언론의 자유'와 '표현의 자유'를 동일한 용어로 취급하고, 실제로도 두 용어는 비슷한 개념을 담고 있다. 다만 '언론의 자유'가 미국에서는 더 전통적인 용어다. '표현의 자유'는 전 세계적으로 더 선호되는 용어이며, 사진 및 동영상과 신체적 표현을 명백하게 포함하는 더 넓은 개념을 담고 있다.

6   여자들은 당연히 참여에서 배제되었으며, 그래서 나는 아테네가 민주주의 체제였다고 말하지 않는다.

7   Nicolas P. Suzor, *Lawless: The Secret Rules That Govern Our Digital Lives* (Cambridge University Press, 2019), 90.

8   Suzor, *Lawless*, 45.

9   Rebecca Tushnet, "Power without Responsibility: Intermediaries and the First Amendment," *George Washington Law Review* 76, no. 4 (2008): 31.

10   Kate Klonick, "The New Governors: The People, Rules, and Processes Governing Online Speech," *Harvard Law Review* 131 (2017): 73.

11   Jack M. Balkin, "Free Speech in the Algorithmic Society: Big Data, Private Governance, and New School Speech Regulation," *SSRN Electronic Journal*, 2017, https://doi.org/10.2139/ssrn.3038939.

12   Balkin, "Free Speech in the Algorithmic Society."

13   Marsh v. Alabama, 326 U.S. 501 (1946)

14   The White House, "Remarks by the President at a Facebook Town Hall," April 20, 2011, https://obamawhitehouse.archives.gov/the-press-office/2011/04/20/remarks-president-facebook-town-hall.

15   Klonick, "The New Governors."

16   Nadia Colburn, "In Facebook's Founding, A Hint of the Privacy Issues to Come," WBUR, April 3, 2018, https://www.wbur.org/cognoscenti/2018/04/13/facebook-privacy-scandal-nadia-colburn.

17   Jillian C. York, "Policing Content in the Quasi-Public Sphere," OpenNet Initiative, accessed May 11, 2019, https://opennet.net/policing-content-qua-

si-public-sphere.

18 Kate Crawford and Tarleton Gillespie, "What Is a Flag for? Social Media Reporting Tools and the Vocabulary of Complaint," *New Media & Society*, 2016, https://journals.sagepub.com/doi/abs/10.1177/1461444814543163.

19 그런 사람들 중 하나가 신디 맥케인Cindy McCain이다. 고 상원의원 존 맥케인John McCain의 아내인 그녀는 인신매매 범죄행위를 저지르고 있는 것으로 의심된다면서 다인종 가족을 당국에 신고하는 잘못을 저질렀다. 신디 맥케인은 나중에 '뭔가를 보면, 말하세요'의 중요성에 대한 사람들의 '관심을 분산시킨 것'에 사과했다.

20 보편적인 규칙은 아니지만 일반적으로 콘텐츠는 사용자가 해당 콘텐츠가 위반했다고 신고한 규정에 대해서만이 아니라 콘텐츠에 관한 플랫폼의 모든 규정에 대한 위반 여부를 판단받는다.

21 Sarah T. Roberts, *Behind the Screen: Content Moderation in the Shadows of Social Media* (Yale University Press, 2019).

22 Casey Newton, "Three Facebook Moderators Break Their NDAs to Expose a Company in Crisis," *Verge*, June 19, 2019, https://www.theverge.com/2019/6/19/18681845/facebook-moderator-interviews-video-trauma-ptsd-cognizant-tampa; Munsif Vengattil and Paresh Dave, "Some Facebook Content Reviewers in India Complain of Low Pay, High Pressure," Reuters, February 28, 2019, https://in.reuters.com/article/facebook-content-india-idINKCN1QH15E.

23 Adrian Chen, "Inside Facebook's Outsourced Anti-Porn and Gore Brigade, Where Camel Toes Are More Offensive Than Crushed Heads," *Gawker*, February 16, 2012, http://gawker.com/5885714/inside-facebooks-outsourced-anti-porn-and-gore-brigade-where-camel-toes-are-more-offensive-than-crushed-heads.

24 Casey Newton, "The Secret Lives of Facebook Moderators in America," *Verge*, February 25, 2019, https://www.theverge.com/2019/2/25/18229714/cognizant-facebook-content-moderator-interviews-trauma-working-conditions-arizona.

25 알렉스는 자신의 성별을 표시하지 않기를 바랐다.

26 Evelyn Douek, "Verified Accountability: Self-Regulation of Content Moderation as an Answer to the Special Problems of Speech Regulation," Hoover Institution, Aegis Series Paper, no. 1903 (2019).

27 Jonathan Zittrain and John Palfrey, "Reluctant Gatekeepers: Corporate Eth-

ics on a Filtered Internet," in *Access Denied*, eds. Ronald Deibert et al. (MIT Press, 2008).

28 Marvin Ammori, "The 'New' New York Times: Free Speech Lawyering in the Age of Google and Twitter," *Harvard Law Review*, June 20, 2014, https://harvardlawreview.org/2014/06/the-new-new-york-times-free-speech-lawyering-in-the-age-of-google-and-twitter.

29 Catherine Buni and Soraya Chemaly, "The Secret Rules of the Internet," *Verge*, April 13, 2016, https://www.theverge.com/2016/4/13/11387934/internet-moderator-history-youtube-facebook-reddit-censorship-free-speech.

30 Jeffrey Rosen, *The Deciders: The Future of Privacy and Free Speech in the Age of Facebook and Google*, 80 Fordham L. Rev. 1525 (2012), https://ir.lawnet.fordham.edu/flr/vol80/iss4/1.

31 "2017-12-07 All Things in Moderation -Day 2 Plenary 2 -Bowden and LaPlante, CCM Workers," YouTube, December 12, 2017, https://www.youtube.com/watch?v=PxLk7btG1Is.

32 Rebecca MacKinnon, *Consent of the Networked: The Worldwide Struggle for Internet Freedom* (Basic Books, 2012), 154.

33 MacKinnon, 156.

2장 오프라인의 탄압이 온라인에서 재현되다

1 Linda Herrera, *Revolution in the Age of Social Media* (Verso, 2014), 31.

2 YouTube, Community Guidelines, 2007, https://web.archive.org/web/20070817230343/http://www.youtube.com:80/t/community_guidelines.

3 Jonathan Zittrain and John Palfrey, "Internet Filtering: The Politics and Mechanisms of Control," in *Access Denied*, eds. Ronald Deibert et al. (The MIT Press, 2008).

4 "Vive La Liberté!," *The Economist*, November 23, 2000, https://www.economist.com/node/434168/print?Story_ID=434168.

5 "US Rebukes Yahoo over China Case," BBC News, November 6, 2007, http://news.bbc.co.uk/2/hi/technology/7081458.stm.

6 Rebecca MacKinnon, "America's Online Censors," *Nation*, February 24, 2006,

https://www.thenation.com/article/archive/americas-online-censors.

7   Evelyn Douek, "The Rise of Content Cartels," Knight First Amendment Institute, February 11, 2020, https://knightcolumbia.org/content/the-rise-of-content-cartels.

8   Sarah Labowitz and Michael Posner, "NYU Center for Business and Human Rights Resigns Its Membership in the Global Network Initiative," NYU Stern Center for Business and Human Rights Blog, February 1, 2016, https://bhr.stern.nyu.edu/blogs/cbhr-letter-of-resignation-gni.

9   Jeffrey Rosen, "Google's Gatekeepers," New York Times Magazine, November 28, 2008, https://www.nytimes.com/2008/11/30/magazine/30google-t.html.

10 "Government Requests to Remove Content - Google Transparency Report," accessed February 12, 2020, https://transparencyreport.google.com/government-removals/overview?hl=en&removal_requests=group_by:totals;period:Y-2009H2&lu=removal_requests.

11 Eva Galperin, "What Does Twitter's Country-by-Country Takedown System Mean for Freedom of Expression?," Electronic Frontier Foundation, January 27, 2012, https://www.eff.org/deeplinks/2012/01/what-does-twitter%E2%80%99s-country-country-takedown-system-mean-freedom-expression.

12 "Pakistan: The Chilling Effects of Twitter's Country Witheld [sic] Content Tool," Bolo Bhi (blog), May 21, 2014, https://bolobhi.org/pakistan-the-chilling-effects-twitter-country-withheld-pakistan.

13 Claire Cain Miller, "Google Has No Plans to Rethink Video Status," New York Times, September 14, 2012, https://www.nytimes.com/2012/09/15/world/middleeast/google-wont-rethink-anti-islam-videos-status.html.

14 Kimber Streams, "YouTube Temporarily Censors Offensive Video in Egypt and Libya," Verge, September 13, 2012, https://www.theverge.com/2012/9/13/3328106/youtube-censorship-innocence-muslims-egypt-libya.

15 Jack M. Balkin, "Free Speech in the Algorithmic Society: Big Data, Private Governance, and New School Speech Regulation," SSRN Electronic Journal, 2017, https://doi.org/10.2139/ssrn.3038939.

16 "An Analysis of #BlackLivesMatter and Other Twitter Hashtags Related to Political or Social Issues," Pew Research Center, Internet Technology (blog), July 11, 2018, https://www.pewresearch.org/internet/2018/07/11/an-analysis-of-black-livesmatter-and-other-twitter-hashtags-related-to-political-or-social-issues.

17 Bijan Stephen, "How Black Lives Matter Uses Social Media to Fight the Power,"

Wired, October 21, 2015, https://www.wired.com/2015/10/how-black-lives-matter-uses-social-media-to-fight-the-power.

18   Joseph Cox and Jason Koebler, "Facebook Decides Which Killings We're Allowed to See," *Vice*, July 7, 2016, https://www.vice.com/en_us/article/8q85jb/philando-castile-facebook-live.

19   "Text of Zuckerberg's Georgetown Speech," *Washington Post*, October 17, 2019, https://www.washingtonpost.com/technology/2019/10/17/zuckerberg-standing-voice-free-expression/.

20   Donie O'Sullivan, "Zuckerberg Said Facebook Helped Black Lives Matter. Activists Disagree and Are Bracing for 2020," CNN Business, October 24, 2019, https://www.cnn.com/2019/10/24/tech/black-lives-matter-facebook-2020/index.html.

21   "Facebook, Elections and Political Speech," *About Facebook* (blog), September 24, 2019, https://about.fb.com/news/2019/09/elections-and-political-speech.

22   "Facebook, Elections and Political Speech."

23   Douek, "The Rise of Content Cartels."

24   Miriyam Aouragh, *Palestine Online: Transnationalism, the Internet and the Construction of Identity* (Bloomsbury Academic, 2011).

25   "As Rockets Rain on Gaza, Facebook Does Nothing to Stop Hate Speech Against Palestinians," *Global Voices Advocacy* (blog), July 11, 2014, https://advox.globalvoices.org/2014/07/11/as-rockets-rain-on-gaza-facebook-does-nothing-to-stop-hate-speech-against-palestinians.

26   "As Rockets Rain on Gaza, Facebook Does Nothing."

27   Associated Press, "Facebook and Israel to Work to Monitor Posts That Incite Violence," *Guardian*, September 12, 2016, https://www.theguardian.com/technology/2016/sep/12/facebook-israel-monitor-posts-incite-violence-social-media.

28   "'Mothers of All Palestinians Should Also Be Killed,' Says Israeli Politician," *Daily Sabah*, July 14, 2014, https://www.dailysabah.com/mideast/2014/07/14/mothers-of-all-palestinians-should-also-be-killed-says-israeli-politician.

29   7amleh, "The Index of Racism and Incitement in Israeli Social Media 2018," *IFEX* (blog), March 11, 2019, https://ifex.org/index-of-racism-and-incitement-in-israeli-social-media-2018/.

30   Sophia Hyatt, "Facebook 'Blocks Accounts' of Palestinian Journalists," Al Jazeera, September 25, 2016, https://www.aljazeera.com/news/2016/09/facebook-blocks-accounts-palestinian-journalists-160925095126952.html.

31 Dob Lieber, "Facebook Restores Account of Ruling Palestinian Party," *Times of Israel*, March 3, 2017, https://www.timesofisrael.com/facebook-restores-account-of-ruling-palestinian-party-after.

32 "Facebook's Manual on Credible Threats of Violence," *Guardian*, May 21, 2017, https://www.theguardian.com/news/gallery/2017/may/21/facebooks-manual-on-credible-threats-of-violence.

33 Julia Angwin and Hannes Grassegger, "Facebook's Secret Censorship Rules Protect White Men from Hate Speech but Not Black Children," ProPublica, June 28, 2017, https://www.propublica.org/article/facebook-hate-speech-censorship-internal-documents-algorithms.

34 7amleh, "Palestinian Civil Society Organizations Issue a Statement of Alarm Over the Selection of Emi Palmor, Former General Director of the Israeli Ministry of Justice to Facebook's Oversight Board," May 14, 2020, https://7amleh.org/2020/05/14/palestinian-civil-society-organizations-issue-a-statement-of-alarm-over-the-selection-of-emi-palmor-former-general-director-of-the-israeli-ministry-of-justice-to-facebook-s-oversight-board.

35 My Pham, "Vietnam Says Facebook Commits to Preventing Offensive Content," Reuters, April 26, 2017, https://www.reuters.com/article/us-facebook-vietnam-idUSKBN17T0A0.

36 Angwin and Grassegger, "Facebook's Secret Censorship Rules."

37 Wael Eskandar, Twitter, August 14, 2018, https://twitter.com/weskandar/status/1029563198775676935; David Kaye (@davidakaye), Twitter, August 15, 2018, https://twitter.com/davidakaye/status/1029563506796847104.

38 Jillian C. York, "Companies Must Be Accountable to All Users: The Story of Egyptian Activist Wael Abbas," Electronic Frontier Foundation, February 13, 2018, https://www.eff.org/deeplinks/2018/02/insert-better-title-here.

39 Jillian C. York, "Egyptian Blogger and Activist Wael Abbas Detained," Electronic Frontier Foundation, May 25, 2018, https://www.eff.org/deeplinks/2018/05/egyptian-blogger-and-activist-wael-abbas-detained.

3장 소셜미디어 혁명가들

1 Jadaliyya-جدلية and Jadaliyya, "Saeeds of Revolution: De-Mythologizing

Khaled Saeed," *Jadaliyya* – جدلية, June 5, 2012, http://www.jadaliyya.com/Details/26148.

2   Jillian C. York, "On Facebook Deactivations," April 8, 2010, *Jillian C. York* (blog), https://jilliancyork.com/2010/04/08/on-facebook-deactivations.

3   York, "On Facebook Deactivations."

4   오브라이언은 현재 전자프런티어재단의 전략팀 부장이며, 최근 몇 년간 나의 연구에 도움을 줬을 뿐 아니라 소셜미디어와 많은 대화를 나누는 과정에서 핵심적인 역할을 했다.

5   Rebecca MacKinnon, *Consent of the Networked: The Worldwide Struggle for Internet Freedom* (Basic Books, 2012).

6   Elliot Schrage to Rebecca MacKinnon and Danny O'Brien on November 26, 2010.

7   Jillian York, "Facebook: 'No Palestinian Pages,'" *Jillian C. York*, July 25, 2010, https://jilliancyork.com/2010/07/25/facebook-no-palestinian-pages.

8   Max Read, "Why Is Facebook Blocking the Word 'Palestinian' in Page Titles?," *Gawker*, July 26, 2010, http://gawker.com/5596192/why-is-facebook-blocking-the-word-palestinian-in-page-titles.

9   Jillian C. York, "When Social Networks Become Tools of Oppression," *Bloomberg*, June 7, 2011, https://www.bloomberg.com/opinion/articles/2011-06-07/when-social-networks-become-tools-of-oppression-jillian-c-york.

10 Jillian York, "Policing Content in the Quasi-Public Sphere," OpenNet Initiative, September 2010, https://opennet.net/policing-content-quasi-public-sphere.

11 Mohamed Zayani, *Networked Publics and Digital Contention: The Politics of Everyday Life in Tunisia* (Oxford University Press, 2015).

12 Amy Aisen Kallander, "From TUNeZINE to Nhar 3la 3mmar: A Reconsideration of the Role of Bloggers in Tunisia's Revolution," *Arab Media & Society*, January 27, 2013, https://www.arabmediasociety.com/from-tunezine-to-nhar-3la-3mmar-a-reconsideration-of-the-role-of-bloggers-in-tunisias-revolution.

13 Zayani, *Networked Publics and Digital Contention*.

14 튀니지가 인터넷에 연결된 과정과 튀니지 인터넷 통신사와 튀니지의 검열 체제에 대한 더 많은 정보는 내가 캐서린 마허Katherine Maher와 공동 집필한 다음 글에 정리되어 있다. "Origins of the Tunisian Internet," in *State Pow-*

er 2.0: Authoritarian Entrenchment and Political Engagement Worldwide, Mu-zammil M. Hussain and Philip N. Howard, eds. (Routledge, 2013), https://www.book2look.com/book/KlcjYsZV2W.

15 아랍어 사용자 일부, 특히 북아프리카 아랍어 사용자들은 아랍어 키보드가 아니라 프랑스어 키보드를 쓰기도 하며, 그런 경우에 특정 아랍어 문자 대신 숫자를 입력한다. 채팅창에서는 흔히 'Arabizi'를 '3rabizi'라고 쓴다.

16 '글로벌 보이스'는 2004년 이선 주커먼과 리베카 맥키넌이 공동 설립한 국제 뉴스 보도국이며 블로그 커뮤니티다. 글로벌 보이스 설립 당시 주커먼과 맥키넌 모두 하버드대학교의 인터넷과 사회 버크먼 클라인 연구소의 연구원이었으며, 국제 블로그와 소셜미디어를 주류 언론 보도계에 편입시킨 선구자들이었다.

17 "YouTube Bans Tunisian Site Nawaat from Uploading Videos," Global Voices Advocacy (blog), February 16, 2010, https://advox.globalvoices.org/2010/02/16/youtube-bans-tunisian-site-nawaat-from-uploading-videos.

18 "Human Rights Implications of Content Moderation and Account Suspension by Companies," RConversation, May 14, 2010, https://rconversation.blogs.com/rconversation/2010/05/human-rights-implications.html.

19 Ethan Zuckerman: "Internet freedom: protect, then project," My Heart is in Accra (blog), March 22, 2010, http://www.ethanzuckerman.com/blog/2010/03/22/internet-freedom-protect-then-project/.

20 Kallander, "From TUNeZINE to Nhar 3la 3mmar."

21 Jillian York, "Anti-Censorship Movement in Tunisia: Creativity, Courage and Hope!," Global Voices Advocacy (blog), May 27, 2010, https://advox.globalvoices.org/2010/05/27/anti-censorship-movement-in-tunisia-creativity-courage-and-hope/.

22 Eva Galperin, "EFF Calls for Immediate Action to Defend Tunisian Activists against Government Cyberattacks," Electronic Frontier Foundation, January 11, 2011, https://www.eff.org/deeplinks/2011/01/eff-calls-immediate-action-defend-tunisian.

23 Alexis C. Madrigal, "The Inside Story of How Facebook Responded to Tunisian Hacks," Atlantic, January 24, 2011, https://www.theatlantic.com/technology/archive/2011/01/the-inside-story-of-how-facebook-responded-to-tunisian-hacks/70044/.

24 HTTPS(Hypertext Transfer, 하이퍼텍스트 전송) 프로토콜은 그 프로토콜을 거

처간 모든 트래픽과 커뮤니케이션을 암호화해서 튀니지 인터넷 서비스업체 가 활용 중이던 키로깅 전략, 즉 키보드의 입력 내용을 저장하여 비밀 정보 를 탈취하는 해킹 전략으로부터 그 내용을 보호한다.

25　That massacre was confirmed by reporting. See Yasmine Ryan, "The Massacre behind the Revolution," Al Jazeera, February 16, 2011, https://www.aljazeera.com/indepth/features/2011/02/2011215123229922898.html.

26　Alex Nunns and Nadia Idle, eds., *Tweets from Tahrir: Egypt's Revolution As It Unfolded, in the Words of the People Who Made It* (OR Books, 2011).

27　Hossam el-Hamalawy, "Egypt's Revolution Has Been 10 Years in the Making," *Guardian*, March 2, 2011, editorialhttps://www.theguardian.com/commentisfree/2011/mar/02/egypt-revolution-mubarak-wall-of-fear.

28　Hossam el-Hamalawy, "Hundreds of Egyptian workers demonstrate for minimum wage," *Egypt Independent*, April 3, 2010, https://egyptindependent.com/hundreds-egyptian-workers-demonstrate-minimum-wage/.

29　Tom Isherwood, "A New Direction or More of the Same? Political Blogging in Egypt," *Arab Media & Society*, August 6, 2009, https://www.arabmediasociety.com/a-new-direction-or-more-of-the-same.

30　Summer Harlow, "It Was a 'Facebook Revolution': Exploring the Meme-like Spread of Narratives during the Egyptian Protests," *Revista de Comunicación* 12 (2013): 59-82.

31　"Crowds Swell as Protest Seeks a Leader," *Los Angeles Times*, February 9, 2011, https://www.latimes.com/archives/la-xpm-2011-feb-09-la-fg-egypt-google-20110209-story.html.

32　"Wael Ghonim's DreamTV Interview -Part 2," YouTube, February 9, 2011, https://www.youtube.com/watch?v=t57txvQszJI&t=84s.

33　Nunns and Idle, *Tweets from Tahrir*.

34　Jillian C. York, "Arab Swell: How Bloggers Built the Groundwork for a Revolution," *Makeshift*, no. 3 (Summer 2012).

35　Peter Beaumont, "Can Social Networking Overthrow a Government?," *Sydney Morning Herald*, February 25, 2011, https://www.smh.com.au/technology/can-social-networking-overthrow-a-government-20110225-1b7u6.html; Sam Graham-Felsen, "How Cyber-Pragmatism Brought Down Mubarak," *Nation*, February 11, 2011, https://www.thenation.com/article/how-cyber-pragmatism-brought-down-mubarak.

36　Malcolm Gladwell, "Does Egypt Need Twitter?," *New Yorker*, February 2,

2011, https://www.newyorker.com/news/news-desk/does-egypt-need-twit-ter.

37   Abdelrahman Mansour, "The Arab Spring Is Not over Yet," *Foreign Policy*, March 8, 2019, https://foreignpolicy.com/2019/03/08/the-arab-spring-is-not-over-yet-sudan-egypt-algeria-bouteflika-sisi-bashir.

38   Adrian Chen, "Mark Zuckerberg Takes Credit for Populist Revolutions Now That Facebook's Gone Public," *Gawker*, February 2, 2012, http://gawker.com/5881657/facebook-takes-credit-for-populist-revolutions-now-that-its-gone-public.

4장 사람보다 수익이 먼저

1   "Jordan's Protesters Are Young and Wary of Their Cause Being Hijacked," Arab News, June 4, 2018, https://www.arabnews.com/node/1314946/middle-east.

2   Abdelaziz Radi, "Protest Movements and Social Media: Morocco's February 20 Movement," *Africa Development / Afrique et Développement* 42, no. 2 (2017): 31-55.

3   Jennifer Preston, "Syria Restores Access to Facebook and YouTube," February 9, 2011, https://www.nytimes.com/2011/02/10/world/middleeast/10syria.html.

4   "Syrians Call for Protests on Facebook, Twitter," CBS News, February 1, 2011, https://www.cbsnews.com/news/syrians-call-for-protests-on-facebook-twitter.

5   "President: Syria Immune to Unrest Seen in Egypt," CBS News, January 31, 2011, https://www.cbsnews.com/news/president-syria-immune-to-unrest-seen-in-egypt.

6   Lauren Williams, "Syria to Set Facebook Status to Unbanned in Gesture to People," *Guardian*, February 8, 2011, https://www.theguardian.com/world/2011/feb/08/syria-facebook-unbanned-people.

7   Jillian York, "Unblocking Syria's Social Media," Al Jazeera, February 11, 2011, https://www.aljazeera.com/indepth/opinion/2011/02/201121212274681 9907.html.

8   Anas Qtiesh, "Syria: A Blogger Arrested, a Journalist Missing," *Global Voices Advocacy* (blog), March 23, 2011, https://advox.globalvoices.org/2011/03/23/syria-a-blogger-arrested-a-journalist-missing.

9   Adrian Blomfield, "Syria 'Tortures Activists to Access Their Facebook Pages,'" May 9, 2011, https://www.telegraph.co.uk/news/worldnews/middleeast/syria/8503797/Syria-tortures-activists-to-access-their-Facebook-pages.html.

10   Jennifer Preston, "Seeking to Disrupt Protesters, Syria Cracks Down on Social Media," *New York Times*, May 22, 2011, https://www.nytimes.com/2011/05/23/world/middleeast/23facebook.html; Bob Chiarito, "'Chicago Girl' Leads Syrian Revolution from Des Plaines to Damascus," *Chicago Ambassador* (blog), February 28, 2015, https://thechicagoambassador.wordpress.com/2015/02/28/chicago-girl-leads-syrian-revolution-from-des-plaines-to-damascus.

11   "Number of Active Users at Facebook over the Years," Associated Press, October 23, 2012, https://finance.yahoo.com/news/number-active-users-facebook-over-years-214600186--finance.html.

12   Chris Taylor, "Twitter Has 100 Million Active Users," *Mashable*, September 8, 2011, https://mashable.com/2011/09/08/twitter-has-100-million-active-users/?europe=true.

13   "Facebook: Number of Employees 2009-2019 | FB," Macrotrends, https://www.macrotrends.net/stocks/charts/FB/facebook/number-of-employees.

14   Marc Herman, "An Activist Describes How Manning's Leaks Helped Topple a Dictator," *Pacific Standard*, August 28, 2013, https://psmag.com/news/tunisian-activist-describes-mannings-leaks-helped-topple-dictator-65243.

15   Ewen MacAskill, "WikiLeaks Website Pulled by Amazon after US Political Pressure," *Guardian*, December 2, 2010, https://www.theguardian.com/media/2010/dec/01/wikileaks-website-cables-servers-amazon.

16   "Why WikiLeaks Is Not Pentagon Papers 2.0," *Atlantic*, December 29, 2010, https://www.theatlantic.com/politics/archive/2010/12/why-wikileaks-is-not-pentagon-papers-2-0/342839.

17   John F. Burns and Ravi Somaiya, "WikiLeaks Founder Gets Support in Rebuking U.S. on Whistle-Blowers," *New York Times*, https://www.nytimes.com/2010/10/24/world/24london.html.

18   Alexia Tsotsis, "Twitter Informs Users of DOJ WikiLeaks Court Order, Didn't Have To," *TechCrunch* (blog), January 8, 2011, https://social.tech-

crunch.com/2011/01/07/twitter-informs-users-of-doj-wikileaks-court-order-didnt-have-to.

19 Ryan Singel, "Twitter's Response to WikiLeaks Subpoena Should Be the Industry Standard," *Wired*, January 10, 2011, https://www.wired.com/2011/01/twitter-2/.

20 Ramy Yaacoub (@RamyYaacoub), Twitter, December 19, 2011, https://twitter.com/RamyYaacoub/status/148764720143409153.

21 "Tweets Still Must Flow," Twitter (blog), January 26, 2012, https://blog.twitter.com/en_us/a/2012/tweets-still-must-flow.html.

22 Jillian C. York, "Twitter's Growing Pains," Al Jazeera, January 31, 2012, https://www.aljazeera.com/indepth/opinion/2012/01/201213091936736195.html.

23 "Why Facebook Buys Startups," YouTube, October 18, 2010, https://www.youtube.com/watch?v=OlBDyItD0Ak.

24 Alexia Tsotsis, "Facebook Scoops up Face.Com for $55–60M to Bolster Its Facial Recognition Tech (Updated)," *TechCrunch* (blog), June 18, 2012, http://social.techcrunch.com/2012/06/18/facebook-scoops-up-face-com-for-100m-to-bolster-its-facial-recognition-tech.

25 Steve Tobak, "Did IPO Damage Facebook Brand?," CBS News, June 6, 2012, https://www.cbsnews.com/news/did-ipo-damage-facebook-brand; David Weidner, "Facebook IPO Facts, Fiction and Flops," *Wall Street Journal*, May 30, 2012, https://www.wsj.com/articles/SB10001424052702304821304577436873952633672.

26 Mark Zuckerberg, "(4) Founder's Letter, 2012," Facebook, February 1, 2017, https://www.facebook.com/notes/mark-zuckerberg/founders-letter/10154500412571634.

27 Jillian C. York, "Facebook: Now Open for Public Scrutiny," Al Jazeera, May 27, 2012, https://www.aljazeera.com/indepth/opinion/2012/05/201252782040308719.html.

28 "Facebook's 5 Core Values," Facebook, September 8, 2015, https://www.facebook.com/media/set/?set=a.1655178611435493.1073741828.16334662369 40064&type=3.

29 Sam Howe Verhovek, "After 10 Years, the Trauma of Love Canal Continues," *New York Times*, August 5, 1988, https://www.nytimes.com/1988/08/05/nyregion/after-10-years-the-trauma-of-love-canal-continues.html.

30   "Sex, Social Mores, and Keyword Filtering: Microsoft Bing in the 'Arabi-
      an Countries,'" OpenNet Initiative, https://opennet.net/sex-social-mo-
      res-and-keyword-filtering-microsoft-bing-arabian-countries.

31   "The GNI Principles," *Global Network Initiative* (blog), https://globalnet-
      workinitiative.org/gni-principles.

32   "Insights to Go," Facebook IQ, https://www.facebook.com/iq/insights-to-
      go/tags/middle-east; Cyrille Fabre et al., "E-Commerce in MENA: Opportu-
      nity Beyond the Hype," Bain & Company, February 19, 2019, https://www.
      bain.com/insights/ecommerce-in-MENA-opportunity-beyond-the-hype.

33   "ITunes Yields to Petition from SMEX and Lebanese Band Al-Rahe-
      lAl-Kabir," SMEX, May 21, 2018, https://smex.org/itunes-yields-to-peti-
      tion-from-smex-and-lebanese-band-al-rahel-al-kabir.

34   "Alcohol Content," Twitter Business, https://business.twitter.com/en/help/
      ads-policies/restricted-content-policies/alcohol-content.html.

35   Nabila Rahhal, "Advertising Alcohol: The Business of Selling Responsibly,"
      Executive, February 15, 2016, https://www.executive-magazine.com/hospi-
      tality-tourism/advertising-alcohol-the-business-of-selling-responsibly.

36   "Tripoli Alcohol Advertising Ban Draws Fire," *Daily Star* (Lebanon), Au-
      gust 11, 2014, https://www.dailystar.com.lb/News/Lebanon-News/2014/
      Aug-11/266821-tripoli-alcohol-advertising-ban-draws-fire.ashx.

37   AG Reporter, "Twitter Officially Launches Advertising Services in the Middle
      East," *Arabian Gazette*, January 28, 2013, https://arabiangazette.com/twit-
      ter-officially-launches-advertising-services-middle-east-20130128; Lorena
      Rios, "Drinking Alcohol Is Always an Open Secret in Egypt," *Vice*, August 19,
      2016, https://www.vice.com/en_us/article/4xbbqj/drinking-alcohol-is-al-
      ways-an-open-secret-in-egypt.

38   Greg Miller, "How the U.S. Maps the World's Most Disputed Territories,"
      Wired, January 24, 2014, https://www.wired.com/2014/01/state-depart-
      ment-maps/.

39   Greg Bensinger, "Google Redraws the Borders on Maps Depending on Who's
      Looking," *Washington Post*, February 4, 2020, https://www.washingtonpost.
      com/technology/2020/02/14/google-maps-political-borders.

40   Colum Lynch, "Syrian Opposition Seeks to Wipe the Assad Name off the
      Map—via Google," *Washington Post*, February 14, 2020, https://www.wash-
      ingtonpost.com/world/national-security/syrian-opposition-seeks-to-wipe-

the-assad-name-off-the-map--via-google/2012/02/14/gIQAad5aER_story.html.

41   Mark Brown, "Nicaraguan Invasion? Blame Google Maps," *Wired*, November 8, 2010, https://www.wired.com/2010/11/google-maps-error-blamed-for-nicaraguan-invasion.

42   Steve Forrest, "Shezanne Cassim, Freed from UAE Prison, Returns to US," CNN, January 9, 2014, https://www.cnn.com/2014/01/09/world/meast/uae-freed-american/index.html.

43   Adam Schreck, "Facebook Opens Office in Dubai," *Christian Science Monitor*, May 30, 2012, https://www.csmonitor.com/Business/Latest-News-Wires/2012/0530/Facebook-opens-office-in-Dubai.

44   Vijaya Gadde, "Twitter Executive: Here's How We're Trying to Stop Abuse While Preserving Free Speech," *Washington Post*, April 16, 2015, https://www.washingtonpost.com/posteverything/wp/2015/04/16/twitter-executive-heres-how-were-trying-to-stop-abuse-while-preserving-free-speech.

45   Josh Halliday, "Lawyer and Champion of Free Speech Alex Macgillivray to Leave Twitter," *Guardian*, August 30, 2013, https://www.theguardian.com/technology/2013/aug/30/twitter-alex-macgillivray-free-speech.

46   Theodore Schleifer, "Silicon Valley Is Awash in Chinese and Saudi Cash—and No One Is Paying Attention (except Trump)," Vox, May 1, 2019, https://www.vox.com/recode/2019/5/1/18511540/silicon-valley-foreign-money-china-saudi-arabia-cfius-firrma-geopolitics-venture-capital.

47   Thomas L. Friedman, "Saudi Arabia's Arab Spring, at Last," editorial, *New York Times*, November 23, 2017, https://www.nytimes.com/2017/11/23/opinion/saudi-prince-mbs-arab-spring.html.

48   "Impact of Office Locations on the Policies of Multinational Companies: The Cases of Facebook and Twitter," ImpACT International, September 19, 2019, https://impactpolicies.org/en/news/39/Impact-of-Office-Locations-on-the-Policies-of-Multinational-Companies-the-Cases-of-Facebook-and-Twitter.

49   Theodore Schleifer, "Silicon Valley Is Snubbing Saudi Arabia's Glitzy Conference a Year after the Khashoggi Killing," Vox, October 14, 2019, https://www.vox.com/recode/2019/10/14/20908630/saudi-arabia-silicon-valley-future-investment-initiative-conference-speakers.

50   Alex Kantrowitz, "How Saudi Arabia Infiltrated Twitter," BuzzFeed News,

February 19, 2020, https://www.buzzfeednews.com/article/alexkantrowitz/how-saudi-arabia-infiltrated-twitter.

51 Elana Beiser, "China, Turkey, Saudi Arabia, Egypt Are World's Worst Jailers of Journalists," Committee to Protect Journalists, December 11, 2019, https://cpj.org/reports/2019/12/journalists-jailed-china-turkey-saudi-arabia-egypt.php.

52 Ruth Michaelson, "Threat of Jail Looms over Even Mildest Critics under Egyptian Crackdown," *Guardian*, January 24, 2020, https://www.theguardian.com/world/2020/jan/24/threat-of-jail-shapes-egyptian-lives-nine-years-after-uprising.

53 Michael Safi, "Egypt Forces Guardian Journalist to Leave after Coronavirus Story," *Guardian*, March 26, 2020, https://www.theguardian.com/world/2020/mar/26/egypt-forces-guardian-journalist-leave-coronavirus-story-ruth-michaelson.

54 "'Leave, Sisi!': All You Need to Know about the Protests in Egypt," Al Jazeera, September 21, 2019, https://www.aljazeera.com/news/2019/09/sisi-protests-egypt-190921091738593.html.

55 Megha Rajagopalan, "Twitter 'Silenced' Dissenting Voices during Anti-Government Protests in Egypt," BuzzFeed News, October 25, 2019, https://www.buzzfeednews.com/article/meghara/twitter-egypt-protests-accounts-suspended.

56 Wael Eskandar, "How Twitter Is Gagging Arabic Users and Acting as Morality Police," openDemocracy, October 23, 2019, https://www.opendemocracy.net/en/north-africa-west-asia/how-twitter-gagging-arabic-users-and-acting-morality-police.

57 Simon Speakman Cordall, "Facebook deactivates accounts of Tunisian political bloggers and activists," *Guardian*, June 4, 2020, https://www.theguardian.com/global-development/2020/jun/04/facebook-deactivates-accounts-of-tunisian-political-bloggers-and-activists.

58 Facebook, "May 2020 Coordinated Inauthentic Behavior Report," June 5, 2020, https://about.fb.com/news/2020/06/may-cib-report/.

59 Marwa Fatafta, "Rights groups to Facebook on Tunisia's 'disappeared' accounts: we're still waiting for answers," Access Now, June 23, 2020, https://www.accessnow.org/rights-groups-to-facebook-on-tunisias-disappeared-accounts-were-still-waiting-for-answers/.

60 Cordall, "Facebook deactivates accounts of Tunisian political bloggers and activists."

61 @Cartes, "Announcing the Twitter Trust & Safety Council," Twitter (blog), February 9, 2016, https://blog.twitter.com/en_us/a/2016/announcing-the-twitter-trust-safety-council.html.

62 Jacob Kornbluh, "Netanyahu Called Mark Zuckerberg to Voice Concerns over Facebook Suspension," Jewish Insider, February 12, 2020, https://jewishinsider.com/2020/02/netanyahu-called-mark-zuckerberg-to-voice-concerns-over-facebook-suspension.

63 My Pham, "Vietnam Says Facebook Commits to Preventing Offensive Content," Reuters, April 16, 2017, https://www.reuters.com/article/us-facebook-vietnam-idUSKBN17T0A0.

64 Saudi Arabia boasts high internet penetration and its citizens are major users of social media—according to the Saudi Ministry of Communications and Information Technology, more than 18 million Saudis use social media. https://www.mcit.gov.sa/en/media-center/news/89698

5장 극단주의에는 극단적인 조치가 필요하다

1 Stephanie Busari, "Tweeting the Terror: How Social Media Reacted to Mumbai," CNN, http://edition.cnn.com/2008/WORLD/asiapcf/11/27/mumbai.twitter.

2 U.S. Senate Committee on Homeland Security and Governmental Affairs, "Lieberman Calls on Google to Take Down Terrorist Content," May 19, 2008, http://www.hsgac.senate.gov/media/majority-media/lieberman-calls-on-google-to-take-down-terrorist-content.

3 U.S. Senate Committee on Homeland Security and Governmental Affairs, "Lieberman Calls."

4 "Dialogue with Sen. Lieberman on Terrorism Videos," Official YouTube Blog, May 19, 2008, https://youtube.googleblog.com/2008/05/dialogue-with-sen-lieberman-on.html.

5 "No Exit: Human Rights Abuses Inside the MKO Camps: I. Summary," Human Rights Watch, https://www.hrw.org/legacy/backgrounder/mena/

iran0505/1.htm#_Toc103593125.

6   Michael Rubin, "Monsters of the Left: The Mujahedin al-Khalq," Middle
    East Forum, January 13, 2006, https://www.meforum.org/888/monsters-of-
    the-left-the-mujahedin-al-khalq.

7   Glenn Greenwald, "Five Lessons from the De-Listing of MEK as a Terrorist
    Group," *Guardian*, September 23, 2012, https://www.theguardian.com/com-
    mentisfree/2012/sep/23/iran-usa.

8   Lisa Stampnitzky, *Disciplining Terror: How Experts Invented "Terrorism,"*
    (Cambridge University Press, 2013).

9   Jeffrey Gettleman, "Somalia's Rebels Embrace Twitter as a Weapon," *New
    York Times*, December 14, 2011, https://www.nytimes.com/2011/12/15/
    world/africa/somalias-rebels-embrace-twitter-as-a-weapon.html.

10 "YouTube Is Managing Graphic, Violent Videos from the Middle East with
    Community Help," *Business Insider*, June 4, 2013, https://web.archive.org/
    web/20130604053925/http://www.businessinsider.com/youtube-is-man-
    aging-graphic-violent-videos-from-the-middle-east-with-community-
    help-2011-5.

11 Liam Stack, "Video of Tortured Boy's Corpse Deepens Anger in Syria," *New
    York Times*, May 30, 2011, https://www.nytimes.com/2011/05/31/world/
    middleeast/31syria.html.

12 Ari Melber, "YouTube Reinstates Blocked Video of Child Allegedly Tortured
    in Syria," *Nation*, June 1, 2011, https://www.thenation.com/article/archive/
    youtube-reinstates-blocked-video-child-allegedly-tortured-syria/.

13 Melber, "YouTube Reinstates Blocked Video."

14 John F. Burns and Miguel Helft, "YouTube Withdraws Cleric's Videos," *New
    York Times*, November 3, 2010, https://www.nytimes.com/2010/11/04/
    world/04britain.html.

15 The National Center for Missing and Exploited Children maintains a data-
    base of child sexual exploitation/abuse imagery (the CSEI or CSAI, used in-
    terchangeably throughout the industry) with oversight from law enforcement
    authorities.

16 "Al-Shabab Showed Gruesome Social Media Savvy during Attack," CBS
    News, September 24, 2013, https://www.cbsnews.com/news/al-shabab-
    showed-gruesome-social-media-savvy-during-attack.

17 Adam Withnall, "Iraq Crisis: Isis Declares Its Territories a New Islamic State

with 'Restoration of Caliphate' in Middle East," *Independent*, June 30, 2014, https://www.independent.co.uk/news/world/middle-east/isis-declares-new-islamic-state-in-middle-east-with-abu-bakr-al-baghdadi-as-emir-removing-iraq-and-9571374.html.

18 Roula Khalaf, "Selling Terror: How Isis Details Its Brutality," *Financial Times*, June 17, 2014, https://www.ft.com/content/69e70954-f639-11e3-a038-00144feabdc0.

19 Alice Speri, "ISIS Fighters and Their Friends Are Total Social Media Pros," *Vice*, June 17, 2014, https://www.vice.com/en_us/article/wjybjy/isis-fighters-and-their-friends-are-total-social-media-pros; J. M. Berger, "The Sophisticated Social Media Strategy of ISIL," *Atlantic*, June 16, 2014, https://www.theatlantic.com/international/archive/2014/06/isis-iraq-twitter-social-media-strategy/372856.

20 Patrick Kingsley, "Who Is behind Isis's Terrifying Online Propaganda Operation?," *Guardian*, June 23, 2014, https://www.theguardian.com/world/2014/jun/23/who-behind-isis-propaganda-operation-iraq.

21 Paul Tassi, "ISIS Uses 'GTA 5' in New Teen Recruitment Video," *Forbes*, September 20, 2014, https://www.forbes.com/sites/insertcoin/2014/09/20/isis-uses-gta-5-in-new-teen-recruitment-video.

22 Rukmini Callimachi, "Before Killing James Foley, ISIS Demanded Ransom from U.S.," *New York Times*, August 20, 2014, https://www.nytimes.com/2014/08/21/world/middleeast/isis-pressed-for-ransom-before-killing-james-foley.html.

23 Bianca Bosker, "Why Beheadings Belong on Facebook," *HuffPost*, December 6, 2017, https://www.huffpost.com/entry/facebook-beheading-videos_n_4144886.

24 Issie Lapowsky, "Twitter Steps Up, Suspends Accounts That Share Horrific Beheading Video," *Wired*, August 20, 2014, https://www.wired.com/2014/08/costolo-video; "YouTube to Remove Video of Alleged James Foley Killing," *Irish Times*, August 20, 2014, https://www.irishtimes.com/news/world/middle-east/youtube-to-remove-video-of-alleged-james-foley-killing-1.1902815.

25 Tom Risen, "Twitter, Facebook, YouTube Grapple with Islamic State Censorship," *US News & World Report*, September 5, 2014, https://www.usnews.com/news/articles/2014/09/05/twitter-facebook-youtube-navigate-islam-

ic-state-censorship.

26 Walter Reich, "Show the James Foley Beheading Video," *Washington Post*, August 29, 2014, https://www.washingtonpost.com/posteverything/wp/2014/08/29/why-facebook-and-youtube-should-show-the-james-foley-beheading-video/.

27 Jeff Jacoby, "James Foley Video Is Grim, but We Owe It to Him to Bear Witness," *Boston Globe*, August 22, 2014, https://www.bostonglobe.com/opinion/2014/08/22/james-foley-video-grim-but-owe-him-bear-witness/wWG9Jkprv49QJbA28BG8wM/story.html.

28 Armin Rosen, "Erasing History: YouTube's Deletion of Syria War Videos Concerns Human Rights Groups," *Fast Company*, March 7, 2018, https://www.fastcompany.com/40540411/erasing-history-youtubes-deletion-of-syria-war-videos-concerns-human-rights-groups.

29 Joel Kabot, "ISIS Is Winning the Cyber War. Here's How to Stop It," *Hill*, March 21, 2017, https://thehill.com/blogs/pundits-blog/defense/325082-isis-is-winning-the-cyber-war-heres-how-to-stop-it.

30 Sheera Frenkel, "Facebook Will Use Artificial Intelligence to Find Extremist Posts," *New York Times*, June 15, 2017, https://www.nytimes.com/2017/06/15/technology/facebook-artificial-intelligence-extremists-terrorism.html.

31 Abdul Rahman Al Jaloud et al., "Caught in the Net: The Impact of 'Extremist' Speech Regulations on Human Rights Content," Electronic Frontier Foundation, May 30, 2019, https://www.eff.org/wp/caught-net-impact-extremist-speech-regulations-human-rights-content.

32 Avi Asher-Schapiro, "YouTube and Facebook Are Removing Evidence of Atrocities, Jeopardizing Cases Against War Criminals," *The Intercept*, November 2, 2017, https://theintercept.com/2017/11/02/war-crimes-youtube-facebook-syria-rohingya.

33 Megha Rajagopalan, "The Histories of Today's Wars Are Being Written on Facebook and YouTube. But What Happens When They Get Taken Down?," BuzzFeed News, December 22, 2018, https://www.buzzfeednews.com/article/meghara/facebook-youtube-icc-war-crimes.

34 "Warrant of Arrest," International Criminal Court, August 15, 2017, https://www.icc-cpi.int/Pages/record.aspx?docNo=ICC-01/11-01/17-2.

35 Asher-Schapiro, "YouTube and Facebook Are Removing Evidence."

36 "GifCT," Global Internet Forum to Counter Terrorism, http://www.gifct. org.

37 "Civil Society Letter to the European Parliament on the GIFCT hash database," February 4, 2019, https://cdt.org/wp-content/uploads/2019/02/Civil-Society-Letter-to-European-Parliament-on-Terrorism-Database.pdf.

38 Facebook, "Next Steps for the Global Internet Forum to Counter Terrorism," September 29, 2019, https://about.fb.com/news/2019/09/next-steps-for-gifct/.

39 Emma Llansó, "Human Rights NGOs in Coalition Letter to GIFCT," Center for Democracy and Technology, July 30, 2020, https://cdt.org/insights/human-rights-ngos-in-coalition-letter-to-gifct/.

40 Emma Llansó, "Human Rights NGOs in Coalition Letter to GIFCT."

41 Emma Llansó, "Human Rights NGOs in Coalition Letter to GIFCT."

42 "Terrorism and Violent Extremism Policy," Twitter Help Center, March 2019, https://help.twitter.com/en/rules-and-policies/violent-groups.

43 JTA and Haaretz, "Twitter Blocks Hamas, Hezbollah Accounts Following Israeli Pressure," *Haaretz*, March 3, 2018, https://www.haaretz.com/twitter-blocks-hamas-hezbollah-accounts-in-israel-under-pressure-1.6240629.

44 Sarah E. Needleman and Bowdeya Tweh, "Twitter Suspends Accounts Linked to Hamas, Hezbollah," *Wall Street Journal*, November 4, 2019, https://www.wsj.com/articles/twitter-suspends-accounts-linked-to-hamas-hezbollah-11572888026.

45 Risen, "Twitter, Facebook, YouTube Grapple."

46 "The Crime of Speech: How Arab Governments Use the Law to Silence Expression Online," Electronic Frontier Foundation, April 25, 2016, https://www.eff.org/pages/crime-speech-how-arab-governments-use-law-silence-expression-online.

6장 빅토리아 시대를 살아가는 21세기 현대인들

1 A. Victor Coonin, *From Marble to Flesh: The Biography of Michelangelo's David* (Florentine Press, 2014), 92.

2   Online Museum Victoria and Albert Museum, "David's Fig Leaf," June 24, 2011, http://www.vam.ac.uk/content/articles/d/davids-fig-leaf/.

3   CjCB, "Facebook, Curator of Culture," *New York Academy of Art* (blog), January 31, 2011, https://newyorkacademyofart.blogspot.com/2011/01/facebook-curator-of-culture.html.

4   CjCB, "New York Academy of Art."

5   Rebecca Greenfield, "Facebook Explains That Nipplegate Was a Mistake," *Atlantic*, September 11, 2012, https://www.theatlantic.com/technology/archive/2012/09/facebook-explains-nipplegate-was-mistake/323750.

6   Robert Mankoff, "Nipplegate," September 10, 2012, *New Yorker*, https://www.newyorker.com/cartoons/bob-mankoff/nipplegate.

7   Adrian Chen, "Inside Facebook's Outsourced Anti-Porn and Gore Brigade, Where 'Camel Toes' Are More Offensive Than 'Crushed Heads,'" *Gawker*, February 16, 2012, http://gawker.com/5885714/inside-facebooks-outsourced-anti-porn-and-gore-brigade-where-camel-toes-are-more-offensive-than-crushed-heads.

8   Marion Cocquet, "L'origine Du Scandale," *Le Point*, February 17, 2011, https://www.lepoint.fr/culture/l-origine-du-scandale-17-02-2011-1296 611_3.php.

9   Phiilppe Sotto, "French Court Issues Mixed Ruling in Facebook Nudity Case," *Seattle Times*, March 15, 2018, https://www.seattletimes.com/business/french-court-issues-mixed-ruling-in-facebook-nudity-case.

10 Jillian Steinhauer, "Leaked Document Lays Out Facebook's Policy on Sex and Nudity in Art," *Hyperallergic*, May 22, 2017, https://hyperallergic.com/380911/leaked-document-lays-out-facebooks-policy-on-sex-and-nudity-in-art.

11 Hakim Bishara, "Facebook Settles 8-Year Case with Teacher Who Posted Courbet's 'Origin of the World,'" *Hyperallergic*, August 6, 2019, https://hyperallergic.com/512428/facebook-settles-8-year-case-with-teacher-who-posted-courbets-origin-of-the-world.

12 Maggie Fick and Paresh Dave, "Facebook's flood of languages leave it struggling to monitor content," April 23, 2019, https://www.reuters.com/article/us-facebook-languages-insight/facebooks-flood-of-languages-leave-it-struggling-to-monitor-content-idUSKCN1RZ0DW.

13 Xeni Jardin, "Richard Metzger: How I, a Married, Middle-Aged Man, Be-

came an Accidental Spokesperson for Gay Rights Overnight," *Boing Boing*, April 19, 2011, https://boingboing.net/2011/04/19/richard-metzger-how.html.

14 위와 동일

15 "Facebook Opens Governance of Service and Policy Process to Users," Facebook Newsroom, February 26, 2009, https://newsroom.fb.com/news/2009/02/facebook-opens-governance-of-service-and-policy-process-to-users.

16 Jardin, "Richard Metzger."

17 "Gay Kissing Pic Banned from Facebook, So Why Are All the Hetero Pics Still There?," *AMERICAblog*, April 18, 2011, http://gay.americablog.com/2011/04/gay-kissing-pic-banned-from-facebook-so-why-are-all-the-hetero-pics-still-there.html.

18 Radhika Sanghani, "Instagram Deletes Woman's Period Photos—but Her Response Is Amazing," *Telegraph*, March 30, 2015, https://www.telegraph.co.uk/women/life/instagram-deletes-womans-period-photos-but-her-response-is-amazing.

19 Sarah Myers West, "Raging Against the Machine: Network Gatekeeping and Collective Action on Social Media Platforms," *Media and Communication* 5, no. 3 (2017): 28, https://doi.org/10.17645/mac.v5i3.989.

20 Myers West, "Raging Against the Machine," 28.

21 Myers West, "Raging Against the Machine," 28.

22 Kate Klonick, "What I Learned in Twitter Purgatory," *Atlantic*, September 8, 2020, https://www.theatlantic.com/ideas/archive/2020/09/what-i-learned-twitter-purgatory/616144.

23 Kate Klonick, "The New Governors: The People, Rules, and Processes Governing Online Speech," *Harvard Law Review* 131 (2017): 73.

24 Klonick, "The New Governors," 73.

25 Courtney Demone, "I Am a Trans Woman. Will Facebook Censor My Breasts?," *Mashable*, September 30, 2015, https://mashable.com/2015/09/30/do-i-have-boobs-now.

26 Jenna Wortham, "Facebook Won't Budge on Breastfeeding Photos," *Bits Blog* (blog), January 2, 2009, https://bits.blogs.nytimes.com/2009/01/02/breastfeeding-facebook-photos.

27 Tarleton Gillespie, *Custodians of the Internet: Platforms, Content Moderation,*

and the Hidden Decisions That Shape Social Media (Yale University Press, 2018).

28 Tom Pollard, *Sex and Violence: The Hollywood Censorship Wars* (Routledge, 2015).

29 "Barnes v. Glen Theatre, Inc.," LII / Legal Information Institute, https://www.law.cornell.edu/supremecourt/text/501/560.

30 Judith Lynne Hanna, *Naked Truth: Strip Clubs, Democracy, and a Christian Right* (University of Texas Press, 2012).

31 "Update to Our Nudity and Attire Policy," Twitch, April 7, 2020, https://blog.twitch.tv/en/2020/04/07/update-to-our-nudity-and-attire-policy.

32 Tristan Greene, "Tumblr's 'female-presenting nipples' language isn't semantic — it's oppression," December 14, 2018, https://thenextweb.com/opinion/2018/12/14/tumblrs-female-presenting-nipples-language-isnt-semantics-its-oppression/.

33 Jillian C. York, "Facebook Celebrates Pride, Except Where Homosexuality Is Illegal," *Vice*, June 20, 2017, https://www.vice.com/en_us/article/pay4m7/facebook-celebrates-pride-except-where-homosexuality-is-illegal.

34 Kristina Cooke, Dan Levine, and Dustin Volz, "INSIGHT - Facebook Executives Feel the Heat of Content Controversies," Reuters, October 28, 2016, https://www.reuters.com/article/facebook-content-idCNL1N1CY01A.

35 Jamie Ballard, "Almost Seven in 10 Americans Are Comfortable with Women Breastfeeding Next to Them in Public," YouGov, September 27, 2019, https://today.yougov.com/topics/education/articles-reports/2019/09/27/breastfeeding-public-formula-feeding-poll-survey.

36 Ben Wagner, *Governing Internet Expression: The International and Transnational Politics of Freedom of Expression* (Phd Diss, 2013, European University Institute). In his dissertation, Wagner posits that the United Kingdom, the United States, Germany, AOL, Google, and Facebook are the key actors that have defined acceptability online.

37 Wagner, *Governing Internet Expression*.

7장 성과의 전쟁

1   J Michel Metz and Rod Carveth, "Misunderstanding Cyberculture: Martin Rimm and the 'Cyberporn' Study," Popular Culture Association National Conference, Las Vegas, 1996.

2   David Kushner, "A Brief History of Porn on the Internet," *Wired*, April 9, 2019, https://www.wired.com/story/brief-history-porn-internet.

3   Matt Richtel, "For Pornographers, Internet's Virtues Turn to Vices," *New York Times*, June 2, 2007, https://www.nytimes.com/2007/06/02/technology/02porn.html.

4   Jacqui Cheng, "Porn 2.0 Is Stiff Competition for Pro Pornographers," Ars Technica, June 6, 2007, https://arstechnica.com/uncategorized/2007/06/porn-2-0-is-stiff-competition-for-pro-pronographers.

5   danah boyd, "White Flight in Networked Publics? How Race and Class Shaped American Teen Engagement with MySpace and Facebook," in *Race after the Internet*, eds. Lisa Nakamura and Peter Chow-White (Routledge, 2011).

6   Nick Summers, "Facebook's 'Porn Cops' Are Key to Its Growth," *Newsweek*, April 30, 2009, https://www.newsweek.com/facebooks-porn-cops-are-key-its-growth-77055.

7   Brad Stone, "Policing the Web's Lurid Precincts," *New York Times*, July 18, 2010, https://www.nytimes.com/2010/07/19/technology/19screen.html.

8   Jacqui Cheng, "Porn Pranksters Have a Field Day with YouTube Injection Flaw," Ars Technica, July 5, 2010, https://arstechnica.com/tech-policy/news/2010/07/pranksters-have-a-field-day-with-youtube-injection-flaw.ars.

9   Steven Musil, "Hackers Add Porn to Sesame Street YouTube Channel," CNET, October 16, 2011, https://www.cnet.com/news/hackers-add-porn-to-sesame-street-youtube-channel.

10 "How Did the Pornography Make It on to Facebook?," *Allfacebook* (blog), November 17, 2011, available at https://web.archive.org/web/20111117004056/http://www.allfacebook.com/facebook-quietly-pulls-pornographic-posts-from-site-2011-11.

11 Adam Clark Estes, "Of Course Flickr Has a Porn Problem," *Atlantic*, July 29, 2011, https://www.theatlantic.com/technology/archive/2011/07/course-

flickr-has-porn-problem/353465; Larry Sanger, "What Should We Do about Wikipedia's Porn Problem?," *Larry Sanger Blog*, May 29, 2012, http://larrysanger.org/2012/05/what-should-we-do-about-wikipedias-porn-problem; Ben Parr, "Should Twitter Crack Down on Pornography?," *Mashable*, July 3, 2009, https://mashable.com/2009/07/03/twitter-pornography.

12   Bardot Smith, "Silicon Valley's Cult of Male Ego," *Model View Culture* (blog), September 8, 2014, https://modelviewculture.com/pieces/silicon-valley-s-cult-of-male-ego.

13   CEO Jeff D'Onofrio, "A Better, More Positive Tumblr," *Tumblr Blog*, December 3, 2018, https://staff.tumblr.com/post/180758987165/a-better-more-positive-tumblr.

14   "Liaraslist," liaraslist, https://liaraslist.org.

15   Vijaya Gadde and Kayvon Beykpour, "Setting the Record Straight on Shadow Banning," Twitter (blog), July 26, 2018, https://blog.twitter.com/en_us/topics/company/2018/Setting-the-record-straight-on-shadow-banning.html.

16   "Hackinghustling.Com," http://hackinghustling.com.

17   John Constine, "Instagram Now Demotes Vaguely 'Inappropriate' Content," *TechCrunch* (blog), April 10, 2019, http://social.techcrunch.com/2019/04/10/instagram-borderline.

18   Russell Brandom, "Facebook's Report Abuse Button Has Become a Tool of Global Oppression," *Verge*, September 2, 2014, https://www.theverge.com/2014/9/2/6083647/facebook-s-report-abuse-button-has-become-a-tool-of-global-oppression.

19   "(1) Cindy Gallop –I've Been Silent on Facebook for the Past Few Days …," Facebook, March 29, 2018, https://www.facebook.com/cindy.gallop/posts/10156464487798313.

20   Erika Lust, "Mom Are the People in Your Films Always Naked?," in *Coming Out Like a Porn Star: Essays on Pornography, Protection, and Privacy*, ed. Jiz Lee (Stone Bridge Press, 2015).

21   Emily Dixon, "Twitter and Facebook under Fire for Removing the Word 'Vagina' from Ads for Gynecology Book," CNN, September 2, 2019, https://www.cnn.com/2019/08/30/tech/us-twitter-vagina-bible-scli-intl/index.html.

22   Eric Johnson, "In Her New Book, 'The Uterus Is a Feature, Not a Bug,' Sarah Lacy Says Women Should Fight Back, Not 'Lean In,'" Vox, November 16, 2017,

https://www.vox.com/2017/11/16/16658534/sarah-lacy-uterus-feature-not-bug-book-feminism-sheryl-sandberg-lean-in-recode-media-peter-kafka.

23 Lora Grady, "Women Are Calling Out Instagram for Censoring Photos of Fat Bodies," *Flare*, October 28, 2018, https://www.flare.com/news/instagram-censorship-fat-plus-size/.

24 Amber Madison, "When Social-Media Companies Censor Sex Education," *Atlantic*, March 4, 2015, https://www.theatlantic.com/health/archive/2015/03/when-social-media-censors-sex-education/385576.

25 Megan Farokhmanesh, "YouTube Is Still Restricting and Demonetizing LGBT Videos—and Adding Anti-LGBT Ads to Some," *Verge*, June 4, 2018, https://www.theverge.com/2018/6/4/17424472/youtube-lgbt-demonetization-ads-algorithm.

26 Lorelei Lee (missloreleilee), "WE NEED YOU TO CALL YOUR SENATORS," Instagram, March 5, 2018, https://www.instagram.com/p/Bf-9NOCzBZDJ.

27 "Amicus Brief of Center for Democracy & Technology in Support of Plaintiffs-Appellants," Electronic Frontier Foundation, February 28, 2019, https://www.eff.org/document/orrected-brief-amicus-curiae-center-democracy-technology-support-plaintiffs-appellants.

8장 인간에서 기계로

1 "Fun People Archive-15 Apr-AOL.COM Took the *WHAT* out of 'Country?,'" April 15, 1996, http://www.langston.com/Fun_People/1996/1996ASK.html.

2 Ernie Smith, "Scunthorpe Problem: What Made Scunthorpe Famous," *Tedium*, July 26, 2016, https://tedium.co/2016/07/26/scunthorpe-problem-profanity-filter-history.

3 "F-Word Town Censors Itself," NEWS.com.au, August 1, 2008, https://web.archive.org/web/20080818120216/http://www.news.com.au/story/0,23599,24112394-23109,00.html.

4 Paul Festa, "Food Domain Found 'Obscene,'" CNET, April 27, 1998,

https://www.cnet.com/news/food-domain-found-obscene.

5   Jude Sheerin, "How Spam Filters Dictated Canadian Magazine's Fate," BBC News, March 29, 2010, http://news.bbc.co.uk/2/hi/technology/8528672.stm.

6   Lester Haines, "Porn Filters Have a Field Day on Horniman Museum," *Register*, October 8, 2004, https://www.theregister.co.uk/2004/10/08/horniman_museum_filtered.

7   Kris Maher, "Don't Let Spam Filters Snatch Your Resume," *CollegeJournal*, October 23, 2006, https://web.archive.org/web/20061023111709/http://www.collegejournal.com/jobhunting/resumeadvice/20040426-maher.html; Daniel Oberhaus, "Life on the Internet Is Hard When Your Last Name Is 'Butts,'" *Vice*, August 29, 2018, https://www.vice.com/en_us/article/9k-mp9v/life-on-the-internet-is-hard-when-your-last-name-is-butts.

8   "Perspective," accessed January 25, 2020, https://www.perspectiveapi.com/#/home.

9   caroline sinders, "Toxicity and Tone Are Not the Same Thing: Analyzing the New Google API on Toxicity, PerspectiveAPI.," Medium, February 24, 2017, https://medium.com/@carolinesinders/toxicity-and-tone-are-not-the-same-thing-analyzing-the-new-google-api-on-toxicity-perspectiveapi-14abe4e728b3.

10 One widely shared list of "bad words" demonstrates the bluntness of keyword filtering: https://www.cs.cmu.edu/~biglou/resources/bad-words.txt.

11 Jillian C. York, "Google's Anti-Bullying AI Mistakes Civility for Decency," *Vice*, August 18, 2017, https://www.vice.com/en_us/article/qvvv3p/googles-anti-bullying-ai-mistakes-civility-for-decency.

12 "Drag Queens and Artificial Intelligence: Should Computers Decide What Is 'Toxic' on the Internet?," *InternetLab* (blog), June 28, 2019, http://www.internetlab.org.br/en/freedom-of-expression/drag-queens-and-artificial-intelligence-should-computers-decide-what-is-toxic-on-the-internet.

13 Rolfe Winkler, "The Imperial Powers of the Tech Universe," *Wall Street Journal*, December 27, 2019, https://www.wsj.com/articles/the-imperial-powers-of-the-tech-universe-11576630805.

14 Shoshanna Zuboff, "A Digital Declaration," *Frankfurter Allgemeine*, September 15, 2014, https://www.faz.net/aktuell/feuilleton/debatten/the-digital-debate/shoshan-zuboff-on-big-data-as-surveillance-capital-

ism-13152525.html.

15 Spandana Singh, "Everything in Moderation," New America, July 22, 2019, http://newamerica.org/oti/reports/everything-moderation-analysis-how-internet-platforms-are-using-artificial-intelligence-moderate-user-generated-content.

16 "There's an Algorithm to Fight Online Extremism," *Science Friday* (blog), January 27, 2017, https://www.sciencefriday.com/segments/theres-an-algorithm-to-fight-online-extremism.

17 "There's an Algorithm to Fight Online Extremism."

18 Evelyn Douek (@evelyndouek), Twitter, September 11, 2019, https://twitter.com/evelyndouek/status/1171823591870124038.

19 "AI Advances to Better Detect Hate Speech," Facebook AI, May 12, 2020, https://ai.facebook.com/blog/ai-advances-to-better-detect-hate-speech.

20 Singh, "Everything in Moderation."

21 Amanda Holpuch, "Facebook Still Suspending Native Americans over 'Real Name' Policy," *Guardian*, February 16, 2015, https://www.theguardian.com/technology/2015/feb/16/facebook-real-name-policy-suspends-native-americans; Matthew Moore, "Woman Called Yoda Blocked from Facebook," *Telegraph*, August 27, 2008, https://www.telegraph.co.uk/news/newstopics/howaboutthat/2632170/Woman-called-Yoda-blocked-from-Facebook.html.

22 Maggie Zhang, "Google Photos Tags Two African-Americans as Gorillas through Facial Recognition Software," *Forbes*, July 1, 2015, https://www.forbes.com/sites/mzhang/2015/07/01/google-photos-tags-two-african-americans-as-gorillas-through-facial-recognition-software.

23 Dave Gershgorn, "The Reason Why Most of the Images That Show up When You Search for 'Doctor' Are White Men," Quartz, April 14, 2017, https://qz.com/958666/the-reason-why-most-of-the-images-are-men-when-you-search-for-doctor.

24 Maggie Frick and Paresh Dave, "Facebook's Flood of Languages Leave It Struggling to Monitor Content," Reuters, April 13, 2019, https://www.reuters.com/article/us-facebook-languages-insight/facebooks-flood-of-languages-leave-it-struggling-to-monitor-content-idUSKCN1RZ0DW.

25 U Khin Maung Saw, "(Mis)Interpretations of Burmese Words: Part I," Scribd, https://www.scribd.com/document/24696342/Misinterpreta-

tions-of-Burmese-Words-1.

26 Thant Sin, "Facebook Bans Racist Word 'Kalar' in Myanmar, Triggers Collat-
    eral Censorship," *Global Voices Advocacy* (blog), June 2, 2017, https://advox.
    globalvoices.org/2017/06/02/facebook-bans-racist-word-kalar-in-myan-
    mar-triggers-collateral-censorship.

27 Richard Allan, "Hard Questions: Who Should Decide What Is Hate Speech
    in an Online Global Community?," *About Facebook* (blog), June 27, 2017,
    https://about.fb.com/news/2017/06/hard-questions-hate-speech.

28 Sin, "Facebook Bans Racist Word 'Kalar' in Myanmar."

29 Allan, "Hard Questions."

30 Kate O'Flaherty, "YouTube Keeps Deleting Evidence of Syrian Chemical
    Weapon Attacks," *Wired UK*, June 26, 2018, https://www.wired.co.uk/arti-
    cle/chemical-weapons-in-syria-youtube-algorithm-delete-video.

31 Sheera Frenkel, "Facebook Will Use Artificial Intelligence to Find Ex-
    tremist Posts," *New York Times*, June 15, 2017, https://www.nytimes.
    com/2017/06/15/technology/facebook-artificial-intelligence-extrem-
    ists-terrorism.html.

32 Janes F. Peltz, "Twitter Says It Suspended 1.2 Million Accounts for Terror-
    ism-Promotion Violations," *Los Angeles Times*, April 5, 2018, https://www.
    latimes.com/business/la-fi-twitter-terrorism-accounts-20180405-story.
    html.

33 Singh, "Everything in Moderation."

34 Singh, "Everything in Moderation."

35 Tarleton Gillespie, *Custodians of the Internet: Platforms, Content Moderation,
    and the Hidden Decisions That Shape Social Media* (Yale University Press,
    2018).

36 Taylor R. Moore, "Trade Secrets and Algorithms as Barriers to Social Justice,"
    Center for Democracy & Technology, August 2017, 13; AI Now Institute,
    "Reports," AI Now Institute, https://ainowinstitute.org/reports.html; "IEEE
    Standard for Algorithm Bias Considerations (P7003)," *UnBias* (blog), April
    12, 2017, https://unbias.wp.horizon.ac.uk/work-packages/wp4-stakehold-
    er-engagement/ieee-standard-for-algorithm-bias-considerations-p7003.

9장 혐오의 전염성

1   Brian Cuban, "Open Letter to Facebook CEO Mark Zuckerberg," May 10, 2009, https://web.archive.org/web/20131204021241/http://www.briancuban.com/open-letter-to-facebook-ceo-mark-zuckerberg.

2   Ki Mae Heussner, "Facebook under Fire for Allowing Holocaust Deniers," ABC News, May 12, 2009, https://abcnews.go.com/Technology/Aheadofthe-Curve/story?id=7566812&page=1.

3   International Convention on the Elimination of All Forms of Racial Discrimination, UN Human Rights Office of the High Commissioner, https://www.ohchr.org/en/professionalinterest/pages/cerd.aspx.

4   Clarence Brandenburg, Appellant, v. State of Ohio, Cornell Law School, Legal Information Institute, https://www.law.cornell.edu/supremecourt/text/395/444.

5   "Brandenburg v. Ohio," Columbia University, Global Freedom of Expression, https://globalfreedomofexpression.columbia.edu/cases/brandenburg-v-ohio.

6   Anthony Shadid and Kevin Sullivan, "Anatomy of the Cartoon Protest Movement," *Washington Post*, February 16, 2006, https://www.washingtonpost.com/wp-dyn/content/article/2006/02/15/AR2006021502865.html.

7   Danish Prime Minister Anders Fogh Rasmussen's New Year Address 2006, https://www.stm.dk/_p_11198.html.

8   Ehsan Ahrari, "Cartoon and the Clash of 'Freedoms,'" *Global Beat Syndicate*, February 15, 2006, https://www.bu.edu/globalbeat/syndicate/ahrari021506.html.

9   UN Commission on Human Rights, *Racism, Racial Discrimination, Xenophobia and All Forms of Discrimination, Report submitted by Mr. Doudou Diène, Special Rapporteur on contemporary forms of racism, racial discrimination, xenophobia and related intolerance*, January 18, 2006, E/CN.4/2006/16, available at: https://www.refworld.org/docid/441182080.html.

10   Michelle Malkin, "Banned on YouTube," *UNZ Review*, October 4, 2006, https://www.unz.com/mmalkin/banned-on-youtube-3.

11   Michelle Malkin, "When YouTube Banned Me, but Not the Hate Imams," *UNZ Review*, June 7, 2017, https://www.unz.com/mmalkin/when-youtube-banned-me-but-not-the-hate-imams.

12   Deepa Seetharaman, "Facebook Employees Pushed to Remove Trump's Posts

as Hate Speech," *Wall Street Journal*, October 21, 2016, https://www.wsj.com/articles/facebook-employees-pushed-to-remove-trump-posts-as-hate-speech-1477075392?mod=e2tw.

13 Deepa Seetharaman, "Facebook Employees Try to Censor Trump," Fox Business, October 21, 2016, https://www.foxbusiness.com/politics/facebook-employees-try-to-censor-trump.

14 Anas Qtiesh, "Spam Bots Flooding Twitter to Drown Info about #Syria Protests," *Global Voices Advocacy*, April 18, 2011, https://advox.globalvoices.org/2011/04/18/spam-bots-flooding-twitter-to-drown-info-about-syria-protests/.

15 Gabriella Coleman, "Everything you know about Anonymous is wrong," *Al Jazeera*, May 8, 2012, https://www.aljazeera.com/indepth/opinion/2012/05/201255152158991826.html.

16 Ashe Schow, "#EndFathersDay, the latest ridiculous hashtag from the feminist outrage machine," *Washington Examiner*, June 13, 2014, https://www.washingtonexaminer.com/endfathersday-the-latest-ridiculous-hashtag-from-the-feminist-outrage-machine.

17 Rachelle Hampton, "The Black Feminists Who Saw the Alt-Right Threat Coming," *Slate*, April 23, 2019, https://slate.com/technology/2019/04/black-feminists-alt-right-twitter-gamergate.html.

18 위와 동일

19 위와 동일

20 John Biggs, "The rise of 4chan politics," *TechCrunch*, December 21, 2016, https://techcrunch.com/2016/12/21/the-rise-of-4chan-politics/.

21 Mary Anne Franks, *The Cult of the Constitution* (Stanford University Press, 2019), 228.

22 Vegas Tenold, "Little Führers Everywhere," *Longreads*, February 21, 2018, https://longreads.com/2018/02/21/little-fuhrers-everywhere/.

23 NPR, "Big Tech Companies Are Struggling with How to Best Police Their Platforms," July 11, 2019, https://www.npr.org/2019/07/11/740871352/big-tech-companies-are-struggling-with-how-to-best-police-their-platforms.

24 Francie Diep, "How Social Media Helped Organize and Radicalize America's White Supremacists," *Pacific Standard*, August 15, 2017, https://psmag.com/social-justice/how-social-media-helped-organize-and-radicalize-ameri-

cas–newest–white–supremacists; "Social Media Used to Identify Charlottesville Protesters," VOA, August 17, 2017, https://learningenglish.voanews.com/a/social–media–used–to–identify–charlotesville–protesters/3989596.html.

25 "Tech Companies Have the Tools to Confront White Supremacy," *Wired*, August 14, 2017, https://www.wired.com/story/charlottesville–social–media–hate–speech–online.

26 Bryan Menegus and Tom McKay, "Airbnb Won't Put a Roof over the Heads of Nazis [Updated]," Gizmodo, August 7, 2017, https://gizmodo.com/airbnb–won–t–put–a–roof–over–the–heads–of–nazis–1797585928.

27 Keith Collins, "A Running List of Websites and Apps That Have Banned, Blocked, and Dropped Neo–Nazis," Quartz, August 16, 2017, https://qz.com/1055141/what–websites–and–apps–have–banned–neo–nazis–and–white–supremacists.

28 Adi Robertson, "YouTube Bans Neo–Nazi Channel after Criticism over Hate Speech Rules," *Verge*, February 28, 2018, https://www.theverge.com/2018/2/28/17062002/youtube–ban–atomwaffen–neo–nazi–channel–hate–speech–rules.

29 Dottie Lux, "Facebook's Hate Speech Policies Censor Marginalized Users," *Wired*, August 14, 2017, https://www.wired.com/story/facebooks–hate–speech–policies–censor–marginalized–users.

30 Maya Kosoff, "Oculus Founder Does Damage Control After Outing Himself as Pro–Trump Donor," *Vanity Fair*, September 26, 2016, https://www.vanityfair.com/news/2016/09/oculus–founder–damage–control–outing–himself–pro–trump–donor; Tina Casey, "In Wake of Gawker Case, Peter Thiel Drags Facebook into White Nationalist Territory," June 14, 2016, https://www.triplepundit.com/story/2016/wake–gawker–case–peter–thiel–drags–facebook–white–nationalist–territory/25131.

31 Fathimath Afiya and John–Khalid Bridgen, "Maldives," Global Information Society Watch, https://www.giswatch.org/en/country–report/economic–social–and–cultural–rights–escrs/maldives.

32 "Pulling the Plug: A Technical Review of the Internet Shutdown in Burma," OpenNet Initiative, 2007, https://opennet.net/research/bulletins/013.

33 Nart Villeneuve and Masashi Crete–Nishihata, "Control and Resistance: Attacks on Burmese Opposition Media," in *Access Contested: Security, Identity,*

and Resistance in Asian Cyberspace (MIT Press, 2011).

34 "Crisis in Arakan State and New Threats to Freedom of News and Information," RSF, June 28, 2012, https://rsf.org/en/reports/crisis-arakan-state-and-new-threats-freedom-news-and-information.

35 "Why Is There Communal Violence in Myanmar?," BBC News, July 3, 2014, https://www.bbc.com/news/world-asia-18395788.

36 "Internet Freedom: Cyberspying, Censorship and Other Challenges," East-West Center Media Conference: Yangon 2014, March 11, 2014, https://www.ewcmedia.org/yangon2014/2014/03/11/cyber-challenges.

37 Ethan Zuckerman, "Myanmar, No Longer Closed, Still Complicated," *My Heart's in Accra* (blog), March 12, 2014, http://www.ethanzuckerman.com/blog/2014/03/12/myanmar-no-longer-closed-still-complicated.

38 Zuckerman, "Myanmar, No Longer Closed."

39 Ray Sharma, "Telenor Brings Zero-Rated Wikipedia and Facebook Access via Opera Mini to Myanmar," Fast Mode, November 2, 2014, https://www.thefastmode.com/technology-solutions/2923-telenor-brings-zero-rated-wikipedia-and-facebook-access-via-opera-mini-to-myanmar.

40 "In Myanmar, Facebook Is the Internet and the Internet Is Facebook," Yale University, Modern Southeast Asia, October 2, 2018, https://seasia.yale.edu/myanmar-facebook-internet-and-internet-facebook.

41 Denelle Dixon, "Mozilla Releases Research Results: Zero Rating Is Not Serving as an On-Ramp to the Internet," *Mozilla Blog*, July 31, 2017, https://blog.mozilla.org/blog/2017/07/31/mozilla-releases-research-results-zero-rating-not-serving-ramp-internet.

42 Olivia Solon, "'It's Digital Colonialism': How Facebook's Free Internet Service Has Failed Its Users," *Guardian*, July 27, 2017, https://www.theguardian.com/technology/2017/jul/27/facebook-free-basics-developing-markets.

43 Timothy McLaughlin, "How Facebook's Rise Fueled Chaos and Confusion in Myanmar," *Wired*, July 6, 2018, https://www.wired.com/story/how-facebooks-rise-fueled-chaos-and-confusion-in-myanmar.

44 Steve Stecklow, "Why Facebook Is Losing the War on Hate Speech in Myanmar," Reuters, August 15, 2018, https://www.reuters.com/investigates/special-report/myanmar-facebook-hate.

45 Alan Davis, "How Social Media Spurred Myanmar's Latest Violence," In-

stitute for War and Peace Reporting, September 12, 2017, https://iwpr.net/global-voices/how-social-media-spurred-myanmars-latest.

46 McLaughlin, "How Facebook's Rise Fueled Chaos and Confusion."

47 "Zuckerberg Responses to Commerce Committee QFRs1," Scribd, https://www.scribd.com/document/381569055/Zuckerberg-Responses-to-Commerce-Committee-QFRs1.

48 Stephanie Nebehay and Simon Lewis, "U.N. Brands Myanmar Violence a 'Textbook' Example of Ethnic Cleansing," Reuters, September 11, 2017, https://www.reuters.com/article/us-myanmar-rohingya/u-n-brands-myanmar-violence-a-textbook-example-of-ethnic-cleansing-idUSKCN1BM0QF.

49 Tom Miles, "U.N. Investigators Cite Facebook Role in Myanmar Crisis," Reuters, March 12, 2018, https://www.reuters.com/article/us-myanmar-rohingya-facebook/u-n-investigators-cite-facebook-role-in-myanmar-crisis-idUSKCN1GO2PN.

50 "UN: Facebook Has Turned into a Beast," BBC News, March 13, 2018, https://www.bbc.com/news/technology-43385677.

51 Andy Sullivan, "Facebook's Zuckerberg vows to work harder to block hate speech in Myanmar," Reuters, April 11, 2018, https://www.reuters.com/article/facebook-privacy-myanmar/facebooks-zuckerberg-vows-to-work-harder-to-block-hate-speech-in-myanmar-idUSL1N1RN290.

52 Ezra Klein, "Mark Zuckerberg on Facebook's Hardest Year, and What Comes Next," Vox, April 2, 2018, https://www.vox.com/2018/4/2/17185052/mark-zuckerberg-facebook-interview-fake-news-bots-cambridge.

53 "Myanmar–Open Letter to Mark Zuckerberg," Google Docs, April 5, 2018, https://drive.google.com/file/d/1Rs02G96Y9w5dpX0Vf1LjWp6B-9mp32VY-/view?usp=sharing&usp=embed_facebook.

54 Stecklow, "Why Facebook Is Losing."

55 Stecklow, "Why Facebook Is Losing."

56 "Update on Myanmar," *About Facebook* (blog), August 15, 2018, https://about.fb.com/news/2018/08/update-on-myanmar.

57 Olivia Solon, "Facebook's Failure in Myanmar Is the Work of a Blundering Toddler," *Guardian*, August 16, 2018, https://www.theguardian.com/technology/2018/aug/16/facebook-myanmar-failure-blundering-toddler.

58 "Removing Myanmar Military Officials from Facebook," *About Face-*

book (blog), August 28, 2018, https://about.fb.com/news/2018/08/removing-myanmar-officials.

59 "After Facebook Ban, Myanmar Military Accounts Are Moving to Russian Social Media Site VKontakte," *Global Voices Advocacy* (blog), September 7, 2018, https://advox.globalvoices.org/2018/09/07/after-facebook-ban-myanmar-military-accounts-are-moving-to-russian-social-media-site-vkontakte.

60 Oliver Spencer and Yin Yadanar Thein, "Has Facebook Censored Myanmar's Commander-in-Chief?," *Frontier Myanmar*, August 29, 2018, https://frontiermyanmar.net/en/has-facebook-censored-myanmars-commander-in-chief.

61 Russell Brandom, "Activists from Myanmar, Syria, and beyond Call for Facebook to Fix Moderation," *Verge*, May 18, 2018, https://www.theverge.com/2018/5/18/17369570/facebook-coalition-myanmar-syria-sri-lanka-moderation-transparency-audit.

10장 미래는 우리가 써 내려가는 것

1 "Keeping People Safe and Informed about the Coronavirus," *About Facebook* (blog), June 3, 2020, https://about.fb.com/news/2020/06/coronavirus/.

2 Kate Klonick, "What I Learned in Twitter Purgatory," *Atlantic*, September 8, 2020, https://www.theatlantic.com/ideas/archive/2020/09/what-i-learned-twitter-purgatory/616144/.

3 Zeynep Tufekci, *Twitter and Tear Gas: The Power and Fragility of Networked Protest* (Yale University Press, 2017).

4 Shoshanna Zuboff, *Frankfurter Allgemeine*, "Dark Google," April 30, 2014, https://www.faz.net/aktuell/feuilleton/debatten/the-digital-debate/shoshanna-zuboff-dark-google-12916679.html.

5 Renata Avila Pinto, "Digital Sovereignty or Digital Colonialism?," *Sur: International Journal on Human Rights* 15, no. 27 (2018), https://sur.conectas.org/en/digital-sovereignty-or-digital-colonialism.

6 "The Santa Clara Principles on Transparency and Accountability in Content Moderation," Santa Clara Principles, https://santaclaraprinciples.org ; Alex

Hern, "Facebook Relaxes 'Real Name' Policy in Face of Protest," *Guardian*, November 2, 2015, https://www.theguardian.com/technology/2015/nov/02/facebook-real-name-policy-protest.

7   Bree Newsome Bass (@BreeNewsome), Twitter, June 4, 2020, https://twitter.com/breenewsome/status/1268531810172129280.

8   Juan Ortiz Freuler, "The Case for a Digital Non-aligned Movement," *Open-Democracy*, June 27, 2020, https://www.opendemocracy.net/en/oureconomy/case-digital-non-aligned-movement/.

9   위와 동일

10   The Santa Clara Principles on Transparency and Accountability in Content Moderation, https://santaclaraprinciples.org/.

11   Jillian C. York, "Speaking Freely: An Interview with Ada Palmer," 2019, https://www.eff.org/pages/speaking-freely-ada-palmer.

12   위와 동일

보호받고 있다는 착각
온라인 검열은 누구를 위한 것인가

초판 1쇄 발행   2022년 6월 24일

지은이   질리안 요크
옮긴이   방진이

펴낸이   김현태
펴낸곳   책세상
등록   1975년 5월 21일 제2017-000226호
주소   서울시 마포구 잔다리로 62-1, 3층(04031)
전화   02-704-1251
팩스   02-719-1258
이메일   editor@chaeksesang.com
광고·제휴 문의   creator@chaeksesang.com
홈페이지   chaeksesang.com
페이스북   /chaeksesang   **트위터**   @chaeksesang
인스타그램   @chaeksesang   **네이버포스트**   bkworldpub

ISBN   979-11-5931-849-8 03300